复旦全球史书系 · 东西之间丛书

董少新 主编

信风万里
17世纪耶稣会中国年信研究

下 册

刘耿／著

上海古籍出版社

第五章 传教之事

第一节 巡回传教

巡回传教是指传教士每年离开常住地住院,前往住院所辖周边地区,乃至更远地区牧养教徒及向未开教地区宣教。

巡回传教是耶稣会士入华定居后即执行的工作传统,并非在拥有了一定教徒规模后才出现的工作方式。1582年起,利玛窦在肇庆常住后,稍有闲暇,即作南雄之游,为若干望教者授洗。① 可视为巡回传教的开端。

巡回传教的主要目的有三:第一,牧养已受洗的教徒,以维持他们的宗教信仰。日常性的读经、苦修、团契等宗教活动可以在当地教友会组织下进行,诸如告解、圣体圣事之类必须神父主持;第二,为新教友施洗。当地教友在平日的宣教工作中会"准备"好一批望道友,已经受过教义教育,只等神父前来检验、付洗;第三,沿途向福音未传到的地区开教。

---

① [法]费赖之著,梅乘骐、梅乘骏译:《明清间在华耶稣会士列传(1552—1773)》,第32页。

根据此三种目的,神父外出宣教,需携带的物资,除了粮食等生活必需品外,还有拜访官员用的礼物,圣事礼仪用品。比如,做弥撒用的葡萄酒是必备的,1641年,龙华民从北京往山东传教,途中遭劫,损失的物品中有一瓶被打碎的弥撒用葡萄酒。① 1671年,闵明我外出宣教时,"携带着供弥撒用的酒"。② 还有分发给教友的圣名、圣水、圣像等祷物,圣像以天主像、圣母像为主,还出现过耶稣会创始人圣伊纳爵像。③ 1696—1697年间,艾逊爵在河南、山西、陕西间传教时,记录下随身携带的物品,有圣餐饼、小物件、瞻礼单、弥撒用葡萄酒、圣像、祷物,以及拜访官员必备的一些小礼物。④

随行人员,神父通常会携一两名传道员同行,有时还有修士。除了作为宣教助手,大多数传道员、修士在路途中也负责照顾神父起居,比如做饭。⑤ 费赖之记龙华民在巡回传教的途中,"长时期内,仅有一名修士为其供应膳食,而他本人在城乡之间往来奔波,行使宗徒职务,在广大区域内散播信仰种子"。⑥

每年巡回传教开始的时间通常是在过完四旬斋后。四旬斋是重要的天主教节庆日,在它之前还有重要的圣诞节,神父需要留在住院接待来访教友,因为此段时期有许多外地教徒向有大型教堂

---

① João Monteiro, *Annua da Vice Província da China do Anno de 1641 athe setembro 642*, ARSI, JS117, f. 66.

② [西]闵明我著,何高济、吴翊楣译:《上帝许给的土地——闵明我行记和礼仪之争》,郑州:大象出版社,2009年,第115页。

③ João Fróes, *Annua da V. Província da China do Anno de 1633*, BAJA, 49-V-11, f. 10v.

④ Joze Suares, *Annua do Colégio de Pekim desde o fim de Julho de 94 até o fim do mesmo de 97 e algumas outras Rezidências e Christandades da Missão de China*, BAJA, 49-V-22, f. 631v.

⑤ João Monteiro, *Annua da Vice Província da China do anno de 1639*, ARSI, JS121, f. 285v.

⑥ [法]费赖之著,梅乘骐、梅乘骏译:《明清间在华耶稣会士列传(1552—1773)》,第70—71页。

的住院汇聚，便于神父集中举行各种圣事。① 从天气上，四旬斋后，天气转暖，利于出行。同时，在到达时间上，神父也尽量凑目的地教友的时间，以使更多教友得到牧养，比如，福州住院的何大化，通常选择农历 8 月巡视福清县，因为这是当地农忙结束、商人归家的时节。② 1636 年复活节后，艾儒略从泉州出发去探访 28 个有基督徒的村庄。③ 当他返回他的常住城市泉州，正是圣母诞辰庆日（9 月 8 日）的第二天，教徒们隆重地前来参加弥撒。④ 可谓两头都踩准了节庆日的节拍。

巡回传教频率在绝大多数情况下是一年一次，因为神父还要兼顾住院当地的教务，大的住院一般配备 2—3 名神父，小的住院只有 1 名神父，必须合理分配人力，而且每次外出往往耗时数月，甚至大半年的时间。在不走远的情况下，多次往返于住院与周边的情况也有，比如，高一志、金弥阁对绛州周边地区的巡视一年两次。⑤

巡回路线既有一定常规，又有临时变更，因为突发状况、邀请、险情等都能使神父改变路线。1635—1637 年三年间，因为叛乱，方德望中断了从西安往华州的巡视。1638 年，明官军平乱取得暂时成功，方德望才将华州重新纳入巡视路线。⑥ 1657 年，郭纳爵去

---

① João Fróes, *Annua da Missão da China de 1634*, BAJA, 49‑V‑10, f. 472v.

② António de Gouveia, *Ânua da Vice Província da China nas Partes do Sul no Anno de 1647*, in *Cartas Ânuas da China*（1636，1643 a 1649）, edição, introdução e notas de Horácio Peixoto de Araújo, p. 348.

③ Francisco Furtado, *Ânua da Vice-Província da China de 1636*, BAJA, 49‑V‑11, f. 551.

④ Francisco Furtado, *Ânua da Vice-Província da China de 1636*, BAJA, 49‑V‑11, f. 553v.

⑤ Miguel Trigault, *Annua da Vice Província da China do anno de 1638*, BAJA, 49‑V‑12, f. 431.

⑥ João Monteiro, *Annua da Vice Província da China do anno de 1637*, BAJA, 49‑V‑12, ff. 297‑297v.

巡视西安附近的教友,突然接到方德望病危的消息,立即转往汉中,经过12日跋涉,仍然未得见方德望最后一面。郭纳爵接替方德望的工作,在当地停留12天,又缔造了几个教友圣会,为许多人施洗,为许多人听告解、授圣餐,葬了方德望后,返回西安。① 教徒并不只是被动等待神父送教上门,得到神父已来到附近地方的消息,周边教徒便会主动来寻神父。② 所以,受闻讯而来的教友之邀不断地增加途中停靠地,非常常见。

整体而言,传教士的巡回路线在一定范围内,即其所属住院"辖区"。"住院"是耶稣会在中国副教省的基层组织,通常位于省会,或交通便利的中心城市。从字面上理解,住院就是一座房子(casa/residência),是神父的常住地址,神父除了负责住院所属城市的教务外,还负责该城市周边地区的教务,其教牧职责覆盖的范围即住院"辖区",该"辖区"与行政区划不尽一致,是以便于教牧的原则划定的。比如,1633年,福建某府教徒划归建昌住院管辖,因为建昌神父去此教牧路程更短。③ 再如,真定府的教友数量庞大,长期没有住院、常住神父,由山东(Xam Tum)省的神父管理,1697年转划给北京住院管辖,成为北京住院管辖的最远的一个教牧区,当年,北京住院辖区包括:真定(距离60里格)、宣府(30里格)、良乡(6里格)、通州(4里格)、保定(30里格)。④

"住院辖区"并非一个正式概念,目前,并未在耶稣会文件中发

---

① Gabriel de Magalhães, *Annuas das Residências Do Norte da Vice-Província da China do Anno 1658*, 49-V-14, ff. 247v-248.

② João Fróes, *Annua da V. Província da China do anno de 1633*, BAJA, 49-V-11, f. 52.

③ João Fróes, *Annua da V. Província da China do Anno de 1633*, BAJA, 49-V-11, f. 69.

④ Joze Suares, *Annua do Colégio de Pekim desde o fim de Julho de 94 até o fim do mesmo de 97 e algumas outras Rezidências e Christandades da Missão de China*, BAJA, 49-V-22, ff. 611v-613.

现相关表述,但是,年信中的巡回传教报告使人感觉住院神父的外出教牧活动是有相对固定地域范围的,并非"满天飞"。或许"住院辖区"只是各住院神父在实践中约定俗成的"责任田",况且各住院教牧区的边界随着新开教地区的增多,需要不断地外扩,某住院神父不能履行巡回传教职责时,相邻住院替补的情形也时有发生,因此,边界线最好的状态是处在动态调整中,在划分上则宜粗不宜细。

1637年年信大致罗列了当时中国各住院的辖区,可供我们一窥各住院的规模,对"住院辖区"有一个粗略印象:北京住院辖区包括16个教友社群,在府、县、村等各级行政区都有分布,共14间祈祷室,教友们在这些祷室中聚会,有些教友还以此为基础组建了教友会,神父轮流往各祈祷室讲弥撒。① 陕西住院辖区包括6府数县,还有很多村落。② 绛州住院辖蒲州等地,共8府及数县和数不清的村落,辖区内有20座教堂。③ 南京住院辖9府数县数村教徒。④ 上海住院辖2府、3县、16村。⑤ 杭州住院辖7—8府,若干县和非常多的村。⑥ 南雄住院由南昌住院的神父负责巡视。⑦ 建

---

① João Monteiro, *Annua da Vice Província da China de 1637*, BAJA, 49 - V - 12, f. 6v.
② João Monteiro, *Annua da Vice Província da China de 1637*, BAJA, 49 - V - 12, f. 17.
③ João Monteiro, *Annua da Vice Província da China de 1637*, BAJA, 49 - V - 12, f. 18v.
④ João Monteiro, *Annua da Vice Província da China de 1637*, BAJA, 49 - V - 12, f. 24v.
⑤ João Monteiro, *Annua da Vice Província da China de 1637*, BAJA, 49 - V - 12, f. 27v.
⑥ João Monteiro, *Annua da Vice Província da China de 1637*, BAJA, 49 - V - 12, f. 31.
⑦ João Monteiro, *Annua da Vice Província da China de 1637*, BAJA, 49 - V - 12, ff. 38v - 39.

昌住院辖 7 府、许多村子。① 建宁住院辖 3 府、2 县和若干村。② 泉州住院辖 13 府、若干县、许多村，共有 3 座教堂，还有 3 座即将完工。③ 福州住院辖 9 府、12 县、许多村，16 座教堂。④

显然，上述"住院辖区"与行政区划不完全一致，比如福州住院辖 9 府，就与"八闽"之说冲突，况且福建除福州住院外，还有建宁、泉州、邵武等住院。关于住院辖区变动情况，可以从一些零散的记录中拼出残缺局部，以供管窥。上海于 1608 年就开教了⑤，但是，至少 1615 年之前，上海教友归杭州住院管辖，每年至少一次，由一名杭州的常住神父前往上海巡视。⑥⑦⑧ 上海住院很快发展成中国传教区最重要的住院之一，1647 年，上海住院辖松江、崇明、嘉定。⑨ 1640 年时，常熟还属南京住院管辖。⑩ 1649 年，贾谊睦神父常住常熟，开始巡视嘉定、苏州、太仓。⑪ 1651 年，贾宜睦的巡视范

---

① João Monteiro, *Annua da Vice Província da China de 1637*, BAJA, 49-V-12, f. 39v.
② João Monteiro, *Annua da Vice Província da China de 1637*, BAJA, 49-V-12, f. 43.
③ João Monteiro, *Annua da Vice Província da China de 1637*, BAJA, 49-V-12, f. 48v.
④ João Monteiro, *Annua da Vice Província da China de 1637*, BAJA, 49-V-12, f. 51.
⑤ [法]费赖之，梅乘骐、梅乘骏译：《明清间在华耶稣会士列传(1552—1773)》，第 64 页。
⑥ Nicolao Longobardo, *Carta Annua da China 1613*, ARSI, JS113, f. 350v.
⑦ João da Costa, *Annua da Christandade da China do Anno de 1614*, ARSI, JS113, f. 383v.
⑧ Manoel Dias junior, *Annua da Missão da China do Anno de 1615*, ARSI, JS113, f. 484v.
⑨ António de Gouveia, *Ânua da Vice Provincia da China nas Partes do Sul no Anno de 1647*, in *Cartas Ânuas da China* (1636, 1643 a 1649), edição, introdução e notas de Horácio Peixoto de Araújo, pp. 368-370.
⑩ Gabriel de Magalhães, *Annua da Vice Província da China do Ano de 1640*, ARSI, JS116a, f. 121.
⑪ António de Gouveia, *Cartas Ânuas da China* (1636, 1643 a 1649), edição, introdução e notas de Horácio Peixoto de Araújo, p. 416.

围包括常熟周边的 chikian①、无锡、facheù②、昆山、太仓、嘉定。③ 1660 年时,昆山住院独立,管辖苏州、太仓、无锡④,划走常熟住院部分辖区。1690 年代前期,常熟住院神父所辖之教徒既来自本县,又来自无锡、昆山、崇明等县,总共 1 万多人。⑤ 以上江南地区几个主要住院辖区之间,重叠、变动还是很频繁的。再看明末清初阶段拥有住院最多的省份福建:1631 年,福州住院神父巡视该住院管辖的邵武、福清、兴华、仙游。⑥ 1638 年,建宁住院辖 3 府。⑦ 1645 年,泉州住院神父聂伯多要巡视永春县、安海、兴化府。⑧ 建宁府住院神父瞿西满要巡视延平、邵武及其属县。⑨ 1654 年,邵武住院辖将乐、延平、汀州、建阳、建宁等。⑩ 泉州、漳州、兴化府由泉州住院的聂伯多负责。⑪ 1657 年,延平住院辖邵武、建昌、建宁。⑫

---

① 音"之江"。
② 音"发州"。
③ Pedro Canevari, *Carta Annua da China a 1651*, BAJA, 49 - IV - 61, ff. 75 - 120, f. 131v.
④ Feliciano Pacheco, *Carta Annua Da Vice Província da China do Anno de 1660*, BAJA, 49 - V - 14, f. 707.
⑤ Joze Suares, *Annua do Colégio de Pekim desde o fim de Julho de 94 até o fim do mesmo de 97 e algumas outras Rezidências e Christandades da Missão de China*, BAJA, 49 - V - 22, f. 636.
⑥ João Fróes, *Annua da V. Província da China do anno de 1631*, BAJA, 49 - V - 10, ff. 71v - 74.
⑦ João Monteiro, *Annua da Vice Província da China do anno de 1637*, BAJA, 49 - V - 12, f. 343.
⑧ António de Gouveia, *Ânua da Vice Provincia da China nas Partes do Sul no Anno de 1645*, BAJA, 49 - V - 13, f. 546.
⑨ António de Gouveia, *Ânua da Vice Provincia da China nas Partes do Sul no Anno de 1645*, BAJA, 49 - V - 13, f. 546.
⑩ Luiz Pinheiro, *Carta Annua da V. Provincia da China do Anno de 1654*, BAJA, 49 - IV - 61, f. 307.
⑪ Luiz Pinheiro, *Carta Annua da V. Provincia da China do Anno de 1654*, BAJA, 49 - IV - 61, f. 307.
⑫ Manoel Jorge, *Annua da Vice-Província da China de 1657*, BAJA, 49 - V - 14, f. 152.

其中,邵武最初是由福州住院管辖,后来改隶建宁住院,又反过来管辖建宁,然后,又与延平之间颠倒管辖和被管辖的关系。总之,"住院辖区"是一个大体有型但无定型,而只能动态把握的概念。

巡回传教是以"住院辖区"为根据进行的,在描述了团状的"住院辖区"后,再来看线形的巡回路线,总体而言,"线条"在"团块"的包裹中,但是,刺出"团块"的情况也不少见。

1639年几名神父的巡回路线是:

　　毕方济:南京→淮安;

　　傅汎际(副省会长):南京→常熟→淮安→杭州→江西→福建;

　　潘国光:上海→松江→苏州;

　　阳玛诺:杭州→宁波;

　　孟儒望:杭州→"过江"(Cô Kiâm)①→宁波;

　　费奇观:南昌→建昌;

　　艾儒略:兴化→Hai çāo②→沙县→海口→闽县→Ce Lam③→福清县→Lô hién④→Cû hién⑤→福州;

　　瞿西满:建宁→建阳→沙县→邵武。

1641年几名神父的巡回路线是:

　　毕方济:南京→淮安→凤阳→淮安→常熟→南京;⑥

　　潘国光:上海→松江→朱泾→嘉定→苏州(1641年,

---

① 地名待考。
② 地名待考。
③ 地名待考。
④ 地名待考。
⑤ 地名待考。
⑥ João Monteiro, *Annua da Vice Provincia da China do Anno de 1641 athe setembro 642*, ARSI, JS117, ff. 45 – 45v.

潘国光本来有去崇明岛宣教的计划,因为水匪作乱,只得推至来年);①

孟儒望:宁波→Oū kī②→定海;

艾儒略:福州→洪塘→延平→邵武→宁化县→汀州→福州→江西;

聂伯多:泉州→惠安→海口→Co Lam③→泉州;

1647年几名神父的巡回路线是:

瞿西满、穆尼阁:建宁府→建阳、武夷山、崇安;

何大化:福州→连江县→福清→兴化;

卫匡国:杭州→常熟(探望生病的贾宜睦)→上海(回杭顺道经过)→杭州;

潘国光:上海→松江→嘉定;

贾宜睦:常熟→淮安→南京。

以上可见,巡回遵循的是就近原则,巡回区与"住院辖区"大体上一致。再以毕方济于1638—1643年间从南京住院往周边巡回传教的路线为例,来说明巡回路线在一定时期内的相对固定:

1638年:南京→淮安→南京→靖江→常熟;

1639年:南京→淮安;

1640年:南京→淮安→常熟;

1641年:南京→淮安→凤阳→淮安→常熟→南京;

1643年:南京→常熟→常熟某个邻县→南京→淮安。

再将以上1643年毕方济的巡回路线"放大",来看巡回传教中

---

① João Monteiro, *Annua da Vice Provincia da China do Anno de 1641 athe setembro 642*, ARSI, JS117, f. 49.
② 地名待考。
③ 地名待考。

的主要活动：

年初，常住南京的毕方济神父，先巡阅了南京本地教徒，为的是将该年的其余时间用于在周边的府县传教。3月，前往常熟。驻留3个月，为300人施洗。并前往常熟下属的"洞泗"（Túm Sú）村。返回常熟，接受某道吏赠予的牌匾。前往常熟邻县，该县比常熟县大，一个奉教武官在该县中担任总兵。驻留12天。返回南京，稍作休整，前往淮安。在淮安驻留2个月。因为他被派往澳门为明廷借火炮和援军，巡回传教中断。毕方济出使澳门后，贾宜睦接续了其巡回传教的工作，往常熟为60人施洗。

从以上列举的巡回路线也可看出，副省会长的走访路线不受住院辖区所限，副省会长的理想状态是每年走访各个住院，比如1627年时，"9个住院分散在7省中，彼此相距非常遥远，副省会长神父访问其中一些住院，甚至要走1200里格，大部分是陆路"。[①] 同时，副省会长根据各住院的教牧人员短缺情况，机动替补。1633年，游文辉修士从广州返回南京。因为河里运粮船造成的拥塞，无法前进，加之修士在途中病倒，便向杭州的副省会长送信，告知情况，副省会长决定亲自前往南京补缺。这次南京之行，留住约2个月，除了为教徒举行圣事和听告解，还施洗163人。两个月后，因游文辉没有转好迹象，其他地区又有事务需要副省会长前去处理，副省会长就指派了另外一名神父去陪伴游文辉。[②] 1645年，蒲州的万密克被清军砍死后，华北副省会长指派梅高接任，在梅高到任前，副省会长在此暂替。[③] 总体而言，副省会长在

---

① Manoel Dias, *Carta Annua da Vice-Província da China do Anno de 1627*, 49‑V‑6, f. 465.

② João Fróes, *Annua da V. Província da China do anno de 1633*, BAJA, 49‑V‑11, ff. 49v‑50.

③ António de Gouveia, *Ânua da Vice Provincia da China nas Partes do Sul no Anno de 1645*, in *Cartas Ânuas da China*（1636，1643 a 1649）, edição, introdução e notas de Horácio Peixoto de Araújo, p. 303.

杭州的时间最多①,可以视为副省会长的常住地。② 这或许是南京教案中大部分神父在杭州避难形成的"传统"。

在特殊情况下,神父打破"住院辖区"限制,长距离巡视的情况也有。比如,1618年,因为"南京教案",除了江西住院神父仍然原地驻留,中国传教区的大多数神父都集中于杭州③,在杨廷筠的庇护下避难。后又为了分散风险,神父们从杭州出发,进行了大范围的跨省走访:费奇观去北京,与徐光启见面;史惟贞、龙华民、钟鸣仁、钟鸣礼去陕西与王徵见面;在获知无法长久居停陕西后,四人兵分两路,史惟贞和钟鸣仁一起前往湖广、南京和广东,其中在湖广与李应试之子多有交流;龙华民和钟鸣礼则前往河南,与当地穆斯林、犹太人和十字教徒(很可能是元代遗留下来的基督教徒)接触;此外,龙华民和毕方济先后前往上海,走访信徒,其中毕方济还顺便在松江探望了许乐善、在嘉定见了孙元化等重要教徒。④

巡回传教详细案例,请参本节附录。附录一简译自1639年年信中方德望在洋县、城固县等地巡回传教报告,时间大约在1635年以后。在这个完整的报告中,可以看见神父在一次外出中所做的全部事工,他的主要宣教手段,他的工作方式、生活条件,都带有典型性,在该例中还可以看到神父的传教工作紧密地依附于奉教官员,这是一次典型的关系引导型的传教。该报告还有补于对韩云的生平研究。万历四十年(1612),韩云在山西乡试中举,据黄一农先生考证,韩云于1628—1631年任徐州知州,稍后,因故降改陕

---

① Manoel Jorge, *Annua da Vice-Provincia da China do ano de 1652*,BAJA,49-IV-61, f. 215.
② Manoel Jorge, *Annua da Vice-Provincia da China do ano de 1652*,BAJA,49-IV-61, f. 216.
③ Manoel Dias junior, *Carta Annua da Missam da China do Anno de 1618*,BAJA,49-V-5, f. 240v.
④ Manoel Dias junior, *Carta Annua da Missam da China do Anno de 1618*,BAJA,49-V-5, ff. 232v-264v.

西汉中府推官。据康熙《绛州志》,"再起葭州知州"①,但在《葭州志》的职官部分,不见其名,黄一农先生认为韩云"详细的宦游情形,仍待考"。② 报告中详列韩云的调动,且与《绛州志》的记载相一致,洋县、城固县皆属汉中府,"与鞑靼人接壤的边境城市"则可能指葭州。报告中还提到大秦景教流行中国碑被发现的一条原由。附录二是 1696—1697 年间艾逊爵在河南、山西、陕西间的传教,选译自 1694—1697 年年信的第 13 章《山西住院及两次巡回传教》。与附录一中细腻的场景、情节描述不同,附录二以中远景的叙述为主,清楚、完整地展现了主角在一年间的移动路线,同时,表现了 17 世纪末,教友群体庞大给传教士带来的沉重教牧负担。

  关于研究巡回传教的意义,巡回传教繁忙程度可作为当地教友团体壮大的表征。当某省的教务繁荣,热点分布广泛,负责巡回传教的神父就非常忙碌,甚至占据全年时间。比如福建,据 1633 年年信:福建住院共有两名神父(罗纳爵、聂伯多),一名负责福州及其周边,一名负责全省巡回传教。巡回传教通常耗时一年。③ 据 1634 年年信:福州住院负责人全年都在福州之外传教,因为天主教在福建的名声广播,"几乎无人没听说过圣教",每一个府都有教徒分布。④ 据 1635 年年信:福州住院神父外出两次,分别向福州的南北两侧开教。⑤ 据 1636 年年信:福州住院两名神父罗纳爵、聂伯多要巡视 23 个点,以海口、马山、上迳、洪塘等几个乡村为最重要。⑥ 泉州

---

① 刘显第等修,陶用曙等纂:《(康熙)绛州志》卷二,北京:中国科学院图书馆藏抄本,第 56 页。
② 黄一农:《两头蛇:明末清初的第一代天主教徒》,第 229—232 页。
③ João Fróes, *Annua da V. Província da China do Anno de 1633*, BAJA, 49-V-11, f. 92.
④ João Fróes, *Annua da Missão da China de 1634*, BAJA, 49-V-10, f. 466.
⑤ Manoel Dias, *Carta Annua da China de 1635*, BAJA, 49-V-11, f. 235.
⑥ Francisco Furtado, *Ânua da Vice-Província da China de 1636*, BAJA, 49-V-11, f. 546.

住院的艾儒略则负责巡视 28 个点①，包括惠安县、永春县等。从连续 4 年的年信来看，外出巡视教友、巡回传教，已经成为福建神父工作的主旋律。

同时，巡回传教是耶稣会下层传教路线的最好写照，从巡回传教在神父总工作时长中占比较大看，耶稣会士走的并非"上层路线"。大众传教路线的坚定支持者龙华民，也是一名勤奋的巡回传教者，他早年积极在韶州周边乡村传教，晚年，每年至少一次从北京远至山东开教②，常去济南、泰安、青州等地。及届 79 岁高龄，他的腿力已不能胜任三四日路程的步行之劳，乃改乘一驽马以代步，直至去世。1641 年，他从北京去青州途中，路遇劫匪③，当时他已 82 岁。高一志也是一名勤于奔走的传教士，据其去世时安文思为其写的小传中的统计，他一生中走访了中国的 102 个府县。④

本节附录

附录一　方德望洋县、城固县等地巡回传教报告（约 1635 年）

韩云（Han Estêvāo）是举人，升任陕西洋县知县。到任才几个月，邀请西安的方德望神父往彼处开教。还派了一个自己衙门的人去接方德望，在路上做向导。此人是西安人，立志成为一名热心的教徒。神父在主持完复活节的庆事后，就出发了。除了那名向

---

① Francisco Furtado, *Ânua da Vice-Província da China de 1636*, BAJA, 49-V-11, f. 551.
② 萧若瑟：《天主教传行中国考》，第 212 页。
③ [法]费赖之著，梅乘骐、梅乘骏译：《明清间在华耶稣会士列传（1552—1773）》，第 74 页。
④ Gabriel de Magalhães, *Annua da Vice Província da China do Ano de 1640*, ARSI, JS116a, f. 131.

导,还有两名传道员同行。上路的第二天,他们接到消息,路上乱匪肆虐,无人可以幸免,他们便走崎岖、难行的山路。山中的第一夜,他们投宿于一个贫穷农夫的棚屋。神父向农夫讲述天主教的历史,天主教来华已一千多年了,有当地出土的"大秦景教流行中国碑"为证。农夫对此话题饶有兴趣,还说,每当大雪漫盖,只有埋景教碑的地方是没有雪的,正是因为这个原因才挖开那个地方看的。

告别农夫,开始攀登一座高山,只有一条羊肠小道,窄到要休息时,只能单脚站立,而云雾就从脚下的深渊中蒸腾升起。翻过这座山,接着是另一座更陡峭的山,有几次是在山巅上行走,两边都是万丈峭壁。既要攀山,又要下到谷底,有次,在山谷中过一条水流湍急的河,神父摔了一跤。有时为了找路,这些河还要反复过几遍。

进食通常是在正午,用随身带的锅做饼。在做饭时,经常会有乌鸦从锅中叼走它们的一份。晚上,用一点儿玉米熬成糊。过夜就在茅屋之中,棍棒搂在怀里,门上还要悬挂几根带子,篝火彻夜不息,以防老虎等猛兽的袭击。他们已经遇见一些人的颅骨,向导说有的是被老虎吃了,有的是被强盗杀害了。他们在路上遇见了几回武装人员,向导说这些人就是土匪,好在没有对他们动手。

一日下午,他们在河边的茅屋里遇见一个年老生病的人,他们成功地说服老人领受了洗礼。因为他们判断老人还能再活一些时日,没为老人送终,就上路了。

将这些山全都翻完,就到洋县了,路上共花了12天,神父说这12天中,步步惊心,若不是天主的恩佑,已经死了许多回了。

韩云全家出动,兴高采烈地接待神父一行人。家中已入教的,做了告解。待入教的,受了洗礼。神父抵达当日,韩云将县衙里的大小官吏都召集起来,请神父为他们讲解天主教的道理。神父讲了很长时间,韩云做了总结,对天主教和神父说了许多赞誉之词,言明神父远道而来的目的是救赎灵魂。

韩云为神父安排了几间房舍作为住处和宣教的场所。由于韩云提倡,来拜圣像、听布道的人络绎不绝。韩云每天都带着县衙的全班人马看望神父。过了一些日子,韩云谨慎、有德、善治的名声传到陕西巡抚的耳朵里,巡抚将其调任到一个更大的县城,即城固县,担任知县。神父在洋县的传教时间约1个月。

神父随韩云到城固县。韩云为神父找好了宣教的屋宇,搭起圣坛,供上圣像,迎接访客。神父忙得连偷闲吃一口食物的时间都没有。这种超高人流的状态持续了1个月,大雨也没有打断来访的人。

在神父抵达城固县的第15日,爆发了大规模的蝗灾,这是当地很常见的灾害。韩云去问神父,是否有专门针对蝗灾的祈祷词。神父说有,并解释这是由于人们不信天主而遭受的惩罚。韩云请神父去田里祈祷。神父先做了场弥撒,晚饭后在韩云、县衙全体官吏、许多文人和老百姓的陪同下,前去祈祷。他在天边搭起一座祭坛摆上天主、圣母、圣伊纳爵的圣像,跪地向圣母做连祷(Ladainhas),最后,念了驱魔咒语。这些仪式做完之后,神父向在场者布道,讲了天主之能,及为何要敬拜天主。讲完,大家都回去了。

半日之后,蝗虫越过小河,向一块异教徒的庄稼地飞去,该异教徒就在神父布道现场,但是说了许多不敬之辞,他意识到这是天主惩罚。邻居害怕殃及自家的田,跪求韩云请神父去"做法"。神父一到,村里立刻敲响脸盆召集村民,村民们都聚在一棵大树底下。神父见来的人很多,穿上法衣,披上圣带,登上高处,开始宣讲教义,讲了很长时间,直到讲不动了,一个传道员接着讲,这次,全都听得津津有味。宣教之后,神父才开始为驱走蝗虫祷告、念驱魔咒和洒圣水,长达几小时的仪式结束,蝗虫飞走,离开半里格远。

第二天夜,神父念驱魔咒的地方正对面的一棵郁郁葱葱的大树自燃,烧成灰烬。当地官员说那棵树本来是献给保佑当地的一个佛的。该村大部人因此都入教了。

神父能驱蝗虫的名声传开。邻村都纷纷来邀请神父,神父来者不拒,驱蝗虫的工作一一应验,也因此收获了许多教徒。

城里的宣教工作也有收获。受洗的一些文人教徒,刻印了教义手册向教友、异教徒散发。这些印刷物的散发,使天主教在当地的存在感很强。走在路上都能看见树上贴着纸条,上书褒扬天主、抨击佛教的话。在蝗虫常去的地方,有些住户的门口上贴着这样的字条:天主命令你们离远点儿。

除了驱蝗,还有求雨。当地大旱,和尚、道士做了许多法事,都不见效。韩云邀请神父出马。神父说第二日是圣伊纳爵的庆日,正好要做弥撒,会下雨的。当日下午,就下雨了。当日黄昏,西安知府、道吏派人来请神父去求雨、驱蝗虫。神父不放过这个展示圣教伟力和宣教的好时机,应邀而往。神父下榻的某高官的豪华府邸中,知府等带着厚礼来探望,神父没有收礼。另择一日,搭起圣坛祈祷,求雨成功。官员们去教堂致谢。

官员再请神父趁此机会将蝗虫一并驱逐了。神父对他们详细地讲述了驱蝗成功全在于天主,号召人们信教,否则,暂时被赶走的蝗虫,会再回来。说完这些,神父才去进行驱蝗仪式。仪式尾声,神父再次宣教,众人听得非常认真,3名官员嘴也不张,眼盯着地,像3个认真听讲的初修生。神父不只借着驱赶蝗虫说事,还联系到当地为何如此多灾多难,蝗灾、旱灾、匪乱、瘟疫、饥荒等等,都是天主对人的罪过的惩罚,唯有信主,才得救赎。神父做了3天驱魔仪式,蝗虫终于走了。但当事人"忘恩负义",不知谢主,4天之后,蝗虫又回来了,神父见很难一下子劝服他们信教,就回城固县了。

神父准备返程,当地有一个王爷是崇祯的叔叔,该王爷的侄子亲自前来邀请神父到家一聚。神父进了王府,在第一处大厅内看见有三四十个和尚在一座佛像前诵经,王爷侄子拜了佛像,要神父也拜拜,神父表示这是大罪,不能从命。进了更里面的一个客厅,王爷侄子邀请神父与和尚辩论。一些文人在场观摩。神父首先摆明,世界上只有一个造物主,只有造物主才值得崇拜。和尚无法否认这点。神父问和尚为什么不拜真正的神,而拜佛呢?和尚回答,每个人心中都有自己认可的神。神父打了一个比方,如果中国出现一个反贼,自立为王,老百姓应该抛弃真正的皇帝,而承认这个造反者吗?和尚对此无言以对。神父见已获胜,便告辞了。

某人来请神父到自己家里的城市去施洗,有大批望教者在盼望神父。神父择日随他同往。神父在城门口,看见有个犯人腰部以下浸在河水当中,脚都烂了,他因为犯了许多罪,被判受此刑罚,已经 1 个多月,快要死了,神父向他讲解天主教要,他相信了,神父为他施洗。这时,有个抱孩子的妇女过来,请神父在孩子咽气之前为其施洗,神父连忙洗了孩子。另一名妇女得知信天主教可以得救赎,也将自己孩子抱来受洗,洗后,孩子就升天了。一个年纪很小的学生找神父施洗后二日去世。

神父回城固县后,曾经受过其驱蝗虫恩惠的几个村的村民来请神父前去施洗。神父去了 3 日,一日专为男子施洗,一日专为妇女、儿童施洗,共洗 200 多人。

神父在县城中住了几日,韩云再次升迁,皇帝将其调到一个与鞑靼人接壤的边境城市。① 韩云没来得及建造教堂,地已买好,就嘱托当地的教友按原计划建堂,还留下了一篇颂扬天主教的短文,将来放在教堂前壁。教友应承下来,表示教堂建好,就请神父前来常住。韩云在赴任前,需要先回西安,方德望便与其同返。9 月底动身回西安。返程的路上也在传教,每日下午都有宣教活动,因此,比去程用时更长,共 40 天,20 天水路、20 天旱路。这支船队总共约 150 人,韩云组织他们统一聆听神父布道,为韩云驾船的船夫

---

① 应为葭州。

就是在这个机会中信教的,该船夫入教的直接原因是为韩云的妻子、儿媳的身先示范所感动。为神父驾船的船夫亦入教。

这趟巡回传教之旅共耗时 6 个月。①

附录二　1696—1697 年间艾逊爵在河南、山西、陕西间的传教报告

　　山西住院教友众多,许多传教是以该住院为基地向外开展,既有在山西省内的巡回传教,又有向陕西、河南两邻省的传教。两邻省的传教也依赖于山西住院,是因为这两个省缺乏自己的人手。因此,绛州住院的神父就不得不马不停蹄地奔波,在超过一百里格的漫漫长途中吞下千般不适,只为了那些可怜的新教徒不会无人指导,使他们能够在见到牧者后心生鼓舞。在最近几年中,是此间传教工作最匮乏人手的时候,天主先后赐予其两名传教士,他们都是孤军作战的使徒。第一位是皮埃蒙特人罗裴理(Felippe Felliz Carrocio Piemontes),他承受着艰苦的重压完成了使命,从一次跋涉中回来时发着燃烧般的高热,这场高热在 1695 年 12 月 25 日夺去了他的生命。他极端努力地牧养和推动上述三省教友的进步,甚至还有两次远至汉中府,位于陕西省的边界,距此超过两百里格。这些巡回传教工作,使他付出很多,我不去赞扬他将圣教引入多少个地方,他建了多少座教堂,他使多少灵魂在基督内获得新生,因为我没有确切的数据,但是,我能肯定,在他接手这项重任的两年多,他施洗的人数超过两千,而他却为此饱尝赤贫、艰辛和繁重的劳动。

　　接替这位火热的传教士的,是另一位同样热心的传教士,目前,

---

　　① João Monteiro, *Annua da Vice Província da China do anno de 1639*, ARSI, JS121, ff. 244-253.

正在继续着推动神圣福音进步的事业。他的工作令人赞叹,尤其是在河南省的工作,神的话语所结出的硕果就像沃野中长出的小麦。因为已经出现好几个全员是教徒的教徒村。还有四座正在建造中的天主堂,还有更多地方已被选定修建教堂。这全部的使徒性的工作,都有皮埃蒙特人艾逊爵(Antonio Provana Piemontes)神父的身影,他接受此间的传教工作才一年多一点儿,已经做出了需要许多年才能完成的工作。他在归德府开辟了圣堂,在堂中首次为30多人施洗。他在该省享有盛名的文化中心和商埠朱仙镇开教,他在此地为20个家庭施洗,还确定了建圣堂的选址。

他还在该省的北部开教,著名的黄河从该地区穿过,他在该处为40个家庭施洗,这些信教家庭亦捐助了一块地用以建造教堂。他还在鹿邑县(Lu Y Hien)及省内其他多处地方开教。因此,目前河南的教友牧群不再以十计,而要以千计了。归德及周边地区的教友,信教尤为热切,若是教友中有一丁点儿欠教养、不安分或丑事,他们就禁止相关人进入教堂,哪怕他卑微地求情和发誓悔改,必须听候神父的裁决,神父在听取了事件的汇报后,会赶过来,在聆听了当事人的忏悔,表示信服之后,再接纳他。

在完成了对这片新生作物的培植等必要工作后,这位不知疲倦的传教士立即就动身前往山西省城太原府,路程超过一百里格,大部分是崎岖山路,艾逊爵神父想在太原府及其周边张开使徒传教的网。通常在山西省撒网的收获不及在河南省丰硕,然而,在去年,即1696年,艾逊爵神父在已有教徒的静乐县新建教堂一座,并将为数可观的新归信者纳入其中,在这些新教友中有一名秀才,全家领洗。从太原府,他踏上了返回自己所隶属的绛州住院的行程,因为他的住院也需要他,行程总计90里格,他在途中还视察了平遥、祁县、万安、洪洞、襄陵、太平等县的教友。

抵达洪洞县后,他多停留几天,用以为接下来的行程准备必要的装备，附带稍事休整，修复体力，他已走过漫长征程，天气恶劣，而必需品短缺（在这几个省份，短缺尤甚于其他省，因为这一大片区域目前正在遭受饥荒）。这种种塞境施加在这名坚强神父的孱弱体质上，很有可能他快撑不住了，工作将压垮他，尽管他很富有才干。

当他又备好了圣餐饼、小物件、瞻礼单、弥撒用葡萄酒、圣像、圣物，以及拜访官员必备的一些小礼物后，立即就向陕西省的省城西安府出发了，片刻也未停留。这段行程 70 里格，沿途视察了 Lieu Yo[①]、Nan che[②]、蒲州等地的圣堂，这几处在山西省内，他还视察了属于陕西省的五县。

在视察完上述几县和省城后，这位优秀的牧者又继续前往 140 里格之外的汉中府，因为那片地区教友众多，他们的精神食粮是不可短缺的，要为他们办圣事。

在彼处做完这些日常性的事工后，他又返回了西安府，又从那里去了河南，继而山西，又从山西开始新一圈的巡回传教。

关于艾逊爵在这么冗繁、这么漫长的巡回传教中所做的工作和所取得的收获，我未找到专门的传教纪要，以上陈述是从艾逊爵写给长上们的信中摘取的，艾逊爵在这些信中汇报了其外出传教工作。

在绛州协助他的是澳门神父何天章（Francisco Xavier），他有天使般的气质和举止，因为其体力不能胜任艰苦的旅途，就牧养住院周边的教徒。

长上们决定为该地区的传教再派几名人员。[③]

---

① 地名待考。
② 地名待考。
③ Joze Suares, *Annua do Colégio de Pekim desde o fim de Julho de 94 até o fim do mesmo de 97 e algumas outras Rezidências e Christandades da Missão de China*, BAJA, 49-V-22, ff. 630v-632.

第二节 开 教

"开教"往往在"巡回传教"的途中完成,从行动上,两者难以分割,从性质上,巡回传教是对教徒存量的盘固,开教是开辟新增量。

开教犹如开荒,在异教土地中撒播福音的种子,待其发芽、成长、结果、增殖。但认定某地是否已开教的标准是模糊的,以下几条都可视为标准：1. 当地出现在异地领洗的教徒；2. 神职人员前往传教；3. 教友前往传教；4. 建立住院。本文取中间两条标准作为"开教"的标志,即有人在当地传教。因为第一条未体现出"开教"该有的主动性,平信徒也难以在当地建立体制化的宗教活动；第四条的标准太高,已开教地区的牧灵可以通过巡回传教的方式覆盖,不必非有住院,建住院的资金成本、人力成本太高。比如,扬州早在1620年即开教,但是扬州住院的建立迟至1660年。[1] 按照上述标准,将年信中提到的较明确的各地开教之始摘录为本节附录。

开教故事在许多传教史著作、传教士传记、地方志等文献中都有,可与年信互补、互参。例如,关于开封开教时间,据萧若瑟《天主教传行中国史》,在崇祯八九年(1635—1636)之后,"毕(方济)司铎往山西传教,路过开封,居数月,从此豫省亦闻福音"。[2] 据1628年年信,当年,一名绛州籍的教徒,叫伯多禄,极力促成神父前往开封开教(他有一大部分家产和一个弟弟在河南),副省会长派毕方济前往。一名与毕方济有多年交情的高官差不多与毕方济同时调任河南。在多方帮助下,毕方济成功地开教,他们还凑了370两银

---

[1] Feliciano Pacheco, *Carta Annua Da Vice Província da China do Anno de 1660*, BAJA, 49-V-14, ff. 703-704v.

[2] 萧若瑟：《天主教传行中国考》,第211页。

子为神父购买了房舍,以做久居使用。① 造成不同记录有差别的原因,是耶稣会内部没有一套全面、完整、准确、细致、更新及时、可共享的开教记录,如已开教的一些小地方,在传教纪要中以某县、某村等称之;有的地方在多年前曾经开教,疏于牧养,多年后又重新开教;还有的地方首次开教未成功,经过多次尝试等等。相较而言,追溯某地住院创建时间,能得到更明确的答案。

与其他类文献相比较,年信中的开教记录在以下两方面更突出:第一,有诸如吴桥、乌程、沙县和朱仙镇等"小"地方的开教过程,且在传教通史性著作中,更关注北京、西安、南京、上海、杭州、福州等传教网络中的重要节点;第二,对开教过程的叙述有更多的故事、细节、背景描述,有更多当事人及人物关系等,对于深入研究传教士的传教行为,或以开教过程为棱镜,来折射天主教与中国社会相遇时的方方面面,年信中的开教报告是很好的素材。本节最后将剖析金尼阁的乌程开教报告以说明之。

一、开教目标地选择的三种动因

从年信的开教报告中可提炼出的一个较独特的研究问题是:传教士对下一个开教地的选择是如何确定的,或者是怎样一只"无形之手"将传教士推到那里的。明末清初耶稣会士在中国建立的传教据点、宗教活动热点地区、信仰氛围浓厚城市等,与今日中国的"天主教地图"有很大的继承关系,弄清楚约 400 年前决定福音在中国大地上向哪个方向传播的驱动力,可以解释今日我们所见到的天主教在中国的空间格局,最初是怎样形成的。

---

① Rodrigo de Figueredo, *Annua da V. Província da China do Anno de 1628*, BAJA, 49-V-6, ff. 590-590v.

对于传教目标地,耶稣会是有计划的,比如利玛窦在 1600 年之前执着地想法设法留居北京。耶稣会对目标地的遴选也是有标准的,优先选择省会等区域性中心城市,以利辐射,还有交通要冲,比如韶州。在耶稣会志在必得的重要节点之外,更多开教目标地的选定大致可分为自然延伸型、关系引导型、随物应机型三类。

自然延伸型是向已开教区的周边宣教,体现的是天主教名声、活动的溢出效应。比如,1620 年,龙华民借练兵之由重返北京,边在京城中培育日益增多的新教友,边在 4 至 10 日路程范围内的地区开辟新教区。[①] 1638 年,方德望、杜奥定在西安周边的 15 个村开教成功。[②] 此类毋庸多言。

关系引导型是指天主教信仰的扩散依附于传教士关系网的流动。尤其是奉教官员、友教官员从京中外放或异地调任时,就能创造出在某地开教的机会,官员可以在目标地提供庇护、资助、便利条件、对天主教教义的铺垫性宣传等利于传教的因素。一般传教史著作给人的印象是,官员在此类传播中是绝对的主角,比如上海的开教因徐光启而起[③],杭州的开教因李之藻而起[④],常熟的开教因瞿式耜而起[⑤],福建的传教因叶向高而起[⑥],四川的开教因刘宇亮而起[⑦],等等。但是,从年信看,单从数量上论,平民信徒是各地

[①] [法]费赖之著,梅乘骐、梅乘骏译:《明清间在华耶稣会士列传(1552—1773)》,第 74 页。
[②] João Monteiro, *Annua da Vice Província da China do anno de 1637*, BAJA, 49‑V‑12, f. 287.
[③] [法]费赖之著,梅乘骐、梅乘骏译:《明清间在华耶稣会士列传(1552—1773)》,第 64 页。
[④] [法]费赖之著,梅乘骐、梅乘骏译:《明清间在华耶稣会士列传(1552—1773)》,第 65 页。
[⑤] 萧若瑟:《天主教传行中国考》,第 211 页。
[⑥] [法]费赖之著,梅乘骐、梅乘骏译:《明清间在华耶稣会士列传(1552—1773)》,第 149 页。
[⑦] 萧若瑟:《天主教传行中国考》,第 215 页。

开教的主力。据1609年年信,当年在江西省城南昌受洗的两名教徒分别回到自己家乡开教,一个是名秀才,住在距南昌七八日行程的某地;① 另一个是卖大米的,距离南昌两三里格,他在家乡建了一座小堂,退居在此传教,神父称其为当地的"使徒"。② 无锡的开教者是一名船夫,这名叫路基约(Lucio)的教徒四处谋生,1688年在无锡县停留下来,当时,县里一个教徒也没有,路基约划着他的小船维持生计,并把天主教义传播给别的船夫。9年后无锡县的受洗人数已经超过一千,船夫为主,各行各业都有,20名船夫还凑钱建造了一座简陋的小教堂。③ 更多平民信徒开教案例可以参见本节附录一。其中,建昌府的开教是由几名普通文人促成的,因建昌住院是明清时期耶稣会的一个重要传教点,兹将1615年年信所载建昌开教报告简译,作为本节附录二。

随物应机型体现的是开教目标地择取上的随机性,通常发生在不需要进行铺垫的小地方,能更好地展示传教士与陌生的中国基层社会直接打交道的方式、能力,以及普通民众在无心理准备的情况下对异邦人的反应。1637年,卢纳爵从福州出发在福建省内做了一次巡回传教,路线如下:福州→Co Lam→牛田→上镜→一座海岛→马山→海口→福州东部山区→未知某地(在返福州途中,被风吹偏方向)→长乐。④ 在该路线中的两站"一座海岛"和"未知某地",卢纳爵进行了探索式开教。因为西洋传教士与普通中国人不期而遇时的描写不太常见,兹将卢纳爵的这两次开教报告简译为本节附录三。

---

① Nicolao Longobardo, *Annua da China do Anno 1609*, ARSI, JS113, f. 113v.
② Nicolao Longobardo, *Annua da China do Anno 1609*, ARSI, JS113, f. 114.
③ Joze Suares, *Annua do Colégio de Pekim desde o fim de Julho de 94 até o fim do mesmo de 97 e algumas outras Rezidências e Christandades da Missão de China*, BAJA, 49-V-22, ff. 637-637v.
④ João Monteiro, *Annua da Vice Província da China de 1637*, BAJA, 49-V-12, ff. 52-59.

二、一个范本：金尼阁的乌程开教报告

为使读者对传教士的开教工作有一个完整、清晰、具象、生动的认识，以下将援引一份在耶稣会内被视为范本的开教报告：金尼阁的乌程开教报告。[①] 将天主教引入乌程的，是该县县郊的一名王姓裁缝，他在北京谋生40多年，在一名上海籍的信教裁缝的带动下，于1624年入教，洗名方西（Francisco）。1627年时，年届六旬的他返回乡里，他希望将福音带回家乡，便请北京神父写信委托杭州神父前往乌程开教，带上这封信和自己的受洗证明，就南下了。当时，杭州住院中有两位神父，其中一位跟随方西去了乌程，这位神父应该是金尼阁。金尼阁将这次开教经历写信详告嘉定神父。1627年年信作者阳玛诺将这封信全文引用在年信中，"因为信中细节作为传教见证，便于更好地理解在这些外出传教中发生了什么，以后再写传教事时也这样写"。[②] 看得出阳玛诺很喜欢这种写作风格，期望将来成为开教报告的写作范例。或许这种绘声绘色、有血有肉的文学化记叙，更利于吸引欧洲的读者，从而产生更好的教化作用。从中亦可窥见金尼阁的文笔，"据其中国友人说，尼阁在写作方面，在欧人中无出其右者"。[③] 该报告的译文如下，在译文中，插入相关的背景和阐释，尤其是本次乌程开教中体现出的与一般传教活动中的共性特征，以呈现传教士在中国传教的工作状态。

将近两个月前，一名裁缝教友来到杭州，他带来了几封北

---

① Manoel Dias, *Carta Annua da Vice-Província da China do Anno de 1627*, 49 - V - 6, ff. 497 - 509v.
② Manoel Dias, *Carta Annua da Vice-Província da China do Anno de 1627*, 49 - V - 6, f. 497.
③ ［法］费赖之著，梅乘骐、梅乘骏译：《明清间在华耶稣会士列传（1552—1773）》，第133页。

京神父的信，匆匆地交给我，因为将他载来的船急着向前赶路，他不想误了船，就对我说，他将早一点回来，带我去他乡里为其家人施洗。我把他的话当成是客套，然而，他践行了。在3月初，他回来了，对我说了这番话：神父，我是几个月前从北京捎了一封信来的人，我这次来找您，是想接您去我家。我的回答刚到嘴边，他就离开，去了教堂，在教堂里待了良久，我便回到小居室，过了一会儿，这段时间足够诵念完一遍玫瑰经，我感觉他应该出来了，就返回来，让他坐下，问他想要什么。他答："我来寻您前往我家，在北京为我施洗的神父们告诉我，你会很乐意做。"我回他道："你想要我在你乡里做什么呢？"他说："为我全部家人布道福音。""你家里有多少人？"我问。他笑了，答曰："非常多，您来就是，不要犹豫，带上《日课》(gescós)小册子，以及其他关于教律的书，圣像，还有做弥撒的工具，都带到那里去。"我想象不出来这个男人家里有什么，还能在家里做弥撒，而且又远道而来带我去。不过，我相信他，我的信心来自我所说的决心多于来自我所代表的权威。他感谢我，然后又说："您要带上大米，再带一些腌制蔬菜，配饭吃的，因为我们路上就不再找吃的了。"他说得好，因为我也正好不找吃的，我正在大斋期。雨正下得很大，再又下了四日，我将他挽留在住院，按照我理解的应有的礼节款待他，而不是让他丰盛饱食。

以上记录了向乌程县传教决定的由来，及金尼阁略显踌躇的心态，这种犹豫或许来自对此行投入产出比的考量，因为金尼阁询问方西家中有多少人。1627年杭州住院中，只有金尼阁是完整的劳动力，另外还有两名神父，一个名叫 Reynol 的[①]，"抵达仅仅几

[①] 该神父不见于费赖之《明清间在华耶稣会士列传(1552—1773)》、荣振华《在华耶稣会士列传及书目补编》。

月,患三日疟已 11 个月"①,另一名神父还在学习汉语的阶段。②当时,正值四旬斋期,按照惯例,这段时期,神父守在住院中接待来告解和参与其他圣事的教友,斋期一过,神父就往住院周边地区巡回传教。乌程不在往年相对固定的巡回传教路线中,尽管传教士渴望将福音带往未开辟的地区,但是,在人手紧张时,是要按照收益最大化的原则来安排工作计划的。从这段中还可以看见外出宣教要携带的物资。

终于,我们出发,在路上遇到了一个壮硕的船夫,我开始对船夫讲天主的教律。这个老人笑了,对我说道:"你为什么要这么累呢,让他去吧,我给你找了成千上万的人听你讲道,直到讲得你烦,成千上万人呐。"每次,我更怀疑,不过,还是让我去相信天主吧。(这种将信将疑)一直持续到某个礼拜六的下午,我们到了一片滩涂,他让我在这里下船,将布置用的器物等背在身上,又对我说,往前走吧。但是,在我讲述我做了些什么之前,我想告诉阁下关于这片地方的情况。

此地整体而言,开阔,遍布山峦、河流、平地,由数个村落(aldeas)所组成,姑且称之为"村落"吧,这里实际上是一片山区,就像我们的阿连特茹(Alentejo)省,不过,这里人烟更多,这里的人更穷,土地上有更多人定居。这些村子被家族所分据,每一个村都有一个家族,外村的人,不是同一屋(casa)的,不同姓的,不允许住进来,只有嫁给本家族的儿子们的邻村女人才可以住进来。这里的人口不像府(cidade)、县(villa)的人口那么多,村里不过二三十屋,聚在一起,但是,每屋里的人口

---

① Manoel Dias, *Carta Annua da Vice-Província da China do Anno de 1627*, 49-V-6, f.493.
② Manoel Dias, *Carta Annua da Vice-Província da China do Anno de 1627*, 49-V-6, f.488.

数不胜数,因为儿子、孙子和曾孙们以及他们的妻儿们都栖居在一个极狭小的空间内。其中,有特别的几屋地位显著,他们是首先在这里拓殖的,就像树的主干,当然,不是全家族的主干,而是这特别的一屋的主干。我要去寻找的老裁缝的这一家,是王(vâm)姓的第50屋,人口也是不可胜数,有儿子们、孙子们、侄孙们,以及其他数目庞大的后代们。

由此衍生出庞大的聚落和共同体,这些人就居于其中,面对盗贼和外乡人,他们十分安全,他们之间非常信任,无人搬弄是非,没有闲言碎语。因为大家都是亲戚,所以,不幸降到一个人的身上,就是降到所有人的身上,因为这个原因,他们也不怕官,而且,所有的土地都是他们自己的,在这里面没有片土另有他主。所有小孩都要学习,所有大人都要耕作、服务大家,除了一些展示出更多读书才能的人,对这些人,就给他们更多学习时间,随后,他们就会去往他乡,若他们不能谋得功名和官职,他们就去当老师了,毕竟能读出头的只有很少数,因为大多数人财力不厚,于是,就不能支撑他们继续考功名,考功名是需要钱的。因此,他们有一套教育孩子的方式,我认为是设计巧妙和值得称道的。所有人在协商一致后请一位或几位塾师,这要根据户数或户的大小而定,由出得起钱的人共同付钱给塾师,允许付不起钱的也来使用这个老师,就连供给老师的饭,也是由这些有钱的户分摊,因为按照中国习俗,要为老师提供吃食。根据户数,按年分成月数,把学生和老师接到自己家中上早课。在一户约定的时间待满后,老师和学生就前往轮值的另一户,这户要像前一户那样招待老师和供应饭菜。学生之间也有分工,轮流去接老师,接回自己家中吃饭,若是轮值这户的父母碰巧不在家,就在将来再补回来。

这些就是我在此地所发现的独特之处,它们让我相信,来听布道的人数和村落中来接受圣洗的人数不会少,我的一部分确信还来自我宣扬圣洗时的信心,以及我在此地可以很自由地行动,就像我在圣塔伦或者在圣塔伦的边缘地带时向人们传教一样。不过,我们再说回到滩涂。

以上四段继续描述金尼阁的游移心态。向途中的船夫、仆从等传教,屡见于传教士的传教报告中,他们不仅在从欧洲至东亚的大航海途中如此,在中国内地的旅途中也如此。王方西却觉得,与将到来的丰硕收获相比,这一个灵魂的收获显得微不足道,这也再一次落脚到金尼阁的犹豫的心中。金尼阁对乌程的风貌有两段细致的描绘,在某地开教时,对该地的风土人情进行一番描绘,以助读者了解福音种子将扎根的土壤,并对信仰在这片土地上的生长前景做番评估,也是年信中开教报告的通常写法。诸风貌中,传教士都会重点关注当地的人文氛围,尤其读书人的数量,这与传教士在中国的"上层传教路线"有关,金尼阁也重点关注了当地是怎样培养读书人的,当然,最终还是落在了他一路上未释怀的犹豫心事上,"来听布道的人数和村落中来接受圣洗的人数不会少"。最后,金尼阁还提到在此地传教的自由未受到司法、世俗等因素的干扰。

我们进了一个村子,没走几步,就到了几幢房屋处,这里看起来像是某位太子的住宅,庭院铺满石子,墙也是石头的,有一个极富丽的厅,正坐满了孩子和他们的老师,他们正在学习。这里就是接待我的第一家了。老方西——方西是这老裁缝的洗名——将我留在这里与老师和孩子们在一起,他就去谈他的事情了。几名文人来了,我们开始讨论天主律法。他们问我是否有关于我向他们宣扬的天主的像,我取出来一幅尺寸足够大的,立即就在那个厅里铺展开来,我执一边,已回来的老裁缝执另一边,我们将圣像悬挂在厅的一面墙上,全体学生和他们的老师开始对着圣像行"拜"(pay)礼,老方西在前面,就像一位礼仪老师,他说:主啊,我们拜您,求您帮助我们,打开我们的智慧以学习云云。我在这次体验到的欣慰,不说你也知道。这是我与当地人的第一次接触的情况。

接下来是另外一场重要性小一点的会面。那晚,他们安排我留宿在一个足够舒适的房间里,第二天我立即安排在那个厅里搭建一座祭坛,以布置与那幅救世主圣像一样的圣物,很快就完成了,入夜,装点好了华盖,祭坛,和摆上焚香的桌子,布道就开始了。

当我甫一抵达此地,方圆一里格半就知道"天主教的先生"到了,他们都是这样称呼我。没有谁不来我的斗室看望我,也没有太多的礼节,每个人都进进出出就像在自己的家里一样,这种方式使得所有人都可以相互交流,他们使我在想,男人女人之间没有分野,一些人与另一些人之间没有分野,其他所有人与我之间也没有分野。甚至在我吃东西时,屋子也满是人,他们觉得一切都很新奇,他们关注一切,他们全都兴致勃勃地看。而我,在一开始,对这种方式感觉到怪异,让我觉得很不自在,后来,我看到他们的淳朴,看到他们是什么样的人,以及他们是这样对待我的,我就非常喜欢这种方式,当我要吃饭时或祷告时,我就占据门前,费力地将来找我的人拉进房里,有时这找上门来的人会被众人忽视,没人察觉到他。我说这个,是因为在最初几天,有几次我在门口发现有一个赤脚的青年,几近半裸,他背靠在桌上,就那么看着我,一句话也不说,第四天或第五天的时候,他将我带到他家里,弥额尔进士(即杨廷筠)的儿子加禄(即杨约之)在杭州的房子也没有这个好,当我去听他忏悔时,我在这个家里为他的弟兄、母亲、姊妹等近18人施洗。通过这件事及其他事例,我开始学会喜欢此类的拜访，而不是对这类拜访感觉奇怪。

以上记述了金尼阁是怎样切入传教工作的，仍然是传教士的一般做法：展示圣像。在天主教诸修会中，耶稣会尤其注重对视觉资源的使用，甚至不乏单纯因为受圣像的吸引而入教的案例，精美的、异域的宗教画对于天主教在陌生人群中建立良好的第一印象行之有效。众人闻讯而来拜访神父的场面在神父的巡回传教中是最普通不过的场景，金尼阁描绘的正是这种日夕盈门、虚往实归的场面，还由面及点地重点讲了在一个赤脚青年家中的收获。

> 人群以这种方式很快地聚集起来，他们之前都耳闻过天主律法，有聆听的意愿，即便有些不能到现场来，那天晚上，厅里立起祭坛，他们也都来了，他们还在那里为我放了一把椅子，排第一位。
>
> 首先，我向圣像拜了五拜或是六拜，而后，他们照做，随后就是布道，总共包含五个要点。第一，像上的人是谁，他是天上的主，万物的创造者，而佛不是，偶像不是，他是活着的神，真正的神。还讲了天主怎样创造了天，天使，以及万事万物，因此，不应再拜其他的神，因为所有的一切都是受造物，也别害怕魔鬼，要去侍奉这唯一的真神。
>
> 第二，关于天使的堕落和人的受造，关于道成肉身。
>
> 第三，对信经（Credo）和主要奥义的简明解释。
>
> 第四，对十诫的解释。
>
> 第五，关于受洗所必需的事项，怎样下定接纳这律法的决心，怎样悔罪等等。
>
> 第六，简短的结束语。我远道而来只是为了向你们推介这些真理，绝无他图，除了播扬圣律，使圣律被接纳，使你们下定决心去捍卫它，我不求大家其他的事情，我不向你们保证接

受了这教义,就能在身后得享真福,我能确定的是,你们因为接受了这圣教,在这一生将不乏磨难,然而,你们可以凭着一颗真挚的心,请求天主帮助,天主一定会给你们办法和信心,使你们悦纳这磨难,觉得值得。

接下来是教他们祷告的方式,对祷词的解释,念珠的使用及圣物袋、圣像的效用,当他们受洗后,我会将这些发给他们的。

以上是神父的布道提纲。直接引出天地万物唯有一主,也是传教士通用的教学术、辩论术,即使面对的是富有辩才的儒士或异教的宗教师,传教士也总是先发制人首先抛出这一观点,该观点也往往得到共识,成为推动辩论进一步发展的逻辑起点。"道成肉身"是在中国人中间传教时的理解难点,年信中有许多对道成肉身、三位一体、复活等神迹久攻不破的望道友的事例。若说道成肉身等神迹是教义中的难点,十诫则是中国人入教的行为上的一个常见难点,年信中也有许多因害怕不能遵守诫命而退缩不入教的例子,可见,金尼阁的这份布道提纲应该是结合传教实践总结出来的。听众在心中对照神父的讲解,衡量了自己入教的可能性后,接下来听到的是领受洗礼的程式。最后,金尼阁表明了传播圣教无私利的心迹,以入教后仍要接受苦难考验收尾,是预防来自异教的攻击,以及某些人入教后因际遇更糟而弃教,此类例子亦不少见。

在这家里,已有许多准备好受洗的人,他们所知甚多,我又花了两天时间对几个孩子的祷告进行了完善,然后,又找一天为25人施洗,全都是这户人家的,除了一名妇女,她走两里格来寻我,她想见我的热切和决心挂念在口中,她重复了很多遍"一个坚强的女人,我发现"(mulierem forten, ego inveni)。

该妇女有两个儿子,其中一个亦在北京受洗,当他返家之后,就向她传授和教习有关天主的事,以至于她可以作为我在这里的传道员,去向其他女人传教。她进这家里来,家里的人按照该有的礼数出来迎接她,但是,她对他们说道,先让我拜一拜天主,我想见他已有三年,我视他为生命,容我稍后再接受你们的款待,再对你们回礼。她在我的指导之下行礼,这家的人陪同着她,她对我说——俨然像是已经入教——她是多么盼望能见到一个为她施洗的神父。她对我讲了两件事,确实有很多神迹在其中。

第一件事,她以前对某佛非常虔诚,这里的人称其为观音菩萨(quôn yñ pû sà),她有一个观音菩萨人像,摆在一处很干净和讲究的地方,对其敬拜。当她儿子在京中受洗时,那偶像从摆放处掉下来三次,每次都是无缘无故。她以为出现这种情况是自己在敬虔中犯了某个错误,她流着泪,多次请求菩萨原谅,她不知道真正原因(这是她后来才参悟到的),这是天主在通过她的儿子清除她内心中的所有错误崇拜、崇敬,那时她的心中还有那个菩萨及类似的偶像。

第二件事,她有一个女儿,病得很重,出于信仰不坚,女儿有几次求不同的佛,母亲劝女儿要坚信真神,只寄望于天主,向他祈求健康,母亲在患者的身体上画十字符,这么做了之后,女儿由病引起的外在的不好和内在的疼痛就逐渐消失了,很快就痊愈了。

然而,这女人对天主教律那么热切,主要原因不仅仅是这些,而是她在北京的儿子回来后,发生在她身上的更显著的奇迹。因为儿子回家时带着一个愿望,那就是将他在天主教律中寻找到的好处告诉母亲,他在那里已经接受天主教律。儿子却遇到了与愿望相悖的情况,母亲比以前更执迷于偶像崇拜了(她一向很迷信),原因就是上文提到的所发生的事。儿子对母亲说,她这是白忙活,拜偶像没有用,然后,就把在家中找到的与敬拜和侍奉魔鬼有关的东西全都烧了。母亲对儿子的所作所为非常难过，更令她伤心的，不是她自己受到的屈辱，而是儿子对她认为应该受尊敬的偶像所做的事。她认为儿子挑起了"神"的怒气，她要抚平这些怒气，于是，她收集了更多的偶像及画像，将它们摆放在原处，比以前更豪华。但是，儿子没有放弃，他没有与母亲争吵，每当母亲搬来新的偶像，他就拿去烧了，反复多次，直到母亲暴怒。或者是出于儿子的宗教热情，或者是由于天主的安排，后来，母亲病了，病得很重，这个可怜的女人还以为这是儿子犯错使她受到的报应，她越发地虔诚，更频繁地吃斋，因为她也不能做其他的呼求、仪式（因为儿子不允），就是异教徒们在类似的困境中要做的那些迷信活动。但是，除了病情每况愈重之外，她没得到其他收获，她走到了生命终点。这是儿子能够更有效地劝服母亲的好时机。母亲聆听了儿子的建议，从心里准备好了只请求这真神来给她解药，无论身体上的还是灵魂上的，她只寄望天主。儿子对她说道，我对你说过的真理，现在就在你的手上，你将要证明它，因此，你要相信天主慈悲，这也是我对你布道时讲过的，是我所敬拜的，我可向你保证，只要你相信我并盼望着入教，就像我所教导你的，你将从中获得完美康复。母亲被说服了，儿子看到母亲已经转变，就对她画十字，很快她就好了。

最后，我就留在她的家里，对来她家中的一些人布道，回答他们提出的各种问题和疑问，这些问题是关于我们圣教之事中的智慧。进来一个男人，他在听了一会儿其他人的提问和我的回答之后，什么话也没说，从一名听众的手中攫走一本（关于教义的）小册子，读了起来，从表情看，他很满意，就像手中捧着一本书在朗读。他站起来，对坐在周围的乡里人说：你们看起来就像群村氓野夫，连自己读的都读不懂吗，书上写得清清楚楚,你们何需再用这些没必要的问题来烦劳这个人呢(他指着我)?你们还没懂吗,他为你们做这一切,都是为了使你们认识这一位真神,是天主创造了万物,他要我们按照天主所应得的侍奉天主,难道天主不应该被侍奉吗?你们只做天主想要你们做的,行为端正,凡是他不允的,都不要做,他不命令我们做的,我们不做,行吗?你们没有读过这些诫命吗?你们还不明白这是所有人都认可的好道理吗?从这些道理中可以清楚看出,值得被侍奉被遵从的,是创造我们的那位。说完这些,他就坐回去了,他使我也非常满意,对他心生敬意,而所有人都带着同样的满意和敬意,认可他所说的。他则继续朗读那本小册子,尤其在读到十诫的时候,用高声调,他很清楚、明确地解释每一条诫命,就好像慢慢地听了一遍完整的教理课。在他摇头晃脑读完之后,大笑起来,他对其他人说,毫无疑问,此处必定不乏有人想说,这教律是矫造来骗人的,是想煽动百姓,在这个国家制造一场危险的动乱。这些诫命,这教律的本质,其实是这样的,如果皇帝想把这国家治理好,那么,我们就必得遵守我们所信从的教律,守住信条。

再说回到我正在这个妇女家中的布道。甫一结束,她就邀我来年再来她的家乡,不出所料,她的嫁到各地去的女儿们将会回家团聚,除了女儿,还能说服其他很多人来聆听布道,并且接受天主教律。

我对她进行了(课业)检查,发现她对我所讲授的掌握得很好,然后,我向她指出忏悔的重要性,天主在洗礼中给予准备好的人恩典,在洗礼前,要行忏悔。她在我倾听其忏悔时打动了我,她站起来,眼中噙着泪水,开始说道:啊,神父,我在偶像崇拜中踯躅了这么久,每每想起这么大的错误,我就把心举给天主,请求他赦免我整颗心。她边这么说着,边用很大力气捶打胸脯,我们不得不请求在场的人告诉她"停"。

以上是发生在某个新领洗的女教徒身上的有教育意义的事例,围绕着拜天主像还是佛像在家庭内部发生的争执,以画十字或圣物治病,也都是年信中的寻常事例。从这封私人通信中也大篇幅使用有教育意义的案例可以看出,有教育意义的案例并非年信独有的,尽管此类事例差不多占了年信2/3的篇幅,事实上在传教士间的私人通信、家信当中,都有许多有教育意义的案例。该事例也反应了天主教在家庭中的传播链,这是年信中占比很高的一种信教原因。

这些日子,我继续在这个妇女家中,对孩子们重复了很多遍怎样祷告,从上午到下午,按照我们的时刻做祷告,在圣像前奉献,这样做的目的是为了给所有人示范,教会他们该怎样做祷告。我还诵念念珠保佑他们,还给他们留下圣水。其余时间,我用来与不同的人交谈,他们从不同的地方赶来听我说话,看看我带到当地来的物品,我的房间总是像个市集,一些人来了另一些人又走了,于是,就发生了一些事情,我们就来讲讲。

过了几日,另一户人家来邀请我,在这家里有已听说过天主之事的男男女女,他们想要受洗。我对他们传道,几乎与我之前做过的方式一样,我为18人施行圣洗,还有很多人向我保证来年将毫无疑问地受洗,或者是我回到此地,或者是其他人来为他们施洗。

在这里的翌日,大家学习十字符和祷告的热情非常值得注意。

结束布道之后,出现了一幅美丽的画面,只见我坐在一个座位上,男人一边,女人在另一边,分成小组,彼此间复述着祷词,画十字符,孩子们则穿梭其间,他们学得更快,就在嘲笑父母,因为父母还不熟练,因此,一个孩子远远站着,看见母亲画十字时动作错了,就赶快跑过去,抓起母亲的手,还有一些家长牵着孩子到一边去练习祷告。这看起来就像一所学校,我则是教师或考官,来这里的人无不在谈论其学到的东西。

我承认胸中盛不下这欢乐,眼中流出了泪。我见这时家里进来了一些人,他们既不知道基督,又不知道十字符号,对眼前的一切感觉惊奇,想知道是什么,一些人在一侧,另一些人在另一侧,就开始对他们画十字符,而他们还不知道是怎么回事。他们回过神来,就问这新宗教是那种可以拜佛或问计于巫师的吗,大人、小孩异口同声回答:不行!

有一次我们在这样的布道场合上,一些小孩脱口而出"阿弥陀佛"(ô mî tô fé),这是呼求佛的话语,是他们从母亲那里听了很多次而形成的坏习惯。在一边的女人们和在另一边的男人们立即就批评这些小孩,对孩子们说道:"你们要讲,天主,助我。"这留给孩子们的印象很深刻,在整场活动的期间,他们在不停地重复这一句祷告。

以上着重描写了妇女、儿童的奉教图景,在年信中,传教士笔下的女性教徒、孩童教徒是可以与欧洲的教徒相媲美的,这里也不例外,金尼阁以饱含感情和场景感强烈的笔调描绘了一幅"美丽的画面",既是传教士感觉最幸福的时光,也使欧洲读者有身临其境的感觉,也以这美好的画面吸引更多的传教士东来。

我在这些地方宣教,付洗,每次我都注意到了另一件事,就像男女之防一样(所有人相互间都是亲戚),在我提到必须得入教时,兄妹之间、父子之间就仿佛陌生人一样,很明确地对我说,他不必非得成为一名教徒,这会使他多一个劳累的理由,他已理解了自己的生命和命中的安排,他将不会接受天主的律法,因为这个原因,将大门对这类人关上,不让他们来看来听是一项巨大的费力事,我越是想将大门对所有人敞开,好让所有人都进来,不想入教的就越多。有好多次,我新到一户人的家里,对孩子们画完十字,将祷词诵念了一大部分,这些孩子却对我说,我还不想受洗,我不信教,这宗教之于我,一方面让我觉得好玩,另方面给我安慰。在他们中间有这么一条防线,我是亲眼所见,他们带着这种意识来接待施洗者,我提到此,是要你们理解这背上的重担。

金尼阁并不忌讳提及传教中的挫败,并明确表达出自己的挫败感。这类失败是传教中常见的挫折,许多中国人向传教士提出只要心里信就可以了,没有必要从形式上领洗入教。根据年信中的其他类似事例,中国人做出这种选择的原因,通常有二:一是不愿意受教规束缚;二是不愿独尊天主,只是想将天主作为有所求时的备选项之一,与各类神祇混合在一起同拜。

就以我这次施洗 18 人这件事来收尾吧,其中一例是真正的"神迹"(就我所能理解的范畴内)。受洗妇女中的一个,当夜发觉自己有点不适,因为她之前很虔诚地拜佛像,她立即将这个病解读为自己所受的惩罚,于是,翌日,她显露出对弃佛的后悔。然而,天主想照亮她,就将随后发生的几件大事降在她身上,天主用她所理解的惩罚的方式来惩罚她,她的一个女儿立即病了,而这个女儿之前的身体一向很好,现在却紧闭着双眼,嘴也不张,似乎对母亲的罪过不满,不想看见母亲,也不想接受母亲的关心。那天,大家却对这个女儿的病视而不见,直到病情每况愈下,眼看这个小女孩就快要死了。刚刚入夜,几个受过洗的亲戚就来求我去看看她,并代她向天主求情,他们认为女孩得病的原因是,洗礼那日前后,她玩念珠,还弄断了念珠,这个解释使我想起那一种精神的火花,圣沙勿略将这种精神带到了费舍瑞海岸(Costa da Pescaria)①,他拥抱了整个村庄,因为在那里只发现了一个佛像。我站起来,对他们说:"罪不在这小女孩弄断了念珠,天主要惩罚她,是因为她母亲叛教,她的母亲昨日接受圣洗,今日就流露出悔意,而仅仅是因为那夜感觉到痛疼。你们怀着侥幸心理认为圣洗可以使你们不死吗?我难道没有代天主对你们说,可以保证你的永福,但是,不能使你摆脱暂时的苦厄?如果你们不相信我,为什么还要受洗来欺骗我?如果你们还相信我,为什么今日就抛弃了昨日你们还认为好的东西?你们这样做的理由是什么?既然你们这么做了,今天还来找我做甚?你们又为什么希望我去你们家?你们以为我像你们的和尚,对你们宣扬大谬的道理,以此解救你们于困境之中?你们对我说说(这里来了你们的好多人),昨日,我去你们家用一整天为你们施洗,共洗18人,你们来我这里又给了我什么?我给你们留下满屋子的东西,念珠、圣物袋和圣像,你们却来骗我,这是不正确的,你们亏欠于主,天主全知、全见、全能。我不会再去你们家,我也不想迈进那门,这小女孩必死,因为她母亲的罪过。你们走吧,代我告诉这个妇人,让她不要以为天主降给她全家的惩罚就此而止。"我的那些女房东(她们有很多人在现场)开始说道:"这坏女人,在为你施洗前,神父没有特意问过你吗,你是发自内心的相信吗,你把那些佛像都交出来了吗?既然你做不到,为什么又说'是'呢?"这些诘问的声音不间断,就连那些来找我的病人的亲属也坚定地说:"你非常有道理,她真该死。"只有一人对我说道:"神父,母亲已经很好地受到了她应得的惩罚,但是这小女孩何错之有?"我回答道:"女孩没任何

---

① 即Fishery Coast,位于南印度。

错,她也不会受到任何惩罚,你说得好,她将会死,去往天堂,而她的坏母亲是不能妨碍和破坏的。"

听了这番话后,这些人就告别了,他们相信,这女孩毫无疑问将善终,带着这些信念,他们回家去了。

然而,我的年迈的男房东,以及其他像是他的女亲眷的人,来对我说,如果我为这女孩向天主祈求,要她不死,将是好的。我对这老人说,这件事我也不会去做的,但是,我可以告诉你,如果这个母亲悔罪,带着全家在天主前请求赦免,那小女孩很快就能痊愈。听了这话,这老人以及家里的所有教徒,以这罪妇为首,在圣像前行"拜"(pai)礼,请求主赦免她的罪。很快,这女孩就睁开了眼,张开了嘴,显出生命迹象,脱离危险。

于是,老人处理掉了家中还留存的与佛像有关的书籍和器物,那女教徒并未处理完全,在众人的欢欣鼓舞当中,将其投入火中。他后来告诉我,大火爆出了几个不寻常的漩涡,所有人都非常害怕,他就对着火画十字,一切都止息了。这是不是超自然的现象,我不知道,我所知的,是在场的所有人都大惊不已,以至于不敢用类似的动作来灭火,也不敢将那些东西投入火中,但是,他们将那些东西带过来,请求我来画十字符,借我的手将它们投入到大火中,我特别乐意这么做。

又有一日,母亲与女儿和她家里的其他人来感谢主,并特别感谢我。因为这小女孩还有一些过去的病症的痕迹,他们仍很担心,他们认为,如果我不祝福这个孩子,她就不能彻底康复。我就做了祝福,因为母亲十分坚持,并多次当着所有人的面声明,她是全心地信,她已悔罪。小女孩立即就完全好了,或者是她真的好了,或者是大家认为她好了,她现在的状态就是这样。

这件事后,天主的伟大的荣光接踵而至,令人难以置信,因为很快就有各处的病人来向我祈求健康,但是,我纠正了他们的错误的认识,告诉他们,唯有天主和我所宣扬的教律,可以赐给他们灵魂上的正确的、完全的健康,而这是由于他们幸运地信仰了我所宣扬的那位天主的大能,同时,他们也将获得身体上的健康。听我这番话后,很多人信教了,还有一些不愿意入教的,想等一等,因为他们在权衡遵守十诫而付出的代价。事情就是这样。

在这个事例中我注意到三点,它们之前碰巧也发生在我身上,当事人在这件事中的宗教热情不足,但是,天主对他们进行了雕琢,这是我期望的。

第一,那家人是非常新的教徒,他们不认为我可以赦免任何罪,当然,他们待我以最大的尊敬和爱。

第二,他们全都对我说的话深信不疑,他们对我抱有强烈的信心,是出于对原则的尊奉,应该就是这样,而不是像最初那样,出于功利性的判断来信奉我。

第三,知道这件事的人都惊讶不已,尽管这是一个不那么显著的神迹,但不能将生病和好转归为自然的原因,虽然我不知道生这场病是否是天主赐予的一个机会,而他们除了相信我的话,也没有可求助的其他药方。

既然我们已经讲到伴随着神迹发生的事,我们就再讲一个梦吧。这是一个妇人告诉我的,她是我在此间付洗的几个妇女中的一个。事情是这样的,她已70岁了,她这一辈子几乎都在吃素,在她听闻天主教律之后,决定归信这个律法,立即就放弃了斋素,然而,在她践行这良好决心的那第一个夜晚,她的梦中出现了一只骇人的老虎,向她走来,似要吃她,她对画十字符(截至当时,她既未听说过,又不知道十字符是什么,若这件事中有神迹的话,那就蕴含在这中间了),老虎立刻就消失了。那时,她还没有学会画十字符,我可作证,因为我是亲眼所见,我也不知道用了多少种努力,都找不到教会她画十字的方法。但我试探过了,她的信仰极为坚贞。

那么,现在就把这类事先搁置起来,每走一步,都会发生许多这样的事,数不胜数,我再来讲一些更突出的事。

以上继续讲述有教育意义的案例,因宗教热情冷淡而受罚,也是年信中常见的一类事例。在金尼阁的叙事方式中,共有两点值得注意:1. 他联想到沙勿略在印度传教的事迹,将此处与彼处做连结,进行类比,也是年信中常见的一种写作手法,以此营造出世界各地的耶稣会士同在基督内的图景。"一统"(unidade)是从耶稣会会祖伊纳爵·罗耀拉起就着力塑造的修会特征,不仅体现在组织上、管理上,也体现在思想上、行动上,年信本身就是服务于这一思想的产物;2. 金尼阁对"神迹"的处理方式,年信中有许多带有"神迹"的事例,也是较容易引起争议的"事实",金尼阁说:"这是不是超自然的现象,我不知道。"这是一种不做判断、只记事实的处理方式,年信中的此类事例大多依此处理。

那个老人把我从杭州带到这个村来,他的家中,我从这里去往另一个村,在那里住着另一个教友,也是在北京受洗的,他来找我,请求我去他家,给他的父母、妻子和子女们施洗,他们信教已有多年。我就在他那里逗留了三四天。

在他家里有许多人,他们彼此都是亲戚,因此,除了教育那些决心入教的人之外,我的小房间内也挤满了其他人,他们前来看我,他们全都是种田人,但是,领悟力高,使我吃惊。

在这些人当中,有一个人,我与他热谈两天,我有这么高的兴致,是因为在我与他交谈后,他表现得好奇、敏锐,在我离开自己的地方,来到这片土地之后,还没有遇到一个这样的人与我激辩。在听我布道的许多人中,他是第一个向我提出了这样的问题,关于天主,关于其圣律的本质。除了以下这次。那次,他与另一批人一起过来,他们人多,像是打赌,他对我说:"你说你们这位陡斯(Deos)造了天地,那么,我们的盘古(puôn cu)做什么?我们的书中提到盘古,他才是把天地分开的人,似乎对于你们,并不存在这个盘古?"我答:"我不相信是这个人,将天与地分开的是真神天主,就是我在向你讲道时告诉你的。"针对这点,他回应我:"好吧,你等一下,我去给你带本书来,你在书中能读到关于这点的很清楚的记载。"他出去一会儿,立刻就回来了,手中拿着一大卷书,他开始念这大部头通史的开篇:不存在天,也没有地,盘古将它们分开来。我说:"比你这本书大得多、权威得多的书我都读过,也是这么说的,然而,要问我是否像你相信这本书一样相信这些书,不会。是谁写了这一本书,不是一个人吗?那么,人会不会撒谎?"他极其激动地拿起了桌子上的那本小册子①,对我说道:"这真是一件难理喻的事啊,你希望我相信你这本小小的书,却不希望我相信我这本书,和其他更大的书吗?"我回答他:"如果你是从书的大小来判断,那么,你应该先相信我的这本,它比你们所有的书都大得多(我指着我们的一部书,它恰巧在桌上),但是,你还是希望用道理来使人信服吧,你不信我的书,就像我不信你的书,那么,就让我们分析一下个中道理。""是啊,"这名耕夫说道,"我说过我希望自己心服。"我继续道:"你这本书有没有说盘古是一个人?""是的",耕夫回答。我说:"那么,我找到了一个谎言,你告诉我,当这个人在分开天与地的时候,他是站在地上,迎着天呢,还是站在天上,迎着地呢?如果

---

① 应为《日课》。

他是站在两者之间,他为什么没被夹死?除此之外,如果你用三天时间尚且不能将一棵树劈开,一个人又怎么可能将天与地分开?还有,在这个人完成这项事工期间,他吃什么?"对于这些诘问,耕夫变缄默了,同伴们都在看着他。但是,因他深孚众望,他就继续用他的书将话题向前推,他说:"这么说来,你也不相信是三皇(três Reys)创造了万物。""正是如此,"我说,"因为这是个大谎言,从这个观点往下推,三皇是像我们一样的人,在他们创造万物前,也没得吃,自己先饿死了。"针对这点,他的一个同伴帮腔,他们吃草,还有水果。我答他道:"这足够使他们不死,但是,他们要吃的草、水果,又是谁创造的?创造了草和水果的人,也会创造更多东西,那么,创造万物就不需要这三皇了。"帮腔的这个人对此哑口无言,耕夫又把话题引回到书本,说道:"在尧帝(Rey yaó)时有十个太阳,对于这点,你想对我说点什么?""这是假的,"我说,"因为你往前读,你会读到,这个尧帝在此期间,派了一名射手为他射了一箭,这使那些太阳立即就消失了。对于你们来说,世上总有不幸,幸好还有这个射手。再往前读,你会读到,还是这个尧帝,派了一名壮汉将风锁在一片小丛林里,使风不能毁坏大片的树和房屋。"他听到此,他意识到,我对他的书籍的通晓超过其最初的想象。他合上书,对我说道:"你说的有道理,那么,我用你的问题问你,你的天主,在创造天地时,又是站在哪里,吃些什么?""问得极好,"我说,"这说明你已非常理解了,但是,首先,你得问我,我的这位天主是谁,因为你得知道,他无肉体,因此就不需要空间,也不需要吃喝。"我就这样对他讲述这些事情。我由此向他推导出,天主是唯一的真神,该被崇拜,而不是佛像被崇拜。说到这里,他收起手,说道:"佛有那么多次显灵,这个你又怎么给我解释?佛有大能,使效力于佛的人和亵渎佛的人善恶有报。"对这一点,我说:"我想用一个道理来回答你:我从我土而来,那里距离你们这里九千里格,除了想着怎样能使你们唾弃佛像,怎么说服你们不要拜佛,我也不作他想,不做其他筹划。那么我问,如果佛们得知,一定清楚我在做什么和我的企图,如果佛们能够惩罚不事佛的人,那么为什么不报应在我身上?要知道我可是身处在异乡的万险中,我不仅不敬佛,还在劝所有人不要拜佛。"这个粗糙的道理使得这个可怜的农村知识分子在这个话题上无话可说,于是,他从另一个话题上发出了他的疑问。他说:"你讲万物都是由这个天主创造的,那么,这些毁坏了田园的虎狼,这些老鼠,以及我们身边其他寄生生物,它们对这个世界有何用?天主为什么要创造它们?""这么说来——因为我已对你说过——按照和尚所说,他们既不吃猪,也不吃鱼,对于他们来说,猪和鱼是没有用的,那么,天主为什么要创造猪和鱼呢?"我答:"你的这个问题不小,但是,我能简单地回答你。"(正如我说过的,我们正在一个耕夫家中,家里摆满了各式各样的农具,都是这个耕地师傅用的)我指着这大堆农具,问他:"你看见这些农具了吗?不瞒你说,昨天,我还在想,它们都作何用,我永远都不会用到它们。毫无疑问,你在这方面很精通,你认为只是我不晓得它们的用途而已。"这番话使得他很得意,他对我说:"你确实不知道那是做什么用的。"我接过他的话,说道:"尽管我不知道它是干什么用的,但我也不会认为它没有用,因为我会从另一个角度看,为什么主人会把它们放在这屋子里呢?如果还不理解,那你等下,"我打开了文具箱的一个小匣子,拿出一些圆戳[①](aparos de hóstia),这是我随身带着

---

① 像按压机。

来封缄信的,我问他道,"你知道这是什么吗？有什么用?"他笑了笑:"必定是有用的。"我肯定了他的说法,说道:"你认为这对你来说是没有用的东西,或者,你又在想,尽管你不知道它的用途,但我不会徒劳地带着一件无用的东西。""是这样的",他说。"既然如此,你就应该相信,天主不会进行你所说的徒劳的创造,只是你还不知道它们在这个世界上的价值和用途而已,而这样的受造物是很多的,而且都很重要。"这番话使得这耕夫偃旗息鼓。后来,他另找了一日再来,来得很早,已经换了一副气势,不是来雄辩的,而是问了我几个关于基督我主的问题,他很尖锐。只听他说:"你们的圣母不是因男人之工而受孕。"我只好说:"她是有丈夫的。"他说:"人家不会非议她吗?"他不知道,也不能理解这其中的奥义,"这样一个年轻姑娘,谁来保护,谁来照顾,谁来养活?"最后,他拿起了那小册子,开始很慢地全部念完,对不理解的他就问,尤其是关于十诫的部分。随后,他对我说:"好的,我理解了,我已决定不再相信这些偶像,也不再拜偶像,你快给我施洗,不是根据这第二诫,不能发假誓吗?"因为我还要做几场弥撒,看起来要实现他的愿望并不方便,于是,他对我说,再等等吧。我便与他道别,对他说了很多感谢和赞赏的话,我对他说:"你一定会成为一名很优秀的天主教徒,今年,我一定会为你施洗。"他又问我,为何没有妻子,也没有家,不是说天主不禁止婚姻,而且还安排婚约吗？对他这个问题,我很满意,便对他说:"我去哪里都像来此地一样,行走在这样的大地上,又怎能够拖家带口?"很显然,他对此无言以对。我说:"因为我知道这就是我的生活,这是我不打算要妻子和家的原因之一吧。"

在年信中,传教士与文人、宗教大师激辩的场景屡见不鲜,传教士与普通听众甚至是一个农夫辩论的场景则不多见。金尼阁很详细地记录了他与这名"农村知识分子"辩论的全程,从中可以看出基层社会接受天主教时的主要疑点,中国"农村知识分子"的文化水准,中西方不同的思维逻辑方式。其中一个细节,是中国人常以书的厚薄来判断天主教是不是真学、真理,这种情形常常遇到,是促使传教士从西方往中国运进大部头宣教书的原因之一。

这个人的同伴,在第一天辩论时未参与,没有帮他。该同伴来安慰我,对我说,不必奇怪不能将所有人变成教徒,他撂下话,来年将与全家一同入教,他不能立即入教的原因是还有一些生意要做,而这生意违逆十诫,他正想办法尽快放下这些事。其他很多人也对我说过同样的话,因为在这几个村中,买卖中的欺诈很多,他们都注意到了第七诫。因此,尽管在这个村有众多的望道友,他们几乎全都来看过我,但是,我只为7个人施洗:邀请我来这个村的教友的父母,二老都70多岁,该教友的妻子,两个孩子,还有另外两个青年,是其亲戚。老太太给了我大大的教育,因为她以超乎寻常的热情将一大堆佛牌(chapas dos Bonzos)焚烧,我想从火中抢救出几副念珠,好带给学生们,她变得很不安,几次请求我将它们烧了。

做完这些,我返回我的老朋友的家中,就像去程一样,也是步行,超过一里格远。我去为老者讲弥撒,并为其出生五天的一个孙子施洗,孩子的出生为全家带来很大的欢乐,因为这次生产极为顺利,而此前的两个费尽周折,虔诚的教徒们都将此归功于有天主教律中的主的陪伴。我就住在那户家里,一个穷乡民来寻我,俯身在地,求我去他家里,他全家人都想领受圣洗。他向我讲述了是在什么样的机缘下探问和得知这天主教的那么多好处的,他家这十年来一直遭受魔鬼的巨大折磨，魔鬼窃走了他们家的许多东西，就连衣服都丢，有很多次，魔鬼是以恶犬的样貌向他们显形。一部分财物被魔鬼偷走，一部分财物花在了一批批的和尚、道士身上，这家人已极度贫穷，仍然无药可医。尽管我刚到没几个小时，我还是想立即就跟他去，然而，改日上午我还有场洗礼，还有部分原因是想试探一下这个人的心，我就先跟他讲，这类的魔鬼的骚扰来自何处，抛弃所有偶像崇拜以及与偶像相关的东西为什么是必须的，不仅从他心里抛弃偶像，而且他的全家要从心里抛弃偶像。我给他一本小册子，还有一张耶稣名条，我对他说，晚上好好下定决心，改日再来找我，为我带路，通过这种方式，我愿意去你家。他就这样做了。我向他承诺永远不会再有魔鬼的折磨。

那日，天还没有全亮，他就挂着一个布袋站在门前，我还以为是大米之类礼物，但是，我在袋中找到了更好的东西，里面是数不清的佛牌、佛的徽章、佛像，还有一本很昂贵的教义。他去吃午饭了，我的房东的孩子们相互逗乐着就把这些东西统统烧了，气氛像是过节，在澳门的学校里，当发现这些东西，也是这么做的。做完这些，我便跟他去了，洗礼用的工具由他背在身上。到他家时，他们倾巢出动来迎接我，十分热闹，仿佛知道我为他们带来什么，还有人在距离很远时就跪在地上。

我在这户人家住了已有两日，其中有一部分原因是要写这些教徒守则，就在我写字的这张桌上，户主手拿小册子在讲授祷词，这些祷词是我教给他和他儿子的，他的儿子比他掌握得快。他在偏房里教全体女眷祷告，那儿就是一座修道院。翌日是圣枝主日，我将在这日施洗，还不知道有多少人。这家女孩很多，现在，她们正抓着我的胳膊对我说："先生，教我们吧。"于是，我与她们一起，复述祷词。

然而，我不得不提，一位很显赫又富有的老妇人是怎样来这家里找我的,她已领洗,要把我带到她的家里,为她讲弥撒和讲课,并为几个已在家中等候我的人付洗。因为我刚到这户人家没多久,那些想受洗的还未受洗,这家人不想离开我,对于此事,他们的说法是,将我留在他们当中,不要让我卷入新事务中。

最终,我在这个家中待到圣枝主日,这天上午,我付洗了15人,有大人有小孩,其中某人,我关注他有几天了,对于学习祷告尤为热切。妇女占了大半,她们整天都在复述所学到的,所听到的,我在外厅教育小女孩们,她们就在内间跟着我读。洗礼结束之后,我就去了邀请我的人家。

我到了那个已受洗的贵妇家中,她是那个小女孩的奶奶,就是我以前讲过的那个生病的小女孩,似乎是这位老妇人讲了这件事,她受一些病人之托来请神父,这些病人都盼望着康复。然而,我还是按照惯例对她说,唯有敬拜我对其宣扬的天主,用一颗纯粹而直白的心事主,这些病人才可以有把握地祈求天主,才可以很有指望地等待。

有很多人,并没有接受天主教的意识,而且不想听课,也不想学习入教所必需的内容,于是,他们大约这样说道:我原想他会出来见我(*Putabam quod egrederetur ad me*)。①

在这里我遇到了一个妇女,在我付洗的所有人中,她脱颖而出给了我教育。她不识字,但是,在我来这里时,她已学会画十字符。我在此地停留约两三天,她日夜不做其他事,只背诵《天主经》,我饶有兴味地听她背,她记得住的从不超过两三句话,但是,她每天上午把这几句和画十字重复千遍,下午,她

---

① 出自《旧约·列王纪下》5:11,"纳阿曼生了气,且走且说:看,我原想他会出来见我,站在我面前,呼求上主他的天主的名,在患处挥动他的手,治好这癞病"。

就在圣像前,那么富有感情,那么深感慰藉,这都是由其虔诚所激发,每次,她都在此花上半个小时,有很多人围在她的房子四周,听她祷告。因为我看到了她的虔敬,她所感受到的慰藉,我就为她施洗,我说:"尽管你还不知道你自己的心,但我知道,对我来说,这就够了,我相信你以后会学会的。"她赶在我离开之前,过来找我,当着众人的面,想要展示她已学会,可她这一次能记住的,与上一次没有什么区别,她知道的就这么多。最终,她对自己的记性没有信心了,她就叫了一个悟性高的老头过来,将我在祈祷中的一些祷词记下来,譬如,愿主与我同在,主啊,求你赦免我的罪吧。因为无论我教她多少遍,她都学不会了。这个老头学得非常起劲,尽管他不是为自己学的,他也不想入教。

另一名妇女则在这户人家给了我许多欢乐的话题,因为当我刚抵达时,她听我说,必须学会祷告,她就对我非常生气,不想再入教了。但是,当我准备离开,也不想再管这件事的时候,她出现在我的面前,要学习天主的律法,掌握有哪些事必须要做,遵守哪些诫命,还要学会哪些东西。

一天,我在这户人家一个厅里待了整整一日,厅里挤满了人,不时有人进进出出,他们都听到了也理解了天主律法的要旨,没有一个孩子没有学会画十字符。有些祷词,他们在不停地重复,一些人在取笑另一些人,因为他们在这陌生的语言中找到了乐趣,我极度放松地看着他们,恍然想起了圣保禄[①],以一种基督使徒的方式。当一个和尚赶到时,大家给他让出了一个适当的位子,使他周围都是虔诚的人,能招呼他,和尚没有想到自己这快就融入其中,也没想到大家能这样对待他。

---

① 保禄是外邦人的使徒。

我从这家返回我的老裁缝的家中,为老裁缝的一个小姨子施洗,她才几岁。他们家的大部分人正在斋戒,他们家的亲戚一起参与,这些亲戚为了斋戒目的,从各地方赶来。我饶有兴味地看,对于布道和教育所必需的,他们自己知之甚少,还在教育比他们知道得更少的人。

许多人从不同的地方来这里找我,还有一些人一直跟着我去了不同的地方,因为我不能对所有人的呼求有回应,我就尽力而为,为了使自己从叫苦声中解脱出来,我将自己完全交到我的房东老裁缝的手中,由他判断哪里将有更大收获,他就派我去哪。

周三,天还未亮,我就过河,前往对岸一个村子,这段旅程让我十分遭罪,因为一直落雨,道路坑坑洼洼,以致我必须穿上木屐,一手拄着拐杖,一手擎伞用以挡雨。但是,说我喜欢这段路程,也非言过其实,因为在整途中,总有人认出我,问我一些关于天主教律的事,有很多人,身上驮着重负,向我请求免拜,还说将专门来拜我。

想入教的很少,但是,利用这个机会,聆听和知晓了天主律法的不计其数。我是下午两点到的,在我抵达之后,当天夜里,还有翌日全天,我都待在一个人满满的厅里,各式各样的人,我将这所有人分成了两部分,我负责一部分,我的少年助手们负责另一部分和跟随我而来的教徒,我们布道的内容是天主律法的要旨,诸如不应崇拜佛像,不须吃斋以及其他充斥着该地带的迷信,没有人对此要旨不理解。尽管教律的神圣性、十诫的纯洁性震撼了所有人,但是,他们没有像我期望的立即就接受这个律法。对于应该做的,他们没有拒绝。天父通过我来邀请他们加入这个家庭,但是,最终他们借口这个那个理由,决绝了我。

我的少年助手们眼见付出了这么大的努力，收获却这么小，都很伤心。然而，我对他们说道——我的心里也确实是这么想的——对于我们初来此地而言，我们宣教已不算少，至于要让他们归信，来日方长。

　　我在一名少年身上发现希望，他看起来十五六岁，在布道时，分在我这一组，在祷告中帮我做事，我认为他会是第一批受洗的，我对他说，学会祈祷，他回答我，他还不想受洗。就因为这件事，当他们来邀请我时，我已不去计算将会有多少人受洗和归信，而只是很珍重这个机会，将天主的律法传播给这整片区域的人，就像我一直都这样做的。我想，我这是在播种，过些年后，或者是我，或者是其他传教士返回这里，再来收获成果，百人里有一人入教就算成果。我想到了，现在我正在做的这一切，不正是采摘了老裁缝这颗果实吗，而他是在北京受洗，距离此地有那么多里格。该地在此之前没听到过关于福音的任何讯息，我就是在这样的基础上宣教，现在没有一个成人不知道天主教律，没有一个孩子不会画十字符，根据以往经验，我们很快将会在这里有一个可观的教友会。在连续的迫害动荡中，天主会将教友会收藏和保护在越冬牧场中，而在前路中，迫害和动荡是难免有的，不过，这里的人淳朴，这让我们相信，与迄今出现在其他地区的动荡不安相比，这里将会少受其害。

　　最后，汇集一下这次小小付出的劳动的成果，我们在此地逗留了不过十八九天，我为80人付洗，接受了教义并向我承诺在来年受洗的望道友不计其数，我想该有好几百人，而那些通过这次机会听说了和了解了福音真理的，则有好几千人。

　　我还欠缺的是，挑选一个当地男孩，在天主教事务方面，特意培养他、教育他，以便在我再来这里的时候在语言方面对我有所助力，还能做见证人，我们对当地人讲过我们的杭州和其他地方的教友会(这件事当地乡民很关注,因为他们在不停地向我提问),男孩的见证将使当地人深信。我找到的人选比期望的还好许多,但是,在他母亲方面有些困难,这个母亲有很多的孩子,最爱这个,就像喜爱独子一样,因为这个孩子最有天资。最终,我得到了许可,这个 15 岁的孩子可以跟我走,他的健康状况良好,很有活力,知道的事已足够多,是我的老房东的侄子。

传教事就写到这里。新来中国的在各地的神父们都发现,天主教律能够深入人心,使他们接受是容易的。因此,可以概括地说,外出传教多少,收获的归信者就有多少。

以上介绍金尼阁以老裁缝家为根据地,向周边传教的情形,这是传教士在某地开教的通行做法。在这组入教、奉教案例中,以妇女、小孩的为主,从中可以看到在此类特殊人群中传教的特殊方式、传播特征,整体而言,农村妇女较城市妇女享有更大的宗教活动自由。最后,金尼阁对此次开教做了简短总结、展望。

本节附录

附录一 年信所记各地开教之始

建昌	1615 年,罗如望、邱良厚受当地文人的邀请,前往开教。[1]
陕西	1618 年,王徵邀请龙华民、史惟贞、钟鸣仁、钟鸣礼等 4 人前往陕西开教,因王徵在当地惹上官司,又因"南京教案"期间,神父不便公开活动,此次尝试无功而返。[2]

---

[1] Manoel Dias junior, *Annua da Missão da China do Anno de 1615*, ARSI, JS113, ff. 417 - 419v.

[2] Manoel Dias junior, *Carta Annua da Missam da China do Anno de 1618*, BAJA, 49 - V - 5, ff. 251v - 252v.

续　表

扬州	1620年,受马呈秀邀请,艾儒略、钟鸣仁前往开教。①
吴桥、临清	龙华民受吴桥县令王先邀请前往开教,接着受邀前往临清开教。②
松江	1623年4月,徐光启得知一个和尚奉沈漼之命在嘉定打探神父的行踪,准备检举神父不遵守万历在南京教案之后下达的驱逐令,嘉定的曾德昭神父和2名修士立即转移到上海住院,直至9月初,有确切的消息说和尚不见了,才返嘉定。③ 在曾德昭一行借住上海住院的期间,上海住院的一位神父为了给客人腾出地方,搬到一名叫教徒 Severo 家中,Severo 热心于劝化亲朋好友信教,Severo 之子的塾师也受洗了,这个塾师是松江人,该年松江府有童试,塾师回到家乡,劝化了一些人信教,其中一个急切想受洗的年轻人代表望道友去 Severo 家请神父施洗,神父很快成行,为 30 人施洗,这就是松江的开教之始。④
福州	1625年由艾儒略开教。⑤
福安	1627年,两名福安人去省城福州做生意,听神父布道后领洗,便要回乡传播这个信仰,将大量宣教书带回,在福安县新开印版。其中一名姓郭(que),洗名叫华金(Joaquim)的商人,将那次做生意带出来的盘缠都用于印书了。⑥

---

① Francisco Furtado, *Annua da China do Anno de 1620*, ARSI, JS114, ff. 251 - 255v.

② Francisco Furtado, *Carta Annua da China de 1621*, BAJA, 49 - V - 5, ff. 318v - 320v.

③ Francisco Furtado, *Carta Annua da V. Província da China do Anno de 1623*, BAJA, 49 - V - 6, f. 106v.

④ Francisco Furtado, *Carta Annua da V. Província da China do Anno de 1623*, BAJA, 49 - V - 6, ff. 109 - 110v.

⑤ João Monteiro, *Annua da Vice Província da China do anno de 1637*, BAJA, 49 - V - 12, f. 331v.

⑥ Manoel Dias, *Carta Annua da Vice-Província da China do Anno de 1627*, 49 - V - 6, ff. 484 - 484v.

续　表

夏县	绛州天主教徒的事迹传到夏县,吸引夏县几名文人慕名而来聆听教义,而后受洗,1627 年时,夏县已经超过 20 名教徒。另外,有很多人准备成为教徒,并且受洗。他们请求神父前往那里,以便给妇女、儿童、老人和病人施洗,于是,神父就去开教。①
乌程	1627 年,金尼阁应一名奉教裁缝的要求前往开教。②
开封	1628 年,毕方济受教徒的邀请、在友教官员的帮助下成功开教。③
泉州	1629 年,由艾儒略开教,但是囿于人手,泉州住院长期无常住神父。1635 年底,时任福州住院负责人艾儒略受副省会长指派,改住泉州。④
鳌厔	1632 年开教。⑤
济南	1633 年,徐光启之子徐骥(Pedro)赴京为父奔丧,途经济南病倒,北京住院神父赴济南为徐骥 13 名家人施洗,并与当地官员结下友谊。1637 年,龙华民两度往山东传教,并与当地友教官员商定在济南建立住院。⑥
蒲州	在韩爌的帮助下,(高一志)⑦于 1633 年开教。⑧

---

① Manoel Dias, *Carta Annua da Vice-Província da China do Anno de 1627*, 49 - V - 6, f. 480v.

② Manoel Dias, *Carta Annua da Vice-Província da China do Anno de 1627*, 49 - V - 6, ff. 497 - 509v.

③ Rodrigo de Figueredo, *Annua da V. Província da China do Anno de 1628*, BAJA, 49 - V - 6, ff. 590 - 590v.

④ Manoel Dias, *Carta Annua da China de 1635*, BAJA, 49 - V - 11, f. 219.

⑤ João Fróes, *Annua da V. Província da China do Anno de 1633*, BAJA, 49 - V - 11, f. 12.

⑥ João Monteiro, *Annua da Vice Província da China de 1637*, BAJA, 49 - V - 12, ff. 16 - 16v.

⑦ João Monteiro, *Annua da Vice Província da China de 1637*, BAJA, 49 - V - 12, f. 21v.

⑧ João Fróes, *Annua da V. Província da China do Anno de 1633*, BAJA, 49 - V - 11, f. 30.

续 表

西安府的某县	1634年时,该县尚未开教,神父前往拜访该县某个官员,官员因为有妾,未得入教,但神父在当地开教成功,为许多人施洗,还在途中洗了两个濒死儿童。①
杭州邻县	1635年,该县唯一教徒,为望道友修建了一所小圣堂,亲自去请神父前来开教,尤其是为他的母亲施洗,神父此行施洗20人,大批望道友则留待时机成熟。②
漳州	截至1635年,漳州尚未开教,神父足迹未到,只有零星几个教徒,还是在别处受洗的。张庚在漳州有生意,又怀有在全福建省宣教的理想,遂邀请神父随他往漳州开教。③
泉州邻县	1635年,泉州一名学官,他想要的真理在其他宗教中遍寻不获,亦曾入佛门许多年,在读了天主教的书籍后,进教。他的老家距离泉州不远,他被赋予开教厚望,为此,他带了许多宣教书返回老家开教。④
建阳	1636年,瞿西满在一名教徒的陪伴下前往该县,这名教徒在那里有熟人。人们纷纷前来拜访神父。这块地方笃信佛教,在一开始,开教面临许多困难。神父将救世主和圣母像公开张贴,逐渐打开局面。⑤
沙县	1637年,瞿西满从建宁往延平传教,在延平时,沙县几名主要文人前来邀请神父开教,瞿西满在当地受到热烈欢迎,为一些人付洗。⑥

① João Fróes, *Annua da Missão da China de 1634*, BAJA, 49-V-10, f. 480v.
② Manoel Dias, *Carta Annua da China de 1635*, BAJA, 49-V-11, f. 214.
③ Manoel Dias, *Carta Annua da China de 1635*, BAJA, 49-V-11, f. 223v.
④ Manoel Dias, *Carta Annua da China de 1635*, BAJA, 49-V-11, ff. 219-219v.
⑤ Francisco Furtado, *Ânua da Vice-Província da China de 1636*, BAJA, 49-V-11, f. 550.
⑥ João Monteiro, *Annua da Vice Província da China de 1637*, BAJA, 49-V-12, f. 46.

续　表

淮安	1637年,一个名叫Chim Paulo的淮安秀才在南京接触天主教后,力邀神父前往淮安开教。1638年毕方济应邀前往,勾留35日,此行共施洗30名大人物、3名官员、27名文人、80名妇女,以及数名平民。①
河间	1637年左右,由一名太监开教,首先将守寡的姐姐和几岁大的侄子带入教内。②
武昌	教会早有在湖广开教的打算,并且有过一次尝试,因为匪乱,失败。1637年,副省会长在视察北京住院时,遇到两名原籍湖广的奉教官员,一人名叫Matheus,一人名叫Jacobe,他们坚请副省会长派员前往湖广开教,以免该省落后于其他已开教的省。尽管当时人手紧张,副省会长答应了他们合理的请求。副省会长抵达南京当日,何大化亦抵达,副省会长派何大化赴武昌府,同行的还有一名学生。何大化于主显节(6月1日)抵达武昌,Jacobe接待了他,何大化先在一个小房子中住了几个月,搭起圣坛,讲了弥撒,最初来受洗和领洗的都是Jacobe的亲戚,30多人受洗。何大化又向副省会长申请了一笔资金以购置住院,并在其中建了一座小堂,公开挂出天主圣像,武昌城内外都听到泰西神父的消息,纷纷前来拜谒圣像、聆听福音。③
宁波	1638年,利类斯在杭州付洗了一个宁波籍的年轻秀才朱葛斯默(Chu Cosme)④,他邀请利类斯往他家乡开教。因为利类斯是从南京住院暂时借调至杭州住院以顶替新去世的伏若望,当伏若望的正式接任者阳玛诺从福建赶到杭州后,利类斯就返回南京,进行了一半的宁波开教工作需要重新安

---

① João Monteiro, *Annua da Vice Província da China do anno de 1637*, BAJA, 49-V-12, ff. 307v-310v.

② João Monteiro, *Annua da Vice Província da China do anno de 1637*, BAJA, 49-V-12, f. 282.

③ João Monteiro, *Annua da Vice Província da China de 1637*, BAJA, 49-V-12, ff. 37-37v.

④ João Monteiro, *Annua da Vice Provincia da China do Anno de 1641 athe setembro 642*, ARSI, JS117, f. 53.

续表

宁波	排。① 1639年底,副省会长傅汎际指派孟儒望第二次往宁波开教,孟儒望成功为330余人施洗,但是囿于资金短缺,尚未购买房舍,教堂暂时未建。②
苏州	1639年,一个文人在船夫处见到一本教义书,花了1个Pataca买下,又去上海找到神父深入讨教,领洗,名Miguel。他回苏州又向亲朋好友传教,信服者共同邀请潘国光神父往苏州开教。③
洋县	1639年,方德望应韩云之邀前往开教。④
荆州	1639年,何大化在武昌为4名荆州籍的文人施洗,希望此4人在荆州铺垫后,邀请自己前去开教,几个月后,未有音信,何大化便自行前往。⑤
嘉兴	1640年,有着嘉兴第一文人之称的教徒魏儒略(Guei Julio)向杭州住院请求派员去开教,杭州住院院长派徐日升(Thomas Pereira, 1645—1708)神父、陆有基修士前往。⑥
成都	1640年9月,中国副教省省会长傅汎际派利类斯往成都开教。⑦ 第二名入川的神父是安文思,他于1642年5月4日从杭州府出发,8月29日抵达成都府。二神父在川省定居,是该省最早的布道者。⑧

---

① João Monteiro, *Annua da Vice Província da China do anno de 1637*, BAJA, 49 - V - 12, ff. 324v - 326v.

② Gabriel de Magalhães, *Annua da Vice Província da China do Ano de 1640*, ARSI, JS116a, f. 162v.

③ João Monteiro, *Annua da Vice Província da China do anno de 1639*, ARSI, JS121, ff. 275v - 276.

④ João Monteiro, *Annua da Vice Província da China do anno de 1639*, ARSI, JS121, ff. 244 - 253.

⑤ João Monteiro, *Annua da Vice Província da China do anno de 1639*, ARSI, JS121, ff. 312 - 313.

⑥ Gabriel de Magalhães, *Annua da Vice Província da China do Ano de 1640*, ARSI, JS116a, ff. 160 - 160v.

⑦ Gabriel de Magalhães, *Annua da Vice Província da China do Ano de 1640*, ARSI, JS116a, f. 167.

⑧ Antônio de Gouvea, *Annua da V. Província do Sul na China de 1644*, BAJA, 49 - V - 13, ff. 532v - 533.

续　表

青州	1641年,龙华民受宁阳王朱翊鏚邀请在青州开教。①
汀州	1644年由艾儒略开教。②
广西	1645年,瞿纱微应路加③之邀前往广西开教。8月22日抵太平,圣母诞辰日(9月8日),举行了第一场弥撒,当日下午为13人施洗,全是孩童。之后,前往桂林,为40人施洗。④
延平	1646年由瞿西满开教。⑤
将乐	1649年,瞿西满由延平走水路抵将乐县,并为该县一名文人施洗,这是在该县的开教之初。⑥
海盐	1660年由洪度贞两次前往海盐开教,新洗80人。⑦
无锡	1688年,由一名船夫行走至此时开教。⑧
深泽	1690年12月,何大经神父在保定府深泽(xim cē)县内开教。⑨

①　Francisco Turtado, *Annua das Províncias do norte da China do anno de 1642*, ARSI, JS122, ff. 156–156v.

②　António de Gouveia, *Ânua da Vice Província da China nas Partes do Sul no Anno de 1645*, BAJA, 49-V-13, f. 552v.

③　本研究考证为成大用。

④　António de Gouveia, *Ânua da Vice Província da China nas Partes do Sul no Anno de 1645*, BAJA, 49-V-13, ff. 554v–555.

⑤　António de Gouveia, *Ânua da Vice Província da China nas Partes do Sul no Anno de 1647*, in *Cartas Ânuas da China (1636, 1643 a 1649)*, edição, introdução e notas de Horácio Peixoto de Araújo, p. 338.

⑥　António de Gouveia, *Annua da Vice Província da China de 1649*, BAJA, 49-V-13, f. 484v.

⑦　Feliciano Pacheco, *Carta Annua Da Vice Província da China do Anno de 1660*, BAJA, 49-V-14, f. 716v.

⑧　Joze Suares, *Annua do Colégio de Pekim desde o fim de Julho de 94 até o fim do mesmo de 97 e algumas outras Rezidências e Christandades da Missão de China*, BAJA, 49-V-22, ff. 637–637v.

⑨　Joze Suares, *Annua do Colégio de Pekim desde o fim de Julho de 94 até o fim do mesmo de 97 e algumas outras Rezidências e Christandades da Missão de China*, BAJA, 49-V-22, ff. 627v–628.

	续 表
鹿邑	1696—1697年间,艾逊爵神父在巡回传教中为鹿邑县开教,他在该处为40个家庭施洗,这些信教家庭亦捐助了一块地用以建造教堂。①
朱仙镇	1696—1697年间,艾逊爵在巡回传教中为朱仙镇开教,在此地为20个家庭施洗,还确定了建圣堂的选址。②
东昌	1697年,由法安多神父开教。

附录二 建昌开教经过

1615年,建昌一位Hó姓老人往南昌办事,在拜访神父几日后入教,洗名Bartolameo。他返回建昌后,宣传圣教,一位退休官员的孙子偶然听到了,很感兴趣,Bartolameo尽其所知教他之后,他往南昌找到神父受洗,洗名Estêvão。他返回建昌后,与Bartolameo共同宣扬圣教,抨击佛教。由于当地异教根深蒂固,当地人对这二位宣教者的反应,如同雅典人对保禄的反应:有人嘲笑他们,有人还想听听,也有一些人成为望教者。当地没有神父对他们进行更全面的教义辅导,也无法为望教者施洗。他们就自己根据宗教历的圣日聚会,某个教徒或望教者的家作为教堂,而这个"东道主"是大家根据分摊费用选出来的头领。通过这种自发发展,当地已有40名教友。一些南昌教徒前往建昌进行进一步的辅导,不仅对他们的宗教活动给出建议,还建议他们要受洗才能成为真正教徒。9—10名建昌的望教者乘船前往南昌受洗,并停留15日以更全

---

① Joze Suares, *Annua do Colégio de Pekim desde o fim de Julho de 94 até o fim do mesmo de 97 e algumas outras Rezidências e Christandades da Missão de China*, BAJA, 49-V-22, f. 631v.

② Joze Suares, *Annua do Colégio de Pekim desde o fim de Julho de 94 até o fim do mesmo de 97 e algumas outras Rezidências e Christandades da Missão de China*, BAJA, 49-V-22, f. 631.

面地学习教义。当这批人回建昌讲述在南昌住院的见闻后，建昌人决定邀请神父来建昌为更多人、为自己的家人施洗。他们选派 Bartolameo 和另一名教徒作为代表往南昌请神父，70 多岁的 Bartolameo 欣然应允。他们除了带上众人凑的盘缠、接神父的船只，还带去了当地文人写的两封信。Estêvão 写了其中的一封信，以多而恳切的理由说服神父做这次建昌之行，当然最重要的内容，是向神父承诺，这次建昌之行必将收获丰硕，还给出了许多怎样更有收获的好建议。Vam Matheus 是另一封信的作者，当时还是名望教者。教会决定由南昌住院院长罗如望和修士邱良厚担当此次开教任务。船行六七日后，抵达建昌，早有教友、望道友迎接，将一行人接到早已准备好的房子中，还有两名文人帮神父一行打扫床铺和弥撒用具。神父抵达当日，正是圣西满和圣达陡（São Simão e São Judas Tadeu）庆日（10 月 28 日）的前夜，Estêvão 不知当日应该斋戒，为神父准备了一桌肉菜接风，就推到了翌日。翌日，神父为当地讲了第一场弥撒，将圣西满和圣达陡奉为当地教友会的主保圣人。弥撒之后，他们告诉神父，按照当地教友惯例，当日该去某一教友家中团契、祷告，神父就说，既然当日团契已经确定，那就去吧，今后只要到住院听弥撒和布道就够了。他们在团契的家中为神父准备了一场接风宴，加上 Estêvão 的，及另一名富贵教友安排的，当日，神父共出席了三场宴会。

　　神父下榻的屋宇，属于一名退休官员，空间宽敞，够建两座小堂，一座献给天主，一座献给圣母。神父在建昌逗留期间，Vam Estêvão 及其儿子 Vam João，Vam Matheus 的儿子 Vam Paulo 都是形影不离，日夜陪伴。再下一日，神父去考察望道友，共有 22 人，因为已经了解教义，没几日就举行了洗礼。一些教友因神父的到来而兴奋，在城门等公共处所张贴告示，宣告这一喜讯。中国人对新鲜事物向来很感兴趣,有许多人来看神父,神父与修士连吃饭的时间都没有。神父这次共在建昌勾留35日,天天门前人流如织。共施洗120余人。

罗如望并非只报喜不报忧,也提到了在建昌开教期间遇到的挫折,比如,教徒 Vam Matheus 在庙里捣毁佛像引发的邻里纠纷,以及来自异教徒的更凌厉的攻击:

神父登船之后,佛教徒想制造神父是逃走的假象,制了一些传单,在城中的热闹处散发,污蔑神父打着传教的幌子觊觎土地,而那些拜外国人为师的并不自知,今日是外国人的学生,明日便是外国人的俘虏,他们呼求全城老人联名上书,将"实情"告知官府。还说,谁撕了他们的传单,谁就是造反者的同伙。这些传单有的贴在城门上,Vam Matheus 的儿子 Vam Paulo 经过,将其撕下,还带了几张回去给父亲、祖父看。Vam Matheus 是文人,立即写了一篇反驳文章,文中未攻击任何人,只是陈列天主教为何是真教的理由,又针对构陷文章的要点一一做了回应。Vam Matheus 还着重强调了信天主教的都是有学问、有地位的人,而且天主教在大城市立得住脚。"我们这些信天主教的,知书达理,聪明博学,知道如何分辨、检视事物。我们不是粗人、傻子,做出你们对我们做的事。你们应该弄清楚我们是什么样的人,圣上是怎么评价我们的,在南北两京都有神父在活动,他们吃的是皇帝发的俸禄。你们还要了解京城里的大员是怎么评价我们的,他们信天主教,与神父们交游,阅读、赞赏神父们的著述,他们上疏圣上,请让神父修历;你们要听一听省城里的人是怎么评价我们的,在南昌府有住院、有教堂,那里有许多人追随圣教并接受教育。你们和你们的家人要睁开眼,与我们同奉天主教。"他们连夜发动识字教徒大量誊抄此文,贴在佛教徒的告示旁边,众人读了之后,各抒己见,并未出现一边倒的舆论局面,而针对天主教的攻击也这样结束了。①

　　神父临行前将当地教徒分成两组,即两个教友会,分别由 Vam Estêvão 和 Vam Matheus 任会长,以更好地组织和维系信仰生活。神父任命的根据是这两个人对教义熟悉,居住地之间有距离,在各地的区域有许多教徒,而且他们都有相对独立的物业供教友团契。更重要的,他们都是有声望的士人,不仅对友教者有号召力,而且对仇教者有抵御力。神父还选了两三个教徒,教给他们施洗程序,以便在急需时使用,要求他们接纳和辅导望教者,还留给他们一些教义书和圣像。②

　　神父在教徒们的泪水和不舍中登船离开建昌。当时去请神父是两个人同行,这次,他们还要再去两个人将神父送到南昌,在神父的拒绝之下,最终决定由一个人护送神父。他们还给南昌的神父写了信,连并礼物交由此行人带回去,信的内容主要是"提醒"再派神父来建昌。③

附录三　卢纳爵在福建两处不知名地方的探索式开教

　　1637年,卢纳爵在福建的上镜村传教,听说附近一个小岛人丁兴旺,临时决定上岛传教,他在一名教友的陪同下,用了一整天的时间,逆风登岛。在抵达居住区之前,他们先看到的是一大片一大片的麦田,农夫正在劳作,他们看见西洋人的面孔,立即奔跑进村送信。当神父抵达时,已经有许多人出来围观,一些人笑,一些人惊,在这个孤立的小岛上,神父的出现算是一件新鲜事。但是,

---

① Manoel Dias junior, *Annua da Missão da China do Anno de 1615*, ARSI, JS113, ff. 491–491v.
② Manoel Dias junior, *Annua da Missão da China do Anno de 1615*, ARSI, JS113, f. 491v.
③ Manoel Dias junior, *Annua da Missão da China do Anno de 1615*, ARSI, JS113, ff. 491v–492.

没有人来问神父从哪里来、来干什么，神父则边走边寻找宣教的机会。神父走到一块宽阔的场地上，有一座供奉祖宗的庙，神父进了庙里，对庙中的牌位并不在意，他们就此断定神父是未开化的蛮人。神父见庙里站满了人，就向他们宣讲，世界上有一位创造万物的造物主，值得敬拜，等等。大家很乐意听。这时，一位老者进了庙里，大家让开，老者首先拜了牌位，然后再向神父行礼，大家都坐下来攀谈，老者问神父是谁，为何来此地。神父说是来引导人们走通向天国的道路，和敬拜唯一的神。夜色降临，大家陆续散了，神父就在庙旁边的房子里投宿。第二天的上午，又来了许多人，神父见他们对了解天主教的热情高涨，决定向他们展示救世主像，并讲解怎样得永生的道理。为此，他搭起了一个祭台，点燃蜡烛，做了简短介绍之后，就把圣像亮了出来，这幅救世主像不仅画得精美，而且饰以红绸，众人从没见过这么美丽的画，拔不下眼。当地最重要的4个人就因为这第一眼，跪地膜拜，请求入教。随后，有人效仿他们，也求入教，一共26人，是当地精英的大半，还有两个是当地主要的两个头领的儿子。当地共有4个首领掌管，他们没有进教，他们手上有一笔村民捐的银子，用来修庙。神父劝他们修一座天主堂。他们没有觉得这个建议不好，但是，他们表示第一位的是为忙着收麦子的村民盖房子，而后再考虑神父的建议。大家请求神父在10月底再来。①

在离开后，卢纳爵对这座海岛做了补充性介绍：这座岛上有三座美丽的山，以三个国王的名字命名。岛上有2 000多人口，空气清新，居民通常能活到100岁。卢纳爵还跟几个120多岁的人交谈，他们告诉卢纳爵，还有岁数更大的人。最重要的是这些老人

---

① João Monteiro, *Annua da Vice Província da China de 1637*, BAJA, 49 - V - 12, ff. 55v - 56.

都耳不聋、眼不花,牙齿不脱,走路不拄拐杖,吃喝就像孩子一样快乐。当地盛产小麦、稻米,饲养牛等家畜,海里出产丰富的海鲜,从这里可以望见台湾岛,天气好时,能看到悬挂着西班牙国旗的船只在海上游弋,而荷兰人对这些西班牙船只并不在意。①

如果说去海岛,是临时决定的,有主观的意愿,在返程中的一次开教则完全是被风带去的。从福州东部山区巡视完毕,卢纳爵返福州,但是,船被风带到了一个从未听说过福音的地方。卢纳爵望着日落下的陌生城墙,没走几步,听见一个农夫在向另一个人诉苦:18岁的女儿中魔了。卢纳爵当即决定利用这个机会向他们宣教。在攀谈后,卢纳爵跟着农夫到家里驱魔。家里乱糟糟的,少女不能说话,手脚麻痹。卢纳爵用圣水等驱魔术,使少女恢复了神智,而后向他们灌输天主才是唯一救星的道理。但第二夜,少女又犯病了,爬上爬下。父亲赶紧使用圣水驱魔,三次赶跑魔鬼。翌日,父亲去找神父再次求助。利用父亲不在这个时机,魔鬼再次折磨少女,等神父赶到时,已是死相。神父要他们将佛像清理干净,挂出圣像,开始念驱魔的咒语,少女开始说话,干扰神父,神父命令魔鬼闭嘴,念完咒语之后,发现魔鬼还没有走,又念一遍咒语,少女完全恢复神智。因这次驱魔的成功,这一家人全都入教。这家人是当地的第一批教徒。

这件事在当地传开,但是,当地人对天主的神力并不以为然,认为魔鬼还会缠上那个少女。有许多文人来拜访神父,他们询问神父,为何魔鬼不再回来。神父向他们讲述天主的若干神迹等等,他们都很爱听,纷纷邀请神父到自己家住,因为这个临时居所并不舒服。神父选了一家,还布置了一个大厅,摆好圣像,就在这里接

---

① João Monteiro, *Annua da Vice Província da China de 1637*, BAJA, 49-V-12, ff. 56-56v.

待越来越多的对天主教感兴趣的访客。

卢纳爵挂出精美的圣像吸引当地人,一名举人告诉母亲圣母圣像之美,这个母亲就来观瞻,仔细赏析之后,就问神父,这位美丽圣母是谁,神父借机向她布道,引她入教。她又带领30人进教,其中15名女教徒。

此地开教之后,卢纳爵又踏上归途。①

第三节 历年付洗人数

历年年信中都有某些住院当年新付洗的人数,因为这是构成"工作报告"的一项基本要素,是最直接展示出来的工作成绩,而年信带有工作汇报的性质。传教士也期望该"成绩单"能在欧洲起到宣传耶稣会的效果,为中国传教团争取更多的传教资源。何大化在介绍1636年的新付洗人数时说:"该年施洗3 475人,这个已算丰富的数字足以打动您(耶稣会总会长)派更多的人手来加入这项事业。"②

教徒数量常出现在各类教会史、传教史著作中,年信的独特性在于:记录的是每年的增量,而非存量;细化至每一座住院,非全国的总量;涵盖较长的时间段,并有一定的连续性,能直观地展示某地教务发展"趋势曲线"。

因为年信带有宣传性质,年信中的"史实"受到某些学者质疑,包括历年付洗人数。但在与其他材料的对比中,年信中的数字往

---

① João Monteiro, *Annua da Vice Província da China de 1637*, BAJA, 49-V-12, ff. 57v-58v.
② Antônio de Gouvea, *Ânua da Vice-Província da China de 1636*, BAJA, 49-V-11, f522v.

往更保守，比如，1621 年杭州新付洗的人数，年信中是"300 左右"①，据高龙鞶之《江南传教史》，"单以杭州住院而言，1621 年便有 1 300 人受洗"。② 据徐宗泽之《中国天主教传教史概论》，"1621 年，在杭州有 1 600 之成人付洗"。③ 据萧若瑟之《天主教传行中国考》，"计先后三四年中，授洗一千三百之多"。④ 高龙鞶、徐宗泽、萧若瑟可能是参照了其他的史料，才出现远比年信中的大得多的数字。而实际上，年信的保守性在与许多传教史著作的比较中都能体现出来，如果数值越保守越显得真实的话，那么，年信在付洗人数上的真实性在各类史料中还算比较高的，且年信中只有个位数的付洗人数亦不少见，不应被指责为"夸大"。

还有，每个住院历年新洗教徒数量在一定时期内是基本稳定的，没有忽上忽下。年信作者是时常更换的，不同作者保持在相同的水准上，如果有人造假的话，很难保持一致，只有真实性才能保证前后不矛盾。本文更倾向于认为年信在付洗人数上的真实度较高。

年信中的付洗数字是怎么来的呢？四处出击去捕猎灵魂的传教士会将受洗者登名造册。张玛诺巡回传教时，总是随身带着小本子记录有教育意义的事例、领洗人数，1653 年，张玛诺从常熟赴上海，途中遭劫，他的领洗者名单也损失了，无法提供当年受洗人数。⑤ 教徒名册是神父重要的工作资料，1622 年年信提到，因受白莲教的影响，上海地区神父改变了与教友聚会的方式，"每次接待

---

① Francisco Furtado, *Carta Annua da China de 1621*, BAJA, 49‐V‐5, f321.
② ［法］高龙鞶著，周士良译：《江南传教史》，第 184 页。
③ 徐宗泽：《中国天主教传教史概论》，上海：上海书店出版社，2010 年，第 135 页。
④ 萧若瑟：《天主教传行中国考》，第 172 页。
⑤ Manoel Jorge, *Annua da Vice-Província da China do ano de 1652*, BAJA, 49‐IV‐61, ff. 222‐222v.

不能超过五人(以避免成为聚众),无论告解、听弥撒还是处理灵魂之事皆如此,按照名册召集他们"。① 也就是说,统计付洗人数是有据可查的,日本—中国传教区视察员、副省会长等长上不定期但经常视察各住院,名册必被他们翻阅,而他们是年信的读者,尤其副省会长,由他指定某神父或亲自写作年信。即使他们集体造假,也得考虑各住院间的平衡,不能随意增加某住院的数字,打击先进住院的积极性。总之,年信中各住院每年的这项"成绩单",涉及人多、涉及面多,造假成本较高,就算真的付诸实施,也不会离实际太远。

　　各住院的传道员根据名册,将当年收获的灵魂总数写进传教纪要,寄给年信总编撰者,这是年信中每年付洗人数的主要来源。1628 年,南昌住院的史惟贞神父去世,没有寄出传教纪要,该年年信作者费乐德根据史惟贞的受洗手册得知,当年南昌受洗人数超过 20。② 费乐德在寻找当年陕西住院的付洗人数时也遇到了困难,但他不打算"包庇"彼间的神父,而是秉笔直书:"在该住院也工作着两位神父,人越多成果却越少,我们知道还是新付洗了一些人的,似乎这个数字很小,以至于不敢写出来。"③1635 年,福建多地传教纪要未到,年信作者阳玛诺还是估算出当年福建省的新受洗人数约 500 人,因为有"特别的消息来源"。当年,晋、陕二省的传教纪要也没有送到,"因为道路大段损坏,特别是近年来这两省的暴动连绵,没人能够安全逃出。我们通过特殊渠道获知,这两省的

---

　　① Álvaro Semedo, *Carta Annua da Missão da China do Anno de 1622*, BAJA, 49-V-7, f. 342.
　　② Rodrigo de Figueredo, *Annua da V. Província da China do Anno de 1628*, BAJA, 49-V-6, f. 602.
　　③ Rodrigo de Figueredo, *Annua da V. Província da China do Anno de 1628*, BAJA, 49-V-6, f. 590v.

第五章 传教之事 629

新受洗人数超过两千"。①

年信作者如何处理来自各住院的付洗数字呢？苏霖所撰1694—1697年年信，在里斯本阿儒达图书馆现存一份草稿，一份正式版本，通过对比，可以管窥年信作者是如何"处理"数字的。

该年信第6章介绍北京住院中的付洗数量，首先介绍了付洗的弃婴，草稿中是这样写的："每月，大概能洗30名左右弃童，这占教徒捡来的弃儿的十分之一，而在这受洗的30来人中，能活下来的也很少，又受过洗又活下来的，那可真是最大的幸福。"②正式稿中，"30"改为"300"。③ 草稿接着总结了每年付洗的弃婴数量："在1694年，接受圣洗的婴童人数为3 428名，1695年为2 639名，1696年为3 163名，1697年截至7月底为……名，以上总计……名。"④这两处省略号在正式稿中得到填充，分别为"1 501"和"10 731"。⑤

然后，是受洗的成人数量，草稿写道："(16)94年，在北京学院和东边住院受洗的成年人有530个，(16)95年，614个，(16)96年433个，(16)97年截至7月底……。除了上述（在住院、教堂中领洗的）情况，神父还会派传道员往私宅中举行洗礼。(16)94年7月底至(16)97年7月底，施洗的孩童和生病的成年人有5……人，这些人与在教堂中领洗的人加起来总共……，再加上受洗的弃童，总数则为……。以上这些新受洗者，还有本报告中提及的其他受

---

① Manoel Dias, *Carta Annua da China de 1635*, BAJA, 49-V-11, f. 225.
② Joze Suares, *Borrão da Annua da Vice-Província do Anno de 1697*, BAJA, 49-V-21, f. 69.
③ Joze Suares, *Annua do Colégio de Pekim desde o fim de Julho de 94 até o fim do mesmo de 97 e algumas outras Rezidências e Christandades da Missão de China*, BAJA, 49-V-22, f. 610v.
④ Joze Suares, *Borrão da Annua da Vice-Província do Anno de 1697*, BAJA, 49-V-21, f. 69v.
⑤ Joze Suares, *Annua do Colégio de Pekim desde o fim de Julho de 94 até o fim do mesmo de 97 e algumas outras Rezidências e Christandades da Missão de China*, BAJA, 49-V-22, ff. 610v-611.

洗者，主要是北京神父们辛劳的成果。"①上述 4 个省略号处，正式稿分别予以补足：283、535、2 395、13 126。②

第三处涉及付洗人数的修改，在第 13 章《山西住院及两次巡回传教》中，草稿写道，罗雅理神父在两年多的时间内施洗的人数超过 2 000。③ 正式稿中，"2 000"改为"3 000"。④

上述三处改动，应该具体情况具体分析。对第一处，"30"应该是草稿中的笔误，后文 1694—1696 年，每年都有约 3 000 名左右弃婴受洗，平均到每月差不多是 300 名。对第二处，草稿中的省略号看起来只是作者在"停工待料"，收到详细报告之后，再将确切数字填上，此处不算篡改。第三处改动才像是为彰显罗雅理的事迹而进行的夸大，当然，这也仅是一个推测，只是因为上下文没有理由支持作者进行这个突兀的改动。

除了列出数字，各住院有时还对当年领洗人口的结构略作说明，指出其中有多少名文人、官员，有多少名洗后即夭折的弃婴，以及年龄分布、城乡人口占比等。1627 年，绛州新付洗 150 人，其中很多 70、80、90 岁的老人。⑤ 1637 年，毕方济往淮安传教，共施洗 30 名大人物、3 名官员、27 名文人、80 名妇女，以及数名平民；⑥在

---

① Joze Suares, *Borrão da Annua da Vice-Província do Anno de 1697*, BAJA, 49‑V‑21, f. 70.

② Joze Suares, *Annua do Colégio de Pekim desde o fim de Julho de 94 até o fim do mesmo de 97 e algumas outras Rezidências e Christandades da Missão de China*, BAJA, 49‑V‑22, f. 611v.

③ Joze Suares, *Borrão da Annua da Vice-Província do Anno de 1697*, BAJA, 49‑V‑21, f. 78.

④ Joze Suares, *Annua do Colégio de Pekim desde o fim de Julho de 94 até o fim do mesmo de 97 e algumas outras Rezidências e Christandades da Missão de China*, BAJA, 49‑V‑22, f. 631.

⑤ Manoel Dias, *Carta Annua da Vice-Província da China do Anno de 1627*, 49‑V‑6, f. 474v.

⑥ João Monteiro, *Annua da Vice Província da China do anno de 1637*, BAJA, 49‑V‑12, f. 309v.

常熟共为 10 名秀才和 110 名普通人施洗。① 同年,聂伯多在永春付洗 36 名教徒,其中官员 1 人、文人 14 人。② 1639 年,绛州新洗 388 人,其中 4 名有功名的文人,10 名学生,这些学生中有七八人当年考中秀才。③ 传教士重视且经常在付洗数字之后标注出其中大人物和文人的数量。这些细分的数据有助于对明清天主教徒的历史社会学分析。

  传教纪要作者有时则给该住院当年付洗人数过多或过少做出解释。1631 年河南住院共有两名神父,但是,教徒数目的增长不明显,因为大量的时间用于与官员和重要人物的交际,"用于耕作葡萄园的时间不多",仅有 23 人受洗。④ 1633 年,全国总共 3 125 人受洗。此前,这个数字勉强维持在 1 000 以上,此后,这个数字就稳定在 3 000 之上,并向新数量级迈进,原因是皇帝自该年起任用神父修历,传教合法化了。1634 年,绛州新付洗人数达 10 300 人,而往年绛州的新付洗人数在几百至一千之间徘徊,这个爆发性增长的原因是当地正在经历饥荒、战争、瘟疫,"很多人是领洗后不久即死去的"。⑤ 往年福建新受洗的人数基本稳定在 900 左右,1638 年时,只有百人,因为多明我会、方济各会在当地的激进传教引发教案。⑥ 1639 年,北京受洗人数不足百人,是 1630 年以来最

---

① João Monteiro, *Annua da Vice Província da China do anno de 1637*, BAJA, 49 - V - 12, f. 311v.
② João Monteiro, *Annua da Vice Província da China do anno de 1637*, BAJA, 49 - V - 12, f. 341v.
③ Miguel Trigault, *Annua da Vice Província da China do anno de 1638*, BAJA, 49 - V - 12, f. 431.
④ João Fróes, *Annua da V. Província da China do anno de 1631*, BAJA, 49 - V - 10, ff. 15 - 15v.
⑤ João Fróes, *Annua da Missão da China de 1634*, BAJA, 49 - V - 10, ff. 441 - 442.
⑥ João Monteiro, *Annua da Vice Província da China do anno de 1637*, BAJA, 49 - V - 12, f. 336.

低的一年,孟儒望归因为鞑靼人的侵犯长达 6 个月(1638 年的最后 3 个月和 1639 年的前 3 个月),京中严格盘查一切可疑人员,传教工作无法正常进行。[①] 上海、常熟二县领洗人数常常远超其他住院,1649 年年信作者何大化说:"因为这两县的基督徒们不仅热诚地劝化所有人信教,而且鼓励已入教的去做告解,按照天主之律生活,而其他地方的人缺乏这种宗教热情。"[②]嘉定住院历年付洗人数不多,是因为嘉定被定位为新入华传教士的培训基地,不以传教为主业。[③] 传教士给出的这些解释是多样而具体的,对于定性、定量相结合地阐释某地某时间段的传教事业非常重要,否则,只能笼统地从中国政局、社会状况等大背景进行推测性的解释。

总之,年信记录的历年各住院付洗人数,在同类史料中可信度较高,既有数字,又有对数字的阐释,还具备时间跨度大、时间连续性强、地域覆盖广等特点,是一件有独特价值的史料。

本节附录中将年信中所载历年各住院的付洗人数析出,制成表格。该表只能算不完全统计,因为每年都有许多传教点不能上报数字,年信也不是每年都有。但它仍然能在一定程度上反映中国传教区内的热点城市的时空变化,比如,根据付洗人数多少,可将有传教活动的城市分成四等:第一等是上海、西安、绛州等;第二等是南昌、常熟、福州、北京、济南、海南岛等;第三等是杭州、建昌、南京、建宁等;第四等是嘉定、蒲州、泉州、延平、河南、淮安、成都等。对于一些开教时间不明确的地方,甚至不确定是否有天主

[①] João Monteiro, *Annua da Vice Província da China do anno de 1639*, ARSI, JS121, f. 226.

[②] António de Gouveia, *Cartas Ânuas da China* (1636, 1643 a 1649), edição, introdução e notas de Horácio Peixoto de Araújo, P. 417.

[③] Manoel Dias, *Annua da V. Província da China do Anno de 1625*, BAJA, 49-V-6, f. 230.

教活动的地区,也可以从首次出现付洗人数的时间做出推断。这二例仅仅是抛砖引玉,有待学界将这些数字与多样的史料结合,做进一步的数据挖掘和阐释。

本表格的资料来源以里斯本阿儒达图书馆(Biblioteca da Ajuda,略称 BA)以及罗马耶稣会历史档案馆(Archivum Romanum Societatis Iesu)和汉(Jap-Sin)手稿部(略称 ARSI)中所藏 17 世纪耶稣会中国副省年信为主。由于年信中几乎不记载每年的教徒总数,本表采用以下著作,对总人数进行补充:

1. [意] 卫匡国(Martino Martini)著,[意] 白佐良(Giuliano Bertuccioli)编著,弗朗哥·德玛尔奇(Franco Demarchi)指导出版:《卫匡国著作全集》第二卷短篇著作的《中国基督教徒人数及品德简报》(*Brevis Relatio de Numuro et Qualidade Christianorum apud Sinas*)部分,特兰托:特兰托大学,1998 年。(略称 MM)。

2. Nicolas Standaert, ed., *Handbook of Christianity in China*. Volume One: 635—1800. Leiden; Boston; Köln; Brill, 2001.(略称 NS)

3. [法] 荣振华(Joseph Dehergne)著,耿昇译,《在华耶稣会士列传及书目补编》(*Répertoire des Jésuites de Chine de 1552 à 1800*),上海:中华书局,1995 年。(略称 RJC)

4. [法] 高龙鞶(Augustinus M. Colombel, S. J.)著,周士良译:《江南传教史》上编第一册,上海:天主教上海教区光启社,2008 年。(略称 AMC)

5. 徐宗泽:《中国天主教传教史概论》,上海:上海书店出版社,2010 年。(略称徐)

6. 王治心:《中国基督教史纲》,上海:上海古籍出版社,2011 年。(略称王)

7. ［意］德礼贤（Paschal M. D'Elia）：《中国天主教传教史》（*The Catholic Missions in China*），上海：商务印书馆，1933年。（略称 PE）

本节附录

各住院历年付洗人数统计

1585 年	
教徒总数	
20	
1596 年	
南昌	
300	
1600 年	
教徒总数	南京
≈400	2
1602 年	
南京	韶州
50	44
1603 年	
教徒总数	南京
≈500	≈20

续　表

1604 年			
新洗教徒			
200			
1605 年			
教徒总数		北京教徒总数	
1 000（徐）		200	
1606 年			
教徒总数			
1 000（NS）			
1607 年			
教徒总数		南京	
700（RJC）		96	
1608 年			
新洗总数	教徒总数	北京	南京
119	2 000（RJC/NS/徐）	11	50
1609 年			
新洗总数	北京	上海①	南昌	南京
193（ARSI）	70	42	58	33
1610 年			
教徒总数			
2 500（PE/NS/徐）			

---

① 当年，上海共有教徒 400 人。

续 表

1612 年			
北京	杭州	江西	南京
16	12	66	94

1613 年					
新洗总数	教徒总数	杭州	南昌	南京	南雄
280 (ARSI)	5 000 (BA/RJC)	>100	46	80	38

1614 年				
北京	杭州	南昌	南京	南雄
40	80	55	70	75①

1615 年								
新洗	总数	北京	杭州	上海	南昌	建昌	南京	南雄
438 (BA) 437 (ARSI)	5 000 (BA/NS)	20	60	≈50	155	120	120	27

1616 年		
新洗总数	教徒总数	建昌
400	6 000(NS)	300②

① 其中约 20 名在韶州受洗。
② 总数,并非新受洗数。

续　表

1617 年			
教徒总数	南昌	建昌	南京
130 000(PE)	1 000①	400②	240

1618 年				
新洗总数	北京	杭州	上海	湖广
267	31	150	20	3

1619 年						
新洗总数	北京	杭州	上海	南昌	建昌	南京
277	<20	105	20	>20	<78	25

1620 年						
新洗总数	北京	杭州	上海	南昌	建昌	南京
268	20	78	20	72	98	≈50

1621 年						
北京	杭州	上海	嘉定	江西	南京	南雄
40	400 或 300	72	60	46	52	12

1622 年					
新洗总数	北京	杭州	上海	嘉定	江西
528	31	191	186	70	50

① 总数,并非新受洗数。
② 总数,并非新受洗数。

续 表

1623 年

新洗总数	北京	杭州	上海	嘉定	江西	松江
500	33	254	20	12	70	30

1624 年

新洗总数	北京	杭州	上海	常熟
350	39	79	180	52

1625 年

新洗	北京	杭州	上海	嘉定	南昌	建昌	绛州	福州
673	19	<50	181	21	<15	70	200	15

1626 年

新洗	北京	杭州	嘉定	Hyalu	南昌	建昌	绛州	福州	三原
>970	40	53	32	89	30	40	300	25	20

1627 年

新洗	总数	北京	杭州	上海	嘉定	南昌	建昌	绛州	福建
918	13 000 (MM/RJC/NS)	28	15	165	18	48	50	150	42

1628 年

新洗	北京	杭州	上海	嘉定	南昌	建昌	南京	山西	福建	河南
>1 000	39	<40	148	14	20	140	50	500	72	1

续 表

1629 年							
北京	杭州	上海	嘉定	南昌	建昌	南京	福建
97	116	197	34	＜23	162	50	135

1630 年								
新洗	北京	杭州	上海	嘉定	南昌	建昌	山西	陕西
1 400	150	160	246	28	48	260	＞400	50

1631 年										
新洗	北京	杭州	上海	嘉定	南昌	建昌	山西	西安	福州	邵武	河南
1 786 或者 1 686	240	83	214	68	25	80	700	148	208	40	23

1632 年										
新洗	北京	杭州	上海	嘉定	南昌	建昌	山西	陕西	福州	福建	銮屋
1 979	256	228	139	41	41	127	665	138	110	234①	15

1633 年							
新洗总数	北京	杭州	上海	南昌	建昌	南京	
3 125	275	431	292	48	160	163	
绛州	西安	福州	泉州等②	福州	开封	华州	銮屋
1 100	348	150	170	470 或 320	＞50	200	＜100

① 不含福州。
② 泉州、延平、建宁、漳州、兴化,下同。

续 表

1634 年					
新洗总数	北京	杭州	上海	南昌	建昌
20 840 （BA） 3 000 （ARSI）	288	148	414	26	80
南京	绛州	蒲州	西安	福州	泉州等
＜70	10 300	233 或 230	＜97	257	160

1635 年						
新洗总数	教徒总数	北京	杭州	上海	南昌	建昌
3 310	40 000	400	176	320	＞30	70
南京	晋陕二省	福州	泉州	漳州	常熟	海南岛
≈80	＞2 000	560	130	＜10①	300	335

1636 年					
新洗总数	教徒总数	北京	杭州	上海	南昌
3 475	40 000 （MM/NS） 38 300（BA） 38 200（PE）	490	200	470	55
建昌	南京	绛州	福州	河南	常熟
＞100	200	600	487	200	150

① 原文："付洗了几名读书人。"

续　表

1637 年								
新洗	教徒总数	北京	杭州	上海	南昌	建昌	南京	绛州
<4 000	60 000 (NS)	600	265	600	92	300	400	>400
蒲州	陕西	福州	泉州	建宁	漳州	河南	常熟	海南岛	南雄
>120	44	500	214	<115	36	60	300	330	>30

1638 年						
新洗总数	北京	杭州	上海	南昌	建昌	南京
3 504	875 或 575	200	548	150	100	400
山西	陕西	福州	泉州	建宁	兴化	福建
561	400	<30	<28	少量	<40	100
河南	湖广	永春	淮安	常熟	宁波	华州	河间府
<70	99	36	110	128	15	>40	50

1639 年						
新洗总数	北京	杭州	上海	嘉定	南昌	苏州
5 408	<100	433	1 124	190	100	60
建昌	南京	绛州	西安	福州	建宁	河南
96	690	388	1 240	200	60	124

续　表

常熟	宁波	武昌	松江	连江	稷山	城固	荆州
130	117	130	20	20	>70	>200	40

1640 年

新洗总数	教徒总数	北京	杭州	上海	南昌	南京	绛州
5 491	60 000—70 000（MM/NS）	350	446	1 244	200	700	358
西安	福州	建宁	河南	湖广	淮安	宁波	嘉兴
1 005	222	225	240	47	150	330	153

1641 年

新洗总数	教徒总数	杭州	上海	南昌	建昌	南京	绛州
5 401	100 000（AMC）	529	1 136	162	<60	<400	586
西安	福州	泉州	建宁	宁波	成都	松江	苏州
1 042	464	230	532	50	33	60	20

1642 年

新洗总数	北京	绛州	蒲州	西安	成都
4 824（全国）1 010（北方）	254	270	40	438	31

续　表

1643 年								
新洗	北京	杭州	上海	南昌	建昌	南京	西安	福州
南方： 3 103 或 3 343 北方： 2 020	412	160	1 193	220	20	460 或 ＞470	435	650
泉州	建宁	常熟	衢江	成都	连江	Cô Kiâm	建宁	武夷山
110	120	360	150	230	160	150 或 180	60	30

1644 年								
杭州	上海	南昌	南京	西安	福州	泉州	建宁	仙游	汀州
291	966	830	＜80	188	300	109	300 或 330	＜30	120

1645 年						
新洗总数	杭州	福州	泉州	建宁	福建
1 147	42	200	44	235	200
淮安	常熟	汉中	济南	南雄	广西太平	桂林
40	100	＜10	289①	20	13	40

1646 年						
教徒总数	杭州	陕西	福州	泉州	延平	建宁
70 000	72	＞300	172	73	23	135

---

① 该数据是 1643—1645 年三年的新洗人数。

续 表

1647 年							
新洗	杭州	上海	绛州	西安	福州	泉州	常熟
4 120	108	1 162	129	462	102	76	30

1648 年					
教徒总数	杭州	上海	延平	常熟	连江
70 000 (NS)	142	1 593①	<20	1 050	100

1649 年									
新洗	杭州	上海	绛州	蒲州	西安	常熟	清流县	将乐县	漳州等②
3 780	124	2 500	373	210	1 146③	763	20	1	<40

1650 年		
教徒总数	杭州	常州
150 000(MM/RJC/PE)	<130	40

1651 年
北京
332④

1652 年		
杭州	上海	西安
130	1 932	774

① 1644—1648 年间,上海新洗约 3 000 人。
② 漳州、兴化、泉州。
③ 该数据是 1648—1649 两年的新洗人数。
④ 该数据是 1650—1651 两年的新洗人数。

续　表

1653 年
上海
1 269

1654 年					
杭州	上海	绛州	福州	延平	淮安
124①	1 261	523②	200	135	137

1656 年					
新洗总数	北京	杭州	上海	绛州	西安
6 000③	200	151	1 907	171	505

1657 年						
杭州	上海	建昌	南京	西安	福州	延平	常熟
163	2 347	100	<200	554	167	71	206

1658 年				
北京	绛州	西安	淮安	济南
188	207	424	157	70

1659 年					
北京	绛州	西安	淮安	常熟	济南
212	256	646	109	477④	162

---

① 该数据是 1653—1654 两年的新洗人数。
② 该数据是 1652—1654 三年的新洗人数。
③ 1656 年年信作者郎安德（André Ferram）称，这个数字是他的估算，并没有收到完整的人数报告。
④ 该数据是 1658—1659 两年的新洗人数。

续 表

1660 年									
北京	杭州	绛州	西安	淮安	常熟	济南	扬州	海盐	广州
291	207	500	306	93	246	600	100	80	234

1663 年
教徒总数
110 100(ARSI),70 000—80 000(NS)

1664 年
教徒总数
248 180(PE),96 180(NS),114 200(王)

1665 年
教徒总数
105 000—120 000(NS)

1666 年
教徒总数
200 000(ARSI)

1670 年
教徒总数
273 780(PE)

1671 年
教徒总数
256 880(PE)

续　表

1674 年	
北京	
3 479	
1675 年	
福州	延平
200	135
1681 年	
新洗总数	教徒总数
12 000—13 000(ARSI)	240 000(ARSI)
1684 年	
教徒总数	
100 000(NS)	
1687 年	
教徒总数	
≈300 000	
1689 年	
新洗总数	
10 288①	

1692 年			
杭州	南昌	常熟	武昌
118	500	967	437

---

① 1685—1689 五年间平均每年新洗 10 288 人。

续 表

1693 年							
新洗总数							
5 529①							
1694 年							
北京				真定			
530				600			
1695 年							
教徒总数	北京	杭州	福建	武昌	松江	宣府	
200 000(NS)	614	331	250	286	758	9	
1696 年							
北京	杭州	南昌	福建	武昌	真定	良乡	赣州
433	280	1 280②	246	770	500	17 或 20	≈200③
1697 年							
上海	南京	东昌	真定	无锡	崇明	通州	
1 800	≈200④	600	359	1 000⑤	3 000⑥	8	

① 1692 年 1 月—1693 年 7 月共一年半内的新洗人数。
② 该数据是 1692—1696 年间的新洗人数。
③ 1692—1696 年间，赣州平均每年新洗约 200 人。
④ 1694—1697 年间，南京平均每年新洗约 200 人。
⑤ 当年无锡天主教徒总数。
⑥ 当年崇明岛的天主教徒总数。

第六章 传教史中的物

第一节 教徒身份符识

1697年时,上海住院的教徒,在整个中国传教区中,是人数最多的。

当年,上海共有4座大型教堂,其中,一座天主堂、两座圣母堂,在城墙内。每逢重大宗教庆日,乡下的教徒就去城里的教堂领受圣事。

每当这个时候,上海县城中总会有五六百名教徒聚会,有时甚至更多。为了应付这众多的教友,神父不得不通宵达旦地在告解室中度过,这样还只能满足一小部分人的需求,满足所有人是不可能的。

因为进城的教徒太多了,守上海县城门的士兵就不再一一查验这些乡下人的进城文书,因为天主教徒的脖子上都挂着念珠,这就足够识别他们的身份了,而不必再盘问他们是谁,进城作甚。若是某个教徒或某些教徒没有随队伍进城,且又没戴念珠,就会遭到严格查问,他们就会回答是去教堂,士兵就命令他们画十字,以此判断他们是不是真教徒,如果画得准确无误,这十字圣号就能当担保书和通关文牒使用。①

以上是1697年年信作者苏霖对上海乡村教友往城厢参加天主教庆日场景的一段描写。此时是康熙颁布"1692年宽容敕令"后的第6年,上海的天主教徒不仅享受着参与宗教活动的自由,而且还享受着临时的通行特权。这番自由、这种特权集中体现在象征其教徒身份的念珠上,他们不仅可以自由地以此来宣示宗教信仰,而且因此受到免检优待。念珠在教内看来是一件祷物,或用于诵念经的道具,在教外人士的眼中,它是识别一个人是不是天主教徒的符识,就像僧侣的袈裟或道士的方帽,守城门的官兵,不仅能分辨出天主教念珠与佛教念珠的细微差别,而且还储备着另一种识别天主教徒的知识,即画十字。总之,这串小小的念珠告诉我们在17世纪末的上海,天主教已是诸种宗教信仰中有一定存在感、可识别的一种。

念珠、十字符是本段年信中出现的中国教徒身份符识,事实上这类符识的种类丰富得多。本节将从17世纪中国年信的相关记载中筛出有哪些符识,将它们像笸箩里琳琅满目的小物一样端出来,作为我们想象明末清初中国天主教徒形象时的构件,进而结合与这些符识相关联的故事阐释中国教徒为何能、为何要挂戴这些符识,传教士为何要将这么多与教徒身份符识有关的事例记录在年信中,他们又是怎样记载的,最后指出这些不见于中文文献记载的小物对明清天主教史的意义。

一、拿来与创新:中国教徒的多样身份符识

明清天主教徒的身份符识大致可分为两类:附着于身体的符

---

① Joze Suares, *Annua do Colégio de Pekim desde o fim de Julho de 94 até o fim do mesmo de 97 e algumas outras Residências e Christandades da Missão de China*, BAJA, 49-V-22, f. 633v.

识、附着于家宅的符识。这两类符识是显而易见的，是摆在明处的。除了显性的符识，还有隐性的符识，如苦修鞭、苦行衣。隐形的原因不是在故意隐瞒，而是不足为外人道也，它们只是用以修行的功能性物件，但也没有刻意藏起来的必要。1633年，徐光启去世前，"许多来探望徐光启的人发现，其病榻上放着羔羊蜡、念珠、苦行衣和鞭子"。① 徐光启并不避讳这些奇怪的物品暴露在众人眼前，而了解天主教的客人自然能联想到徐光启的教徒身份。

附着于身体的符识中，以念珠为最普及，一是因为教内、教外人士都识得它，二是因为在年信中因念珠而被识出教徒身份的事例最多。1635年，一名奉教文人赴北京的途中遭劫，困在南京，又无其他谋生技能，就替人抄写从北京发往全国的邸报，以此糊口。一日，南京教友会"善会"的一名教徒看见他手腕上的念珠，彼此确认教徒身份，在善会会长的帮助下，落难文人得到资助。② 这是一个教内人士彼此相认的故事。还有教外人士根据念珠辨识教徒的故事。1636年时，南京"一名奉教太监，腕上缠着念珠去给他的上司请安，他的上司深得皇帝信任，被派遣来襄助南京宫廷。上司看见这些念珠，问他这是否是天主教的念珠，又说：你入教了，这是一件很好的事，天主才是真正的神，他教人们怎样得到救赎。在北京宫廷中，有很多人追随这一个教"。③ 北京太监根据在北京宫廷内的见闻判断出南京太监是天主教徒。如果说这个例子只说明对天主教念珠的辨识度，还局限于狭小的宫内，本节开篇讲到的把守上海城门的士兵由于是专司盘查的专业人士，认识天主教念珠也不奇怪，那么，以下这个例子可以说明天主教念珠在民间的知晓

---

① João Fróes, *Annua da V. Província da China do Anno de 1633*, BAJA, 49-V-11, f. 63.
② Manoel Dias, *Carta Annua da China de 1635*, BAJA, 49-V-11, f. 200v.
③ Francisco Furtado, *Ânua da Vice-Província da China de 1636*, BAJA, 49-V-11, f. 530.

度。据 1637 年年信,绛州府的某教徒与一些异教徒去外省,落入劫匪之手,匪徒搜身,发现他的念珠,知道他是教徒,放过了他,当着他的面将异教徒杀了,还说若是有机会改变职业和人生,他们也会入教。① 据 1633 年年信记载,"开封地区的教徒对念珠非常珍重,得到之后,就挂在脖子上,非祷告时从不取下"。在当地还有许多用念珠治病的故事,而前来求治的有许多慕名而来的异教徒。② 除了中国籍的教徒,在中国的外国籍教徒也挂着同样的念珠,以此标示教徒身份。从澳门逃亡中国内地的黑人教徒,主要聚居地是福建安海,每个黑人教徒的脖子上都挂着念珠,1639 年,神父前去巡视他们时,发现有 150 多人没有念珠,就向每一个人派发,他们立即就挂在脖子上。③ 念珠除了佩戴地域广泛,佩戴人群多样,还有些例子能说明佩戴时间长久。1602 年时,"肇庆某个教徒(肇庆是神父们在中国的第一个住院,后来,奉都堂的命令迁到韶州),在南京担任某职务,当他得知神父在南京时,就来寻找神父,神父们认出他就是肇庆最早的教徒之一,热情地接待他。他已经有 10 到 12 年未见过神父,也没接受神父们的教育,但他仍然戴着念珠、耶稣面巾,他从心底看起来是一个天主教徒,尽管在这么多年中,他所学的已经忘了许多"。④

　　普及度仅次于念珠的符识,是圣物袋。据各地住院的传教纪要,各地神父在为新教徒施洗后,都会发放此物。比如,西安地区,"在洗礼后,神父通常会授予教内的新成员一个羔羊蜡,装进圣物

---

① João Monteiro, *Annua da Vice Província da China de 1637*, BAJA, 49-V-12, ff. 19-19v.

② João Fróes, *Annua da V. Província da China do Anno de 1633*, BAJA, 49-V-11, f. 16v.

③ João Monteiro, *Annua da Vice Província da China do anno de 1639*, ARSI, JS121, f. 296v.

④ Diego Anthunez, *Annua do Collegio da Madre de Deus da Companhia de Jesu de Machao e Residencias da China do anno de 602*, ARSI, JS46, f. 322.

袋内,挂在颈项"。① 湖广地区,"洗礼之后,神父通常会发给教徒念珠、圣像、圣物袋,他们将圣物袋挂在脖子上"。② 在年信中有许多关于圣物袋的神迹,以灭火、治病为最常见。但是,圣物袋在教外的知晓度不如念珠。1637 年时,某人从村里去建宁,官差怀疑他是近日肆虐该城附近的造反军成员,将之逮捕、搜身,找到了一个圣物袋,便说这是有巫术的证据,其他造反军都戴着这个以感觉不到疼痛。在审问中,官员问他是谁,那个小袋子作何用。答曰,自己是某村的天主教徒,袋子是装圣物的,神父给他避魔鬼的,并向官员解释羔羊蜡的诸多功效。官员听得津津有味,将他放了。教徒认为这全赖羔羊蜡的保佑,伤心的是,官员见这东西不错,据为己有。③

安文思在 1658 年年信中报告了一个与圣物袋有关的乱世中的悲喜剧,尽管其中没有展现超自然的神迹,却是关于天主教标识物中最动人的。一个命运多舛的女教徒从杭州流落至北京,因为一个被遗弃的圣物袋而找到教会,改变命运,这个故事是这样的:

> 一名女基督徒,寡居,穷困,她有一个漂亮的小儿子,人见人爱,一位夫人碰巧遇到这个小孩,为其乖巧吸引,收为养子。这位夫人是前朝一位公爵(或称王爷)的太太。夫人将小孩带回自己的府里抚养,很是疼爱,乐享天伦。王爷因惧避鞑靼人而逃往舟山(cheū xān)岛,该岛位于浙江(che kiām)沿海。夫人与其余家人随王爷一起避难去了。那女教徒留在杭州府。后来,小孩回来看望他的生母。在此期间,鞑靼人夺取舟山

---

① João Fróes, *Annua da Missão da China de 1634*, BAJA, 49‑V‑10, ff. 477v‑478.
② João Monteiro, *Annua da Vice Província da China do anno de 1637*, BAJA, 49‑V‑12, f. 317.
③ João Monteiro, *Annua da Vice Província da China do anno de 1637*, BAJA, 49‑V‑12, f. 343v.

岛,王爷逃脱,夫人被俘,解往杭州。在杭州的中国人向鞑靼人揭发正与生母在一起的小男孩,说这孩子是王爷夫人的儿子,不是那个穷教徒的。鞑靼人立即就逮捕了小男孩及其生母。女教徒抗议说,这是她自己的儿子。王爷夫人在公堂上受审,那个孩子到底是不是王爷的。夫人回答,实话实说,这是一个无名民妇之子,我见他长得好看就收为自己的养子。再审夫人的仆人们,得到相同回答。恰在此时,鞑靼人又抓获了一名王爷的仆人,他是被王爷秘密派来打探夫人情况的。这名仆人被刑讯,鞑靼人问,这些公爵中是否有一个"千岁"(cién súi),千岁就是能活一千年的意思,这是赐给王爷及其嗣子的头衔,因为中国皇帝称为"万岁"(ván súi),就是能活一万年的意思,王爷就被称为"千岁"。这个仆人回答,是王爷派他回来探看王爷的夫人和儿子的。听到这个就足够了,鞑靼人不管孩子生母夺眶而出的泪水,不管王爷夫人抗辩,不管那些证人证词,立即就把这个小孩抓了起来。小孩后来死在牢中。他的生母也被抓了起来,分配给一个底层的鞑靼人做奴隶。这个鞑靼人将她带到了京城,卖给另一个鞑靼人。新的鞑靼主人不顾她的衣不蔽体,不顾她快要饿死了,要她上街捡草拾柴,还有牛粪马粪,用来烧火。这个可怜的女教徒过着无比悲惨的生活,没有任何出头之日。直到某日,她将柴火装载到主人的马背上,在马槽里发现一只口袋,这种口袋,基督徒通常用来装神羔挂件戴在身上的,她对这个发现十分欣喜,说道:看来这个地方也有基督教徒,可惜我不认识他们,也不知道教堂在哪。她就向许多人打听,没有遇到一个教徒,没有看见教堂,也没见见任何天主教的标识。鞑靼主子的一个奴才受刀伤,有化脓的危险。女教徒就对鞑靼主子说,她会配置一种膏药,可以治愈这个奴才。鞑靼人去买来药材,女教徒制成膏药后为伤者敷上,效果很好,几天就结痂了。鞑靼主子见后大喜,就想这个女教徒的技术、药方可以让他大赚一笔。去新买了大量药材,让女教徒制了大量膏药,每日都在城里走街串巷挨家挨户叫卖,每天都给主子带回大把银子。某日,教徒又出门了,正巧经过一座教堂门口,她认识这十字圣号,闪闪发亮地挺立在屋顶。教徒喜出望外,进得堂中,拜她的造物主。神父出门归来之后,听说此事,原来这女教徒这么可怜,命运这么悲惨,为人奴隶,很同情她,就将她的事情告诉一位鞑靼夫人,也是一位教徒,还是一位阁老(Cò Laò)的弟媳妇。鞑靼夫人立即就用钱将其赎出来。现在她享有很大的自由,鞑靼夫人不视之为下人,也不会将她关起来,而是将她当作一名自由人和教友。[1]

在这个故事中,指引着女主角和推动情节发展的是天主教的两件标识物:圣物袋、十字架。这个故事至少说明了圣物袋在京、杭两地教友中的普及程度,十字架"闪闪发亮地挺立在屋顶"说明了天主教可以公开活动的程度。

除了念珠、圣物袋外,被教徒穿戴在身上的符识五花八门,它们表明中国教徒在展示信仰上的创造性,而不仅是"拿来"而已。这些创造,有时迫于无奈,因陋就简。1647年时,"由于道路不通,从澳门进入内地的物资受阻,有好几年,西安住院新受洗的教徒,得不到祈祷用念珠,教徒们就买来佛珠,改成玫瑰念珠"。[2] 1634年,神父在华州传教时,羔羊蜡不够了,就大量开印耶稣、玛利亚的圣名纸,纸的幅面很小,便于随身携带。孩子们佩戴圣名的方式更

---

[1] Gabriel de Magalhães, *Annuas das Residências Do Norte da Vice-Província da China do Anno 1658*, 49-V-14, ff. 245-245v.

[2] Ignacio da Costa, *Annua da Vice Provincia do Norte na China do anno de 1647*, BAJA, 49-V-13, f. 443.

为多样,戴在颈上、帽子或头饰上、绣在身上。[1] 但是,更多时候,展现的是中国教徒主动的创造性,以表达其奉教之虔。此类符识列举如下:

1625 年,建昌住院神父在向南丰宣教期间,帽子佩戴有一个硕大的十字架,教徒们也都公开地佩戴了一个,作为所奉信仰之标识。[2]

1625 年,"孙元化的母亲玛利亚(Maria),73 岁,因为儿子做官,很快父母受封,衣服上有了象征官秩的标识,孙元化衣服上也是这样的。玛利亚随后来找儿子,她让人用针做了某种头饰,她对当官的儿子(也是基督徒)说道:你为我绣一个戴在前面的十字,好让我戴在额头上。孙元化就为母亲做了一个非常漂亮的"。[3]

1627 年,杭州一个 14 岁多一点儿的少年,洗名多默(Thomé),他父亲在结束学习后几个月,在忙于其他事,以致不能经常来听弥撒,为了使父亲不遗忘,他就在父亲的扇子上——手里拿着一把扇子是这个国家的习俗——写下我们圣教奥义的要点,十诫概述,及天主教徒的义务,以便始终出现在父亲的眼前。[4]

1628 年,福建一个兵士,因为擅长射箭,得到皇帝赏识,他在自己的弓上刻下耶稣的名和圣马尔谷(São Marco)的名,他的洗名与圣徒马尔谷相同。[5]

---

[1] João Fróes, *Annua da Missão da China de 1634*, BAJA, 49‐V‐10, ff. 477v‐478.

[2] Manoel Dias, *Annua da V. Província da China do Anno de 1625*, BAJA, 49‐V‐6, f. 223.

[3] Manoel Dias, *Annua da V. Província da China do Anno de 1625*, BAJA, 49‐V‐6, ff. 230v.

[4] Manoel Dias, *Carta Annua da Vice-Provincia da China do Anno de 1627*, 49‐V‐6, ff. 489v‐490.

[5] Rodrigo de Figueredo, *Annua da V. Província da China do Anno de 1628*, BAJA, 49‐V‐6, ff. 605‐605v.

1630年,嘉定"一个小姑娘出现在众教友的面前,她是其中一个人的女儿,她的衣服上有一块通常是用在异教徒身上的刺绣和装饰物,大家都对这个情况感到惊讶。父亲羞愧难当,为了惩戒这个错误,和为这件丑事涤罪,他立即让人为女儿另做了一套衣服,上面在不同的部位绣着耶稣的圣名和十字符"。①

1634年,西安府的某县。一户人家全家40多人信教,奉教虔敬,"发明"出超常规的悔罪方式,尤其是女教徒。一个小童还将十字刺在额头。用针刺时,花了很长时间,鲜血覆面,为使刺字鲜明,还涂上了墨汁。②

1637年,南昌一个叫"明悟"(Mim U)的天主教徒,洗名弥额尔,对灵魂得救事也很"明悟",他认真地恪守十诫,专门定制了一枚戒指,刻上"守诫"(xeù kiái)二字。③

1639年,松江某教徒有一柄珍珠母贝做的十字架,戴在身上能治任何疾病,无论教徒或异教徒,都来借这柄十字架,该十字架就常年在各家各户间流通,直到被某个人私藏起来,据为己有。④

1639年,福建著名教徒张庚的孙子出生后,教友们送来了刻有"耶稣""玛利亚"的银牌,挂在小孩子的脖上。张庚认为这是比珠宝、钻石更珍贵的礼物。⑤

1647年,松江,徐光启的长孙媳妇Flavia不戴珠宝等饰物,而

---

① Lazaro Cattaneo, *Annua da Vice-Província da China do Anno de 1630*, BAJA, 49-V-9, f. 25v.
② João Fróes, *Annua da Missão da China de 1634*, BAJA, 49-V-10, f. 481.
③ João Monteiro, *Annua da Vice Província da China de 1637*, BAJA, 49-V-12, f. 38.
④ João Monteiro, *Annua da Vice Província da China do anno de 1639*, ARSI, JS121, f. 279.
⑤ João Monteiro, *Annua da Vice Província da China do anno de 1639*, ARSI, JS121, f. 295.

是在额头上戴着"耶稣"字样,镶嵌宝石。[①]

附着于家宅的符识中,以圣像为最普及。圣像是教徒过宗教生活的必需品,因此,新教徒在领洗后都能从神父那里领到圣像,供在家中。1625 年是福州的开教之年,艾儒略神父从杭州带去的救世主像不敷使用,当地教徒请人临摹下来,挂在家中。[②] 各种圣像当中以天主像、圣母像最为常见,也有天使像等。[③] "奉教之家皆供奉天主像,以便瞻礼,惟出门不便奉像,故带小铜牌与圣柜,以皆有主像在,使时刻思念天主教要。"[④]此外,还有一些较少见的圣像。耶稣会会祖罗耀拉于 1609 年由教宗保禄五世宣福而享真福品,1618 年杭州地区就出现了教徒家中悬挂罗耀拉像的事例[⑤],1622 年教宗格里高利十五世主持封圣仪式,罗耀拉与沙勿略被奉为圣人之后,中国教徒中悬挂罗耀拉圣像的事例多了起来。由于罗耀拉被认为在保佑产妇顺产上特别灵验,所以,罗耀拉圣像的流行度似乎比沙勿略圣像更胜一筹。比如,1633 年年信的绛州住院部分记载,该地区普遍用伊纳爵的圣像保佑产妇的平安。[⑥]

以上符识广泛存在于天主教徒的日常生活中,在穿戴中、在私人物品上甚至在肉体上(文身),都能找到该教徒奉教的痕迹。在

---

① António de Gouveia, *Ânua da Vice Província da China nas Partes do Sul no Anno de 1647*, in *Cartas Ânuas da China*(1636;1643 a 1649), edição, introdução e notas de Horácio Peixoto de Araújo, p. 371.

② Manoel Dias, *Annua da V. Província da China do Anno de 1625*, BAJA, 49-V-6, f. 235v.

③ João Monteiro, *Annua da Vice Província da China do anno de 1639*, ARSI, JS121, ff. 297-297v.

④ 无名氏:《天主教原由》,收[比]钟鸣旦、[荷]杜鼎克主编:《耶稣会罗马档案馆明清天主教文献》(第 8 册),第 145 页。

⑤ Manoel Dias junior, *Carta Annua da Missam da China do Anno de 1618*, BAJA, 49-V-5, ff. 249v-250.

⑥ João Fróes, *Annua da V. Província da China do Anno de 1633*, BAJA, 49-V-11, f. 25.

材质和形式上则五花八门，绣品、扇面题字、类似于小儿长命锁的银牌等则直观地展示着中国教徒如何将西来信仰以中国符号表达。

　　附着于家宅的符识，张贴位置可划分为户内、户外。户内主要是在供奉神祇的小圣坛上，或墙壁上。据 1637 年年信记载，泉州某个虔诚教徒，将家里的每个门、每个房间都贴上了耶稣的圣名，他还想给儿媳妇房间的门贴上圣名，但儿媳妇是异教徒，没有同意。不久之后，这户人家遭贼，所有房间都没被盗，只有最隐蔽的儿媳妇的房间被盗。两三天后，"魔鬼又进入了儿媳房间，迷惑儿媳自缢，儿媳真的上吊，若不是公公及时地发现，她的灵魂已下地狱。全家人经过了这次教训之后，全都入教"。① 此外，还有一些室内摆件。1639 年年信记载，连江有一个叫 Lîn Vicente 的举人，在四川为官返闽后，对神父讲，四川的官喜欢每月去拜城隍，为了免被打扰，他制作了一块字牌摆在桌上，上书：sēm tiēn sēm tí sēm xîn sēm gîn sēm uán uè chī xám tí ciúen nêm tá chù（生天、生地、生神、生人、生万物之上帝，全能大主）。② 这块字牌用以公示的意味很明显，是天主教徒主动亮明身份，免被打扰。

　　户外主要是张贴在当街的门户上，宣示天主教徒身份的用意更强烈。1647 年时，松江教友普遍将写有"耶稣""玛利亚"的字条贴在对着街的门上或屋内的墙壁上，以替代"门神"（Muên Xin）。③ 除了圣名字条之外，十字架也是天主教徒家门上较常见的符识。

---

　　① João Monteiro, *Annua da Vice Província da China de 1637*, BAJA, 49-V-12, f. 49v.
　　② João Monteiro, *Annua da Vice Província da China do anno de 1639*, ARSI, JS121, ff. 306-306v.
　　③ António de Gouveia, *Ânua da Vice Provincia da China nas Partes do Sul no Anno de 1647*, in *Cartas Ânuas da China*（1636，1643 a 1649），edição, introdução e notas de Horácio Peixoto de Araújo, p. 371.

还有一些较少见的,比如,1637年时,神父在杭州印制一批关于"万民四末"的版画,一名上海教友要来贴在自家大门,某异教徒看见便问这是什么,教徒详细向他讲解这是人生到最后要面临的四件事:死亡、审判、天堂、地狱。① 此类宗教画除了宣示教徒身份外,还有宣教功能。

这些用以招贴的字符中,既有中文,又有西文。西文字条譬如:1622年时,杭州有一名27岁的年轻文人,因为妻子身故多年,决定遁世、礼佛,他在一名天主教徒家中看见"耶稣之名(基督徒都习惯在家里写上Jesus),便盯着这些字母(letras)看,因为他不认识,他想知道这是什么,有何含义。……当他听说这是天地万物之主陡斯的名,更觉惊奇,因为他之前一点儿没听说过,遂决定来城里寻找神父,他很清楚这个新的教律是其幸运地找到的能够皈依的最好信仰"。② 1625年时,南昌教徒也在家中张贴耶稣圣名,是用传教士的文字书写。③ "传教士的文字"当指葡萄牙语。还有用拉丁文书写的。福州教徒"见到艾儒略神父的圣物袋中装着的羔羊蜡,他们按照那个样子用香木雕刻出来,佩戴在脖子上,两面还写了一些虔诚的话。一个人在几处写上对神三德④,如中国话基督手册上的一样,在另一面写四枢德'义、智、节、勇'(Abstine, avino, venete ab avaritia etc)。另一个人,在一面写上'爱天主',另一面写下'爱世人'(Amais à Deos, e da outra amais ao próximo)。其他人则写着'我们的父'、'万福玛利亚'(Pater

---

① João Monteiro, *Annua da Vice Província da China do anno de 1637*, BAJA, 49-V-12, f. 315.
② Álvaro Semedo, *Carta Annua da Missão da China do Anno de 1622*, BAJA, 49-V-7, f. 369.
③ Manoel Dias, *Annua da V. Província da China do Anno de 1625*, BAJA, 49-V-6, f. 220v.
④ 信、望、爱。

noster, Ave Maria)等类似的话"。① 中文字条譬如：1639年时,有个建昌教徒家中的墙壁上贴着"信、爱、望"(Sín ngaí uám)。②

此外,在庞迪我等为利玛窦成功申请到北京滕公栅栏为墓园后,南京、杭州、福州等地都出现了传教士墓地,中国教徒亦效仿之,出现专葬基督徒的墓地,这些墓地通常竖立十字架以表明其教徒身份。比如,Estevão、Mathias两名文人兄弟是建昌开教的促成者,他们的父亲在去世前匆匆受洗,死后,"在逝者坟墓上,竖起一座石制的十字架,墓之一侧,竖起一柱,柱子高处摆上另一个十字架,还有耶稣、玛利亚的圣名"。③

附着于家宅门户上的奉教标识物,较附着于身体上的,宣示意味更加强烈,但其移动性则不及,只有经过其家门或登堂入室的客人才见得到。无论哪种,都是天主教徒在主动地亮身份。

二、物以咏志：符识对教徒与传教士各自的意义

上述符识属于圣物。流通于中国天主教徒间的圣物多种多样：圣水、圣枝、圣烛、圣人遗骨、遗物等等,但不是所有圣物都具备上述符识的亮身份的功能。洞悉这些符识对教徒和传教士各自的意义是什么,要从"亮身份"这个特殊的功能入手。

通过对年信中有关符识事例的分析,可总结出教徒佩戴这些符识主要出于四方面的原因：求得护佑；宣教；与异教徒划明界限、免受打扰；在教案中表达护教、殉教决心。

---

① Manoel Dias, *Annua da V. Província da China do Anno de 1625*, BAJA, 49-V-6, ff. 235v-236.
② João Monteiro, *Annua da Vice Província da China do anno de 1639*, ARSI, JS121, f. 292.
③ Francisco Furtado, *Carta Annua da V. Província da China do Anno de 1623*, BAJA, 49-V-6, ff. 130-130v.

求得护佑是最普遍的原因。在年信中有许多在门上张贴圣像以避免被魔鬼纠缠的例子,这些教徒确乎将圣像作为"门神"的替代物使用了。聊举几例:1636 年,北京,"魔鬼霸占了一户人家的房子,这户人家人口很多。它像这个家的主人一样,破坏家里用具,带走银子和值钱的东西,没有人能制止这个魔鬼。同样是来自魔鬼的大师们做了很多献祭、祈求,总是没有效果。这户人家听说天主之律之后,就来教堂请求圣洗。在对他们进行入教前的教育之后,为其施洗,他们在家里张贴了救世主像和圣母像,这使魔鬼稍微收敛一些"。① 1639 年,西安有个教徒,妻子中魔,他是这样质问魔鬼的:"我的朝街的大门上贴着十字,你怎么敢进来?"② 1644 年,上海,六名天主教徒受地方性邪教分子的诬陷被捕。主审官问:"你们贴在自家门上的那些纸是什么?"一名教徒答道:"是降魔的武器。就像城墙用以抵御外敌,将天主的圣名写在这些纸上,可以守家护院,免遭魔鬼侵入,搅乱我们灵魂。"主审官认可了这个回答和做法,又详查了天主教的教律之后,放了他们。③ 此类案例不胜枚举,在中国南北东西各地的教徒中,在门户上张贴圣像、圣名用以驱魔非常普遍。基督徒还随身携带天主教符识以起护佑作用,也举几例。1631 年,距太原府 1 日半行程某地,"有个热诚而忠厚的教徒,带入教志愿者来住院接受教育,在回家的途中又半路返回教堂,求神父给他一个圣物袋,他预感到将有灾祸发生,果然,他在路上遇到一群被收买的坏人,侮辱他后,将他扭送官府,诬陷他做过了某些坏事。他求天主赐他心灵的力量和语言的魔力,以

---

① Francisco Furtado, *Ânua da Vice-Província da China de 1636*, BAJA, 49-V-11, f. 526.
② João Monteiro, *Annua da Vice Província da China do anno de 1639*, ARSI, JS121, f. 236v.
③ Antônio de Gouvea, *Annua da V. Província do Sul na China de 1644*, BAJA, 49-V-13, ff. 526-526v.

使法官相信他的无辜。他被无罪释放,诬告者被罚重金、打板子,他认为这是圣物袋的功劳"。① 1613 年,衢州一个信教士兵,平日挂在脖子上的羔羊蜡丢了,他是将羔羊蜡作为护身符的,贴出告示,悬赏 1 两银子寻找。② 1637 年,山西某府,一个叫 Joanna 的女教徒被诬告,官差从她身上搜出佩戴的羔羊蜡。③ 1638 年,建宁某教徒被官差搜身时,也找到一块随身佩戴的羔羊蜡。④

宣教功能是最能体现符识的将信仰亮出来的特征的,劝化更多的人领受福音,不仅是传教士的使命,亦被许多教徒认为责无旁贷。1629 年,"杭州一名青年书商,在一个我们请他装订一些我们的书籍的机会中,他了解到天主之事,便与全家改宗归信,他的决心很大,热情很高,今日是该堂区中最优秀的教徒之一。他最突出的表现是将耶稣至圣的名贴在大门上,这门对着一条公共马路,是全城人流最多的路,其他教徒对他非常赞赏,亦在自家门上张贴……他还在自己店铺悬挂一张书单,我们迄今为止所有的关于天主之事的书,都在上面。他对所有来问的客人讲解。很多人因为这个原因来寻我们(神父),知道了我们所宣扬的天主教律,还有一些因此入教"。⑤

与异教徒划明界限、免受打扰,也是主动表明身份,以自我标示与众不同的原因。比如,1621 年,南雄,一个和尚来到这名教徒

---

① João Fróes, *Annua da V. Província da China do anno de 1631*, BAJA, 49-V-10, ff. 48v-49.
② Nicolao Longobardo, *Carta Annua da China 1613*, ARSI, JS113, ff. 349v-350.
③ João Monteiro, *Annua da Vice Província da China de 1637*, BAJA, 49-V-12, ff. 18-22v.
④ João Monteiro, *Annua da Vice Província da China do anno de 1638*, BAJA, 49-V-12, ff. 343-343v.
⑤ Lazaro Catano, *Annua da Vice-Província da China 1629*, 49-V-8, ff. 599-599v.

门前化缘,教徒满是激情地答:"我已跟你们和你们的人说过多次,看到贴着耶稣至圣之名的门,就别在这样的门前讨要施舍,因为那里住着的是基督徒,他们的圣律禁止他们以任何形式服侍魔鬼。"①在年信中常见的两类天主教徒受打扰的情况:一类是家中遇有丧葬等白事或家中有病人时,有和尚主动上门提供礼仪服务或救治,在天主教徒的眼中,这些异教徒无非是为利而来;另一类是逢年过节或遇干旱等灾情,僧道游街,举行法事,挨家挨户收钱,因此而与天主教徒屡屡发生冲突。面对这些被打扰的情况,天主教徒就会主动亮明身份,拒而远之。

在教案中表达护教、殉教决心的机会不常见,却是最有力度的亮身份。沈㴶《再参远夷疏》中记载了传教士遍传符咒的事实②,"以剪字贴门户为记号"③。不过,在南京教案爆发后,许多信徒"一时尽裂户符,而易门对矣;安家堂而撤夷像矣"。④ 这些叛教信徒、决裂官员,在只做"正面报道"的年信中不见记载。传教士记载的是教友在教难中的勇敢表现。1618年,教案方兴未艾,神父巡阅南雄期间,发现"尽管现在仍处教难期间,然而这些教徒习惯在对着马路的门上贴上耶稣至圣之名,大家一看就知道他们是基督徒。一名异教徒朋友劝一名教徒把(写有耶稣之名的)纸收起来,教难风声未过,免得被危险找上门。但是,这名教徒回答,他的光荣就在于让全城的人都知道他是一名基督徒,所以他才贴出来的"。⑤

---

① Francisco Furtado, *Carta Annua da China de 1621*, BAJA, 49-V-5, f. 329v.
② (明)沈㴶:《再参远夷疏》,第50页。
③ (明)吴尔成:《会审王丰肃等犯一案并移咨》并《南京都察院回咨》,第72页。
④ (明)吴尔成:《会审王丰肃等犯一案并移咨》并《南京都察院回咨》,第72页。
⑤ Manoel Dias junior, *Carta Annua da Missam da China do Anno de 1618*, BAJA, 49-V-5, ff. 258v-259.

当然,除了亮身份的功能,这些符识本身也是圣物,能满足教徒过宗教生活的需要。尤其是挂戴在身体上的圣物,因其便携性、移动性,大受欢迎。据1647年年信记载,西安地区的教友向神父要一些小圣像,装进小盒子内,挂在脖上,藏在衣服里面,在出门时,到了祈祷时间,就拿出小像盒,对着圣像跪拜。①

以上是以符识亮身份对教徒的意义,那么,对传教士的意义是什么呢?或者说传教士为什么在年信中记载这么多与符识相关的案例?年信中对发生在中国教徒身上的"有教育意义的事例"的记叙,并非随意为之,而是形成了较固定的写作"框架","框架"类似于窗棂或照相机的取景框,传教士按照其想彰显和宣传的教友的优秀品质来取景,在诸如敬虔、耐心、爱德等优秀品质中,"圣勇"(sancta ouzadia)也是被着力塑造的中国天主教徒的一种品德。在逆境中勇敢地亮出身份正是书写"圣勇"这一主题的好素材。也就是说,年信中与符识相关的记载大多是为表彰教徒的"圣勇"品质服务的。

除了上述"南京教案"中壮怀激烈的"圣勇",年信中更多的是记录日常生活中的奉教勇气,涉及各行各业,有男有女。1635年,南京两名信教太监,一个热情奉教,一个害怕被说闲话,从外表看不出是教徒。前者当着众太监做祷告,口念耶稣,后者告诫他在心里练习就可以了,不必外露,免得招惹麻烦。前者称以信教为荣,还要广而告之。前者还骄傲地将此事向神父及众教友汇报。②1621年,德清县某村因受异教徒控告而受搜捕,"教徒们在这件事上表现出了应有的坚持和耐心,成了榜样。有很多人劝他们放弃这代价沉重的教律,重归过去,以安宁地生活。但是,没有人听这

---

① Ignacio da Costa, *Annua da Vice Provincia do Norte na China do anno de 1647*, BAJA, 49-V-13, f.443.
② Manoel Dias, *Carta Annua da China de 1635*, BAJA, 49-V-11, f.201.

些建议。一名女教徒的异教邻居劝她将耶稣的名字从门上取下来,以免被捕。她回答说:'首先将我的头颅从肩上取下来,我才将耶稣至圣的名字从我家取下,耶稣是我的盾与荣耀。'"[1]1647年,松江一股反清队伍被镇压后,清军在上海严格地搜捕叛乱分子,为了避免显得与众不同,一些教徒将门上的耶稣、玛利亚名字揭下来。徐光启的长孙媳妇Flavia的邻居被抓走了,Flavia的家仆将大门上的圣名条也移除了,Flavia责骂了仆人,不仅重新在对着马路的大门贴上名条,还在所有显眼处都贴上了。[2]

"圣勇"是传教士想要向年信读者宣传的中国教徒的美德之一,如果按照事件类型划分,在"有教育意义的事例"中,有一类专门事件与圣物有关,此类事件可概括为:敬拜和爱护圣物的,得到天主恩佑;亵渎圣物的则招致惩罚。因为圣物囊括了符识之外的物件,此类事件并非准确地对应符识的彰显教徒身份的特点,所以,此处只举一例与爱护符识相关的事件,以形成对年信中关于符识相关事件的完整印象。傅汎际记载了这个于1636年发生于南昌的故事:"以下这个事例既体现了天主的恩泽,又体现了他对胆大妄为者的惩罚还是挺吓人的。村里一个教徒,信仰热情有些冷淡,一日,他的一个异教徒朋友来拜访,注意到他家挂在墙上的救世主像,便口出亵渎神灵的话:这张纸是做什么的?这是什么教的?你发什么癫,朋友?他将圣像取下,当着朋友的面撕成碎片,对朋友说,把这些纸烧毁,祭拜魔鬼。他把那些纸拢在了一处,点了把火。突然,火燎到了异教徒的胡须,竟烧起来,烧得连头发都不剩。惩罚并不止于这么轻微,这名异教徒立即就生病了,很快便

---

[1] Francisco Furtado, *Carta Annua da China de 1621*, BAJA, 49 - V - 5, f. 327.

[2] António de Gouveia, *Ânua da Vice Provincia da China nas Partes do Sul no Anno de 1647*, in *Cartas Ânuas da China* (1636, 1643 a 1649), edição, introdução e notas de Horácio Peixoto de Araújo, p. 371.

死了。这个信教村民,眼看着大火烧了邻居的发须,人生都改变了,变得热诚,从一个鄙野村夫变得对天主至为恭敬,在遵守天主的律法上非常仔细。"①

以上分析了符识对教徒和传教士各自的意义。符识对双方有不同的意义,但是,这种不同只是认知上的或视角上的不同,实则是同一件事物的一体两面。教徒将符识作为门神、护身符使用,体现的是信主便会得主护佑,而在传教士看来,这体现的是圣教的神力和伟力,具有比异教更灵验的优越性。还有,热心宣教与"圣勇"一样,也是被传教士表彰的美德,只是以符识宣教是若干宣教种类中的一种,此处只讨论符识亮身份的特性,所以没有展开论述符识对于传教士在"圣勇"之外的意义。

三、能见度与权力:从小物看天主教在中国的传播

对明清天主教徒身份符识的研究目前尚属空白。耶稣会年信中的相关记载,对于明清天主教史研究的意义可从以下三个方面着手:第一,描画中国第一代天主教徒的外在形象。佛教徒、道教徒,甚至白莲教徒,都有辨识度很高的标志物,天主教徒除了画十字符之外,有哪些外在的形象特征?上述符识给了我们勾画其形象的素材。这些 400 多年前的天主教徒从外表上似乎较今日的教徒有更多的奉教痕迹。

第二,外在的符识代表着圣教的能见度。符识的密度表征着天主教信仰自由度、热度。从年信中相关记载的年份看,符识故事出现的年份都避开了"南京教案""杨光先教案"等禁教时节。"南

---

① Francisco Furtado, *Ânua da Vice-Província da China de 1636*, BAJA, 49-V-11, ff. 554v-555.

京教案"爆发的一个导火索,正是南京大教堂"顶上高竖白玉十字架,阖城望见,中国前此未有也……大惹僧徒妒嫉"。[①] 中国教徒敢于暴露的程度,与宗教氛围的好坏直接相关。如果将这些符识故事与时间、地点等变量关联,进行大样本量的量化研究,可以描绘天主教信仰氛围的浓度地图和时空分布图,再结合对应年份、地点的背景、大事阐释,可以更清晰地揭示天主教在明清时的传播规律。需要补充的是,圣教的能见度,除与符识数量相关,亦与所暴露的内容有关,有时,后者甚至比前者更能展现天主教渗透进中国社会的深度,基督受难像即是一个很好的例证。基督受难像直观地展示酷刑和鲜血淋漓的残忍,以及基督的"罪人"身份,与中国文化中的审美旨趣大异。基督受难像第一次暴露时的情景,在利玛窦之《基督教远征中国史》等文献中都有记载,1601年年信的记载则更为详细。故事的背景是1600年利玛窦第二次尝试进京时,被太监马堂囚禁在天津,行李也遭马堂强行检查,以满足其贪欲,马堂在翻检行李时找到了骇人的基督受难像:

> 他们将所有的箱子翻了个遍,马公在其中发现了一柄耶稣受难十字架,这个十字架是新画完的,利神父装在自己的柜子里,马公打开柜门,看见一个血淋淋的男人,还被钉在一个十字架上。马公大惊失色,他将十字架拿出来,质问神父这是什么,神父忙向他解释十字架的含义,但马公是一个迷信的异教徒,他对神父的解说不满意,断定神父们毫无疑问是坏人,是身怀邪术的人,那柄十字架就是确凿的证据,如果这些神父是好人,就不会费尽心机地随身携带这样一件物品。就连一名为神父们开脱的官员也说,尽管神父们的意图是好的,但是完全从中国的眼光看,那件东西看起来很邪恶。但是,后来这

[①] 萧若瑟:《天主教传行中国考》,第154页。

个叫马公的太监又找到了两柄十字架,至少看起来他反而相当地镇定了,尽管还未完全镇定。从这个异教徒身上体现出来的,就是圣保禄所讲的钉在十字架上的基督"在外邦人为愚妄"(aut stultitiam)①,因此,那一天所发生的事是在为基督而忍耐,神父们其实是深感欣慰的,因为他们"配为这'圣像'受侮辱"(Qui digni habiti sunt p imagine Iesu)②,他们只是受了一些表面上的不恭。

利玛窦请临清道帮忙疏通,"他向马公过问了神父的事,马公捏造了许多污蔑神父的谎言,将肚子中的坏水倾吐而出,比如,他说自己找到了两大口袋银子,还找到了炼银的工具,还在神父的财物里发现一个被钉在十字架上的人,被血浸染,除了证明神父们是阴谋杀害中国皇帝并篡国的某种术士之外,别无其他解释。面对马公捏造出的种种谎言,临清道的脸也变了颜色,连惊带怕,未敢再提神父的事"。临清道"固执地建议神父们将那几个十字架扔掉",这反而使"我们下定决心,今后要公开宣扬和传播基督受难,将更无拘无束地谈论这个神迹"。③

那么,利玛窦的这个决心什么时候得以实现了呢?至少1618年时,杭州住院的神父还不能在教徒中公开展示。"他们对我主基督的所有圣像都极为虔敬,但是,对于所有的耶稣受难像——他们

---

① 《新约·格林多前书》1:23,"而我们所宣讲的,却被钉在十字架上的基督:这为犹太人固然是绊脚石,为外邦人是愚妄"。

② 年信中这句话的原文是 Qui digni habiti sunt p imagine Iesu,这句话是从《新约·宗徒大事录》5:41 中的一句改写的,圣经中的该句是 quonia digni habiti sunt pro nomine Iesu,该句的思高本中译是"他们配为这名字受侮辱",年信作者将"名字"(nomine)替换为"圣像"(imagine),以与年信中所讲的耶稣像受辱这件事相符。

③ Anonymous, *Do Collegio de Machao & Suas Residências de 1601*, ARSI, JS121, ff. 12-13.

习惯称之为'基督其他的像',只能让他们敬而远之。"①1636年时,基督受难像作为天主教的标志物之一,已在杭州十分流行,傅汎际是在批驳方济各会或多明我会对中国耶稣会士的指责时,提到这件事的。"我不知道一些起坏心的人是以什么为论据来指责在中国的神父的,指责这些神父并没有将耶稣受难像挂出来。因为在一开始,这里的教徒还没有准备好,我们还不可将耶稣受难的形象置于他们眼前,今天,在所有的住院中都能很普遍地见到天主受难像,教徒们亦喜闻乐见,他们在敬拜此像时都是眼含泪水。对圣十字的敬拜在这里已有很长时间,这些奥迹在基督徒身上产生的特殊效果是看得见的。"②

第三,为"受者中心论"的研究范式提供更多支持。明清天主教史的研究业已完成从以神父传教为主视角的"传者中心论",向以教徒接受为主视角的"受者中心论"的转换,教徒发挥创造性用以标示教徒身份的符识,为后一种研究视角提供了更丰富的论据。利玛窦改穿儒服被视为中国天主教史上的一件大事,那么,中国教徒与利玛窦相向而行,主动向西方基督教传统靠拢的行为是怎样的?尽管中国内地的天主教徒由于中国文化的强大,没有像果阿、澳门等地的教徒,在日常生活中出现较明显的拉丁化或葡萄牙化痕迹,但是并非丝毫没有,圣教符识上身,即展示着形变的存在和形变的程度。

进一步地,中国教徒勇于表露身份、佩戴符识,除了之于信仰本身的意义外,还可以借鉴传教士穿儒服的行为寻找解释。传教士努力模仿中国士大夫的生活方式,据马国贤神父的记载:"传教

---

① Manoel Dias junior, *Carta Annua da Missam da China do Anno de 1618*, BAJA, 49-V-5, f. 249.

② Francisco Furtado, *Ânua da Vice-Província da China de 1636*, BAJA, 49-V-11, f. 533.

士被中国人称为'体面'（Tti-mjen），外套是用最贵的材料做的；出门从不步行，都是坐轿子或骑马，或者乘船，总是有大量的随从跟着他们。"①这样做的目的在于更有效地吸纳信众。"传教士身穿当地精英人士的服饰，浑身散发出一种得到公认的庄重气质，而且和行政官员一样，他们讲的语言是代表政治权力的官话。这种气质当然很大程度上赋予了天主教象征性的合法地位，这要比像佛家僧人一样手持化缘钵在村庄之间来回跋涉有效得多。"②传教士在利用一种居高临下的身份优越感，汲取社会阶层差造成的"势能"，以更便于向底层大众浇灌福音。虽然传教士的"权力"不具备超越个人的法人格，没有制度化的正当性，但是，非制度性、实力性、无前提性正是明清基层社会中的各种集团的"权力"的特征，凡是"能够导致人们服从的力量就是权力"。③ 传教士热衷于与官场的交游，他们在年信中津津乐道地记载某"都堂"或地方官对教堂的公开造访，仪仗越是隆重，围观的人越多，他们越是兴奋；他们还喜欢向官员讨要牌匾，悬在堂前示众，这样做是为了给民众制造一种接近权力、从而拥有权力的印象。若是将这种权力的辐射线继续延长，延及教友，也可解释为何有一部分教徒愿意表露自己是神父的人。在传教环境顺风顺水的时候，是有许多人愿意与神父站得近一点儿的。而且神父确实通过关系为教友谋取实际的利益，比如，帮助信教文人在科举中取得好成绩，杨廷筠就曾经为教友说项。④ 顺治三年（1646）丙戌科乡试，艾儒略在福州宴请参试的约

---

① ［意］马国贤著，李天纲译：《清廷十三年：马国贤在华回忆录》，第39页。李天纲原文将 Tti-mjen 对音为"启蒙"，应为"体面"。
② ［美］柏里安著，陈玉芳译，《东游记：耶稣会在华传教史（1579—1724）》，第69页。
③ ［日］岸本美绪：《明清时代的身份感觉》，收［日］森正夫等编：《明清时代史的基本问题》，北京：商务印书馆，2013年，第364—365页。
④ Manoel Dias junior, *Carta Annua da Missam da China do Anno de 1618*, BAJA, 49-Ⅴ-5, f.244v.

30名教徒,一致表示"加强团结"。① 这些好处远大于沈㴔揭发的"从其教者,每人与银叁两"。② 如果中国教徒参与了传教士的"权力"的再分配,那么,就可以找出传教士穿儒服与中国教徒戴西符在权力根源上的一致性。传教士对儒生符识的珍惜与教徒珍爱圣物一般,在前述马堂的搜查中,"在这片混乱中,钟鸣仁修士将象征书生和文人身份的符识物抢救出来,将神父的一个童仆的帽子收起来,其他童仆也都帮忙,将其他的符识物收好,以免被这伙人全部抢走"。③

本节主要从年信的相关记载中披沥出明清天主教徒较常佩戴的教徒身份符识,并分析了教徒为何要佩戴这些符识,传教士为何要讲述这些与符识有关的故事,这些都是能从年信中找到根据的。本节第三部分阐释其对中国天主教史的意义,这是一个扩展性的、发散性的讨论,除了已述及的三个意义,更多构思尚需学界见仁见智,此处只是抛砖引玉。

第二节　匾　　额

传教士与中国高官交往,礼物在其中扮演着重要角色,礼尚往来,传教士赠予官员的通常是来自大西洋的奇物,传教士最希望得到的回礼是什么呢? 从年信看,匾额是最受青睐的。由于传教士的大量报道,"paî pièn(牌匾)"已成为年信读者耳熟能详的一个汉

---

① António de Gouveia, *Ânua da Vice Provincia da China nas Partes do Sul no Anno de 1647*, in *Cartas Ânuas da China（1636，1643 a 1649）*, edição, introdução e notas de Horácio Peixoto de Araújo, p. 322.
② （明）沈㴔:《再参远夷疏》,第50页。
③ Anonymous, *Do Collegio de Machao & Suas Residências de 1601*, ARSI, JS121, ff. 12 – 13.

语音译词，无需另加解释，有时使用葡文 tábua(板)也可指称匾额，而这是该葡文单词原本没有的义项。匾额在西文文献中获得如此高的关注度，是在中文天主教文献中所不及的。本文将以17世纪耶稣会年信中的相关记载为基础，论述匾额在中西交往中的功能和意义。

一、求匾

1583年，利玛窦成为第一个留居中国内地的耶稣会士，便开始认识到匾额在社交礼仪中的重要性。利玛窦以诚意和三棱镜、圣母油画像等礼物打动了肇庆知府王泮，后者无偿地拨给传教士们一块面积不大的地皮。教堂落成之日，王泮手书两块牌匾相赠，在吹吹打打的盛大仪式中送到教堂，王泮亲自指导如何摆放在显眼位置，其中"鲜花寺"牌匾挂在大门上，人人进入外室时都看得见，另一块刻有"西来净土"，放在会客厅里，在进入内厅时能读到。王泮还依照惯例在匾的下方署上姓名并记有年月，显示这两块匾是由当地最高行政官员所赠，使传教士受到当地居民的礼敬，名流、官吏纷纷登门造访。利玛窦对这个礼节的理解是："当一位官员想对他的朋友们公开表示情谊时，他就送给他们一块制作精美、饰有彩色的匾作为礼物，赠送时要有很大的排场。"[①]当然，他也切实感受到了这两块木牌有利于传教事业。

这个先例后来发展成在华传教士的一种通用"策略"。虽然没有发现这种"策略"形成文字规定，但是，从年信中记载的大量的传教士求赐匾额的事例看，它至少是作为一种口传心授的经验被广

---

① ［意］利玛窦、［比］金尼阁著，何高济、王遵仲、李申译：《利玛窦中国札记》，第172—173页。

泛地运用。传教士在与文人官员的交往中对匾额的兴趣往往大于对其他物质礼物的兴趣。崇祯十年（1637）二月，崇祯应礼部的奏请赐予修历有功的罗雅谷、汤若望田宅①，却被谢绝②，罗、汤二位神父想要的竟是块牌匾，此例下文再加详述。在如下需要大人物担保和保护的时候，传教士求匾更迫切：

在某地开教时，传教士为了给当地人感觉陌生的天主教树立信誉，打消疑虑，往往请当地的重要人物书写牌匾，悬挂在传教点。这个礼节性认可实际上起到行政性许可的作用，也使一些不怀好意的骚扰退避。1627年，高一志在山西某地传教，某都堂题赠"崇天敬学"（chum tiam chim hiŏ）四个字，"都堂指派县令为神父安排了鼓、笛、喇叭和长长的陪同队伍，包括村民、巡捕、文书以及其他人等，走在神父前面，排场相当盛大，朝着城门走去，公开证明神父是以天主教律育人的，这些神父不是间谍，也不参与谋反（就像某些中国人猜疑的）。因为他们通过的路，是该县城主要道路，众人见识和知道了神父的教律所享有、所展现的威名，很少有人甚或没有人敢再多说什么。一些窃窃私语的异教徒和佛教徒也闭嘴了，他们曾在当地散布，神父是被都堂传唤来的，或是被拘来受刑的。基督徒们受到很大安慰"。③ 1636年，连江县第一次有常住神父，瞿西满启用了新教堂，正是树立威望的时候。他邀请县城的两名重要官员等人来教堂参观，还按照中国的习惯，邀请他们题写褒词，以悬挂于教堂和住院的门脸上。④ 1641年，汀州府的"学官"

---

① （明）徐光启等：《西洋新法历书·治历缘起》，收薄树人主编：《中国科学技术典籍通汇·天文卷》八，郑州：河南教育出版社，1993年，第784页。
② （明）徐光启等：《西洋新法历书·治历缘起》，第800页。
③ Manoel Dias, *Carta Annua da Vice-Província da China do Anno de 1627*, 49-V-6, ff. 475v-476.
④ Francisco Furtado, *Ânua da Vice-Província da China de 1636*, BAJA, 49-V-11, f. 548v.

(chūe quōn)在听说神父在当地传教后,也给神父送了一块金字牌匾,挂在当地教堂。① 传教士选择去某地开教,常常是被在彼间有"关系"的奉教官员、友教官员介绍去的,传教士抵达后的惯常做法是首先拜会当地主政官员,凭借交际能力,将转介来的"关系"变成自己的直接"关系",当"关系"建立后,索求匾额便成交际事项之一。在年信中,有许多开教案例是按照这个套路走的。

开教成功的标志是在当地建立教堂或住院,新圣所的揭幕,是求匾和赠匾的好时机。1641年,建宁奉教举人李司德望(Li Estêvão)主导新建当地教堂,为了使建造更顺畅,邀请建宁府知府为工程总负责人,竣工之后,知府赠送牌匾,挂在教堂前壁。不久之后,知府升职,在临行前,神父请他再写一张赞赏天主教的布告,盖上官印,公开张贴,以解决护教者离开后当地天主教暂时无依靠的问题。② 1645年时,泰宁县建起一座新教堂,大半费用都是由异教徒出的,知县不仅在落成时到场祝贺,还贴出了称颂天主教的告示,并为建造该教堂的发起人之一艾儒略神父送来牌匾。③

当传教事业处在困难和危险时刻,传教士将牌匾作为一种"护身符"使用。1614年,杨廷筠见与神父来往的官员越来越少,忧心忡忡,却又不知何故。一日,他与都堂交谈得知,风传神父与日本人有商业往来,都堂及其他官员因此都不敢与神父亲密。杨廷筠请都堂公开表态,谈谈自己对神父的认识,澄清神父来中国的目的。都堂婉拒。杨廷筠一面向神父道出原委,请神父们不要惊慌,一面再次邀请都堂,赐神父一块牌匾也好,这次,都堂答应了他,两

---

① João Monteiro, *Annua da Vice Provincia da China do Anno de 1641 athe setembro 642*, ARSI, JS117, f. 55v.
② João Monteiro, *Annua da Vice Provincia da China do Anno de 1641 athe setembro 642*, ARSI, JS117, f. 54v.
③ António de Gouveia, *Ânua da Vice Provincia da China nas Partes do Sul no Anno de 1645*, BAJA, 49-V-13, ff. 551v-552.

日之后,送来一块牌匾,相当于为神父做了一个担保,神父将其挂在客厅当中。不久之后,又有一名浙江籍的按察使来杭,杨廷筠又请他写了一个牌匾,因为他们本是好友,这块牌匾用的辞藻更好。① 1644 年,因为中央政权鼎革,南昌当地匪乱频仍。何大化记录下牌匾在动乱中发挥的作用:

> 在闹匪乱期间,有好几千名官兵来驰援省城,他们给当地居民造成了多大的伤害和损失,一言难尽:他们反倒像是鞑子士兵,抢劫一切,摧毁一切,夷平一切;他们点燃门、窗;他们尽情拆毁一切,将值钱的部件拆出。天主保护教堂,使它免于破坏、亵渎,这是通过一位姓刘(Leû)②的大将军来实现的。他与神父、修士间保持着坚实的友谊,他派人在教堂的大门上张贴了一张"告示"(Cáo Xí)(就是"布告"或"通知"的意思),布告中说,任何兵士和将官都不得下榻此处,这房子是奉献给天主的。尤其重要的是,他在很大的排场中送来了一幅题字,这被称为"牌匾",匾上写有四个象形文字,字义是颂扬圣教和神父的。这在中国算得上一项巨大的殊荣,对那些不恭者、妄为者很有震慑力。这样,教堂就平安了,免于兵祸,而那些富贵人的宅邸、佛寺、道士(Taó Sû)的观都被欺凌肆虐。陆有基修士在这件事中发挥了很大的作用,他的汉文很好,又熟谙中国的各项往来规矩。③

除了在开教等特殊时刻,在动乱等危难时刻,在传教士与官员的日常交往中,牌匾作为礼物往还中的重要一项广泛存在。聊举

---

① João da Costa, *Annua da Christandade da China do Anno de 1614*, ARSI, JS113, ff. 383 – 383v.
② 可能是刘同升。
③ Antônio de Gouvea, *Annua da V. Província do Sul na China de 1644*, BAJA, 49 – V – 13, ff. 531 – 531v.

两例,1636年,绛州一名道吏(Táo Lí),在该地居住了两年,总是愿意帮助教堂、神父,多次前来拜访,派人送来丰厚捐助用以印书,还会送来其他一些东西,比如由他题字的屏风和扇子,他的字是很受欢迎的。这名道吏升任北京地区的都堂(Tú Tam)。在临行前,他拜访高一志神父,并自告奋勇地表示为天主教提供一切帮助。① 郭居静在1630年年信中也记载了一例牌匾是怎样在日常交往中使用的:

> 治陕西省的大将军或总督②,因为惧怕乱匪,就前来靠近省城的地方,他得知神父正在省城内,而他先前在北京已认识神父,并且还从神父那里收到过我不知道为何物的来自欧洲的小玩意,总督就派两名贴身护卫将官去拜见神父,还带去了一封很礼貌的书信,以及一件贵重礼物。他还命令西安知府刻制了一块匾,上有四个金字,由其亲自手书,这四个字用华美的辞藻概括了他对欧洲科学和神父之博学的高度赞扬,他还办了一场隆重的赠匾仪式,这是类似场合下的惯例,在喇叭和锣鼓的喧天声中,亲自将匾送来,镶在住院正面。③

当然,传教士最希望得到的是御赐牌匾。崇祯二年(1629)至崇祯十一年(1638),龙华民、邓玉函、罗雅谷、汤若望等耶稣会士参与修历,只领取微薄的廪给,"每日止领光禄寺下程银三分米四合,似未足供日用,清苦堪念"。④ 有时甚至还要垫资倒贴,崇祯七年

---

① Francisco Furtado, *Ânua da Vice-Província da China de 1636*, BAJA, 49-V-11, f.538.
② 1629年2月—1630年6月,陕西巡抚为刘广生。1630年6月,刘广生称病,陕西左布政使王顺行为陕抚。据(清)吴廷燮:《明督抚年表》,北京:中华书局,1982年,第246页。
③ Lazaro Cattaneo, *Annua da Vice-Província da China do Anno de 1630*, BAJA, 49-V-9, f.80.
④ 徐光启等:《西洋新法历书·治历缘起》,第802页。

李天经奏称修历中:"进程星屏一架共用银四十三两五钱,系远臣汤若望自备。"① 而且在耶稣会内部对"科技传教"路线的争议很大,这4名传教士甘愿克服巨大的外部困难和内部阻力,执着献身于修历工作的原因,笼统地说,自然是想以此换取留居中国的合法身份并使传教合法化,若使回报落实到具体的奖励上,匾额是其中的一项。礼部是这样向皇帝转述传教士的诉求的:

> 据远臣汤若望呈称,望等俱系守素学道之人,生既不敢萌服官之荣想,死亦不敢邀逾分之荣施。惟乞题补汤饭酒食银两,俾生者得以资其朝夕,殁者得以充其殡埋,令彼自行茔构。仍冀比照吴守义见行事例敕赐扁坊,听其自行置办。②

汤若望提出比照吴守义例求赐"扁坊",或许是受了李天经的启发。据李天经奏折,改历中有"捐助如吴守义者亦荷敕赐建坊奖励"。③ 吴守义仅对改历进行过一些资助,就获得皇帝"敕赐建坊"的奖赏,汤若望等劳苦功高,也想要同样的奖励。传教士的这个请求是可行性与有效性的最优比,自利玛窦于1601年成功留居北京已过去30多年,其间,传教士在多次试探中已确信使中国皇帝改宗归主并不现实,皇帝能给予他们的最多就是传教的权利,而要将皇帝的认可展示出来,还有什么方式比挂在当街门脸上的匾额更可信、更可见呢?

崇祯没有批复汤若望的"敕赐扁坊"的奏请,只是补齐了汤若望、罗雅谷二人自参与修历以来的汤饭酒食银两。汤若望再次奏请赐匾额:"更蒙圣明不忍泯其前劳,敕部另议,部覆照例请补纂修酒饭银米以资赡养,仍请钦给匾额旌奖。"④

---

① 徐光启等:《西洋新法历书·治历缘起》,第733页。
② 徐光启等:《西洋新法历书·治历缘起》,第803页。
③ 徐光启等:《西洋新法历书·治历缘起》,第803页。
④ 徐光启等:《西洋新法历书·治历缘起》,第808页。

1638年11月,耶稣会士终于得到"钦褒天学"(kin paó tien hio)御赐匾额。年信这样描述该匾:"金字,匾的四周围绕着许多条龙。"牌匾由礼部官员在大兴、宛平二县县令等宫内外官员的陪同下,择吉日隆重地送到住院,汤若望及钦天监官员等迎接。神父们计划在正对马路的大门上修一个拱顶,专门悬挂牌匾。有了皇帝带头,一位 Fù 姓阁老也向神父题赠了一块匾额,该阁老是首辅(1639年年信中又说是次辅[1])。当年明廷共有三任首辅:张至发(1637年6月—1638年4月)、孔贞运(1638年4月—1638年6月)、刘宇亮(1638年6月—1639年2月)。从发音看,这位赠匾首辅可能是孔贞运,年信手稿抄本将 Kù 误抄为 Fù。这块牌匾在圣诞节挂出,挂在住院的客厅内,以供访客观瞻。同日,礼部也送来了一块牌匾,上书四字"功堪羲和"(cum can hi ho),意思是两位神父天文学家(龙华民、汤若望)的功绩,与"羲"(Hi)与"和"(Ho)的功绩是一样大的,"羲"与"和"是中国历史上最受推崇的天文学家,他们开创并规范了中国的历法。[2] 总之,1638年,随着修历取得阶段性成果,也是在京传教士大量收获牌匾的一年。

二、挂匾

牌匾挂出来被看见才能实现其价值。传教士下一步谋求将御赐匾额在全国各住院、教堂广泛地悬挂。如果地方主政官员所赐匾额具有地方性的效力。那么,皇帝钦赐匾额具备全国性的效力,

---

[1] João Monteiro, *Annua da Vice Província da China do anno de 1639*, ARSI, JS121, f. 280v.

[2] João Monteiro, *Annua da Vice Província da China do anno de 1637*, BAJA, 49-V-12, ff. 284v-285.

崇祯赐匾是传教士在中国收获的第一块旌表类的御匾①，促成耶稣会士第一次全国性的集体挂匾行动。1638年之后的年信中分散地记载了各地挂匾的情形，现将它们合辑如下：

1638年，赐匾当年，高一志等就将皇帝与阁老的牌匾悬挂在绛州住院的前门，供来往的行人观瞻。② 挂匾仪式也不得不提。西安府知府打算用自己的钱制作一块精美的金字牌匾来呈现皇帝的赐字，匾上还有各色花纹。与此同时，住在绛州的某"二字封号王爷"也打算为神父制匾，该王爷的儿子有入教的，也与神父关系密切，最终，神父就谢绝了知府的好意，由王爷来负责制匾。③

1639年，为迎接崇祯钦赐的字，杭州一名叫Vicente的教徒制作了一块精美的牌匾，赐字烫金，天蓝色底，匾的四周是各种造型的龙，又为礼部、阁老赐的字也制作了两块匾。三块匾被挂在教堂面对马路的正门，皇帝的赐字在中间，略高一些，另外两块匾则分列两侧。④

1639年，建昌也将这三块牌匾在隆重的仪式中挂在天主堂上。⑤

1639年，瞿西满对建宁的教堂进行了整治和扩建。这座教堂位于一条美丽的街上，瞿西满特意建造了一个漂亮的入口，在教堂的前臂上悬挂着首辅题赠的匾额，堂内则悬挂礼部赠送的牌匾，崇

---

① 1611年利玛窦的墓园落成，万历皇帝派遣大员致祭，在墓地正门上挂钦赐的匾额，并由京兆尹王应麟撰碑记，这应该是耶稣会士得到的第一块御赐牌匾。
② João Monteiro, *Annua da Vice Província da China do anno de 1637*, BAJA, 49-V-12, f. 302v.
③ João Monteiro, *Annua da Vice Província da China do anno de 1637*, BAJA, 49-V-12, ff. 302v-303.
④ João Monteiro, *Annua da Vice Província da China do anno de 1639*, ARSI, JS121, f. 280v.
⑤ João Monteiro, *Annua da Vice Província da China do anno de 1639*, ARSI, JS121, f. 294v.

祯皇帝的匾将最后挂,在等待特意为此而建的拱门竣工。①

1640年,福州住院教友多默出资制作了钦赐的匾额,边框及字烫金。②

值得一提的是,传教士在获赠匾额后立即就申请由官方在全国推广此匾,迟至崇祯十四年(1641)才获批准。《正教奉褒》记载:"礼部遵旨,将'钦褒天学'御题匾额,分赐各省西士祗领,悬挂于天主堂中。"③在官方的行动之前,传教士的行为属于"自行置办",这个"抢跑"动作正说明了全国各地传教士对皇帝明确表态以合法开展传教工作的迫切需求,时不我待。

在官方挂匾行动中,以上海最居先。《敬一堂志》复述了这次行动的依据:因"龙华民、邓玉函、罗雅谷、汤若望助徐阁学(徐光启)、李宗伯(李之藻)修历有成……上允谕礼部褒扬天学。礼部遵旨送给各堂'钦褒天学'匾额"。④与北京礼部、阁老跟风赐匾的情形一样,皇帝带头总有更多官员效仿,御匾在敬一堂挂出之后,便有众多官员相继向潘国光赠送匾额以及用于资助其传教活动的劳银:礼部尚书文渊阁大学士傅冠为潘、汤两先生送"道隆誉命"匾额,赏劳银二十两。总漕巡抚户部侍郎朱大典送潘先生"於穆正宗"匾额,赏劳银一十六两。太子太保礼部尚书翰林院学士林欲楫、礼部左侍郎兼翰林院侍读学士顾锡畴送汤、潘两先生"功赞羲和"匾额,赏劳银二十两。浙直巡监监察御史李瑞和(前任松江理刑)送潘先生"存养祗命"匾额,赏劳银一十六两。松江府知松江府

---

① João Monteiro, *Annua da Vice Província da China do anno de 1639*, ARSI, JS121, ff. 307 – 307v.

② Gabriel de Magalhães, *Annua da Vice Província da China do Ano de 1640*, ARSI, JS116a, f. 180v.

③ (清)黄伯禄:《正教奉褒》,收韩琦、吴旻校注:《熙朝崇正集熙朝定案(外三种)》,北京:中华书局,2006年,第277页。

④ 无名氏:《敬一堂志》,收[比]钟鸣旦、[荷]杜鼎克、王仁芳编:《徐家汇藏书楼天主教文献续编》(第14册),第81—82页。

事方岳贡(人为武英殿学士)送潘先生"日明日旦"匾额,赏劳银八两。①

之后,被年信收录的悬挂崇祯赐匾的例子还有：1641年,毕方济将三块牌匾挂上淮安教堂前壁。② 1641年,艾儒略在延平、邵武巡回传教时,将御赐的牌匾在隆重的仪式中分别挂上当地教堂。③ 1641年,聂伯多巡视泉州府的名为Co Lam(鼓浪屿?)的村子,钦赐的字勒在一块美丽的石头上,置放在教堂前。④ 1657年,瞿西满在延平建造了号称当时中国最雄伟的天主堂之一,堂外的大牌坊上悬挂着崇祯御赐的"钦褒天学"。⑤

类似于在各地悬挂崇祯赐匾的全国性行动,17世纪还有一次。1675年7月12日,康熙驾临北京"西堂"⑥,拜访钦天监监正南怀仁,赐"万有真元"和"敬天"匾额。北京的耶稣会士立即将题字复制,发往全国。⑦ 鲁日满(Francois de Rougemont,1624—1676)记载了1676年1—2月间,牌匾在常熟的展览,并在1676年2月14日,康熙十五年正月初一,举行了一次隆重的挂匾仪式。为了准备展览,鲁日满花费了不少银子、工时：1676年1月21日之前,买金子和木料以装裱牌匾；2月1日,付给准备制作和完成

---

① 无名氏：《敬一堂志》,第82—83页。
② João Monteiro, *Annua da Vice Provincia da China do Anno de 1641 athe setembro 642*, ARSI, JS117, f. 45v.
③ João Monteiro, *Annua da Vice Provincia da China do Anno de 1641 athe setembro 642*, ARSI, JS117, f. 54.
④ João Monteiro, *Annua da Vice Provincia da China do Anno de 1641 athe setembro 642*, ARSI, JS117, f. 58v.
⑤ Manoel Jorge, *Annua da Vice-Província da China de 1657*, BAJA, 49‑V‑14, f. 153.
⑥ 今称"南堂"。
⑦ Gabriel de Magalhães, *Breve Narração da Vinda do Emperador da China e Tartaria a Igreja da Casa de Pequim em 12 de Julho de 1675*, ARSI, JS124, ff. 100‑100v.

皇帝牌匾的工匠部分工钱0.350两;2月4日至11日,给制牌匾的木工0.900两;2月16日,给制作皇帝牌匾的工匠0.220两;悬挂牌匾当日,买钉子和给工人们买餐巾等,约1.000两。① 柏应理(Philippe Couplet,1624—1692)记录了康熙的御笔题字到达上海和松江的过程。②

而1644年正月,崇祯御赐"旌忠"匾额,还曾远送澳门,在盛大的仪式后,被悬挂在那里的耶稣会住院内。③ 崇祯该次赐匾是应李天经于1643年10月再次奏请优待耶稣会士,李天经奏请中又一次提到了恳请重新御赐匾额的要求,而且是在所有的天主教堂内悬挂御赐匾额:"所有远臣焚修处所恳请敕建重修扁额字样,以便朝夕焚修祝延圣寿。"④

悬挂牌匾是实现牌匾价值的手段,追求的是普及度和曝光度。普及度是在更多的教堂和住院悬挂,曝光度讲求悬挂仪式的排场要大一些。年信中记载的许多赠匾,都伴随着仪式描写,此处不赘。

三、用匾

牌匾对传教士的功能性意义,从年信看,主要有三:

第一,宣传。将牌匾作为一种中国特色的文化景观向欧洲的读者介绍,同时,通过介绍,使读者认识牌匾承载的价值、功能之后,以牌匾证明耶稣会士在中国社会中的受认可程度,这是耶稣会

---

① [比]高华士著,赵殿红译:《清初耶稣会士鲁日满常熟账本及灵修笔记研究》,第399—400页。
② [比]柏应理著,徐允希译:《一位中国奉教太太——许母徐太夫人甘第大传略》,台中:光启出版社,1965年,第119—120页。
③ [德]魏特著,杨丙辰译:《汤若望传》,第173—174页。
④ 徐光启等:《西洋新法历书·治历缘起》,第854页。

的工作成绩。1625年,松江知府仇时古赠送给神父一块牌匾。仇时古是山西曲沃人,山西同乡、奉教士人韩霖建议仇时古与神父交往。赠送匾额是仇时古礼待神父的诸活动之一,阳玛诺以欣赏异域文化的笔调详细地描述了这块牌匾:

> 这是一块精美的木板,一肘①多宽,近两肘长,涂以白色(好像石膏),木条镶边,涂以纯黑、纯红,挂钩也是黑红。在中间涂白处,写有两个或三个或最多四个字,就像我们教堂的门廊里的,献给某人以颂扬之的匾额,在一侧是其他更多的小字,姓名、籍贯、学位、官阶,这是受送者的,赠送者的同样。知府这次赠送了四个字,每个字都几乎有巴掌大。这四字是'学冠三才'(Hio quon saň caÿ)。住在这里的神父的学识超过了三门学问。因为中国人将科学简化为三物,天、地、人,懂这三门学问的就如谚语所说的有三才。知府说神父的学识超过了三才,他懂更多科学,即在天、地、人外,懂得所有天道,这是从他讲的天主之律和一些信仰的奥义中判断出来的。这就是牌匾上的简洁之字的意思。②

第二,宣教。如果将传教比作在宗教市场上的营销,那牌匾就是推销天主教信仰的教堂外挂的招牌。欧洲17世纪著名的学者基歇尔(Athanasius Kircher,1601—1680)没有踏上过中国的土地,通过入华耶稣会士来信,也关注到"牌匾"这件小物,并了解其价值,他在《中国图说》中记:传教士们将教义写在牌匾上,悬于教堂壁上,以吸引好奇者走进教堂,传道员向他们讲解牌匾上的字,批驳异教,然后,传道员将他们引向内室,做进一步指导。因这种

---

① 古长度单位,相当于66厘米。
② Manoel Dias, *Annua da Vice-Província da China do Anno de 1626*, BAJA, 49-V-6, ff. 317v-318.

方式而进教者，不计其数。① 1613 年年信中有一个具体的实例：1613 年，杭州一个进士送给传教士一牌匾。匾上的四个字来自中国的典籍，大意是"两个来自泰西的珍宝"，以此暗指杭州住院的两神父，还在题头提了神父姓名，称神父是高洁之士（varões sublimes）。牌匾悬挂之后，一名教书先生路过，问门房谁住在里面，在进屋攀谈并逐渐了解教义之后，入教。②

宣教的另一重意思是面向教内教徒的教诲。1625 年时，福州刚刚开教，圣所尚未建造，就在一名教徒家中团契，"那里一块匾上写着十诫，另外一些匾牌上写着关于慈悲的箴言，还有一块匾上写着应该践行的良言。为了防止有人陷入与聚会目的不相干的话题，房主在另一块匾上写着：这里只谈天主之事，放下俗世之论"。③

第三，护教。由皇帝和地方主政题写的匾额能"暗示"天主教的合法性，在危难时刻有护教的功能，上文已有述及。年信中还有一些传教士对此类功能的直接评价。1638 年，高一志将崇祯钦赐"钦褒天学"牌匾挂上绛州住院门额，孟儒望将引发的效果总结为"教友欣慰、教外人士惊讶、仇教分子不安"。④ 1643 年，毕方济在从南京往常熟传教期间，常熟一名道吏向其赠送四字匾额一块。毕方济认为这对于获得天主教在当地传播的合法性是必需的。⑤

---

① ［德］基歇尔著，张西平、杨慧玲、孟宪谟译：《中国图说》，郑州：大象出版社，2010 年，第 231 页。
② Nicolao Longobardo, *Carta Annua da China 1613*, ARSI, JS113, f. 349 - 349v.
③ Manoel Dias, *Annua da V. Província da China do Anno de 1625*, BAJA, 49 - V - 6, ff. 235v - 236.
④ João Monteiro, *Annua da Vice Província da China do anno de 1637*, BAJA, 49 - V - 12, f. 302v.
⑤ António de Gouveia, *Cartas Ânuas da China* (1636, 1643 a 1649), edição, introdução e notas de Horácio Peixoto de Araújo, p. 127.

1646年3月26日,福州住院的教堂悬挂隆武帝赐匾"敕建天主堂"(Ché Kién Tién Chù Tám)、"上帝临汝"(Xâm Tí Lin Jú),不久之后,清军攻陷福州,"摧毁了隆武帝在位两年中所建立的一切,但是却没有碰本教堂的拱门及御赐匾额,该匾额仍高高悬挂在入口之处,特别醒目"。何大化不无惋惜地说:"如果隆武帝的命运不是如此之短暂,一定会有更多的荣誉赐予我们的圣教和神父们。"①

中国匾额文化起于两汉,在宋代得到发展与完备,明清达到鼎盛。在明清社会中,立志匾、祝寿匾、荣升匾、功名匾、德行匾、招牌匾、建筑匾等各类匾额广泛地出现在人们的生活中,这个文化现象,在各地方志以及朝廷的钦定则例中都有所反映,一些文人著述中也有对匾额的专门记载,比如李渔(1611—1680)在《闲情偶寄》的《居室部》中就介绍了"册页匾""石光匾""秋叶匾"等。② 17世纪耶稣会年信中频繁地出现关于匾额的记载,佐证了这一文化现象的存在及其流行程度。传教士与中国官员社交中出现的匾额,在西方人撰写的传教史类著作中,远比在由中国人撰述的同类著述中显著,这本身也是一个典型的文化现象:中国人习以为常、不记录的事物,反而被觉得新奇的西方人记载下来,而这正是年信价值之所在。目前,学界对匾额文化的专项研究还不多,已有研究或将匾额作为建筑或楹联的附属产品对待,而兼及之,或者以鉴赏类为多,未将匾额置于其产生的社会人文网络中深入研究。西文文献中对匾额的大量记载在提示该论题的重要性,也提供了一些供研究的材料。

年信等西文史料除了可资匾额文化研究外,内中与匾额相关

---

① António de Gouveia, Ânua da Vice Provincia da China nas Partes do Sul no Anno de 1645, in Cartas Ânuas da China (1636, 1643 a 1649), edição, introdução e notas de Horácio Peixoto de Araújo, pp. 311 - 312.

② (清)李渔:《闲情偶寄》,收《李渔全集》影印本(第3册),杭州:浙江古籍出版社,2014年,第188—195页。

的记载也可用于明清天主教史研究。从受匾的一方来说,匾额在传教实践中发挥着实实在在的影响力,甚至还使较稳定的天主教文化发生着改变,比如,为了摆放匾额,一些教堂特意建了牌坊,这是在中国建造的天主教堂特有的形制。从赠匾的一方来说,匾上文字高度浓缩着题赠人对传教士的态度、评价和关系疏密之衡量,以及对教义的理解等等,比如,康熙所题"万有真原",可以看出他对天主教义有深刻的认识和理解,根据天主教的教义,宇宙万物皆由天主创造,天主乃是万物真原。可能是由于康熙的这一概述极为精当,是所有匾额题字中流传最广的,现在全国不少天主教堂,都有"万有真原"[①]字样,例如,安徽安庆天主教堂、贵州省贵阳教区主教府、上海青浦练塘天主堂、上海青浦朱家角天主堂、江苏苏州杨家桥天主堂等。再如,1637年,南京城最大的官在隆重的仪式中赐给神父一块牌匾,上书"天主降子"(tien chu kian cu)[②],这体现着题赠人对"道成肉身"的理解。但大部分匾额上的题字,是可以从儒学与天主教进行两面解释的。比如,1646年,隆武帝赐牌匾"上帝临汝"于毕方济[③],取自《诗经》"上帝临汝,无二尔心"之句,也可以理解为基督教最常用的祝福语"愿上帝与你同在"。再如,前述崇祯题赠"钦褒天学","天学"二字既可以指与天文学有关的学问,也可以向天主教上解释。题词人将两种文化撮合进同一个表达中的努力,与耶稣会士的合儒、补儒相向而行。还有一些题字,或是纯叙友谊,或是赞赏"西儒"们的才学,或是从中国传统文

[①] 乾隆四十年(1775)南堂遭火,所有顺治、康熙为南堂御书的匾额及对联都被火毁,乾隆亲书匾额对联,赐悬堂中,以复旧观。从此,原康熙书"万有真元"改为"万有真原"。(清)黄伯禄:《正教奉褒》,第376页。

[②] João Monteiro, *Annua da Vice Província da China de 1637*, BAJA, 49-V-12, f. 24v.

[③] António de Gouveia, *Ânua da Vice Província da China nas Partes do Sul no Anno de 1645*, BAJA, 49-V-13, f. 559.

化中的理念出发看待西洋人。此类例子则如,1614年,南昌知府送给南昌住院一块牌匾,上书四字,还加一句"西海有圣人出焉,此心同也"(os do mar ocidental tem este mesmo coração)。① 总之,匾额上的题字与赠匾的行为,行为发生的"语境"等,皆有补于明清天主教史研究。

第三节 教　　堂

年信中与教堂相关的记载,主要分为三种情况:教堂是事件发生的场地、因由、要素等;捐建教堂是教徒表达宗教热情的方式之一;建教堂的数量是传教士的工作成果,尤其对于大型教堂,年信会细描其宏伟、精美,以扬士气。

一、"天主堂"之称的由来

明清时教堂通称"天主堂"。1580年代初,利玛窦在肇庆、韶州建的教堂称"寺"。1595年在南昌新建的教堂名为"Domus ubi halentur conciones",当时著作没有记下中文名称,据字义,应为"讲道堂",高龙鞶认为利玛窦在这时极可能采用"堂"字或"天主堂"三字。② 1612年4月,北京利玛窦的栅栏墓园正式落成,造访墓园的官员特别多,园中的教堂是由一座地藏王菩萨庙改建而来,某参观者问:既然已不是庙,现在该叫什么? 庞迪我神父的好友

---

① João da Costa, *Annua da Christandade da China do Anno de 1614*, ARSI, JS113, f. 384.
② [法]高龙鞶著,周士良译:《江南传教史》,第40—41页。

姚礼科（yâo lì cō）①答：叫"天主堂"（tiên chù tâm）。②"自是以后遂为罗马公教教堂之通称"。③

"天主堂"是总称，各堂根据所供奉的圣人可称为"圣母堂""圣沙勿略堂""圣弥额尔天神堂"等。"堂"字是使天主教圣所区别于"庙""观"的关键字。"景教堂"的叫法明末时也在使用。1632年，西安神父正在建造一座圣母小堂，城墙、城门正好也在施工，为了尽快完工，督造官员将所有不为公家劳动、还在为私家干活的工匠都抓起来，小教堂工地上的工人也被抓走了，奉教官员段衮立即发了一道命令，声明"景教堂"（Kim Kiaó tâm）乃奉命修建，若城墙是公共工程，教堂也是，它向所有人开放并有免费教育，不得阻止教堂施工。④ 段衮对教外人士以"景教堂"称天主教堂，可能是这个古老的叫法更有知晓度。

二、圣所分类

年信中出现的教堂，按照规模，由大到小依次是教堂（Igreja）、小圣堂（Capela）、简陋的小教堂（Ermida）。在这三种之下，还有祈祷室、圣像龛，设在教徒家中，替代教堂。如果没有专门用以过宗教生活的空间，就对着圣像龛行礼。1636年，在延平府，无圣所可去的教友们新搭起一个圣像龛，他们就在那里团

---

① 礼科给事中姚永济。
② Nicolao Longobardo, *Carta Annua das Residências da China do Anno de 1612*, ARSI, JS113, f. 221.
③ ［法］费赖之著，梅乘骐、梅乘骏译：《明清间在华耶稣会士列传（1552—1773）》，第107页。但是，费赖之引巴尔托利《中国耶稣会史》，认为首称"天主堂"的是礼部尚书。
④ João Fróes, *Annua da Vice Provincia da China do Anno de 1632*, BAJA, 49-V-10, f. 91.

契,祷告。① 此外,还有临时教堂这种形式。1639 年,绛州住院院长高一志往蒲州传教。因为蒲州没有常住神父之后,原先用作教堂的房舍被原房东收回了。韩霞将自家的大厅改造成临时教堂,供神父在 1 个月的停留期中使用。②

按照敬拜对象,以天主堂、圣母堂最为普遍。还有少数教堂是献给某个圣徒的,1637 年时,距离绛州府不远的某村中,有一座献给使徒保禄的教堂,每年,保禄的庆日就特别热闹,教友们用许多灯将教堂照得通亮,还放许多焰火,并向穷人施舍,就连许多信佛的也进来上香。③ 还有一些有特定功用的小圣堂,比如"耶稣苦堂"即专为苦修而建造的小圣堂。④

按照使用者的性别划分,分为男堂、女堂,这主要是为适应中国存在男女之大防的风俗。何大化是这样解释此种教堂分类的,"所有教堂都向公众开放,无论教徒或异教徒,教徒中则无论身份贵贱,但是,女性除外。为了满足女教徒的敬虔需要,有些省份,不是全部省份,设有女性专属的圣母堂"。⑤ 供男性教徒使用的称"天主堂",供女性教徒使用的称"圣母堂",但这仅是在刻意区分性别时的用语,在通常情况下,"天主堂""圣母堂"指的是敬奉的对象不同。

按照教堂所处位置,分为独立教堂、家庭教堂,两者都向教友

---

① Francisco Furtado, *Ânua da Vice-Província da China de 1636*, BAJA, 49-V-11, f. 550.
② Miguel Trigault, *Annua da Casa KiamCheu de 1639*, BAJA, 49-V-12, f. 433.
③ João Monteiro, *Annua da Vice Província da China do anno de 1637*, BAJA, 49-V-12, f. 305.
④ João Monteiro, *Annua da Vice Província da China de 1637*, BAJA, 49-V-12, f. 31.
⑤ João Monteiro, *Annua da Vice Província da China do anno de 1639*, ARSI, JS121, f. 222.

开放,区别在于是否属于私宅宅院的一部分。大多数"教堂"设在教友的家中,往往存续时间不长,有时兼作他用。[1] 有钱有地位的教徒家中,通常都有教堂,比如徐光启、孙元化等。

三、建堂因由

传教士和教民都可以发起建造一座新教堂。传教士建教堂的时机通常选在某地的教徒达到一定规模之后。当然,神父的计划往往得到当地富贵教徒的赞助,双方合作完成。上海开教 33 年以来,传教士一直借用徐光启家的屋宅作为住院、教堂,随着教友数目增多,愈发感觉不便,1640 年,传教士建造起自有的教堂。费用来源是潘国光筹集了一部分,当年去世的黎宁石留下了 500 两银子,徐光启之子徐骥补足了剩余的资金缺口。他们买下的是上海最好的房子。从建筑的美观度看,也是南直隶所有教堂中最漂亮的。卧室不多,但是都很精美,花园也是最好的。还有一个宽敞的厅,其规模可与欧洲的大教堂相媲美。[2] 传教士们对教堂很满意,说在上海再也找不到比这座更好的房子了。买的时候才 1 000 多两银子,很快就升值到几千两银子。[3] 1639 年,毕方济见淮安教徒数量已经比较可观,期望在淮安建教堂。淮安总督得知神父的想法后,责成一名叫司德望的奉教官员为神父买地。司德望在市中心选好了一座物业,河水环绕,景色宜人,某个富户十年前在此处造了两座大房,本来打算作为园林和休闲的场所。大家都很满意。

---

[1] António de Gouveia, *Cartas Ânuas da China*（1636，1643 a 1649）, edição, introdução e notas de Horácio Peixoto de Araújo, p. 397.

[2] Gabriel de Magalhães, *Annua da Vice Província da China do Ano de 1640*, ARSI, JS116a, ff. 141–141v.

[3] João Monteiro, *Annua da Vice Provincia da China do Anno de 1641 athe setembro 642*, ARSI, JS117, f. 46v.

因为这宗买卖有总督的介入，交易没有遇到任何困难。这片产业建造时的花费是1 000两银子，业主加价300两，淮安知府自愿除了这笔溢价。淮安总督责成一名叫路加的官员负责改造，费用来自公帑，路加也出了一部分，在众多工匠的赶工下，教堂很快就造好了。①

传教士建教堂的另一个常见的契机，是在某地开教之后，作为在当地开教成功的标志及以后再来的落脚点。1635年，福州住院神父外出两次，分别向福州的南北两侧传教，这两处地方之前未听说过天主教。开教之后，分别建了教堂，其中一个教堂是由某新教徒捐出一个宽敞、华丽大厅改建而成，此地教友甚至筹划每村都建教堂。另一座教堂是由一个友教文人捐出的屋宇改建。②

教堂有时作为入华传教士整体计划的一枚棋子，落在版图某处。1690年代初，神父们筹划在保定府再建一座教堂，因为保定距离北京30里格，是直隶省省会，总督驻节保定，其余府县官员人等便会常来保定，有利于将圣教之光从保定传播到其余地方。而且，在保定府已有教友群体和教堂，由真定府的神父教牧。周边地方的教友们靠卖家用物品，凑了1 500两银子，用以支援神父这项计划。苏霖认为在保定的建堂计划很有必要："除了能使保定地区的教友更便利、更舒适地参与圣事活动，随着时间推移，此处必将成为北京主教的一个住院，而北京主教在京城中，面对他的辽阔牧区，不可能迅捷地响应教牧区内的每一个请求。"③

总之，因为建造教堂的数量也是衡量传教士工作成果的一项

---

① João Monteiro, *Annua da Vice Província da China do anno de 1639*, ARSI, JS121, ff. 265‐265v.

② Manoel Dias, *Carta Annua da China de 1635*, BAJA, 49‐V‐11, f. 235.

③ Joze Suares, *Annua do Colégio de Pekim desde o fim de Julho de 94 até o fim do mesmo de 97 e algumas outras Rezidências e Christandades da Missão de China*, BAJA, 49‐V‐22, f. 613.

标准，所以，传教士愿意多建造教堂。1641 年，被任命为中国副教省华南会长的艾儒略赴江西上任，孟儒望对艾如略的福建传教工作进行阶段性总结时，特意提到艾儒略在福建耕作 17 年（从 1624 年随叶向高赴福建开教算起），在"八闽"建教堂 22 座（府城 8 座，县城 22 座），乡村中的祷室不计其数。① 年信中展示传教士建造的大大小小的教堂亦有宣传工作成绩的目的，在本节附录一中将对年信中收录的历年新建教堂制成表格，需要说明的是，这份表格很不完整，因为年信作者无意于在年信中呈现关于该工作的一份完全报告。1697 年年信是现存 17 世纪耶稣会中国年信中的最后一封，信中梳理了当时中国主要住院领有的教堂情况，展示出 17 世纪末中国传教区内教堂分布的一幅整体版图，经整理后，作为本节附录二。

教徒筹建教堂最常见的三个目的，一是过宗教生活的需要。无锡开教（1688 年）之后 9 年间，一直没有一个固定的场所，举行聚会，过节庆日，而当地的教徒已超过一千人，1697 年，教友中的 20 名船夫就凑了一小笔钱，买了一处有几间房的住宅，将圣母像悬挂其中，祝圣成为小堂。该小堂位于无锡县郊偏僻的地方，因为对于他们驾小舟而来的人，十分方便，逢节庆日，他们齐集此处，当神父来慰视时，他们会举办更多的圣事。② 二是为了神父能留下来，或是常来，无论哪种，都需要有个落脚点，因此在教堂中带有供神父居住的房间。比如，神父去陕西三原县传教，因没有落脚点，连几日也停留不了，1633 年，此间教徒决定每个月都固定地捐一

---

① João Monteiro, *Annua da Vice Provincia da China do Anno de 1641 athe setembro 642*, ARSI, JS117, ff. 56 - 56v.
② Joze Suares, *Annua do Colégio de Pekim desde o fim de Julho de 94 até o fim do mesmo de 97 e algumas outras Rezidências e Christandades da Missão de China*, BAJA, 49 - V - 22, ff. 637 - 637v.

笔钱,用于购买屋舍,建造教堂。① 三是表达宗教热情,捐建教堂是捐助教会的大宗捐献。

还有一些不常见的特殊目的。比如,1631年9月5日,卢安德逝世于福州,当地教徒出资为他建造墓地,工匠夜间听到有幽怨的声音,抱怨将被赶出此地。教友们认定这是为墓地腾地方的魔鬼,于是,他们还决定在墓地中间建一座小圣堂,神父落葬时的弥撒就在此举行。② 此类情况在年信中记载不多。

四、捐堂

传教士有用以建教堂的经费,从年信看,大多数教堂是由教友捐建的。当然,这个比例未必与实情相符,因为年信作者要着重展示教友的宗教热情,只收录捐建而成的教堂。从捐献人看,既有教徒,也有教外人士。从捐献物看,既有整栋物业,也有对堂内某设施的局部捐赠。凡是我们耳熟能详的著名教徒,基本上都有捐赠教堂的事迹。下面以韩氏三兄弟(韩云、韩霖、韩霞)和段氏三兄弟(段衮、段袭、段扆)为例说明之。

耶稣会在中国受赠的第一座教堂来自韩云。1627年,韩云考取举人之前,压力很大,文章做得很慢,自己觉得考中希望渺茫,他向天主许愿,若是帮他在那一年中举,他将在绛州建一座教堂。他中举后,在自家屋宇旁边买了几间房子,足够6名神父居住,还有很多菜园,及其他附属的建筑,改建成为教堂,有25步长,也有一定宽度。他的两个兄弟承担了装修教堂的任务,为从事神职服务

---

① João Fróes, *Annua da V. Província da China do Anno de 1633*, BAJA, 49-V-11, f. 15.

② João Fróes, *Annua da Vice Província da China do Anno de 1632*, BAJA, 49-V-10, f. 124.

的人提供了各种各样的物资。在"噢,我们的圣母"日(Nossa Senhora de ô)①这天,在该教堂内讲了第一场弥撒。来的教徒很多,在这一天前夜,他们擎着很多火烛,将救世主像抬到了那里,尽管神父花了一整天来搬运,都没完成,就放在晚上搬,县里一些教徒得知之后,过来帮忙,甚至异教贵族也加入了进来。在圣诞节,来了那么多的教徒,农村教徒也过来了,教堂里面,屋檐底下,堂外空地,挤满了做弥撒的人。②

1628年,韩云的妻女们捐建的圣母小圣堂(Capela de Nossa Senhora)破土动工。1630年,工程进入收尾阶段,她们追加捐赠,为小圣堂制作了两个门窗上的半圆形楣,非常富丽,价值不菲,又修造了其他设施,这样,神父在使用和履行圣职时就不缺什么,除此之外,她们还赠送了两个圣坛上所用的蜡烛,足供一年之用。③

段衮的弟弟未达而(Vital)④喜欢以建圣所来抒发宗教热情。1637年,在距离绛州较远的某村,未达而建造了一座宽敞的宅院,供高一志、金弥阁和仆人在巡回传教时居住。1639年,是未达而大举建教堂的年份,他共建了5座教堂,筹建1座。首先,他在自家大厅的上首位置,建了一座漂亮的小圣堂,每月一次邀请神父来为全家讲弥撒,在厅的上方还建了一个祈祷室,每日早晚在此祈祷;又在自家屋宇旁,也是属于自己的土地上,建造了一座圣母小堂,供附近的村民来认识天主,或在需要时来求祷;他还计划为圣伊纳爵建一座小圣堂,因为他对这位耶稣会创始人和耶稣会有特

---

① 12月18日。
② Manoel Dias, *Carta Annua da Vice-Província da China do Anno de 1627*, 49-V-6, ff. 479-479v.
③ Lazaro Cattaneo, *Annua da Vice-Província da China do Anno de 1630*, BAJA, 49-V-9, f. 18v.
④ 老二段衮、老三段㝆中的一人称未达而(Vital),暂不清楚是哪一个。

殊的好感。① 此外,在距绛州1日行程的某村,信教人口越来越多,未达而在此建了一座教堂。在距绛州半里格的一座山上,未达而建造了一座简陋的山间小教堂,与哥哥段衮在对面山上建造的教堂相呼应。②

1639年,韩、段二家还合力捐建了一座教堂。该年,高一志从绛州往平阳传教,打算在平阳建造教堂和住院。韩霖得知之后,出了全部资金。③ 他委托自己的兄弟 André④、亲家段衮,与绛州住院院长高一志去选房子,很快就选定了。⑤

除了著名教徒,普通教徒捐建教堂也很常见。1647年,上海七宝有个83岁的教徒,名夏保禄(Hiá Paulo),偷偷捐钱给潘国光,让潘国光用这笔钱买下自己家中的一块地,用以修建教堂,他这样做是为了避免自己死后的遗产纠纷。他还买了几块用作经营的地,以供应神父来七宝传教时的费用。⑥ 女教友的捐建热情尤其值得关注。1631年,北京女教友不满足于既有的4座小堂,捐建两座新的小堂,选址在两位既有地位、又有热情的教徒家中,这两户的女主人也分别是其居住地区的女教徒的首领。神父轮流去各小堂讲弥撒和布道,一年当中,每个小堂都能轮到几次,每当神

---

① Miguel Trigault, *Annua da Vice Província da China do anno de 1639*, BAJA, 49 - V - 12, ff. 431v - 432.

② João Monteiro, *Annua da Vice Província da China do anno de 1639*, ARSI, JS121, f. 254.

③ João Monteiro, *Annua da Vice Província da China do anno de 1639*, ARSI, JS121, f. 253v.

④ 老大韩云洗名未达而(年信中也有称斯德望的情形),老二韩霖洗名多默,老三韩霞洗名伯多禄。尚不知该 André 与韩霖的具体关系。

⑤ Miguel Trigault, *Annua da Casa KiamCheu de 1639*, BAJA, 49 - V - 12, f. 432.

⑥ António de Gouveia, *Ânua da Vice Provincia da China nas Partes do Sul no Anno de 1647*, in *Cartas Ânuas da China* (1636, 1643 a 1649), edição, introdução e notas de Horácio Peixoto de Araújo, p. 375.

父来开讲之前的几天,女教友们就先聚在堂中探讨教义。[1]

捐建整座教堂之外,对教堂的局部捐建更是稀松平常。1629年,北京住院教堂进行修缮,增添了特别的珍品,还有一些设施,这些都来自为此而进行的捐献,捐献者除了居住在北京的普通教徒,还有孙元化、徐光启,徐光启捐出的是担任皇帝的讲师的报酬。[2]又如,1630年,西安住院的教堂中增建一座小祈祷堂,王徵当即捐了50两银子,用于小堂的完善和修饰。[3]

除了教徒,友教官员、准备入教的望道友,甚至是异教徒都有捐建教堂的情况,以下各举一例。1629年,福州建造新堂,友教官员叶向高的长孙是该工程的首倡者,工程造价超过300两银子,叶阁老的长孙独自就承担了一半费用。其余友人则凑集了剩余资费。甚至就连最贫穷的教徒也量力而行,为装饰它和使教堂内设有祭坛的厅堂更完美而捐献。救世主圣像前的一盏长明灯,是由当地的另一名友教官员制作的,工艺一流,可与欧洲的灯媲美。[4]

望道友的捐赠,则如1630年时,绛州周边村子中的一个,教友们没有钱也没有便利条件来建立一座他们所渴望的小堂,神父来看望他们的时候,与他们商量解决的办法,大家一致认为可以暂时租借几间房子,就从一个尊贵的读书人那里借,该文人主动提出要赠予而非出借,因为他想携全家人进教。[5]

异教徒捐建教堂的动机或许是出于行善、对一切与"神灵"有

---

[1] João Fróes, *Annua da V. Província da China do anno de 1631*, BAJA, 49 - V - 10, f. 42.

[2] Lazaro Catano, *Annua da Vice-Província da China 1629*, 49 - V - 8, ff. 597v - 598.

[3] Lazaro Cattaneo, *Annua da Vice-Província da China do Anno de 1630*, BAJA, 49 - V - 9, ff. 19v - 20.

[4] Lazaro Catano, *Annua da Vice-Província da China 1629*, 49 - V - 8, f. 606.

[5] Lazaro Cattaneo, *Annua da Vice-Província da China do Anno de 1630*, BAJA, 49 - V - 9, f. 17.

关的事物虔敬、特殊利益等原因。1645 年时，泰宁县建起一座新教堂，大半费用都是由异教徒出的，知县不仅在落成时到场祝贺，还贴出了称颂天主教的告示，并为建造该教堂的发起人之一艾儒略神父送来牌匾。① 1609 年，传教士突然听说要为购置的住宅纳税，每年 6 两银子，他们之前不知还有这个税种，利玛窦就向官场的朋友求助，最后，一名察院不仅帮传教士免去了往年该补缴的税银，而且将来这笔钱也不用缴了。② 1657 年，安文思以钦差身份南巡澳门，途经南京，向南京知县（chi hien）提出豁免教堂房产税的请求。知县因其钦差身份，应允了他。③ 免除税额，亦可看作一种赠予。

五、选址

传教士为教堂择址有两个取向：一是选择在人流密集处，以便宣教；二是选择在环境怡人处，以利健康。

1615 年，杨廷筠将自己的几处屋宇无偿捐给教会，用作住院，这是耶稣会在中国内地受捐的第一套物业（并非教堂）。神父们很感激杨廷筠的慷慨，但也认为"将来不拒绝搬迁，因为此处位于城市的边角，于我们的（传教）目的，不很方便"。④ 何大化说，教堂通常应该建在"大地方"⑤，以方便更多的教友前来。此后，耶稣会士

---

① António de Gouveia, *Ânua da Vice Província da China nas Partes do Sul no Anno de 1645*, BAJA, 49 - V - 13, ff. 551v - 552.
② Nicolao Longobardo, *Annua da China do Anno 1609*, ARSI, JS113, f. 109v.
③ Manoel Jorge, *Annua da Vice-Província da China de 1657*, BAJA, 49 - V - 14, f. 150.
④ Manoel Dias junior, *Annua da Missão da China do Anno de 1615*, ARSI, JS113, f. 411.
⑤ António de Gouveia, *Cartas Ânuas da China* (*1636, 1643 a 1649*), edição, introdução e notas de Horácio Peixoto de Araújo, p. 430.

在建教堂的实践中，常常体现这一选址标准。1632年，段衮出资在绛州某村建造一座教堂和几间屋，供神父在巡回传教中行至此处时居住。1633年时，教堂竣工。这座教堂就是建在人流密集处，派了一个年老而热心的教友，常住教堂，解答访客对教义的咨询。还在堂内放了许多宣教书籍，供有兴趣者带回去慢慢研读。[1] 1637年时，延平只有一个祈祷室可供神父讲弥撒，该年，瞿西满从建宁前往延平传教，在人流最密集的街道建造教堂一座，许多路人见到教堂，前来接触之后受洗。[2] 1657年，瞿西满在延平又建造了一座宏伟教堂，号称当时中国最雄伟的天主堂之一。传教士津津乐道的是其公共性，体现有二：第一，坐落在延平最繁华的城市中心；第二，白日，正门大开，教徒、非教徒皆可自由进入。[3] 至于上文提到的一心想在市中心建教堂的杭州神父，他们的愿望后来也实现了。他们在钱塘门建立了一座大堂，亦是繁华之地。1648年，二千满族家庭从北京迁居杭州，满人就将新居选址在此，当地住户全部搬空，传教士通过积极的斡旋，得以保留该堂。[4] 这年，一名刘姓清军将官，率领3 000骑兵入福州城，将几座大房子腾空，连同邻近的三条街，全指定给清兵驻扎，而耶稣会的一座教堂恰巧又在征用范围之内。[5] 屡屡与新统治者看中的地段冲突，说明传教士选的都是好地段。

---

[1] João Fróes, *Annua da V. Província da China do Anno de 1633*, BAJA, 49-V-11, f. 18.

[2] João Monteiro, *Annua da Vice Província da China de 1637*, BAJA, 49-V-12, f. 45v.

[3] Manoel Jorge, *Annua da Vice-Província da China de 1657*, BAJA, 49-V-14, ff. 152-154v.

[4] António de Gouveia, *Cartas Ânuas da China (1636, 1643 a 1649)*, edição, introdução e notas de Horácio Peixoto de Araújo, pp. 388-389.

[5] António de Gouveia, *Cartas Ânuas da China (1636, 1643 a 1649)*, edição, introdução e notas de Horácio Peixoto de Araújo, p. 398.

选址标准的另一个取向是环境利于身心健康,这条标准看似与上一条将教堂建在人间喧嚣处的标准相悖,但是,这是在履行《耶稣会会宪》第 827 条的具体规定:"务使会院及学校安置在天气良好空气清洁的地方。"①这是一条在耶稣会世界各地的住院中都执行的规定。比如,日本—中国视察员为澳门圣保禄学院在山顶上专门建了几间房子,以及小圣堂和康乐演奏室(concerto de recreação),用于给会内的兄弟休闲。② 而且,传教士的确需要在紧张忙碌的工作空间之外,拥有放松身心和行避静神工的场所。上述在热闹地段拥有教堂的杭州、延平,也在安静地段拥有圣所。据 1644 年年信,"杭州住院的居住条件改善许多,以前住得很不舒适。这全靠(卫匡国)神父的辛劳,现在采光、通风都好,还有一片开阔的苗圃用以养花和种果树,在学习和迎来送往之余终于有一个地方可得片刻放松,那可是两项很艰巨的工作任务"。③ 据 1657 年年信,延平有座小堂属"天神会",坐落在一座山的山巅,可以俯瞰全城的河流、田野、房舍,景色宜人,除了教徒,来此处的异教徒也很多。④

对于一些不以宣教任务为重的住院和教堂,在选址上,也着重考虑安静和怡人。1614 年,4 名神父新抵南京,为了便于学习语言,避开喧嚣,在南京城外买了一小块地以供修养、学习。⑤ 1637 年,常熟住院将教堂建在山脚下⑥,这个教堂就叫"书房"(Xû

---

① 侯景文译:《耶稣会会宪》,第 252 页。
② Anonymous,*Do Collegio de Machao & Suas Residências de 601*,ARSI,JS 121, f. 4v.
③ Antônio de Gouvea,*Annua da V. Província do Sul na China de 1644*,BAJA,49-V-13, f. 530v.
④ Manoel Jorge,*Annua da Vice-Província da China de 1657*,BAJA,49-V-14, f. 155.
⑤ João da Costa,*Annua da Christandade da China do Anno de 1614*,ARSI,JS113, f. 376v.
⑥ 或为虞山。

fam),孟儒望的解释是"退而读书之地",该堂还附带着一个花园。① 嘉定住院的教堂亦如此。

除了神父履行会宪规定,教堂的捐赠者,出于使神父得到更好的休息的好意,也会在选址上考虑环境怡人。1630 年,张庚花 200 两银子在泉州捐建了一座教堂,就是考虑到休闲的需求,郭居静对这番用心大加赞赏:"张庚有中国人的明事理的心,对待朋友真挚,因此,他们对待自己的老师和精神上的父,深深有爱,连老师们的健康和舒适度都考虑到了,他们使屋宇的背面朝向连绵的青山和旖旎的田野,望之可享半刻闲暇,据说,这是他们特意这样选址,青山在目,吐纳新鲜空气,可使诵念、祷告、钻研、布道之烦劳得到一定的舒缓。他们值得我们挑起重担,多多付出,因为他们懂得尊重,知道感恩。"②

此外,还有一些在选址中也会考虑的次要因素,比如,便于与官员的社交。1605 年,利玛窦在宣武门内东顺城街,用五百两购置房地产,建"南堂",首善书院就在隔壁。叶向高、徐光启、李之藻等京官经常到教堂去。无独有偶,无锡东林书院也在传教士的住院隔壁。③ 传教士不仅不回避,似乎有意将教堂建在有佛寺的地方,据 1637 年年信,建昌的教堂就与两座庙相邻,孟儒望认为这可以在对比中显示天主教的优越,其与佛寺相比,"一个敬天国、一个敬地狱"。④

---

① João Monteiro, *Annua da Vice Província da China de 1637*, BAJA, 49 - V - 12, f. 26.

② Lazaro Cattaneo, *Annua da Vice-Província da China do Anno de 1630*, BAJA, 49 - V - 9, ff. 29v - 30.

③ Manoel Dias, *Annua da V. Província da China do Anno de 1625*, BAJA, 49 - V - 6, f. 212v.

④ João Monteiro, *Annua da Vice Província da China de 1637*, BAJA, 49 - V - 12, f. 44v.

六、改庙为堂

我们想象明清时天主堂的样子，不能以现代教堂的形制为蓝本。当时大多数教堂是买现成的屋宇改建而成，只有极少是专为教堂而建。① 所以，不进门看圣坛上敬拜的对象，只凭外观，很可能与普通的中国宅院没什么区别。利玛窦墓园中的"救世主堂"是由"善教寺"（xén kiáo sú）②改建而来的，落成后两三年内一直沿用寺庙的红色拱门，直至 1614 年才改造成黑色方门。用以改建教堂的屋宇多种多样，既有普通民宅，又有大人物的府邸，或学堂等公共设施。1649 年，西安四个信教家庭还捐一座窑洞用作圣堂。③但传教士最热衷于宣传的是诸多将佛寺改为天主堂的事例，这被视为天主教对佛教的胜利，佛教是天主教在中国"宗教市场"上的最大竞争对手。

以利氏墓园中"救世主堂"的改建为例。1610 年 8 月 15 日，开始拆"善教寺"大殿中的佛像。大殿的神坛上是巨大的地藏王菩萨（tì cām guâm pû sâ）像，大理石制作，被凿碎垫在墓穴中；神坛的两侧是两尊立佛，也是大理石质地，因为不那么大，就整体被放倒；殿的东西两侧各有一张长桌，桌上分别有五座神像，他们是阎王（yên guâm）的手下，背后的墙面上画着地狱的刑罚。凡泥胎的像就粉碎，拆出来的木头焚烧，墙面则被刷白。这些工作交给住院仆人，他们展开竞赛，在捣毁偶像时个个争先恐后。南京的一名叫

---

① Manoel Dias, *Carta Annua da China de 1635*, BAJA, 49-V-11, f. 234v.
② 有的译者译为"仁恩寺"，参见［意］利玛窦、［比］金尼阁著，何高济、王遵仲、李申译：《利玛窦中国札记》，第 632 页；有的译者译为"善教寺"，参见［意］利玛窦著，文铮译：《耶稣会与天主教进入中国史》，第 496 页。
③ António de Gouveia, *Annua da Vice Província da China de 1649*, BAJA, 49-V-13, ff. 489-489v.

路基约(Lúcio)的教友,和孙元化见证了佛殿变圣堂的全过程,觉得非常"震撼",深受教育。拆庙过程成了一堂生动的宣教课。

传教士有意识地引导这场对佛教的战争。1637 年,绛州府出现一个改庙为堂的小高潮。绛州某村,天主教徒拆庙三座,改成一座教堂,教友们除了在堂中举行宗教活动,还集善款,救危济困以及奉行其他善功。一些奉教文人认为拆庙建堂是最好的善功,共同上书绛州知府,请求将某村的一座庙拆了,改建成天主堂,竟获准允,于是,他们建了一座很华美的教堂。邻村见了,纷纷效仿。①当年,绛州住院所辖 8 府,已有 20 座教堂。

将道观改造成教堂的事例也有。武夷山上有许多隐修的道士。1645 年时,一名 70 岁的老道改信天主教,洗名路加。他将道观献给教会以改建成教堂,众教友一道将砸碎道观内的偶像当成一场狂欢,路加拎着斧头冲在最前,喊道:"啊!魔鬼们!你们欺骗了我 40 年!现在我报仇了,砍下你的脑袋!"除去异教痕迹,并在堂中立起供奉圣像的祭坛后,神父在教堂里讲了第一场弥撒,数量庞大的教徒来参与。教堂启用之后,这座道教神殿就变成了天主教的活动场所,教友们每日早晨来做"日课",晚上诵玫瑰经,进行应答祈祷。一部分教徒从教堂出发,去往邻近乡里传教,体弱与年迈的则在堂中接待访客、慕道者。在礼拜日、圣日,凡远道而来的教友都可以在教堂内享用免费晚餐。后来在神父的努力下,教会买了一些田地,这些花销就可以从田里出,当然,也有一些宽裕的教友会支付双倍的餐费。②

总之,神父乐意将异教的庙宇改建成天主教的教堂,因为这样

---

① João Monteiro, *Annua da Vice Província da China de 1637*, BAJA, 49-V-12, f. 18v.

② António de Gouveia, *Ânua da Vice Provincia da China nas Partes do Sul no Anno de 1645*, BAJA, 49-V-13, f. 549.

能额外地收获天主教战胜异教的象征意义。浸染了迷信色彩的凶宅,也在传教士的收购兴趣之内。1631年,南昌住院购买新舍,无论是从房屋本身,还是从地段看,价格远低市值。房东向传教士隐瞒了该物业的致命问题:每个夜里,都能听到从屋子不同地方传来的巨大响声,还能经常看见一些异象、影子,器物多次出现移位,住在这样的宅子里还是很骇人的。但是,传教士并不在意闹鬼的问题,反而认为这是天主创造的让他们买到物美价廉的房产的机会。住进去的神父终于等到异响,半夜,响声持续良久,声音中似乎还带着怒气,神父出门观望,什么都没看见,神父们认为这是怪声的告别演出,这次之后,再也没有异常现象发生。①

七、外观、设施、内饰

无论由中式房屋改建而成的教堂,还是新建欧式教堂,十字架是最重要的标志,而且十字架能否公开地竖立在教堂上,衡量着传教自由度。据萧若瑟《天主教传行中国考》,南京大堂是中国第一个公开竖起十字架的教堂,"堂工告竣,壮丽宏敞,顶上高竖白玉十字架,阖城望见,中国前此未有也"。② 这个十字架招致的嫉妒,成为"南京教案"的诱发因素之一。当十字架再竖起时,已是1630年,崇祯帝将在西安传教的汤若望、在山西传教的罗雅谷调入历局任职,这是教案发生13年来传教士们头一次可以公开地进行传教工作,当年,西安新建一座大堂,在最高处,立着一个镀金的铁制十字架,十分精美,在那里还摆放着一幅天主像。③ 这是从1611年在

---

① João Fróes, *Annua da V. Província da China do anno de 1631*, BAJA, 49-V-10, f.65v.
② 萧若瑟:《天主教传行中国考》,第154页。
③ Lazaro Cattaneo, *Annua da Vice-Província da China do Anno de 1630*, BAJA, 49-V-9, ff.19v-20.

南京建教堂以来,第一次在教堂上安上十字架而没有受到处罚。①在天主教因神父参与修历而合法后,教堂上竖起的十字架渐多起来。比如,1631年,杭州住院面向公共街道的大门上,贴了一幅守护天使像,门楣上还贴着印在红纸上的十字架。②又如,1636年,神父们在福州教堂中修了一处很令人满意的、很豪华的墓穴,在其顶部置一圣十字架,环绕以精美的饰带。③据安文思1658年年信,清朝第一个竖起的十字架在1655年落成的北京"东堂","1656年,北京东堂庭院开了一个大门,门上雕刻上千人物造型,最高处竖着一个石制的大十字架,两侧还有敬拜十字架的天使。这个大十字架远远就能看到,凡过路者,即使骑马乘车,都要驻足观赏一番,还有许多人向圣像行礼"。④"这是在该帝国(大清国)公开竖起的第一个十字架。"⑤

中国天主堂外立面上的一个特色是留出悬挂牌匾的位置,因为传教士有意识地向当地主政官员甚至皇帝本人求赐牌匾,作为合法性的证明公开展示,许多教堂堂前加盖拱门,专门用以挂匾。当时,北京两座天主堂"东堂"和"南堂"都专门留有展示顺治帝题字的地方,"东堂"的题字在马路与教堂的第一进门厅之间,是金色的中国字: 敬主(kǐm cú);"南堂"的题字勒于一块四周包花的大理石碑上。⑥

---

① [美]邓恩著,余三乐、石蓉译:《一代巨人》,第212页。
② João Fróes, *Annua da V. Província da China do anno de 1631*, BAJA, 49-V-10, f. 57v.
③ Francisco Furtado, *Ânua da Vice-Província da China de 1636*, BAJA, 49-V-11, f. 544.
④ André Ferram, *Annua da Vice-Província da China de 1656*, BAJA, 49-V-14, ff. 63v-64.
⑤ Gabriel de Magalhães, *Annuas das Residências Do Norte da Vice-Província da China do Anno 1658*, 49-V-14, f. 237v.
⑥ Gabriel de Magalhães, *Annuas das Residências Do Norte da Vice-Província da China do Anno 1658*, 49-V-14, f. 237v.

年信中很少对教堂的外观、内饰等进行状物描写,而将宝贵的笔墨用于记事,但是对少数能激发自豪感的宏伟教堂,也会不吝笔墨,以下将引述 1657 年年信对延平天主堂的描写和 1660 年年信对杭州圣母无染原罪堂的描写,以窥当时教堂之形制。张玛诺称前者是当时中国最雄伟的天主堂之一,郭弼恩(Charles Le Gobien,1653—1708)称后者是"当时全中国最精美,维持得最好的一座"[1],这两座教堂可代表明清天主教教堂的最高水准。

延平天主堂由瞿西满建造,前身是一座官员的府邸,本身就很豪华,其中还有用于建造王爷宫殿的木材,这给改建成教堂打下了好底子。教堂正面是一座牌坊(pây fâm),高处悬着一块蓝底金字的牌匾,上书"天主堂"。正对着这牌坊,在教堂的后门,是另一座稍小的牌坊,书"敬一堂"(kim y tâm)。在教堂的两侧也有两座牌坊,一座望着日出,一座望着日落,这两座牌坊上都有西文写着蓝底金字 JESUS(耶稣),一座通往传道员学习的课室,另一座通往图书馆,馆内基本全是神父撰写的中文教义书籍,以在福建完成的著作打头,因为福建是此类宣教书籍的高产区。教堂外,几步之遥,还有一个大牌坊,上面竖着一个硕大的十字架,全城都能望见,十字架上还有绿底金字、带金色射线的"耶稣",牌坊上还挂着一块匾,是崇祯赐给汤若望的"钦褒天学"。

堂内有一块金字的题铭:1657 年 11 月 1 日该堂祝圣启用云云。堂内只有 3 座祭坛,最大的祭坛上供奉着救世主像,主祭坛两侧分别是路加圣母祭坛、守护天使祭坛。这 3 座祭坛及祭坛上的画屏完全是欧洲式样。[2]

---

[1] Charles Le Gobien, *Histoire de l'édit de l'empereur de la Chine*, Paris: Chez Jean Anisson, 1698, p. 18.
[2] Manoel Jorge, *Annua da Vice-Província da China de 1657*, BAJA, 49 - V - 14, ff. 152 - 154v.

杭州圣母堂的建造因由是这样的：原先杭州城墙很短，只 3 里格，1648 年，清政府接管杭州，为杭州修建了新城墙。杭州老教堂坐落在城墙内。1660 年，卫匡国感觉在老堂举行宗教活动已不方便。此时，友教官员佟国器正担任浙江巡抚。佟国器曾在福州、赣州兴建天主堂，卫匡国便寄望于佟国器助力于杭州新天主堂的建造。佟国器在做了愿意资助的承诺后，卫匡国便立即去寻找合适的地段屋宇，最终选定了"天水桥"(Tiên xùi kiāô)。为使搬家更加正式、隆重，卫匡国组织了 400 名教徒请求佟国器准许此次教堂搬迁，并阐明搬迁的缘由。佟国器责成相关的府、县签署了准许令，禁止任何人妨碍搬迁和新建工作。佟国器本人也签发了一张褒天主教贬佛教的告示，为教堂和神父树立威望。恰在此时，顺治判陈之遴的母亲流放辽东，陈之遴家曾收养佟国器，佟国器向顺治上疏求情，顺治大怒，派了官差将佟国器押解入京治罪。这桩意外给产权过户、新教堂的建设造成一些阻碍，但在友教官员的帮助下化解。[1]

该堂规格如下：长 88"臂长"(côvado)[2]，宽 42"臂长"，高 36 "臂长"。共分三座拱形的殿。每个拱顶像橙子一样(a modo de Laranja)，分割成 3 部分。正祭台宽 15"臂长"，供奉救世主像，背景花屏是木雕的，有镀金十字架。正祭台的右侧是圣母像，左侧是天使长弥额尔像。整栋建筑中共 30 根柱子，都有墩子、柱顶装饰。殿中间的柱子较边上的更为粗长，柱子排列成行，在正殿的四周还有栏杆，形成一种柱廊结构，柱子与柱子之间的凯旋门更增添了它的魅力，这是一种在中国从未见过的建筑样式，见者无不称赞。

---

[1] Feliciano Pacheco, *Carta Annua Da Vice Província da China do Anno de 1660*, BAJA, 49-V-14, ff. 713-715.

[2] 1côvado≈66 厘米。

教堂正面的主立面，有三座门，门的顶部是三个突出来的阳台。教堂内有15扇宽大的窗户，窗户的上半部分是镶嵌在墙内封死的，是半个橙子的形状，下半部分是可以打开的百叶窗，窗框内镶珍珠母贝，中国匠人对其做了精雕细琢，使其更有光泽，更加透明。在教堂的侧面，还有座圣器室，和一座苦修室，都有向着教堂开的门。在教堂的前院，还有一个精美大厅，望弥撒的教友在此等候进入教堂，他们可以坐着交谈，讨论教义。

教堂还有两条回廊，一条回廊边上有10间卧室，另一条有7间，从任何一间小室望出去都有绝佳的视野，可以望见城墙外的景致，可以望见群山、山谷。教堂还有三块苗圃，苗圃边上有休闲室。还有几片池塘、花池、树木。此外，教堂还有专门的会客厅、图书馆。院中铺着石板，装修考究。①

以上成际理的这几段描写与郭弼恩在《中国皇谕志》(1698)中及其他中西文文献中的记载有所不同，成际理的年信距教堂的落成时间最近，应该是教堂最初期的样貌。

上述细描，不但展示了一座功能完备的教堂的外观、内饰，还展示了其图书馆、讨论室等诸多功能性设施。对于这两座镶嵌在中式建筑群中的西洋建筑，当时民众作何反响，因年信中未载，我们不得而知。但是，1630年年信记载了汤若望当年在西安营建的教堂，使许多人为因"自己的街坊中有这样新奇的事物而感到骄傲"，"其中就有那些恶邻以及迫害我们的人"，"它是那么尽善尽美，又很华美、整洁，好奇心将很多人带来想看它一眼"，"一名住院曾经最大的迫害者，是整片街坊中最重要的人物，他从未走出过街坊，现在，他却成了修教堂工程的监工，他还帮助绘制图纸，亲自监

---

① Feliciano Pacheco, *Carta Annua Da Vice Província da China do Anno de 1660*, BAJA, 49 - V - 14, ff. 715 - 715v.

督工匠,这建筑受到所有人的交口称赞"。① 这说明教堂之奇美能得到部分中国人的认同。

相较于外立面,教堂内饰更具多样性,堂内可移动的软装潢,是教友们最常捐赠和奉献的,毕竟捐一座不动产是只有极少数教友能做到的。通过年信对教友捐赠的记录,我们可以了解当时教堂中的一些内饰。圣像前的长明灯、圣像后的屏风画、圣坛和墙壁上的帷幔等,通常都由教友捐献。可惜,里斯本阿儒达图书馆、罗马耶稣会档案馆保存的中国年信中未见对教堂内饰的完整描写,只在1651年年信中找到了一段对永历的太后的小圣堂的描写。1649年,曾德昭、瞿沙微赴肇庆探望永历朝廷,停留期间,为太后举行了一场弥撒,地点选在宫中小圣堂中。曾德昭在一封私人信件中对小圣堂做了描绘:整体而言,这座圣堂装饰考究,中间立着一个精美的耶稣受难十字架,十字架的一侧是象牙制童年耶稣像,另一侧是圣安东尼像,小堂后半部分的中间是一幅圣母像,摆在一个巨大的祭坛上,祭坛两侧是绘在纸上的基督生平,在圣坛前,大约4步远的地方是一个香案,案上摆着许多花瓶,瓶内插着鲜花,花瓶中间有一香炉,内燃着香。② 这段珍贵的记录也有助于我们了解当时南明宫廷中信奉天主教的气氛。

八、保卫圣堂

明清教堂主要面临着五类风险:民事纠纷;盗抢;异教徒的攻击;战争;教案。

---

① Lazaro Cattaneo, *Annua da Vice-Província da China do Anno de 1630*, BAJA, 49-V-9, ff. 19v-20.
② Pedro Canevari, *Carta Annua da China a 1651*, BAJA, 49-IV-61, ff. 75-120, f. 110v.

民事纠纷集中在物业产权归属上,年信中记载了多起与教堂的产权相关的诉讼。1612年,南昌住院的神父大部分时间用于应对一起房产诉讼。其住院是 5 年前从一个皇室宗亲购得的。皇亲觉得卖便宜了,就告到了官府,诉称:当时以低于市值的价格将房子卖给神父,是因为神父称可以治好母亲的病,请求判决神父补回差价。① 1635年,建昌神父在买房中与人发生纠纷,被人告官。一群信教官员陪同神父出庭受审,赢得官司。② 1639年,建宁某教堂的所有权在一名异教徒手中,异教徒在教堂内设了一个书房,实际上成了宴饮的场所,酒席不断,瞿西满说这与宗教场所的氛围不符,双方发生冲突,教友们意识到产权的重要性,几名教友凑钱买下了教堂隔壁的几间房,打通后完成对教堂的扩建。③ 1640年,曲沃县的一个不信教的文人,将一处宅地卖给传教士建教堂,房屋快落成时,起了贪念,想把地连同房子要回来。他不仅向官府诬告神父,还雇妓女去教堂前搞坏圣所的名声。④ 1656年年信中记载了上海住院遭遇的一起类似官司。上海住院、教堂,系由一名彭(puõn)姓道吏在经济困难时卖给神父的,在其经济状况好转之后,便想毁约。⑤ 每遇此类麻烦,总见神父动用在官场积累的关系予以平息,除了额外增加传教士的劳动量和支出之外,并不算是教堂所面临的严峻风险,此类产权纠纷频频发生,是传教士经费常年不足的一个反映。

---

　　① Nicolao Longobardo, *Carta Annua das Residências da China do Anno de 1612*, ARSI, JS113, ff. 240v - 245v.
　　② Manoel Dias, *Carta Annua da China de 1635*, BAJA, 49 - V - 11, f. 218.
　　③ João Monteiro, *Annua da Vice Província da China do anno de 1639*, ARSI, JS121, ff. 307 - 307v.
　　④ Gabriel de Magalhães, *Annua da Vice Província da China do Ano de 1640*, ARSI, JS116a, ff. 128v - 129.
　　⑤ André Ferram, *Annua da Vice-Província da China de 1656*, BAJA, 49 - V - 14, ff. 86v - 87v.

盗抢甚至谋杀等刑事案件也是入华传教士经常面临的风险，其中就有一些以教堂为作案对象的案件，年信记载此类事件，除了展示传教士面对危险时的勇敢，还展示教徒在危难中的热情援手，以及天主对恶人的惩罚。比如，1636年发生在绛州的一起教堂劫案。"饥饿使人亵渎教堂，哄抢祭坛。一小撮饿极了的小贼又干出了这种事，他们抢了教堂的帷幔、烛台及其他装饰品。教徒们帮忙弥补了打劫造成的损失，真是帮了大忙。然而，我们的主又以他的方式帮忙，士兵们很快就抓住了这伙贼，又把赃物退给神父。官府给了这伙贼应有的惩罚。"①

基督徒与异教徒的冲突时常发生，有时伤害就落在教堂上。双方都有主动挑起冲突的情况。传教士鼓励教徒破坏偶像、寺庙，使基督徒变得有攻击性。连江县的第一座教堂设在某秀才的家中，1645年，由于一个教徒故意破坏了一尊佛像的眼睛，300多名佛教徒冲进教堂，冲毁了这一座教堂。② 而一些顽固而保守的"异教徒"也不允许教堂在当地出现，1658年，泰安的基督徒在建造教堂时遭到300多名村民的暴力反对，带头者喊出的口号是："抄家伙！抄家伙！去反夷教，去反新教，这是几个蛮人从欧罗巴带来，力图在我们的土地上传播，抄家伙！抄家伙！"③——反对理由就因天主教是外来宗教。此类与意识形态相关的冲突并不少见。

战争风险主要是指明末农民暴动及明清战争。各住院的传教士在清军攻陷城池后坚守岗位、想方设法保护教堂的事例举不胜

---

① Francisco Furtado, *Ânua da Vice-Província da China de 1636*, BAJA, 49 - V - 11, f. 540v.

② António de Gouveia, *Ânua da Vice Provincia da China nas Partes do Sul no Anno de 1645*, in *Cartas Ânuas da China* (*1636，1643 a 1649*), edição, introdução e notas de Horácio Peixoto de Araújo, p. 319.

③ Gabriel de Magalhães, *Annuas das Residências Do Norte da Vice-Província da China do Anno 1658*, 49 - V - 14, ff. 261v - 262v.

举,此处不赘。在战争不可抗力的碾压下,教堂受损最大。1647年,福建全境受到清军围剿,何大化痛心地说:"我们在本省的主要城市失去了五六座教堂,而这些教堂都是经过漫长的时间才慢慢建立起来的。"①

教案对教堂的破坏力仅次于战争。"南京教案"期间,只有北京利玛窦墓园中的教堂可以合法运转。神父通过转入地下活动等手段应对检查,所以,教案对教堂的实际破坏力没那么强。但是,教案要比我们一般所了解的频繁,除了"南京教案""杨光先教案"等全国性教案,局部的小型教案还是比较多的。以1638年发生在建昌和福建的教案为例。当年,建昌王爷决心清剿城内一切"邪教",对传教士下达了驱逐令,并将住院、教堂卖掉,一半的钱用作路费,另一半钱用于正在进行中的城墙加固工程。费奇观只好卖掉了房产,佯装离开,实际上秘密居住在教徒的家中。这些地方性教案以将传教士驱逐出本地为目标,有时不一定要关闭教堂,但使教堂面临着无人照管的困难。1638年,福建以福州为重灾区,发生一系列的驱逐天主教神父教案。阳玛诺将福州教友交给3名传道员管理,将住院、教堂托付给一名有地位的教徒,他的叔叔是南京的一个掌管监察的高官,"没有人敢在教案期间来践踏教堂"。②1639年,教案已渐平息,福州教堂安然无恙。但是,瞿西满去巡视邵武时,发现教堂已被兵士驻扎。瞿西满向军官交涉,说这是拜万物之主的地方,不容亵渎。军官非常可惜,表示驻军在此是上级的命令,而上级做出这个决定,是因为教堂里没有神父居住,是空闲的,若是上级下达命令,他很乐意撤兵。瞿西满给福州的艾儒略写

---

① António de Gouveia, *Ânua da Vice Província da China nas Partes do Sul no Anno de 1647*, in *Cartas Ânuas da China（1636，1643 a 1649）*, edição, introdução e notas de Horácio Peixoto de Araújo, pp. 350 - 351.

② João Monteiro, *Annua da Vice Província da China do anno de 1637*, BAJA, 49 - V - 12, f. 335v.

信,通过一名刚到任的总督,圆满地解决了此事。①

除了上述五类较常见的风险,教堂还时而暴露在一些不期而遇的风险中。比如,1612 年年信记载着南京教堂是如何度过全城大拆迁的。该年,南京几名最高级别的官员决定拓宽、修直全城道路。这项命令得到迅速而坚决的执行,无论拆到谁的房子,都不通融。南京住院紧邻一条主路,这条路本来是为通往皇宫预备的,住院的一个小菜园也在这条路上,这条路在此次的大拆迁中也要拆毁,变成公共道路。尽管住院正好躲过拆迁命运,但是,住院将一无遮拦地暴露在路人的注视下,而且,官府还计划在住院所在的一排房屋中修建廊檐,以方便行人在雨天或烈日下通行,这样,住院就会损失部分面积,而损失的部分正是住院最舒适的部分。正好,南京住院从 1611 年起,开始修建新的教堂,于是,神父们决定在教堂上加盖宿舍,本来他们担心擅动已定图纸会惹麻烦,但是,在全城大拆迁的忙碌中,没人理会他们。于是,他们在教堂下层增建了一条带 7 个卧室的回廊,上层同样格局。为此,神父们连吃饭的钱都花光了,一部分靠教友捐助,另一部分靠朋友的借贷度日。②

明清天主堂时刻暴露在多样的风险中,既有一般性的社会风险,又有与意识形态相关的政治风险,甚至包括战争。作为天主教在华存在的诸要素之一,教堂因目标大、不可移动、象征性强等特征,比传教士、教徒承担了更大的风险。"教堂危机"是天主教在中国传播中遇到的一类特殊困难,传教士与教友联手解决危机的过程,折射着传教士的社会关系、中国社会对天主教的接纳程度、明清时的司法实践和不动产制度等方面的情况。

---

① João Monteiro, *Annua da Vice Província da China do anno de 1639*, ARSI, JS121, ff. 309 - 309v.

② Nicolao Longobardo, *Carta Annua das Residências da China do Anno de 1612*, ARSI, JS113, ff. 230 - 230v.

九、教堂对传教士、教徒的意义

教堂与祷物、传教士、宣教书籍等，都是天主教在华存在的"可见物"，是明清天主教史研究的重要对象，耶稣会年信中的相关记载，能为该研究提供一些较独特的史料，涉及教堂形制、教内外各方围绕教堂的活动、教堂之于各方的意义等方面。

对教堂的使用情况，年信中的记载也比较多，是上文所未及之处，在此做一简要概括。为教徒提供聚会和举行宗教活动的场所，是教堂最基本的功能，在布道、弥撒、诵经、洗礼等常见的圣事之外，明清天主教堂中的一项特色活动是宗教游行。在教堂落成日和逢重大节庆日，神父会组织或大或小规模的游行队列，小规模的游行通常是在教堂的院子中，环绕教堂行进，室内外活动相结合；大规模的游行则是以教堂为起点和终点，走出教堂，去往公共街道行进。宗教游行提高了天主教的可见度，扩大了教堂影响力的辐射半径，也说明宗教游行、街头传教等较冒进的传教活动，不只出现在果阿等基督化程度较深的地区，在中国也曾出现过，而教堂是宗教游行的根据地。

对传教士而言，教堂是一个综合的多重功能空间，最常见的一对功能复合是"住院＋教堂"模式，"住院"是耶稣会在华传教的基本组织单元，是所在地的教务中心，凡住院中，必有教堂，而一些无常住神父的教堂中，也通常会为前来巡回传教的神父预留起居空间。大型教堂中则可能还有会客厅、图书馆、墓地、课室等功能空间。坐落在大城市中的教堂，几乎无一例外地被传教士作为社交场所使用，除了接待关心灵魂利益的人，还接待对西学感兴趣或与神父叙友谊的人士，尤其是学者—官员。为了服务社交目的，教堂还成为展示西洋奇物的展馆，从精美的宗教画到科学仪器都有。

1612年，庞迪我、熊三拔为利玛窦墓园的拜谒者制定了一条"三站式"标准参观路线：第一站是"救世主堂"，向天主像行跪拜礼三次，神父在旁讲解为何认识与侍奉天主是头等重要大事；第二站是"圣路加圣母小堂"，瞻仰圣母像，神父在旁讲解天主降生为人是为救世；第三站是利玛窦墓。最后，是观赏正在园中制造的泰西水器等。① 这条路线就是在不同功能的空间组块中穿梭。

对于教徒而言，一座可引以为傲的教堂能提升士气、敬虔度和宗教热情。1636年年信这样描写杭州教堂："这座教堂之美也让他们更加虔敬，教徒们看到其整洁、装饰、香火，还有救世主和圣母像之华美、完美，益发虔诚。领圣洗的达200人。"②在年信作者的笔下，很愿意在与佛寺道观的对比中凸显教堂的建筑之美，而美感又将更多人"拉"入教中。仍以上述杭州教堂为例，据1635年年信，某人误打误撞进入这座教堂，以为是座寺院，当他被精美的圣像、装饰及环境的整洁吸引，发觉其与寺庙不同，详细了解之后，回家将佛像佛书等带来，亲自焚毁，欣然入教。③ 据1637年年信，杭州有一座全国闻名的寺庙，每年头3个月，从各地来朝圣的人络绎不绝。因为天主堂精美、整洁，吸引了许多佛教徒顺路前来观瞻、拜圣像。有一个虔诚的佛教徒，就在寺院里贴了一张大字的告示：凡来本寺礼佛者，不得往天主堂拜天主像。许多人读了这告示，反而知道了天主堂的存在。有一名去过教堂的佛教徒撕了这张告示，还怂恿其他佛教徒也去，他向大家描述天主堂的整洁，与佛寺的脏乱不同，而且神父对客人的招待很周到，于是，就有更多佛教

---

① Nicolao Longobardo, *Annua da China 1613*, ARSI, JS113, f. 340v.
② Antônio de Gouvea, *Ânua da Vice-Província da China de 1636*, BAJA, 49-V-11, f. 532v.
③ Manoel Dias, *Carta Annua da China de 1635*, BAJA, 49-V-11, f. 209v.

徒涌向教堂。① 1635、1636、1637 年连续三年年信，三个不同作者阳玛诺、何大化、孟儒望，不约而同地从美感谈教堂对宣教的重要性，这与耶稣会士十分重视利用视觉图像进行传教的传统有关。

对异教徒而言，存在感、吸引力强烈的教堂加上天主教神父和教徒主动出击，承受压迫感是毫无疑问的，因此，教堂经常成为宗教斗争中的漩涡中心，"明清以来的许多教案中，一般民众往往把教堂首先视为攻击的目标"。② 从教堂的视角切入分析某些宗教事件也不失为一种方法论，如上述萧若瑟将南京大堂上的十字架作为南京教案发生的解释角度。

以上是从围绕教堂的活动中提取出的教堂对各方的意义，也是想说明年信中对教堂的记载，除了有助于我们对教堂自身的了解，教堂也可以作为我们认识历史事件的一个窗口。

本节附录

附录一　年信中收录的历年新建教堂

地　区	堂名	备　注
1601 年		
韶州		某新受洗的官员建造，当年"光荣十字圣架瞻礼日"（9 月 14 日）开工。③

---

① João Monteiro, *Annua da Vice Província da China de 1637*, BAJA, 49 - V - 12, f. 33.

② 邹振环：《明清之际岭南的"教堂文化"及其影响》，《学术研究》2002 年第 11 期，第 82 页。

③ Anonymous, *Do Collegio de Machao & Suas Residências*, ARSI, JS121, f. 41v.

续 表

地 区	堂名	备 注
1609 年		
北京某村	小圣堂	神父去疗养时所建,安排一名老年教友照管。①
距南昌两三里格某村	小圣堂	一名叫 Pedro 的教徒所建,他是当地的开教者。②
1612 年		
北京	小圣堂	北京著名教徒 Li Lucas 在家中专为女教徒建造。
1613 年		
山西	小圣堂	某举人在自己家中修建。③
上海	教堂	由徐光启的房子临时充当教堂。④
1614 年		
北京	小圣堂	北京著名教徒 Li Lucas 将自家的厅改建成公共的小圣堂,以方便女教友领圣事。⑤
南昌	小圣堂	南昌住院教堂扩建,新增两座小圣堂,一敬天主,一敬圣母。⑥

① Nicolao Longobardo, *Annua da China do Anno 1609*, ARSI, JS113, f. 109v.
② Nicolao Longobardo, *Annua da China do Anno 1609*, ARSI, JS113, f. 114.
③ Nicolao Longobardo, *Carta Annua da China 1613*, ARSI, JS113, f. 344.
④ Nicolao Longobardo, *Carta Annua da China 1613*, ARSI, JS113, f. 350v.
⑤ João da Costa, *Annua da Christandade da China do Anno de 1614*, ARSI, JS113, f. 374v.
⑥ João da Costa, *Annua da Christandade da China do Anno de 1614*, ARSI, JS113, ff. 384 – 384v.

续　表

地　区	堂　名	备　注
1615 年		
杭州	小圣堂	杨廷筠将部分屋宇捐给教会，并扩建了该物业中的小圣堂。①
建昌	小圣堂	建昌开教，在一退休官员家中建小圣堂两座：圣父堂、圣母堂。②
1616—1617 年		
南昌	小圣堂	王爷伯多禄将自家厅改造成公共小圣堂，以维系教案期的信仰。③
1618 年		
杭州	教堂	神父避居在杨廷筠的庄园中，园中建一教堂。④
杭州	小圣堂	杨廷筠家女眷在家宅中建造。⑤
北京	小圣堂	神父避居在英国公张惟贤的家中，国公为其建一小圣堂。⑥

---

① Manoel Dias junior, *Annua da Missão da China do Anno de 1615*, ARSI, JS113, ff. 410v–411v.

② Manoel Dias junior, *Annua da Missão da China do Anno de 1615*, ARSI, JS113, f. 488v.

③ Manoel Dias junior, *Annua da Missão da China dos Annos de 616 e 617*, ARSI, JS114, f. 42.

④ Manoel Dias junior, *Carta Annua da Missam da China do Anno de 1618*, BAJA. 49-V-5, f. 244.

⑤ Manoel Dias junior, *Carta Annua da Missam da China do Anno de 1618*, BAJA. 49-V-5, f. 239v.

⑥ Manoel Dias junior, *Carta Annua da Missam da China do Anno de 1618*, BAJA. 49-V-5, f. 251.

续 表

地 区	堂名	备 注
北京	小圣堂	北京某友教的王爷（可能是定国公徐希皋）在家宅中建造。①
1619 年		
南昌	小圣堂	王爷 Dom Pedro 将家中的大厅改成圣堂，公用。②③
1620 年		
杭州	小圣堂	杨廷筠在杭州城外买地一块，圈以围墙，专葬教徒，还在园中建了一座小圣堂。④
南京	圣所	南京教案后南京的住院未恢复，一名杭州神父牧养当地教徒，住在不同教徒家中，居无定所，教友集资购买房舍，因为教友贫穷，恐神父不同意，先置办好，再请神父。一名叫 Lucio 的武官也为神父建了圣所，为避风头，建得更小更远。⑤
扬州	小圣堂	马呈秀捐出私宅的一部分给神父建小圣堂。⑥
1621 年		
嘉定	教堂	孙元化建，堂侧建传教士居所，与郭居静、曾德昭同住。此为嘉定住院之开辟。⑦

① Manoel Dias junior, *Carta Annua da Missam da China do Anno de 1618*, BAJA. 49 - V - 5, f. 251.
② Francisco Furtado, *Annua da China e de Cochimchina de 619*, ARSI, JS114, f. 231.
③ Francisco Furtado, *Annua da China do Anno de 1620*, ARSI, JS114, f. 257v.
④ Francisco Furtado, *Annua da China do Anno de 1620*, ARSI, JS114, f. 249v.
⑤ Francisco Furtado, *Annua da China do Anno de 1620*, ARSI, JS114, f. 255v.
⑥ Francisco Furtado, *Annua da China do Anno de 1620*, ARSI, JS114, f. 257v.
⑦ Francisco Furtado, *Carta Annua da China de 1621*, BAJA, 49 - V - 5, f. 330v - 331.

续 表

地 区	堂名	备 注
1626 年		
杭州	小圣堂	李之藻在家宅外建。①
1627 年		
杭州	教堂	杨廷筠建于杭州武林门内观巷(天水桥西)。②
绛州	教堂	韩云兄弟建于绛州城的东南,是中国第一座由教徒捐建的天主堂。③
绛州"天使村"	教堂	某富有教徒捐房改建。④
绛州"救世主村"	教堂	某教徒将自己房舍的厅献出改建。⑤
绛州"圣保禄村"	教堂	某教徒捐地建造。⑥
1628 年		
西安	教堂	王徵捐银 300 两建一座圣母堂,又在官府协助下,另建一座较大教堂。

---

① Manoel Dias, *Annua da Vice-Província da China do Anno de 1626*, BAJA, 49-V-6, f.323.

② Manoel Dias, *Carta Annua da Vice-Província da China do Anno de 1627*, BAJA, 49-V-6, f.494v.

③ Manoel Dias, *Carta Annua da Vice-Província da China do Anno de 1627*, BAJA, 49-V-6, f.479.

④ Manoel Dias, *Carta Annua da Vice-Província da China do Anno de 1627*, BAJA, 49-V-6, f.476v.

⑤ Manoel Dias, *Carta Annua da Vice-Província da China do Anno de 1627*, BAJA, 49-V-6, f.476.

⑥ Manoel Dias, *Carta Annua da Vice-Província da China do Anno de 1627*, BAJA, 49-V-6, f.477v.

续　表

地　区	堂名	备　　注
绛州	圣母小堂	韩云家的女眷捐建。①
绛州周边村子	教堂	神父在当地传教后，选择4间教友房舍，用作教堂。②
1629 年		
福州	教堂	造价300两银，叶向高的长孙承担一半费用，其余由教徒捐。③
1630 年		
绛州周边村子	小圣堂	教友建了四五座小圣堂，供神父来宣教时落脚。④
西安	教堂	汤若望建，在最高处，立着一个镀金的铁制十字架，这是从1611年在南京建教堂以来，第一次在教堂上安上十字架而没有受到处罚。⑤
1631 年		
北京皇宫	小圣堂	某奉教太监仿北京住院的教堂在宫中建了一座小圣堂，副省会长神父在这里举行了进入中国皇宫的第一场弥撒。
北京	小圣堂	一名已搬出皇宫居住的老太监在家中所建。

① Rodrigo de Figueredo, *Annua da V. Província da China do Anno de 1628*, BAJA, 49 - V - 6, f. 587.
② Rodrigo de Figueredo, *Annua da V. Província da China do Anno de 1628*, BAJA, 49 - V - 6, f. 589.
③ Lazaro Catano, *Annua da Vice-Província da China 1629*, BAJA, 49 - V - 8, f. 606.
④ Lazaro Cattaneo, *Annua da Vice-Província da China do Anno de 1630*, BAJA, 49 - V - 9, f. 16v.
⑤ Lazaro Cattaneo, *Annua da Vice-Província da China do Anno de 1630*, BAJA, 49 - V - 9, ff. 19v - 20.

续 表

地 区	堂名	备 注
距北京八九日行程的某府	教堂	某大官的妻子在入教后捐建。
北京	小圣堂	女教徒在原先4座小圣堂的基础上捐建2座。
山西某县	教堂	三名因求天主而科举高中者捐建。
山西某县	教堂	新建。
洛阳	小圣堂	王爷专为迎圣像在王爷府中所建。
嘉定	小圣堂—教堂	某女教徒为迎接神父做弥撒建了座小圣堂,后扩建成教堂。①
邵武	教堂	一名弃佛归耶的文人与教友所建,还有一处神父居所。②
福建近海某县	教堂	当地教徒为吸引神父前往牧灵而建。③
仙游	教堂	当地教徒为吸引神父前往牧灵买房改建。④
1632 年		
距西安1里格某地	小圣堂	新建。⑤

① João Fróes, *Annua da V. Província da China do anno de 1631*, BAJA, 49-V-10, f. 64.
② João Fróes, *Annua da V. Província da China do anno de 1631*, BAJA, 49-V-10, ff. 71v-72.
③ João Fróes, *Annua da V. Província da China do anno de 1631*, BAJA, 49-V-10, f. 72.
④ João Fróes, *Annua da V. Província da China do anno de 1631*, BAJA, 49-V-10, f. 73v.
⑤ João Fróes, *Annua da Vice Província da China do Anno de 1632*, BAJA, 49-V-10, f. 92.

续 表

地 区	堂名	备 注
绛州某村	教堂	某富有的教徒捐 100 两银子新建。①
福建	小圣堂	为卢安德神父的葬礼而建。②
1633 年		
西安		住院中新建一所小圣堂。
华州辖村		某教徒家中的佛堂改造成小圣堂。
华州		富户公子捐赠屋宇改建。
开封辖村两座		选址完成,木料堆好,待建。
绛州	圣母小堂	
绛州辖村		奉教商人想建一座公共教堂,拿出一部分财产交给信任的友人投资,以筹集建堂的资金,投资大获成功,远超所需。该商人之友,入教后亦建教堂一所。③
蒲州		韩爌之子买地建堂一所。教友亦有捐献。
距杭州 3 日行程的府		某大户的户主在领洗前捐建。
福州	圣母小堂	在住院教堂内新建,系由教友捐建。

① João Fróes, *Annua da Vice Provincia da China do Anno de 1632*, BAJA, 49 - V - 10, f. 101v.
② João Fróes, *Annua da Vice Provincia da China do Anno de 1632*, BAJA, 49 - V - 10, f. 124.
③ João Fróes, *Annua da V. Provincia da China do anno de 163*, BAJA, 49 - V - 11, ff. 29 - 29v.

续 表

地 区	堂 名	备 注
福州某山		神父卢安德①去世后,教友在埋葬他的山上(教友称"圣十字山")修建一座教堂、4间小室。
1634 年		
南京城外	教堂	当地教徒越来越多,建堂迎接神父来访。②
绛州	圣母堂	某生病教友向圣母许愿,专为女教友而建。③
杭州	教堂	原堂太小,几名热心教友筹资建造,年底迁入。
建昌	教堂	原堂太小,富裕教友捐资扩建,并将祭坛涂金。④
距福州1日行程某县	教堂	新建。
福建某府	圣母小堂	教友集资,在原堂旁边购屋宇新建。⑤
华州	教堂	官员之子为迎接来巡视的神父而建,带起居室。⑥
泾阳县	教堂	教徒众筹,为迎接前来巡视的神父而建。
1635 年		
南京	小圣堂	王爷为进教的儿子在府内修建。⑦

① João Fróes, *Annua da V. Província da China do Anno de 1633*, BAJA, 49-V-11, f. 77.
② João Fróes, *Annua da Missão da China de 1634*, BAJA, 49-V-10, ff. 440-440v.
③ João Fróes, *Annua da Missão da China de 1634*, BAJA, 49-V-10, f. 446v.
④ João Fróes, *Annua da Missão da China de 1634*, BAJA, 49-V-10, f. 464..
⑤ João Fróes, *Annua da Missão da China de 1634*, BAJA, 49-V-10, f. 472v.
⑥ João Fróes, *Annua da Missão da China de 1634*, BAJA, 49-V-10, f. 477v.
⑦ Manoel Dias, *Carta Annua da China de 1635*, BAJA, 49-V-11, f. 199v.

续 表

地 区	堂 名	备 注
杭州	教堂	搬新住院，内建新堂，一个大官负责装修，还为祭坛包金，一教徒出资建主祭台。①
杭州邻县	小圣堂	当地唯一的教徒修建，为神父来开教做准备。②
建昌	教堂	搬新住院，建新教堂，教友众筹。
泉州	教堂	是年泉州始有常住神父（艾儒略），遂建新堂一座。③
永春	圣母小堂	张庚原在永春建一所小圣堂，当年，另建一座大堂，系由教友集资，堂侧增建居所以供神父来时下榻。④
漳州	教堂	开教之年，教友筹资建造新堂一座。⑤
福州城外1里格的某个大村	教堂	因受洗而康复的教徒全家捐建。⑥
福州城外1里格的某个大村	教堂	教友集资买房改建，福州知府授匾。⑦
福州城外某村	教堂	40多个家庭入教之后，共同建堂一座，并筹建另一座，因为这个村子地广人多。⑧

① Manoel Dias, *Carta Annua da China de 1635*, BAJA, 49-V-11, f. 205v.
② Manoel Dias, *Carta Annua da China de 1635*, BAJA, 49-V-11, f. 214.
③ Manoel Dias, *Carta Annua da China de 1635*, BAJA, 49-V-11, f. 221v.
④ Manoel Dias, *Carta Annua da China de 1635*, BAJA, 49-V-11, f. 222v.
⑤ Manoel Dias, *Carta Annua da China de 1635*, BAJA, 49-V-11, ff. 223v-224.
⑥ Manoel Dias, *Carta Annua da China de 1635*, BAJA, 49-V-11, ff. 230-230v.
⑦ Manoel Dias, *Carta Annua da China de 1635*, BAJA, 49-V-11, f. 231.
⑧ Manoel Dias, *Carta Annua da China de 1635*, BAJA, 49-V-11, f. 232v.

续 表

地 区	堂名	备 注
福州城外某村	教堂	某病人受洗得救后捐房改建教堂。①
安海镇	教堂	大多数教堂是买现成的屋宇改建而成,该堂专为当作教堂而建,但非1635年建。②
1636年		
南京	教堂	毕方济、阳玛诺新建。③
苏州	教堂	教友筹建。④
无锡	教堂	某友教官员捐房舍予神父建教堂。⑤
上海川沙	教堂	某信教的寡妇新建,名"救世主堂"。⑥
杭州	"圣十字架"小圣堂	傅汎际建。⑦
曲沃	教堂	某友教官员为高一志建。⑧

---

① Manoel Dias, *Carta Annua da China de 1635*, BAJA, 49-V-11, f. 232v.
② Manoel Dias, *Carta Annua da China de 1635*, BAJA, 49-V-11, f234v.
③ Francisco Furtado, *Ânua da Vice-Província da China de 1636*, BAJA, 49-V-11, f. 527.
④ Francisco Furtado, *Ânua da Vice-Província da China de 1636*, BAJA, 49-V-11, f. 529.
⑤ Francisco Furtado, *Ânua da Vice-Província da China de 1636*, BAJA, 49-V-11, f. 529.
⑥ Francisco Furtado, *Ânua da Vice-Província da China de 1636*, BAJA, 49-V-11, f. 531v.
⑦ Francisco Furtado, *Ânua da Vice-Província da China de 1636*, BAJA, 49-V-11, f. 533v.
⑧ Francisco Furtado, *Ânua da Vice-Província da China de 1636*, BAJA, 49-V-11, ff. 538-538v.

续　表

地　区	堂名	备　　注
绛州某村	教堂	段衮的弟弟未达而建。①
绛州	圣母堂	某文人建教堂奉献给童贞圣母，专供女教友用。②
建宁县	教堂	1636年是建宁县有常住神父的第一年，瞿西满启用新教堂。③
建宁县	小圣堂	某奉教的退休官员在自家修建，是奉献给救世主的。④
永春县	教堂	艾儒略建。⑤
兴化府	教堂	教友捐献，艾儒略建。⑥
福州	教堂	艾儒略从泉州向福州宣教时，建造两座教堂。⑦
1637 年		
西安附近某县	教堂	当地建堡垒防流寇，王徵借机建天主堂，是当时耶稣会在中国最好的教堂。⑧

---

　① Francisco Furtado，*Ânua da Vice-Província da China de 1636*，BAJA，49-V-11，f. 539v.
　② Francisco Furtado，*Ânua da Vice-Província da China de 1636*，BAJA，49-V-11，f. 540.
　③ Francisco Furtado，*Ânua da Vice-Província da China de 1636*，BAJA，49-V-11，f. 547v.
　④ Francisco Furtado，*Ânua da Vice-Província da China de 1636*，BAJA，49-V-11，f. 548v.
　⑤ Francisco Furtado，*Ânua da Vice-Província da China de 1636*，BAJA，49-V-11，f. 552v.
　⑥ Francisco Furtado，*Ânua da Vice-Província da China de 1636*，BAJA，49-V-11，f. 553.
　⑦ Francisco Furtado，*Ânua da Vice-Província da China de 1636*，BAJA，49-V-11，f. 553.
　⑧ João Monteiro，*Annua da Vice Província da China de 1637*，BAJA，49-V-12，ff. 17-17v.

续 表

地　区	堂名	备　　注
绛州府	教堂	绛州多个村子中掀起拆庙建堂的小高潮,新建教堂多座。①
武昌府	小圣堂	何大化于当年开教,购置房产建住院,院中建一座小圣堂。②
延平	教堂	瞿西满从建宁往延平传教时所建,为当地的第一座教堂。③
沙县	教堂	瞿西满往当地开教,当地教友筹建。④
惠安县	教堂	当地教徒筹资建造,雇佣专人看守,此人还负责家访教友。⑤
惠安县的某村	小圣堂	艾儒略主持了启用仪式。⑥
漳州府	教堂	当地教徒出资购买,地段很好。出资最多的是Ambrósio 和 Nicolao 兄弟俩。⑦

① João Monteiro, *Annua da Vice Província da China de 1637*, BAJA, 49-V-12, f. 18v.
② João Monteiro, *Annua da Vice Província da China de 1637*, BAJA, 49-V-12, f. 37v.
③ João Monteiro, *Annua da Vice Província da China de 1637*, BAJA, 49-V-12, f. 45v.
④ João Monteiro, *Annua da Vice Província da China de 1637*, BAJA, 49-V-12, f. 46.
⑤ João Monteiro, *Annua da Vice Província da China de 1637*, BAJA, 49-V-12, f. 50.
⑥ João Monteiro, *Annua da Vice Província da China de 1637*, BAJA, 49-V-12, f. 50v.
⑦ João Monteiro, *Annua da Vice Província da China de 1637*, BAJA, 49-V-12, f. 50v.

续 表

地 区	堂名	备 注
福州与泉州之间的一个村子 Co Lam①	教堂	教徒在山顶上建天主堂一座,俯瞰大海,计划再建一座圣母小堂。②
(福建)xaò keu③(或 hai keu④)	圣母小堂	卢纳爵组织当地的教徒建造。⑤
1638 年		
西安	教堂	方德望、杜奥定在城墙内专为女教徒建造。⑥
西安近郊某村	教堂	方德望、杜奥定建造。⑦
绛州近郊某村	教堂	一对夫妻献给圣母的教堂。⑧
南京	圣母堂	专为女教徒建造的教堂。⑨

① João Monteiro, *Annua da Vice Província da China de 1637*, BAJA, 49-V-12, f. 52.
② João Monteiro, *Annua da Vice Província da China de 1637*, BAJA, 49-V-12, ff. 52-52v.
③ João Monteiro, *Annua da Vice Província da China de 1637*, BAJA, 49-V-12, f. 56v.
④ João Monteiro, *Annua da Vice Província da China de 1637*, BAJA, 49-V-12, f. 175.
⑤ João Monteiro, *Annua da Vice Província da China de 1637*, BAJA, 49-V-12, ff. 56v-57.
⑥ João Monteiro, *Annua da Vice Província da China do anno de 1637*, BAJA, 49-V-12, f. 287.
⑦ João Monteiro, *Annua da Vice Província da China do anno de 1637*, BAJA, 49-V-12, f. 287.
⑧ João Monteiro, *Annua da Vice Província da China do anno de 1637*, BAJA, 49-V-12, f. 303v.
⑨ João Monteiro, *Annua da Vice Província da China do anno de 1637*, BAJA, 49-V-12, ff. 306v-307.

续　表

地　区	堂名	备　注
1639 年		
绛州	小圣堂	段衮的弟弟未达而在自家建造。①
绛州	小圣堂	段衮的弟弟未达而计划建一座献给圣伊纳爵的小圣堂。②
距绛州1日行程某村	教堂	段衮的弟弟未达而建造。③
距绛州半里格的一座山上	小教堂	段衮的弟弟未达而建造。④
蒲州	教堂	韩霞出全资在自家附近买下房屋改建而成。⑤
平阳府	教堂	韩霖建造。⑥
距离西安1日行程某府	教堂	王徵建造。⑦

① Miguel Trigault, *Annua da Casa KiamCheu de 1639*, BAJA, 49-V-12, ff. 431v-432.

② Miguel Trigault, *Annua da Casa KiamCheu de 1639*, BAJA, 49-V-12, ff. 431v-432.

③ João Monteiro, *Annua da Vice Província da China do anno de 1639*, ARSI, JS121, f. 254.

④ João Monteiro, *Annua da Vice Província da China do anno de 1639*, ARSI, JS121, f. 254.

⑤ João Monteiro, *Annua da Vice Província da China do anno de 1639*, ARSI, JS121, f. 255.

⑥ Miguel Trigault, *Annua da Casa KiamCheu de 1639*, BAJA, 49-V-12, f. 432.

⑦ João Monteiro, *Annua da Vice Província da China do anno de 1639*, ARSI, JS121, f. 234.

续 表

地 区	堂 名	备 注
稷山县某村	教堂	由庙改建而成。①
淮安	教堂	由淮安市中区的一座园林改建而成。②
嘉定	教堂	扩建。③
连江县	教堂	新建,周默尔爵(Chêu Belchior)为主要促成者。④
建宁县	教堂	瞿西满主持扩建。⑤
沙县	教堂	新建,复活节启用。⑥
1640 年		
上海	天主堂	新建,徐骥捐献了一部分资金。⑦
1641 年		
扬州	教堂	某友教进士的兄弟捐建。⑧

① João Monteiro, *Annua da Vice Província da China do anno de 1639*, ARSI, JS121, f. 259.
② João Monteiro, *Annua da Vice Província da China do anno de 1639*, ARSI, JS121, ff. 265 - 265v.
③ João Monteiro, *Annua da Vice Província da China do anno de 1639*, ARSI, JS121, f. 278.
④ João Monteiro, *Annua da Vice Província da China do anno de 1639*, ARSI, JS121, f. 306.
⑤ João Monteiro, *Annua da Vice Província da China do anno de 1639*, ARSI, JS121, ff. 307 - 307v.
⑥ João Monteiro, *Annua da Vice Província da China do anno de 1639*, ARSI, JS121, f. 308v.
⑦ Gabriel de Magalhães, *Annua da Vice Província da China do Ano de 1640*, ARSI, JS116a, ff. 141 - 141v.
⑧ João Monteiro, *Annua da Vice Provincia da China do Anno de 1641 athe setembro 642*, ARSI, JS117, f. 45v.

续 表

地 区	堂 名	备 注
南京	教堂	南京某侯伯的入教儿子捐出花园建造。①
建宁	教堂	奉教举人李司德望(Li Estêvāo)主导新建。②
宁化县	教堂	奉教举人 Hoâm Lochim(洗名 André)承诺修建。③
惠安	教堂	由聂伯多新建。④
1643 年		
常熟		某官员献出祠堂,改建为教堂。
常熟的 Túm Sú 村		某 Heú 姓秀才,献出家堂一间。
上海的 Kiám Xê 村		
上海的 Ló Châo 村		
福州		旧堂太小,教友集资建造一座新堂,财力仍然不足,只能缓慢施工。
泰宁县		当地一个士人捐建。

---

① João Monteiro, *Annua da Vice Provincia da China do Anno de 1641 athe setembro 642*, ARSI, JS117, f. 46.

② João Monteiro, *Annua da Vice Provincia da China do Anno de 1641 athe setembro 642*, ARSI, JS117, f. 54v.

③ João Monteiro, *Annua da Vice Provincia da China do Anno de 1641 athe setembro 642*, ARSI, JS117, f. 56.

④ João Monteiro, *Annua da Vice Provincia da China do Anno de 1641 athe setembro 642*, ARSI, JS117, f. 58.

续　表

地　区	堂名	备　注
连江县		教友集资建造。
1644 年		
上海某县	教堂	一名 75 岁的教徒在自家建造。①
杭州外 3 里格某地	教堂	一名友教的异教徒捐房改建。②
福州洪塘	教堂	新建。③
连江某村	教堂	新建。④
1645 年		
武夷山	教堂	武夷山的一名老道改宗归主,将道观奉献出来改为教堂。
泰宁县	教堂(堂名 S. Simão e S. Judas Tadeu)	异教徒捐助了大部分资金。
汀州	圣母堂	军中哗变毁了一座奉教军官府邸中的教堂,军官复建,教友亦集资另建一座更大的。

① Antônio de Gouvea, *Annua da V. Província do Sul na China de 1644*, BAJA, 49 - V - 13, f. 525.

② Antônio de Gouvea, *Annua da V. Província do Sul na China de 1644*, BAJA, 49 - V - 13, f. 529v.

③ Antônio de Gouvea, *Annua da V. Província do Sul na China de 1644*, BAJA, 49 - V - 13, f. 537v.

④ Antônio de Gouvea, *Annua da V. Província do Sul na China de 1644*, BAJA, 49 - V - 13, f. 537v.

续　表

地　区	堂名	备　注
漳州	教堂	为迎接毕方济出使澳门归来而购买。①
1646 年		
蒲州	教堂	由韩爌某个儿子捐献的书堂改建而成。②
（福清）上镜	教堂	由艾儒略主导，新建两座，一献天主，一献圣母。③
兰溪	教堂	由卫匡国主导，新建。④
1647 年		
常熟	天主堂	
连江县某村	教堂	一个叫本笃（Bento）的老年教徒在受洗后捐建。⑤
崇明	教堂	新建两座，皆由教友修建。⑥

---

① António de Gouveia, *Ânua da Vice Provincia da China nas Partes do Sul no Anno de 1645*, BAJA, 49-V-13, ff557-557v.

② António de Gouveia, *Ânua da Vice Provincia da China nas Partes do Sul no Anno de 1645*, in *Cartas Ânuas da China* (1636, 1643 a 1649), edição, introdução e notas de Horácio Peixoto de Araújo, p. 302.

③ António de Gouveia, *Ânua da Vice Provincia da China nas Partes do Sul no Anno de 1645*, in *Cartas Ânuas da China* (1636, 1643 a 1649), edição, introdução e notas de Horácio Peixoto de Araújo, p. 321.

④ António de Gouveia, *Ânua da Vice Provincia da China nas Partes do Sul no Anno de 1645*, in *Cartas Ânuas da China* (1636, 1643 a 1649), edição, introdução e notas de Horácio Peixoto de Araújo, p. 331.

⑤ António de Gouveia, *Ânua da Vice Provincia da China nas Partes do Sul no Anno de 1645*, in *Cartas Ânuas da China* (1636, 1643 a 1649), edição, introdução e notas de Horácio Peixoto de Araújo, p. 347

⑥ António de Gouveia, *Ânua da Vice Provincia da China nas Partes do Sul no Anno de 1645*, in *Cartas Ânuas da China* (1636, 1643 a 1649), edição, introdução e notas de Horácio Peixoto de Araújo, p. 370.

续 表

地 区	堂名	备 注
嘉定	教堂	一个叫若瑟的教徒在自己的家中修建。①
上海	圣母堂	徐光启的长孙媳妇 Flavia 修建。②
上海七宝	教堂	一个叫夏保禄的教徒捐地建造。③
常熟	教堂	瞿式耜的一个儿子瞿若望捐建。④
1648 年		
上海 Lô Lí Kiaō 村	教堂	新建。
上海 Tú Kiá Hâm 村	教堂	新建。
（福建）溪口村	三舰堂（Sān Kién）	何大化建。
（福建）Quón Hâm 村		某一信教家庭捐建。
1649 年		
汀州	教堂	某武官捐，家堂改建。

① António de Gouveia, *Ânua da Vice Províncía da China nas Partes do Sul no Anno de 1645*, in *Cartas Ânuas da China*（1636，1643 a 1649），edição，introdução e notas de Horácio Peixoto de Araújo, p. 370.

② António de Gouveia, *Ânua da Vice Províncía da China nas Partes do Sul no Anno de 1645*, in *Cartas Ânuas da China*（1636，1643 a 1649），edição，introdução e notas de Horácio Peixoto de Araújo, p. 370.

③ António de Gouveia, *Ânua da Vice Províncía da China nas Partes do Sul no Anno de 1645*, in *Cartas Ânuas da China*（1636，1643 a 1649），edição，introdução e notas de Horácio Peixoto de Araújo, p. 375.

④ António de Gouveia, *Ânua da Vice Províncía da China nas Partes do Sul no Anno de 1645*, in *Cartas Ânuas da China*（1636，1643 a 1649），edição，introdução e notas de Horácio Peixoto de Araújo, pp. 378 - 379.

续 表

地　区	堂名	备　　注
漳州	教堂	众筹,私宅改建。
西安某村	小圣堂	村里人捐献。
西安某村	小圣堂	四个信教家庭捐献一座窑洞。
绛州	圣母堂	众女教友集资捐建。
蒲州	圣母堂	两名退居太监捐建。
	1652—1654 年	
蒲州	天主堂、圣母堂	两座都是战后重建。①
山西 Ncó vō 县 Caò cū(高村?)	圣母堂	教友新建。②
	1655 年	
福州	教堂	佟国器资助何大化重建毁于兵火的三山堂。③
北京	"东堂"	利类斯、安文思建。④
	1656 年	
曲沃县高村	圣母堂	在原有天主堂的基础上,当地教友筹 130 两银子建圣母堂。⑤

①　Manoel Jorge, *Annua da Vice-Provincia da China do ano de 1652*, BAJA, 49 - IV - 61, f. 215v.
②　Manoel Jorge, *Annua da Vice-Provincia da China do ano de 1652*, BAJA, 49 - IV - 61, f. 216.
③　Manoel Jorge, *Annua da Vice-Provincia da China do ano de 1652*, BAJA, 49 - IV - 61, f. 225v.
④　André Ferram, *Annua da Vice-Província da China de 1656*, BAJA, 49 - V - 14, ff. 63v - 64.
⑤　André Ferram, *Annua da Vice-Província da China de 1656*, BAJA, 49 - V - 14, ff. 66 - 66v.

续　表

地　区	堂名	备　注
松江	圣母堂	两座,新建。①
1657 年		
赣州	教堂	佟国器资助刘迪我建。②
延平	教堂	瞿西满新建,号称当时中国最雄伟的教堂之一。③
1658 年		
南昌	天主堂	许缵曾外补江西驿传道副使,建天主堂。
松江	教堂	战后重建。④
赣州	教堂	战后重建。⑤
西安	教堂	某奉教太监捐房建。⑥
绛州某县	教堂	教友合资买地建造。⑦

---

① André Ferram, *Annua da Vice-Província da China de 1656*, BAJA, 49-V-14, f. 82v.

② Manoel Jorge, *Annua da Vice-Província da China de 1657*, BAJA, 49-V-14, f. 151.

③ Manoel Jorge, *Annua da Vice-Província da China de 1657*, BAJA, 49-V-14, ff. 152-154v.

④ Gabriel de Magalhães, *Annuas das Residências Do Norte da Vice-Província da China do Anno 1658*, 49-V-14, f. 237v.

⑤ Gabriel de Magalhães, *Annuas das Residências Do Norte da Vice-Província da China do Anno 1658*, 49-V-14, f. 237v.

⑥ Gabriel de Magalhães, *Annuas das Residências Do Norte da Vice-Província da China do Anno 1658*, 49-V-14, ff. 249-249v.

⑦ Gabriel de Magalhães, *Annuas das Residências Do Norte da Vice-Província da China do Anno 1658*, 49-V-14, f. 260v.

续 表

地 区	堂名	备 注
1659 年		
潞安	教堂	一名叫伯多禄的商人教友捐建。①
泰安	教堂	龙华民生前在泰安某村购置地产,但该交易引发官司,该年审结,新建教堂。②
1660 年		
绛州	教堂	两座,都在村中,皆由教友捐建。③
扬州	教堂	由宁国府知府的母亲主导建造,此后,扬州住院正式启用。④
距淮安 200 里某地	教堂	某望道友新建。⑤
杭州	教堂	由佟国器出资、卫匡国主导,在天水桥新建。⑥

附录二 1697 年中国各住院的教堂数量

北京:北京学院的教堂是奉献给圣母的,被命名为圣诞堂

---

① Gabriel de Magalhães, *Annua das Residênciasdo Norte da Província da China anno de 1659*, BAJA, 49 - V - 14, f. 539v.
② Gabriel de Magalhães, *Annua das Residênciasdo Norte da Província da China anno de 1659*, BAJA, 49 - V - 14, f. 547.
③ Gabriel de Magalhães, *Annua das Residência do Norte da V. Província da China no Anno de 1660*, BAJA, 49 - V - 14, f. 686v.
④ Feliciano Pacheco, *Carta Annua Da Vice Província da China do Anno de 1660*, BAJA, 49 - V - 14, ff. 703 - 704v.
⑤ Feliciano Pacheco, *Carta Annua Da Vice Província da China do Anno de 1660*, BAJA, 49 - V - 14, f. 712.
⑥ Feliciano Pacheco, *Carta Annua Da Vice Província da China do Anno de 1660*, BAJA, 49 - V - 14, ff. 713 - 715v.

(Santo Nascimento)。紧邻着这座圣诞堂还有座领报堂（Anunciada），后者只供妇女领受圣礼和聆听布道。除了北京学院及其隶属的圣诞堂、领报堂，中国副省在北京东城还另有一个住院，亦隶属于北京学院。该住院的教堂是奉献给荣耀长者圣若瑟的，他是中国传教区的主保。除了学院所领有的这三座教堂，以及一个住院，京师在城外还有四座小堂，都是奉圣母之名的。第一座也是最重要的一座，位于神父墓园之中，另外三座在教徒们的公共墓地里，这三座中的一座是很古老的，其余两座是后来在教友们的资助下建成的，就连这几块墓地都是教友们买下的，这些墓地位于北京东西两边。①

真定府住院及其辖区：共有 24 个传教点，有 8 座教堂，两个祈祷室及其他圣所，尽管这些圣所都是私宅，但是面向周边所有教徒服务。② 另有 17 个地方的传教亦归居于真定府的何大经神父负责，其中有 9 座已建成的教堂，以私人的住宅为主，这 9 座教堂也是面向所有教友开放的，他们可以前来领受圣事、聆听教义。1696 年 11 月、12 月，何大经神父对这 17 个地方进行了不知疲倦的巡回传教，共付洗 594 人。③

山东省有 10 座教堂和 7 座祈祷室。济南府住院的神父还要照管直隶省的部分教徒，其有 9 座教堂、4 座小堂。（指的是济南

---

① Joze Suares, *Annua do Colégio de Pekim desde o fim de Julho de 94 até o fim do mesmo de 97 e algumas outras Rezidências e Christandades da Missão de China*, BAJA, 49 - V - 22, ff. 597v - 599.

② Joze Suares, *Annua do Colégio de Pekim desde o fim de Julho de 94 até o fim do mesmo de 97 e algumas outras Rezidências e Christandades da Missão de China*, BAJA, 49 - V - 22, f. 624.

③ Joze Suares, *Annua do Colégio de Pekim desde o fim de Julho de 94 até o fim do mesmo de 97 e algumas outras Rezidências e Christandades da Missão de China*, BAJA, 49 - V - 22, ff. 624v - 625.

府住院的辖区,包括山东、直隶两省)①

上海县:该住院县城内的教堂,除了一座壮丽辉煌、装修精美的天主堂,还有两座奉献给圣母的教堂。在城墙外传教士的墓地中,也有座圣母堂。除了上述四堂,在该县中还沿居民区分布着60座教堂。此外,还有19座祈祷室,有时可以弥补教堂之缺,因为弥撒可以放在祈祷室中进行,还可以为周边虔诚的信徒安排各种圣事。除了这些祈祷室外,还有30个地方(圣所),教徒很多,但是,不在其中举行弥撒,因为条件不够,不符合礼仪的规定,于是,住在这些地方的教徒就前往邻近的教堂和祈祷室,去聆听天主的话语,履行宗教义务。②

仅松江府城区和一个叫青浦的县就拥有约30座教堂,这还不算大量的小堂和祈祷室。③

常熟、苏州住院。常熟住院神父所辖之教徒既来自本县(属省城苏州府,太仓州住院亦在苏州府),又来自无锡、昆山、崇明等县,总共1万多人。共有5座教堂,其中两座在常熟县的城墙内,一座在常熟县郊区。还有一座在苏州府,这座宏大壮丽。最后一座在崇明岛。在城乡各处另有18座小堂和30多间祈祷室。在无锡县,还有另外一座圣堂。④

---

① Joze Suares, *Annua do Colégio de Pekim desde o fim de Julho de 94 até o fim do mesmo de 97 e algumas outras Rezidências e Christandades da Missão de China*, BAJA, 49-V-22, f. 628v.
② Joze Suares, *Annua do Colégio de Pekim desde o fim de Julho de 94 até o fim do mesmo de 97 e algumas outras Rezidências e Christandades da Missão de China*, BAJA, 49-V-22, f. 632v.
③ Joze Suares, *Annua do Colégio de Pekim desde o fim de Julho de 94 até o fim do mesmo de 97 e algumas outras Rezidências e Christandades da Missão de China*, BAJA, 49-V-22, f. 635.
④ Joze Suares, *Annua do Colégio de Pekim desde o fim de Julho de 94 até o fim do mesmo de 97 e algumas outras Rezidências e Christandades da Missão de China*, BAJA, 49-V-22, ff. 636-636v.

崇明岛的教友。岛上有 3 000 多名极热心的教友。他们聚会领受圣事的地点在岛上的一座教堂,还有分散在岛上各处的 9 座小圣堂。①

福建,本有超过 20 座教堂,因为教案毁坏,只剩 8 座。②

赣州住院,一座学院,3 座教堂,分别位于汀州府(汀州府归赣州住院管辖)、信丰县、Tām Hiam 村,8 个祈祷室。③ 南昌(含建昌府、南丰县等处),50—60 个传教点,12 个祈祷室,教堂数目不详。④

南京住院,5 座教堂,其中两座位于南京城墙之内,还有 3 座位于镇江、丹阳、溧阳。另外还有 3 座小圣堂,5 间祈祷室。⑤

武昌,8 座教堂,数座小圣堂和祈祷室。⑥

---

① Joze Suares, *Annua do Colégio de Pekim desde o fim de Julho de 94 até o fim do mesmo de 97 e algumas outras Rezidências e Christandades da Missão de China*, BAJA, 49 - V - 22, f. 637v.

② Joze Suares, *Annua do Colégio de Pekim desde o fim de Julho de 94 até o fim do mesmo de 97 e algumas outras Rezidências e Christandades da Missão de China*, BAJA, 49 - V - 22, f. 642.

③ Joze Suares, *Annua do Colégio de Pekim desde o fim de Julho de 94 até o fim do mesmo de 97 e algumas outras Rezidências e Christandades da Missão de China*, BAJA, 49 - V - 22, ff. 643 - 643v.

④ Joze Suares, *Annua do Colégio de Pekim desde o fim de Julho de 94 até o fim do mesmo de 97 e algumas outras Rezidências e Christandades da Missão de China*, BAJA, 49 - V - 22, f. 644v.

⑤ Joze Suares, *Annua do Colégio de Pekim desde o fim de Julho de 94 até o fim do mesmo de 97 e algumas outras Rezidências e Christandades da Missão de China*, BAJA, 49 - V - 22, ff. 645v - 646.

⑥ Joze Suares, *Annua do Colégio de Pekim desde o fim de Julho de 94 até o fim do mesmo de 97 e algumas outras Rezidências e Christandades da Missão de China*, BAJA, 49 - V - 22, f. 647.

第七章　传教中的话题

第一节　向死而生：天主教徒的身后事

"死亡"是耶稣会士在中国传教要处理的核心议题，可以说传教士的一切工作都围绕着这个中心展开，日常性的发展新教徒和教牧活动，即是为使更多的灵魂进入天国做准备，更有许多与死亡直接相关的工作：抢在临终者咽气前施洗；及时地出现在教友的病榻前听总告解、行终敷礼；在城门外收集奄奄一息的弃婴，进行抢救性的付洗，免其堕入边狱；成立专门的教友会，购买墓地、制作祭具、帮助安葬贫穷教友，等等。与死亡直接相关的事迹记录，大约占了耶稣会中国年信中"有教育意义事例"部分的一半。无论从文本数量还是议题本身的重要性上，"死亡"都是明清天主教研究中的一个显性话题。本文将按过程分步骤地论述明清天主教徒是怎样处理身后事的。

一、死亡观的转变

传教士观察到中国人对死亡的厌恶和困惑。费乐德说："中国人中对死亡的恐惧很普遍,比我们所知的其他任何民族更甚。"①龙华民发现入教已4年的瞿太素仍然怕死,整日与炼丹术士厮混,寻求长寿之法,神父在以灵修、告解等方式使其回归教义正途之后,他才表示自己已不怕死。② 中国人对与死亡沾边的事物都很忌讳。伏若望在1631年年信中记载了北京有一个贪生怕死的人,平时甚至不能听到"死"字,弥留之际受洗,受洗之后最大的变化是"贪生的人,不再怕死",家人看到他克服了对死亡的恐惧,也入教了。③ 1621年,一个信教青年乘船走水路去南京,遇到一些水手的尸体,是船失事后被丢弃的。"他以一名教徒具备的慈悲和热心,战胜了对恶气味的抵触和靠近尸首的恐惧,慢慢地去安葬这些死者。有些人吓唬他说,接近死尸不好,因为这个行为在中国比得上遭受了很多次冤罪。"④1631年,南昌辞世神父的遗体和棺材停放在住院中,有不少人来劝说这不吉利,恳请挪出住院,但是,住院坚持下来,几年之后,人们也习惯了。⑤

儒释道这三家在中国占比最大的信仰提供者,尤其是重视教育但死亡教育缺失的儒家,对死亡问题的处理不能满足所有人。道家认为生死齐一,恶生乐死是种智慧;佛教相信生死轮回;儒家持自然死亡观,孔子对死亡的态度是"未知生,焉知死",以实用主义回避了对人生终点的讨论,朱熹在此基础上进一步提出,现实生活上的事情都弄清楚了,鬼神之事的道理也就自然明白了。儒家

---

① Rodrigo de Figueredo, *Annua da V. Província da China do Anno de 1628*, BAJA, 49-V-6, f. 602v.
② Nicolao Longobardo, *Annua da China do Anno 1609*, ARSI, JS113, f. 110.
③ João Fróes, *Annua da V. Província da China do anno de 1631*, BAJA, 49-V-10, f. 43v.
④ Francisco Furtado, *Carta Annua da China de 1621*, BAJA, 49-V-5, f. 333.
⑤ João Fróes, *Annua da V. Província da China do anno de 1631*, BAJA, 49-V-10, ff. 65v-66.

"不谈死"的态度,引申出"死亡禁忌",因为死亡仍然是确知而不确定的,人们对死亡的疑惧没有得到解答,反而在沉默中加剧。利玛窦在《天主实义》开篇借中士之口表达了士人对身后事普遍的关心:

> 世之人,路有所至而止;所以缮其路,非为其路,乃为其路所至而止也。吾所修己之道,将奚所至欤?本世所及,虽已略明;死后之事,未知何如。闻先生周流天下,传授天主经旨,迪人为善,愿领大教。①

杨廷筠撰《张弥格尔遗迹序》这样描述著名教徒张赓之第三子张识,于身后事上所用之心力:"温陵张子,相晤武林,年在髫卯,见其沉默端重,潜心内顾,座间止问生死与西学所以然。"②《加带司铎与相国光启开教上海》一书中记载了徐光启也面临同样的困惑:

> 徐公博学多才,欲参透生死大事,惜儒者未道其详。诸凡玄学、禅学,无不拜求名师,然于生死大事,究无着落,公终不安。万历二十八年庚子,到南都见利子,而略道其旨。③

传教士面对佛教、儒家这两个中国宗教市场中最大的竞争对手,采取了不同的策略。针对佛教,以批判其"毕达哥拉斯式的转世学说"为主。与佛教轮回式的再生不同,基督教观念中的生命之旅是直线的,"死"乃是从今生过渡到天国、从暂时过渡到永恒、从异土过渡到故乡的"生"——灵魂来自天主,必要归回到赐灵的天主。针对儒家,以灵魂论、末世说等天主教死亡观填儒家之空缺,

---

① 利玛窦:《天主实义》,朱维铮主编:《利玛窦中文著译集》,第8页。
② 熊士旂、张焯:《张弥格尔遗迹》,收[比]钟鸣旦、[荷]杜鼎克、[法]蒙曦编:《法国国家图书馆明清天主教文献》(第12册),第409页。
③ 无名氏:《加带司铎与相国光启开教上海》,[比]钟鸣旦、[荷]杜鼎克、王仁芳编:《徐象汇藏书楼明清天主教文献续编》(第16册),第623页。

践行其"补儒"的传教路线。诸多宣教书籍中都有针对性地解答死亡问题,如前述《天主实义》主要在基督教神学框架和体系的梳理中介绍其不同于儒家的生死观念;利玛窦撰《畸人十篇》,作为《天主实义》的续篇,根据利玛窦与徐光启、李之藻、冯琦等围绕生命意义与归宿问题的对话写成,是一篇通过连续不断的对死亡的默想以应对生死的著作。此外,罗雅谷《死说》、《哀矜行诠》(1633),阳玛诺《轻世金书》(1640),陆安德《善生福终正路》(1652)等著作都专论生死。

通过传教士的死亡教育,因信服天主教的死亡观而归信的很多,成为新教徒的一个重要来源。徐光启即是因天主教教义解决了其死亡之惑而进教的,多位学者都持该观点。林金水说:"利玛窦传入的基督教思想,对于处于苦思冥索、百思不解,苦闷彷徨的徐光启来说,是振聋发聩的。"[1]孙尚扬说:"天主教对人死后永福(登天堂)的许诺以及对地狱之苦的渲染确实影响了徐光启,使他将'常念死候'视为人生最急事。"[2]年信记载了许多因天主教解决了死亡这个痛点而入教的各个阶层、各个行业、各种信仰的人。据1637年年信,建阳有个70岁的老妇,年纪大了,希望寻得灵魂得救之道,花了大笔银子购置佛像、佛教书籍,仅一张和尚给她写的保证其死后进天国的纸,就100多两银子。她接触天主教后,逐渐认识到天主教之真,将佛像等送到教堂焚毁,领洗入教,感谢天主使她免堕地狱,而送她去地狱的正是和尚的那张纸。[3] 陕西某个文人,自幼追求真理,先后信奉佛教、儒教、道教,无一令其满意。他对佛教的评价是"不真",对儒教的不满意之处在于其只教人为

---

[1] 林金水:《利玛窦与中国》,北京:中国社会科学出版社,1996年,第123页。
[2] 孙尚扬:《基督教与明末儒学》,北京:东方出版社,1994年,第172页。
[3] João Monteiro, *Annua da Vice Província da China de 1637*, BAJA, 49-V-12, f. 45.

善,不处理身后事,道教则不能使其内心平静。后来被任命为礼部官员,在礼部看见传教士用白石制作的日晷,上面刻着"泰西"等字,通过与传教士的交流,逐渐识得教义,领洗进教。① 据 1626 年年信,兴化府有一名 72 岁的儒家塾师,用了 50 多年的时间异常勤奋地博览群书,只为寻求真知(direita verdade)以及良知(virtude sólida),见到神父,在一个小时的时间内,问了神父 100 多个问题,关于这个世界的起源,是谁造了这个世界,是否还有另外一个世界,等等。他对神父的回答很满意,决心皈依。② 1635 年,南京一位王爷,想入教的原因是:地上的幸福他都享有了,还想要天上的幸福以求圆满。③

　　进教者表现出迥异于常人的死亡观,他们视死如归,满怀对即将开启的生命新旅程的期冀、喜悦。1612 年,南京首个受洗家庭中的成员、奉教武官成启元的一个孙子,出生后不久就夭折了,但是,因为已经受洗,成启元看起来仍很开心,"就像这个孙子重生一样,因为他知道这个孙子确实获得了比肉体降生更美好、更永恒的新生"。④ 1637 年,上海某女早就知道天主教了,她得病后,反而对该病是致命的非常高兴,立即请求受洗。受洗后的一个清晨,她将家人叫来,满面喜色,说道:我已领洗,天主在召唤我,要我去享他的荣耀,我要告别你们,我在那里会想念你们的。说完,就安详地去世。⑤ 1660 年,泰安州某 13 岁的少年,叫斐里伯,在临死前,寡

---

　　① João Monteiro, *Annua da Vice Província da China de 1637*, BAJA, 49-V-12, ff. 9v-10.
　　② Manoel Dias, *Annua da Vice-Província da China do Anno de 1626*, BAJA, 49-V-6, f. 328.
　　③ Manoel Dias, *Carta Annua da China de 1635*, BAJA, 49-V-11, f. 199v.
　　④ Nicolao Longobardo, *Carta Annua das Residências da China do Anno de 1612*, ARSI, JS113, f. 247v.
　　⑤ João Monteiro, *Annua da Vice Província da China de 1637*, BAJA, 49-V-12, ff. 29-29v.

母为买不起棺材而痛哭,少年安慰母亲:我不需要棺材,棺材只会被虫蛀和腐烂,灵魂得救才是最要紧的。他还援引神父在洗礼上的话安慰母亲:"我信肉身之复活长生,亚门。"(gò siṅ jŏ xīn chī fŏ hŏ chām sem Amen)①如果说年信作者在记录这些事例时只突出教徒们向死而生的积极面,那么,1627年年信在"杨廷筠小传"②中的相关描写可谓真实,杨廷筠面对大儿子杨约之、大儿媳克拉拉相继病逝时流露出的交织着天伦之痛、天主之慰的复杂情感,是明清第一代天主教徒在以新信仰看待死亡这个老问题时的真实写照。

天主教徒不仅看开肉身死亡,甚至宁愿早死早登天国。1625年,杭州一名70多岁的老教徒对忙着为其施救的亲戚们说:"你们不必为了我的身体烦劳,它是大地的一部分,我已接受圣洗,圣洗带来了永生的希望,你们帮助我的灵魂吧,少施予我肉体。"③1631年,嘉定某人在外地时,突生变故将死,紧急领洗,受洗之后,"他对生的厌倦和对死的盼望同时增长",众人给他买了棺材,他要人敲锣打鼓地抬进家里,还请大家代求天主赐他死亡,不要为他求生。④

当然,传教士也看到"死亡教育在异教徒身上的收效甚微,异教徒认为疾病、灾祸、不幸是佛对其弃教的惩罚,当目睹新领洗的教徒反而有了求死之心,他们的感觉更不好了,因为他们忌讳死亡,甚至不想听到这个字眼"。⑤ 徐光启在临终时,神父前去探望,

---

① Gabriel de Magalhães, *Annua das Residência do Norte da V. Província da China no Anno de 1660*, BAJA, 49 - V - 14, f. 696v.
② Manoel Dias, *Carta Annua da Vice-Província da China do Anno de 1627*, 49 - V - 6, ff. 490v - 496v.
③ Manoel Dias, *Annua da V. Província da China do Anno de 1625*, BAJA, 49 - V - 6, f. 229v.
④ João Fróes, *Annua da V. Província da China do anno de 1631*, BAJA, 49 - V - 10, f. 62.
⑤ João Fróes, *Annua da V. Província da China do Anno de 1633*, BAJA, 49 - V - 11, ff. 54v - 55.

告诉他死亡是天主的安排,徐光启很坦然地接受了这个安排,他领受了完整的圣礼之后安然辞世,伏若望认为"他如此幸福地故去,是对其一生虔诚奉教的褒奖……这是最好的礼物,他幸福的灵魂因此而进入更好的生活了"。但是,伏若望也提到"对他这样安详地去世,很少有中国人表示羡慕,因为他们更加重视此生此世"。①

至于因对待死亡的态度分歧而发生冲突亦不少见,比如,1633年北京的一位大人物在病榻上请求受洗,亲戚百般阻挠,吓唬他加入天主教就没救了。他将反对者召集到床前,说了这样一段话:"不知你们从哪里来的想法,我若成为天主教徒,这病就好不了了,也不知道是谁告诉你们,我若还是信奉佛教,立即就能健康下床。我的病是在佛教徒时得的,我也不会因为加入天主教而不生病。即便我要死了,也不是因为加入天主教。死亡只是肉体上的,我一点儿也不在乎,我要确保的是灵魂得救赎,为这件事值得付出所有……我宁可现在就死,也不愿意以异教徒的身份多活几年。"②

二、善备死候之法

与儒家的"未知生,焉知死"相反,基督教对人生的思考是从死亡展开的——"未知死,焉知生",从终点"回望"人生的历程,提前到死中去,以在彼岸的归宿来调整现世,即现世的全部意义在于为回归天主做准备。从受洗的那一刻起,天主教徒的一切宗教和日

---

① João Fróes, *Annua da V. Província da China do Anno de 1633*, BAJA, 49-V-11, f. 67v.
② João Fróes, *Annua da V. Província da China do Anno de 1633*, BAJA, 49-V-11, f. 8.

常活动,都是在为死后进天国做准备,洗礼本身就是一种宣告:与耶稣"同受死、同埋葬、同复活"。① 正如洗礼,天主徒的一切敬虔仪式、善功、奉献都是有意识地准备善终。甚至连无意识的日常事也被赋予这层意义,比如睡眠。

毕方济撰《睡答》,从天主教的灵魂论解释睡眠,认为醒、睡、梦、死是灵魂的不同活动形式,睡与死在本质上是一致的,只存在量上的差别。毕方济称"睡,小死哉"②"人死绝无能矣,睡暂无能,故似之小死哉"③。因此,"睡为死相,即吾人日日不免死也"④"故睡以令人知死,试死,入室登榻犹诣墓焉"⑤。于是,人每日的睡眠行为,成为每日都必修的死亡演习。人们可以用睡眠和梦来验证传教士所宣扬的身后世界,毕竟活人没办法体验死,却可以体验睡与梦。正如基督教神学家德尔图良所说:"如果人们把睡眠当作死亡的形象,他们就会有信仰;就学会了怎么死和怎么活;就学会了警醒,哪怕是在睡眠的时候。"⑥龙华民在其《死说》中也提到了这种日常准备的必要性:"夫死未来之时,倘常思念会与习熟,则实来时,易能迎之。"⑦⑧

《畸人十篇》第三篇《常念死候利行为祥》、第四篇《常念死候备

---

① 《圣经·新约》罗马人书:"我们借着洗礼已归于死亡与他同葬了,为的是基督怎样借着父的光荣,从死者中复活了,我们也要怎样在新生活中度生"(6:4);"如果我们借着同他相似的死亡,已与他结合,也要借着同他相似的复活与他结合"(6:5)。
② 毕方济:《睡答》,收[比]钟鸣旦、[荷]杜鼎克主编:《耶稣会罗马档案馆明清天主教文献》(第6册),2002年,第403页。
③ 毕方济:《睡答》,第405页。
④ 毕方济:《睡答》,第405页。
⑤ 毕方济:《睡答》,第405页。
⑥ 德尔图良著,王晓朝译:《论灵魂和身体的复活》,香港:道风书社,2001年,第84—87页。
⑦ 龙华民:《死说》,收张西平、[意]马西尼、任大援、[意]裴佐宁主编:《梵蒂冈图书馆藏明清中西文化交流史文献丛刊》(27),郑州:大象出版社,2014年,第657页。
⑧ 关于传教士对灵魂、睡眠、梦、死亡关系的论述,参刘耘:《与神对视:明末清初第一代天主教徒的圣梦》,《史林》2018年第1期,第82—95页。

死后审》即针对中国人最忌"死亡"二字,解释常念死亡并非不吉,终身不懈地为末日审判作准备,在利氏看来应该是中国基督徒认识神学的根本问题。徐光启对本书的理解"是连续不断地对死亡的默想,使人维持生活的正常规则"。①

除了一般性的日常准备,还有一些创造性的特别准备,因人而异。据 1647 年华北年信,西安圣母会的成员,每个月的第一个礼拜六聚会,老年妇女教徒每月还要额外聚会 3 次,主题是怎么样预备死亡。尽管她们年纪都很大了,但在当日,她们仍然斋戒,甚至各自在家使用鞭笞苦修,起码要检视一下自己的过失。② 据 1658 年年信,有个在西安乡间传教的太监,专门寻找垂死之人,让他们在死前领受圣事,他这样做,也是为了自己能善终,"他仍担心自己做得不够",又将自己住的房屋捐出,用以建造教堂。③ 当年,西安还有某女教徒,担心自己"妾"的身份阻碍上天堂,不让传道员用圣水治疗手臂上的疼痛部位,她想以忍受折磨的方式赎罪。她还下决心与丈夫分居,勤奋履行教徒义务,只为善终。④

三、临终圣事

弥留时刻是奉教生涯中常备死候的高潮,如何跨好这天国大门前的临门一脚,为濒死者举行临终圣礼,传教士和信徒都列为最优先级的任务。

---

① 朱维铮主编:《利玛窦中文著译集》,第 440—442 页。
② António de Gouveia, *Annua da Vice Província do Norte na China do anno de 1647*, BAJA, 49-V-13, ff. 442-442v.
③ Gabriel de Magalhães, *Annuas das Residências Do Norte da Vice-Província da China do Anno 1658*, 49-V-14, ff. 249-249v.
④ Gabriel de Magalhães, *Annuas das Residências Do Norte da Vice-Província da China do Anno 1658*, 49-V-14, ff. 258v-259.

在年信中有许多为濒死者特事特办的事例：比如，神父在贪夜出动或赶远路为濒死者施洗，通常神父对上门求治者的答复是待方便时，但当得知病情危重，就会立即前往；当病人已不具备学习教义的条件，无法答对神父对教义的考核，洗礼会走简易程序，只要回答"我信"或以目光表示认可就可以了。再如，"南京教案"期间，神父深居简出，牧养教徒工作便由修士代替，因为"修士们是本国人，可于任意时间在外面自由地行走，而不会被注意到"。但是"有些场合十分迫切地需要神父出场，比如人之将死……神父就在夜间帮助他们，或乘坐密闭的轿子前往"。①

传教士将临终圣事视为最紧要的事之一。1631 年，杭州住院一名初学修士逝世，伏若望认为逝者奉献于天主的一生未留遗憾，"此生唯一的苦是去世时，没有宗教人员在身边"。② 在无法顾及的地方，设计了一些替代性措施。1613 年，因为龙华民往来澳门的信差被捕，韶州住院神父被驱逐出广东，神父除了为他们留下教理书籍外，还特别留下了一张纸，写着每日悔罪方式，神父特别嘱咐，若是在临终前找不到听告解神父，这种每日悔罪的方式是可以替代临终告解的。③ 1613 年 10—11 月，林斐理从杭州往衢州传教，临行前教会了当地教徒首领多默怎样施洗，以便在紧急时，为需要得救赎的灵魂施洗。④

教友对临终圣事的重视程度，举一个坚持到领受了圣礼才死去的例子就够了。李之藻家一名女佣，1644 年时走到生命终点，

① Manoel Dias junior, *Carta Annua da Missam da China do Anno de 1618*, BAJA, 49‑V‑5, f. 239v.
② João Fróes, *Annua da V. Província da China do anno de 1631*, BAJA, 49‑V‑10, f. 55v.
③ Nicolao Longobardo, *Carta Annua das Residências da China do Anno de 1612*, ARSI, JS113, f. 255v.
④ Nicolao Longobardo, *Carta Annua da China 1613*, ARSI, JS113, f. 356v.

她再三请求自己的家人去请神父,好为自己举行圣礼。因为她所有的家人都不信教,没人肯去。这位年过九旬的老媪每日就昏死几次,垂垂欲死。每次家人都以为她死了的时候,她却立即就醒过来。终于,某日,她对家里人说:"既然你们不愿意叫神父来听我告解,我也只能在将死不死之间受苦。我在完成人生的总告解之前是不能死的。"家人见她这么决绝,她也确实一再从昏死中回魂,就去叫来神父。神父到了,听她做了临终告解。她向神父请求终敷礼,神父满足了她的愿望。"因为心愿已了,在短短的几小时后,她就去了更美好的永生世界。"①

除了程式化的圣礼,还有许多个性化的临终虔敬举止或者异迹,亦被年信记录下来,作为逝者得救赎的见证。敬虔举止方面,1614 年,南昌一名叫 Siu hoai lem Fillippe 的教徒,因为救治患传染病的穷人,染病将亡,尝试跪着受终敷礼,体弱不能支撑,就伸手向天主敬礼,口念耶稣,在额头上画十字符,最后连说话的力气都没有了,就蠕动着嘴唇,没有抬手的力气在额头上画十字,就用一只手的手指在另一只手的掌心中比划。② 1637 年,北京一名五六岁的小童,在病榻上不停地画十字,口念"耶稣""玛利亚",父母问是何故,他说魔鬼向他显现多次,他在驱魔,临终时说:我去天主那里享福了,魔鬼不再与我有关涉。双臂在胸前摆成十字而安然离世。③ 在邵武府,一名叫伯多禄的基督徒,一辈子都不停地在自己身上画十字。他于 1644 年去世后,身体已冷,准备给他穿寿衣了,发现他的两根手指摆成一个完美十字。想要用力给他分开手

---

① Antônio de Gouvea, *Annua da V. Província do Sul na China de 1644*, BAJA, 49-V-13, f. 529v.

② João da Costa, *Annua da Christandade da China do Anno de 1614*, ARSI, JS113, f. 385.

③ João Monteiro, *Annua da Vice Província da China de 1637*, BAJA, 49-V-12, ff. 7-7v.

指,展平,却办不到。于是,就让这个基督圣号保持原样,将他以十字军骑士的姿势入殓。①

异迹方面,准确地预言自己的去世时辰最为常见。1614年时,南昌某临死教徒用8天时间准备,做了透彻悔罪,而后领终敷礼,他说自己将在几时去世,果然在此时辰去世。② 1623年时,上海一名15岁的少年,因在墙角挖蟋蟀被砸伤,匆忙领洗之后,对母亲说当晚8时就要离世,到了晚上8时,他如所说般地咽了气。③ 在约定的某个具体时刻去世,使死亡带有赴天主之约的意味,这名上海少年就是在梦中得到神启而得知自己的死亡时刻的。在弥留时刻"看见"圣母或守护天使来接引自己的事例也有很多。1628年,杭州一名叫伯多禄的教徒,在咽气前,手舞足蹈地向家人"高声讲着天国之事,关于它的有容乃大,他描绘着那天空之城的美丽,他所用的修辞,与圣若望在其《启示录》中所使用的一样。他还指出了自己的位置处在哪个层级"。神父认为"这个人洞知的事情,是他的正常思考所不及的,亦是猜不到的",只能归为神启。④

天主教与异教在各种礼仪中起冲突,在临终圣事上亦不例外,病榻前的奇异仪式常被认为打扰了患者。教徒渴慕向死而生,也与惯常该维持的沉重气氛不符,因此临终圣事常遇到异教徒的阻挠,比如,1639年时,杭州有个望教者想为自己快要死的儿子施

---

① Antônio de Gouvea, *Annua da V. Província do Sul na China de 1644*, BAJA, 49 - V - 13, f. 541.
② João da Costa, *Annua da Christandade da China do Anno de 1614*, ARSI, JS113, f. 385.
③ Francisco Furtado, *Carta Annua da V. Província da China do Anno de 1623*, BAJA, 49 - V - 6, f. 108.
④ Rodrigo de Figueredo, *Annua da V. Província da China do Anno de 1628*, BAJA, 49 - V - 6, ff. 595 - 595v.

洗,妻子坚决反对,认为这是在"庆祝"孩子的死亡。[1]

四、尸身状态

神父和信徒从逝者的尸身上寻找灵魂得救的证据。今天在基督徒中仍然流传着一种说法:基督徒去世之后,身体是软的。这个说法在《圣经》中没有确切的根据,《圣经》也没有提出相关具体的应许,而是教徒们通过"见证"得出的结论。在年信中,此类"见证"不胜枚举,对得救者尸体状态的描述,也不仅仅是"软",还围绕香气、鲜活、异象三个方面展开。

有香气散发的事例最多。1631 年,嘉定某女教徒在彻底悔罪后去世,如果不是身体已冷,没人认为她是死的,她的身体还散发出香气,在场的人都闻到了,这是"天主在证明她的灵魂已经在天国"。[2] 1632 年,嘉定某信教老人去世后,身体也散发出怡人的香气,许多人因此而入教。[3] 1635 年,河南某教徒在受洗不久去世,入殓时屋内飘出胜过一切香气的清香,大家据此认为他已得救。[4] 1637 年,西安有个 13 岁的少女,洗后几个月就得了重病,病中多次告解,死前说看见许多花和美丽的玫瑰在身旁,口念"耶稣"就去世了,母亲说女儿死时房间里有一股香气,她由此相信女儿已在天国。[5] 1637 年,西安有个老妇病重,20 天未进食,听说天主教后,

---

[1] João Monteiro, *Annua da Vice Província da China do anno de 1639*, ARSI, JS121, f. 281.
[2] João Fróes, *Annua da V. Província da China do anno de 1631*, BAJA, 49-V-10, f. 63.
[3] João Fróes, *Annua da Vice Província da China do Anno de 1632*, BAJA, 49-V-10, ff. 109v-110.
[4] Manoel Dias, *Carta Annua da China de 1635*, BAJA, 49-V-11, f. 234v.
[5] João Monteiro, *Annua da Vice Província da China do anno de 1637*, BAJA, 49-V-12, f. 287v.

请求受洗,洗后,能以耐心、乐观承受病痛,眼睛一直盯着圣像,像移到哪,眼睛跟着盯哪,不几日,去世了,在场的人说闻到了不寻常的香气,有几个人还因此受洗。[1] 1658年,西安一个违背十诫嫁为人妾的女教徒,在临终前痛彻悔罪,她在弥留之际,看见"圣母在许多天使的伴护中,前来迎接、安慰这悔改的灵魂。圣母以温和、熨帖的口吻不停地对她说:'走吧,走吧,我们一起走吧,在这甜美的良伴陪伴下。'"这表示她能得救赎,在她咽气之时,整个家里都闻到了一股奇妙的芬芳,共有三次。记录这件事的安文思引经据典、结合事件,评论这种香气是天主恩赐其得救的证明:"哪个更难得呢? 是以药膏以赞许赠送给富有的、有权势的玛达肋纳(Madalena)和证明其华丽的改宗信主呢,还是为了一个可怜的罪女的悔改而使天主散发天堂的馨香。"[2]

其次,逝者面容鲜活亦被认为是得救赎的证据。1618年,南京有个叫路济亚(Lúcia)的女教徒,在"南京教案"期间去狱中探望,还将衣服、首饰当了资助神父,在暑天去世三日后,亲戚们本来害怕她的尸体已腐烂,气味难闻,都不敢靠近她,后来发现她的面色红润,仿佛仍然活着,气息怡人。阳玛诺评论这件事:"我们的圣教对于真正地和完美地信奉它的人,是有效果和灵验的,会在他们身上施展这样的奇迹。"[3]1630年,上海某文人的妻子,病中受洗,在受洗后,梦中见到一位白衣女子,说是来帮她的,好像就是圣母,要将她的灵魂带往天国,没过多久,她就升往天国,"(她去的是天国这件事)是可信的,因为见过死者面容的人,全都相信,她的脸色

---

[1] João Monteiro, *Annua da Vice Província da China do anno de 1637*, BAJA, 49-V-12, ff. 287v-288.
[2] Gabriel de Magalhães, *Annuas das Residências Do Norte da Vice-Província da China do Anno 1658*, 49-V-14, ff. 258v-259.
[3] Manoel Dias junior, *Carta Annua da Missam da China do Anno de 1618*, BAJA, 49-V-5, ff. 258-258v.

很好,比她生病前的惯常面色看起来更鲜活许多,她家里的一些人见到后立即就归信了,并接受了圣洗"。[1] 1635 年,杭州一个老人,死的时候双眼、双臂向天,死后面色栩栩如生,在场者都认为是一起不寻常的死亡现象。[2]

再次,异象出现也表明了灵魂得救,在总量上,不及前两者多。1630 年,绛州一名病逝的奉教老媪"将灵魂交给了天主,一些人看到了是以巨型的火与闪电的形式,从她屋顶攀上天空"。[3] 1639 年,西安一个小童在受洗后去世,胸口出现一个漂亮的十字架,这被认为是去天国的证据,家人都很欣慰。[4] 1649 年,福州一名叫 Martha 的女教徒,勤于宣教,改嫁满人之后,住进一个满洲兵占领的县城中,坚持过着宗教生活,临死时的表现极为敬虔,将十字架紧紧握在自己手中,还嘱咐子女们,在其死后,将圣物袋和念珠压在自己胸口。还在咽气之前,将手伸向圣烛,让圣火烧自己的手,一动也不动地忍受。她的遗体火化后心脏仍栩栩如生,耶稣殓布面容像(Veronica)和圣物袋也完好无损。烧了第三次后,终于化为灰烬,但是,形状依然不散,如白雪般光洁。就连异教徒也认为这是一件神迹。[5] 1614 年病逝于南京的林裴理(1578—1614)神父,"尸身两年不腐,反而散发异香,教友当作珍宝收藏"[6],1637 年

---

[1] Lazaro Cattaneo, *Annua da Vice-Província da China do Anno de 1630*, BAJA, 49-V-9, f. 22.
[2] Manoel Dias, *Carta Annua da China de 1635*, BAJA, 49-V-11, ff. 206-206v.
[3] Lazaro Cattaneo, *Annua da Vice-Província da China do Anno de 1630*, BAJA, 49-V-9, f. 17v.
[4] João Monteiro, *Annua da Vice Província da China do anno de 1639*, ARSI, JS121, ff. 234-234v.
[5] António de Gouveia, *Cartas Ânuas da China (1636, 1643 a 1649)*, edição, introdução e notas de Horácio Peixoto de Araújo, pp. 425-426.
[6] Francisco Furtado, *Annua da China e de Cochimchina de 619*, ARSI, JS114, ff. 229-229v.

时,仍有异迹出现,他的棺材被绿色玫瑰包覆,这些玫瑰的根是从棺材内部生出来的。在棺材停放处,还冒出了一股小泉,一个教徒患有腿疼1年多了,快要瘸了,他发现了小泉,就去取了泉水,回家擦洗病腿,竟然好了。①

传教士采集这些发生在尸身上的异迹,并使它们广泛传播,用看得见的"事实"验证看不见的灵魂得救,甚至使一些人归信。

五、天主徒的葬礼

临终圣事与葬礼是分列于死亡时刻两侧的两个礼仪高潮。根据天主教的教义,肉身死亡是生命从一种状态到另一种状态的转换。临终圣事使亡者本人确信自己将获新生,葬礼是向外界宣告逝者已获新生。钟鸣旦称葬礼是"生命转换之礼",在葬礼中,通过家庭,将死者转变为祖先,又通过天主教团体,将死者转变为诸圣团体中的一员。家庭和天主教团体在葬礼中协作分工,使中国和天主教的礼仪传统交织在了同一种礼仪程序之中。② 关于葬礼的样式请参阅本研究的民俗部分,此处只讨论天主教仪式的葬礼作为天主教徒"向死而生"历程的一个环节,怎样被编排和赋予意义。

天主教徒对葬礼的关切和预备在生前就开始了。为了针对性地解决这种关切,几乎每个教友圣会都有为会员安排葬礼的义务,甚至还有一些专门为丧葬礼而成立的圣会,如北京的"送阴会""敬末会""亡灵会",福建的"善终会"等。汤若望认为负责埋葬死者的圣会是所有圣会中最为必要的:

---

① João Monteiro, *Annua da Vice Província da China de 1637*, BAJA, 49-V-12, ff. 27-27v.

② [比]钟鸣旦:《礼仪的交织——以抄本清初中国天主教葬礼仪式指南为例》,《复旦学报》(社会科学版)2009年第1期,第26—39页。

中国人中的异教徒错误地指责天主教的戒律,谴责它没有应有的葬礼仪式、对死者漠不关心;批评它像疏于尊敬双亲的野蛮人那样,遗漏了对亡故的父母的礼仪;攻击它在安葬自己的信徒时没有任何的排场和礼节,虽然在洗礼之前对他们非常尊重和仁慈。①

正是中国人的厚葬传统,将一些无力承担葬礼花销的穷苦人推进天主教中,因为圣会可以为他们安排一场体面的葬礼,而圣会将葬礼办得体面的一个目的,也正是为了吸引这部分潜在的皈依者。另一个重要的目的则是回应异教的抨击,使教徒免遭不孝的非议。

安文思这样评价17世纪中叶北京地区教友会对葬礼富有创造性的和隆重的安排,从这段话中可看到葬礼对中国天主教事业的多重意义:

> 这一神圣的创造就像乳汁一样哺育了信仰,其伟大我已不知用什么语言来解释。它在多大程度上鼓舞了教友的斗志,在多大程度上坚振了教友的信仰,以及增进了圣教的威望,都已难用语言形容。因为这圣教的葬礼花费几何,排场多大,多么整齐,多么圣洁,都被人们看在眼里。人们能够看到,圣教所奉行的是真理的、坚实的信条,而不是纸糊的幌子。人们能看的是团结、秩序和奉献。而基督徒们以身作则的诵道、谦逊,也增进了人们对圣教的尊敬、敬重。他们争先恐后地蜂拥至大街上,观看这井井有条而又神圣的送葬队伍。成千上万的赞美之词则纷至沓来,原来这圣教还有这么神圣的习俗,还会为教内的死者举办这么隆重又体面的葬礼。受葬礼的感染,已经有很多人进教,还有一些已动心了,正在计划入教。

---

① [比]钟鸣旦著,张佳译:《礼仪的交织:明末清初中欧文化交流中的丧葬礼》,上海:上海古籍出版社,2009年,第123页。

最后，整座京城都在赞誉天主圣教。圣教通过展现其仁慈的一面，打开了人们灵魂的眼睛，使教徒们明白，他们只是生活在走向死亡的短暂人生当中，更要使他们认识到什么是真正的"生"，那就是他们的天主、他们的主人创造了他们，不是为了他们坠寐永亡之中，而是为了享受永生。①

丧葬礼还是天主教与异教斗争的一个重要场域。从表面看，僧侣是传教士最大的竞争对手，因为16、17世纪，佛教丧礼影响广泛。②佛教丧葬礼的流行"增加了对和尚的信任和他们的财富，和尚都穿丝绸，有地位、有随从"。③佛教丧葬礼建立在灵魂不死和生者可以帮助死者穿越此世、到达彼岸的信仰之上，"他们用画好的纸扎成一座大房子，还有马匹、座椅、奴仆、金条、银条，统统是纸做的。还画地狱和鬼。然后，这些东西都被抬走，很多男男女女伴行，有步行的，有骑马的，以队列游行的方式行进，在途中会抛很多纸盒子。到了指定地点，全都烧了……他们认为所有那些东西、画出来的纸扎物件，在冥府中会变成真的，供逝者去使用，还有用来贿赂魔鬼，免遭鬼的酷刑，也是为了在毕达哥拉斯式的转世学说中投个好胎"。④不过，在年信的描述中，佛教僧侣与天主教徒之间对葬礼主导权的争夺，更多的是利益之争，而非信仰之争。对执意举行天主教葬礼的家庭，和尚们痛惜的是失去一笔生意。当家庭中有即将过世的病人，常有和尚闻讯而来，预订葬礼，在天主教仪

---

① Gabriel de Magalhães, *Annuas das Residências Do Norte da Vice-Província da China do Anno 1658*, 49 - V - 14, ff. 239v - 241v.
② [比] 钟鸣旦著，张佳译：《礼仪的交织：明末清初中欧文化交流中的丧葬礼》，第7页。
③ Mathias de Maya, *Annua da Província de Japão dos Annos de 1659 e 1660*, BAJA, 49 - V - 14, f. 732v.
④ Mathias de Maya, *Annua da Província de Japão dos Annos de 1659 e 1660*, BAJA, 49 - V - 14, f. 732v.

式的葬礼上,时有和尚前来搅局,甚至大打出手或更恶毒的陷害。比如,1639年,上海某个青年教徒拒绝了和尚为自己的父亲举行佛教的葬礼,和尚怂恿一个异教徒,将尸体放在其门口栽赃陷害,因为官府通常不调查就判户主抵命。① 有趣的是,不同利益组织的和尚之间也会为争夺一场葬礼而打起来,1659—1660年日本教省年信中(广东隶属日本教省)就记载了在广东的一场葬礼上,近30名和尚与外来和尚大打出手。② 总之,传教士的笔下有将和尚庸俗化的取向,以这种方式将佛教丧礼贬得更低。

中国讲求厚葬的传统观念才是天主教葬礼最难移的风、最难易的俗。丧礼是"孝道"的集中体现,而孝是明清时期中国人普遍接受的正统价值观念的核心。传教士采取的办法是去除葬礼中可能涉及偶像崇拜仪式的异端,对中式葬礼中的"无邪之礼"则调适、融合、采纳。比如,建宁县的教徒"有一个非常好的做法,当他们在教堂中共同为逝者祷告时,会有两段哭唱,这能激发虔敬"。③ 礼仪性的丧哭正是中国传统葬礼中的一项行为。再如,中国传统葬礼上很热闹,演奏各种乐器,"为了防止异教徒们说三道四,基督徒们就去买来优美的乐器,学会演奏",也使葬礼热闹起来。④ 许多不接受天主教葬礼的人,是因为觉得它不舍得为逝者花钱,并无特别的在信仰上的排斥,天主教徒便以同样多甚至更多的钱办不同于异教的葬礼,以这种方式来解决争端,防人之口。此类事例在年信中是最多的。比如,1637年绛州某个信教父亲死了,信教儿子

---

① João Monteiro, *Annua da Vice Província da China do anno de 1639*, ARSI, JS121, f. 274.

② Mathias de Maya, *Annua da Província de Japão dos Annos de 1659 e 1660*, BAJA, 49-V-14, f. 732v.

③ Antônio de Gouvea, *Annua da V. Província do Sul na China de 1644*, BAJA, 49-V-13, f. 540v.

④ Gabriel de Magalhães, *Annuas das Residências Do Norte da Vice-Província da China do Anno 1658*, 49-V-14, f. 254v.

不顾哥哥和亲戚的强力反对,为父亲举行天主教的葬礼,为了不让人认为他是为了省钱才举行天主教葬礼的,就把本来该给和尚的钱,施舍给穷人和用于葬礼排场,亲戚总算对此还比较满意。① 杨廷筠就是这样为父亲办葬礼的,"他将钱财分给穷人,这是如果办一场异教徒的豪华葬礼本来要花的钱,而他又额外捐出更多"。又在神父住院做了追思祭和三日弥撒,"一点儿也没有省钱"。参加了杨廷筠父亲的葬礼的教友说:"一个中国人在丧事上的排场连西人都不如,这是一个不小的赞美,因为中国人在这件事上讲究排场,花费巨大,在葬双亲这件事上他们可不想输给其他任何国家。"②

经过上述这些一点一滴积累起来的丧葬经验,钟鸣旦认为在"广州教案"(1666—1671)之后,中国天主教的系统丧葬礼仪已经创制成形,以1685年广东起草的"天主教葬礼仪式指南"③为代表。"指南"表明,中国天主教葬礼仍然是以中国葬礼为基础框架的,只是天主教礼仪中的关键性元素,被嫁接到了中国原有的框架上,"因为中国的文化传统是如此之强势"。④

六、天主徒的专属墓地

天主教徒不满足于与教友在天国的灵魂团聚,还期望将留在

---

① João Monteiro, *Annua da Vice Província da China do anno de 1637*, BAJA, 49-V-12, f. 305.

② Manoel Dias junior, *Carta Annua da Missam da China do Anno de 1618*, BAJA. 49-V-5, ff247-247v.

③ 该"指南"有四个抄本:《临丧出殡仪式》(早期抄本)、《临丧出殡仪式》(晚期抄本)、《丧葬仪式》(早期抄本)、《丧葬仪式》(晚期抄本)。参阅[比]钟鸣旦、[荷]杜鼎克主编:《耶稣会罗马档案馆明清天主教文献》(第5册),第439—446页,第447—465页,第467—479页,第481—491页。

④ [比]钟鸣旦:《礼仪的交织——以抄本清初中国天主教葬礼仪式指南为例》,第26页。

尘世的肉身归葬于一处。北京利玛窦墓园于 1611 年落成后，外省的传教士也相继购建墓地，如杭州、福州和南京等地的教士公墓，都建于明末。① 1637 年，南京住院院长毕方济想购置一块墓地，以埋葬南京住院中去世的诸位神父。官员们认为这是个不错的想法，30 多人慷慨解囊，予以资助，他们甚至还在墓园中建造了一座教堂，并立一座石碑，刻上神父名录以及部分天主教义。② 1640 年 4 月 9 日，高一志在绛州去世，韩云、韩霞兄弟购买了 8 "块"（jeiras）地作为传教士的墓园，四周造起漂亮围墙，中间立起一个拱顶，拱下是高一志的墓穴。③

平信徒效仿神父圈定专属的墓地，也在明末各地较为流行，只是目前学界对此关注不够。1619 年，北京的教徒以纳扎尔④的名义购买了毗邻太监的物业的一块地用作公共墓地，他们是"从传教士处理利玛窦墓园的方式中受到启发"。⑤ 1620 年，杨廷筠在杭州城外买地一块，圈为围墙，专葬教徒，还在园中建了一座小堂。此前，当地天主教徒与异教徒是混葬的。⑥ 1638 年，上海住院买了一块墓地，专门埋葬教徒。这关切到每一名教徒的灵魂利益，没有人不捐助，有人捐了八九块（geira）地，大多数人量力而行，捐最多的是徐光启的儿子徐骥，光银子就捐了 100 多两。教友们对这块专属墓地十分高兴，因为他们可以远离灵魂上相去甚远的异教徒。⑦

---

① [法]高龙鞶著，周士良译：《江南传教史》，第 396—399 页。
② João Monteiro, *Annua da Vice Província da China de 1637*, BAJA, 49‑V‑12, f. 24v.
③ Gabriel de Magalhães, *Annua da Vice Província da China do Ano de 1640*, ARSI, JS116a, f. 130v.
④ 可能是定国公徐希皋的弟弟徐希夔。
⑤ Francisco Furtado, *Annua da China e de Cochimchina de 619*, ARSI, JS114, ff. 224v‑225.
⑥ Francisco Furtado, *Annua da China do Anno de 1620*, ARSI, JS114, f. 249v.
⑦ João Monteiro, *Annua da Vice Província da China do anno de 1637*, BAJA, 49‑V‑12, f. 313.

1639年,建宁有个叫伯多禄的奉教官员购买墓地,专门用以埋葬教徒。① 1643年,毕方济还在常熟虞山之麓购置山地一块,作为渔民公墓,1670年前后亡故的贾宜睦、鲁日满等四名外籍传教士也埋葬在这里。② 1658年时,泰安教友还没有专属的墓地用以埋葬逝者,去世的基督徒通常是与异教徒混葬。神父向教友们介绍了教堂的神圣习俗,为教堂的前院祝圣,再将教友葬在院里,还介绍了肉体、灵魂栖于这其间的益处。一名教友听闻,深为神父所阐述的道理折服,立即当着众人的面,捐出一块足够大的场地以及位置优美的房舍。神父在全体教友的陪同下,前去隆重地为这块地祝圣。③

天主教的专属墓园,有标示逝者的天主教教徒身份的十字架等符识,园中还在某些宗教节庆日中举行敬虔仪式。1623年年信描写了建昌某基督徒坟墓的形制:在逝者坟墓上,竖起一座石制的十字架,墓之一侧,竖起一柱,柱子高处摆上另一个十字架,还有耶稣、玛利亚的圣名。④ 据1637年年信,北京教友专为基督徒造了一座墓园,园门的拱顶上立着"耶稣"二字。在诸圣节,还会在墓园中举行纪念亡者的活动。当教堂内的弥撒等圣事完毕后,教友们就来到墓园,为亡灵的祷告将持续一整天。许多男女信徒都主动放弃在家族墓地下葬的机会,申请埋在墓园。宫中一名叫Joachim的太监也申请埋葬在此。⑤ 杭州传教士墓园有一圈漂亮

---

① João Monteiro, *Annua da Vice Província da China do anno de 1639*, ARSI, JS121, ff. 307v - 308.
② [法]高龙鞶著,周士良译:《江南传教史》,第9页。
③ Gabriel de Magalhães, *Annuas das Residências Do Norte da Vice-Província da China do Anno 1658*, 49 - V - 14, f. 261v.
④ Francisco Furtado, *Carta Annua da V. Província da China do Anno de 1623*, BAJA, 49 - V - 6, ff. 130 - 130v.
⑤ João Monteiro, *Annua da Vice Província da China de 1637*, BAJA, 49 - V - 12, f. 10.

的围墙。园内上首位置,有一个华丽的小圣堂,堂前有一拱门,拱下是传教士的棺材。①

天主教徒不归葬于家族墓地,势必引发争议,坚定的教徒在信仰认同与血缘认同之间大胆地选择前者。1631年,北京一名官员之子,将父亲的墓与异教祖先的墓分开,作为其后基督徒后代的第一座。② 1633年,北京一位73岁的老者,洗名Simão,向已入教的儿子Marcello立下遗嘱,死后将自己与另一个信教的亲戚Carlos葬在一起,而不葬入自家祖坟,因为自己的祖上都是异教徒。这在中国非常罕见,死后不在自家归葬,和在自家的墓地中葬一个外人,都是一个大胆决定,但是,这两个基督教家庭达成了一致,不仅将Simão和Carlos合葬,而且将他们并列为两家的第一代奉教祖先,并将此事记在墓碑之上。③ 甚至有的教徒对葬身之处的讲求中表现出的信仰认同大于民族认同。1621年,明廷从澳门购得26门"红夷大炮",并配有葡萄牙炮手。1623年4月,葡萄牙人在京营首次演示射击这款新式武器,不幸的是,发生一起膛炸伤人事件,殒命的葡人葬在了北京。有个叫本笃的教徒,是由利玛窦神父施洗的,他向神父恳请将他葬在炮手的墓地中,因为他渴望与教徒葬在一起。他成为第一个与葡萄牙人葬在一起的中国人。④

以上是明清天主教徒追求的"向死而生"的生命历程,这是一个从领洗后就展开的长旅,并通过告解回溯至进教前的人生,通过葬礼、墓地延长至肉体终结之后,它综合了理念与实践,既体现在

---

① João Monteiro, *Annua da Vice Província da China do anno de 1637*, BAJA, 49-V-12, ff. 323v-324.

② João Fróes, *Annua da V. Província da China do anno de 1631*, BAJA, 49-V-10, ff. 42v-43.

③ João Fróes, *Annua da V. Província da China do Anno de 1633*, BAJA, 49-V-11, ff. 9-9v.

④ Francisco Furtado, *Annua da Província da China de 1624*, BAJA, 49-V-7, ff. 486v-487.

日常生活中，又呈现在圣礼规程中，既是个体行为，又是集体行为，它既是传教的目的，它也是信教的目的，既是西方的，也是中国的，总之，它串联了天主教在华传播的各个方面，是认识明清天主教的一条线索。这是一条可以使明清天主教丧葬礼、死亡观、教友会等单项研究有整体观的纵贯线。

第二节　与妾相关的进教许可问题

纳妾是晚明天主教在华发展新教徒的最大障碍之一，也是耶稣会"适应政策"、明清之际中西文化碰撞等研究课题中的焦点。目前研究多集中于剖析徐光启、李之藻、杨廷筠、韩霖、王徵、佟国器等奉教士大夫的个案，从儒教、耶教各自认同的道德与伦理之辩，华夏传统与"夷风"在信徒中的主导权，中国法律制度的自主权等方面展开。年信能够为该论题提供哪些新视角、新材料呢？

第一，实操视角。年信中有大量与纳妾相关的实例及传教士的处理方式，这些方式非常细化，比如，纳妾之人的进教许可是否有一定的弹性空间？妾能不能进教？嫡妻进教是否会受影响？妾生育的子女能不能进教？足以编写一篇"与妾相关的进教问题实际操作指南"。这将使纳妾问题不再停留在原则性的讨论上。以往研究多是将持论双方相关典籍中的论述摆在一起对比，再以有限的几个著名教徒的事例佐证。

第二，庶民视角。耶稣会年信从内容占比上可称为"平民信徒事迹集"，中国的士大夫阶层不为蚕妇村氓作传，流传下来的中文奉教事迹多属于有文声、有官名的教徒。实际上平民中纳妾的也不少，且符合法律的规定："亲王妾媵许奏选一次，多者止于十人。世子及郡王额妾四人。长子及将军额妾三人。中尉额妾二人。世子、郡王选婚之后,年二十五岁嫡配无出……于良家女内选娶二人。以后不拘嫡庶,如生有子,则止于二妾。至三十岁复无出,方许仍前具奏选足四妾。长子及将军中尉选婚之后,年三十岁嫡配无出,照例具奏,选娶一人。以后不拘嫡庶,如生有子,即止于一妾。至三十五岁复无出……长子将军娶足三妾,中尉娶足二妾。至于庶人,必年四十以上无子,方许奏选一妾。"[1]年信对平民信徒纳妾问题的记录,无疑拓宽了该论题的视野。

第三,传教士对皇帝多妻的看法与干涉。反教人士许大受引述传教士的话说:"从教后,则虽帝王之贵,只许一夫一妇。"[2]传教士反对皇帝多妻的立场是明确的且被教外知晓。但是,如果皇帝愿意受洗,面对这个巨大诱惑,传教士是否愿意在纳妾问题上让步? 这已永远成为一个假设性的问题。不过,据年信的记载,传教士曾就该问题向隆武帝进言,体现了传教士在反对纳妾的立场上有足够的刚性。下面将就上述三个视角依次援引年信实例以说明之,因为本节的目的旨在展示年信可为该论题提供的新视角、新材料,而非这个论题本身,所以,关于该论题的年信之外相关材料此处就不涉及。

首先,是传教士对与纳妾相关的各种情况的处理方式。1. 对于有妾之人,根据情势需要,有一定的弹性操作空间。比如,1634年年信记载"西安的某官员与神父交往多年,亦想进教,碍于有妾,不得。病危,家人开始准备后事,神父闻讯赶到,先用三滴圣水(象征神圣的三位一体)将病人从昏迷中'唤醒',使其在有意识的状态下快速接受教义教育,然后受洗。翌日,官员竟好转了,后来成为

---

[1] (明)李东阳等撰,(明)申时行等重修:《大明会典·卷一百六十刑部二·名例上》(明万历内府刻本),扬州:广陵书社,2007年,第2241—2242页。
[2] (明)许大受:《圣朝佐辟》,收(明)徐昌治辑:《圣朝破邪集》卷四,金程宇编:《和刻本中国古逸书丛刊》(32),第284页。

虔诚教徒，还在家中设小圣堂"。① 在年信中，有许多案例是讲传教士采取简易程序为临终之人施洗的，因为"万民四末"是天主教的终极关切，抢在肉体死亡前用圣水为灵魂涤罪，使得救赎，是传教士职责所在，所以，传教士为这个病危的望教者采取简易程序，而这名望教者及其妾与家人，此时或许觉得在生死面前一切都是小事了，妾的问题迎刃而解。根据当时危急情况，或许濒死的望教者只是口头答应了休妾，未及履行手续，就获得了进教许可。

2. 对于妾的入教操作。妾是不可以入教的，尽管对妾而言，她的伴侣只有一位，但她是纳妾者的共罪之人。正室入教，不受这条诫命影响，而妾进教，必须解除在天主教看来"不合法"的婚姻关系。1644年年信作者何大化记录了杭州的一起案例："两个女人是某著名将官的妻子，分别是他的正妻和小妾。正妻在听闻了天主教后，因为没有什么入教障碍，就领洗了，她很满足，带着发自灵魂上的喜悦。小妾也非常渴望受圣洗，无奈她是将官的第二个妻子，身份是妾，不能进教。她屡屡恳请将官放了她，可是，这将官被盲目的爱禁锢了，不答应她。于是，这小妾就故意跟全家人吵架，闹得鸡犬不宁，将官只好将她休了，而这正是她想要的。摆脱了这世俗的枷锁后，她领受了圣洗，过上了深居简出的修行生活。"②在大多数情况下，妾想解除婚姻关系难以实现，只能等待某一方当事人的死亡造成原有婚姻关系消失，而这种死亡被传教士、望教者视为天主恩典。1644年年信记载了福州某官员的妾，只能等待丈夫去世之后，才能受洗。"在京中做过察院的某大员的妾，想以自己的父母（她的父母都是优良的教徒）为榜样进教，但是，因为她的不

---

① João Fróes, *Annua da Missão da China de 1634*, BAJA, 49-V-10, ff. 476v-477.

② Antônio de Gouvea, *Annua da V. Província do Sul na China de 1644*, BAJA, 49-V-13, ff. 534-534v.

合法婚姻而不得。今年,察院死了,她立即就去接受入教前的教育,做好入教准备。"①1658 年年信记载西安某将官的妾,"因为正妻去世,现在成了他的合法妻子,立即就张罗着进教之事"。②1697 年,北京有一名女子为摆脱妾的身份,离家出走。"她请求领圣洗已 30 年了,因为她是一个官员的妾,就被拒之门外,她被严肃告知,身为人妾,不能受洗。这可怜的女人只好回家,求洗遭拒令她非常不安,然而,她并未因此而失掉热情、愿望。她已接受了充分的教律教育,她下定决心要谨遵圣教诫命,天主也给了她抗争的力量。在整整 30 年中,她以慕道友的身份,以所能做到的最好的方式来恪守教律,总是坚定地拒绝与官员同房,这个官员在这 30 年中以超乎常规的方式折磨她,打她,不给她吃,不给她其他生活必需品,而她总是以不败的意志抗争着,官员在这么长的时间里从没有得逞。这个备受折磨但是幸福的女慕道友,于 1697 年 2 月 9 日偷偷地离家出走,来到教堂(东堂),她已摆脱了受洗的障碍,在灵魂的至喜悦中领洗进教。"③

若是既无转正为合法妻子的幸运,又没有离家出走的勇气,进教的大门也并未完全向妾关闭。传教士对接纳妾入教,在处理方式上,比对纳妾的男人灵活。据 1648 年年信的记载,在杭州有一名云南籍的进士,洗名保禄,他的多个妾通过向天主发永贞誓愿,得以入教。④ 当然,保禄本人也因此而获得了受洗资格。1629 年

---

① Antônio de Gouvea, *Annua da V. Província do Sul na China de 1644*, BAJA, 49 - V - 13, f. 536v.

② Gabriel de Magalhães, *Annuas das Residências Do Norte da Vice-Província da China do Anno 1658*, 49 - V - 14, f. 249v.

③ Joze Suares, *Annua do Colégio de Pekim desde o fim de Julho de 94 até o fim do mesmo de 97 e algumas outras Rezidências e Christandades da Missão de China*, BAJA, 49 - V - 22, f. 616.

④ António de Gouveia, *Cartas Ânuas da China (1636, 1643 a 1649)*, edição, introdução e notas de Horácio Peixoto de Araújo, PP. 386 - 387.

时,北京某官员的妾,因为"不想被迫与丈夫分离",不想入教,后来,"在重病中开悟和领会到了该做的事,她立即就许下禁欲的愿",在去世前领洗。① 天主教禁止教徒纳妾的根据是天主十诫之第六诫:毋行邪淫。② 若从根上解决了贞洁问题,就解决了其引申出的纳妾不得进教问题。还有,通过切实而真诚的悔罪,也能获得受洗资格。西安有两个女人嫁给了一个异教徒,这两个女人都希望入教,但是,只有那一个"合法的"妻子接受了洗礼,妾便非常难过,一方面强化了祈祷,干活时也祈祷,另一方面,她故意吃有毒的食物,以加快通向死亡的进程。郭纳爵神父听说后,告诉她已经从妾的罪中得赦免,为其施洗。③ 总之,对于妾的进教问题,传教士在实践中比对于纳妾者灵活得多。

对于妾生子女,传教士认为"出身"不好,不建议信教家庭与之通婚。1626 年年信记载了一个江西的婚配案例:"一名富有的异教徒,亲自为他的儿子向一个女孩求亲,这个女孩是教徒的女儿。根据当地习俗,丈夫要出彩礼,几乎是将女人买下,像雅各(Jacob)娶拉结(Racael)。异教徒立即给了教徒一大笔钱,不管女儿是死是活,这么亲事都定下了。教徒来征询神父的意见,神父指出这门亲事的二弊端。其一,异教徒的这个儿子不是合法的妻子所生,这就令人担心,他的教养不好,恐怕不能善待妻子;其二,未婚夫的父亲非常鄙吝,因此,这笔来得不安心的钱,恐怕花得也不安心。最终,仅仅因为这些原因,女孩就不想与他结婚了。"④

---

① Lazaro Catano, *Annua da Vice-Província da China 1629*, 49 - V - 8, ff. 598 - 598v.
② 徐光启:《圣教规诫箴赞》,收[比]钟鸣旦、[荷]杜鼎克主编:《耶稣会罗马档案馆明清天主教文献》(第 8 册),第 34 页。
③ Manoel Jorge, *Annua da Vice-Província da China do ano de 1652*, BAJA, 49 - IV - 61, ff. 212v - 213.
④ Manoel Dias, *Annua da Vice-Província da China do Anno de 1626*, BAJA, 49 - V - 6, f. 324v.

关于庶民视角,传教士致力于刻画普通信徒与纳妾行为的斗争,以挖掘和突显其中的教育意义。1640 年时,淮安一名志愿入教的官员将妾休掉,不再让她住在自己家里,而是花了一大笔钱,将她体面地送回了娘家。① 按照天主教的教规要求,休妾进教,而且妥当地处理了妾,是传教士想提倡和推广的。已入教的,则严格遵守诫命不纳妾。1637 年时,嘉定某教徒 27 岁结婚,一个异教徒朋友在他不知道的情况下,为他买了一个女孩,他严肃地说自己是天主教徒,只许有一个合法的、真正的妻子,除非妻子死了,他不会再娶另一个女人。这个朋友与他翻脸,女孩见自己被抛弃,也要寻死。教徒见这将是一场复杂的"战争",就跑去上海躲避了,直到危险过去才又回来。"逃跑正是约瑟拒绝波提乏之妻色诱的办法,他以自己的贞洁美德战胜七宗罪之一的色欲。"②孟儒望评论道。同样,已受洗的女教徒则拒绝做妾。1612 年时,北京一名叫 Marta 的女教徒,丈夫死了,家中贫困的她有改嫁的机会,而且追求者不要其嫁妆,只为她有德行,但她了解到此追求者已有妻室,她认为这触犯诫命,不嫁。③

除了严于律己,传教士还提倡教徒劝止身边人纳妾,力图形成一种风气,这就使我们对传教士反对纳妾的努力的认知更进一步。1627 年时,上海一个守寡的女教徒,欲将女儿卖给一名已婚的村夫为妾,"价钱便宜。但是,即使免费,他也不想要这女孩,他对寡妇说道,他是天主教徒,天主十诫禁止他犯那罪"。神父了解到寡妇是为贫穷所迫,就劝村夫免了她的债务,"又通过其他方式给这

---

① Gabriel de Magalhães, *Annua da Vice Província da China do Ano de 1640*, ARSI, JS116a, f. 124.
② João Monteiro, *Annua da Vice Província da China de 1637*, BAJA, 49-V-12, ff. 28v-29.
③ Nicolao Longobardo, *Carta Annua das Residências da China do Anno de 1612*, ARSI, JS113, f. 227v.

贫穷的女人援助,使她不至于重蹈类似的覆辙"。① 1629 年时,嘉定某教徒想纳妾,信教的母亲说:"如果你不听我的话,硬是要纳二房,那我当天就要离家出走。"逼迫儿子放弃这个念头。② 1636 年时,建昌某女教徒为使丈夫入教,"将丈夫的第二个老婆赶出家门"。③ 1637 年时,嘉定某个富贵之人想娶二房,他的一个仆人是天主教徒,为报主人善待之恩,劝主人打消这一个念头,并引导主人与神父交流,主人不仅没有纳妾,还入教了。④

还有许多与纳妾相关的奉教案例。比如,犯戒后的悔改。1658 年年信记载,西安有一名未婚的女教友,被强迫违逆意愿嫁给一名异教徒为妾。许多年后,病重将死,为了求得谅解,她向传道员吐露了身为女性的无奈,及犯戒后对诫命的勉力维持,她说:"你已了解这么多年以来,我的惨状,但是,你也应该知道,我是一个女人,是没有任何反抗能力的性别,完全出于被迫。尽管我总是为自己的罪过、状态深感不安,却是无力改变。然而,我尽自己所能,去履行一名教徒应尽的义务。我生活在异教徒中,那是神恩未眷顾的地方,没有神的护佑,我却一点儿也不怕,哪怕是最小的异教徒行为,我也没有做过一件。我的几个孩子,如你所知,全都受洗。每天我都祷告,无论多忙,我遇到任何困难和急需都寻求天主的帮助。尽管我知道天主听到我的声音,会很生气,但是,我也清楚,我的罪是迫不得已,如果天主想使我脱罪,还是能脱罪的。我知道天主有慈爱的心肠,这么多年以来,我请求他,我等待他,解救

---

① Manoel Dias, *Carta Annua da Vice-Província da China do Anno de 1627*, 49 - V - 6, ff. 487v - 488.
② Lazaro Catano, *Annua da Vice-Província da China 1629*, 49 - V - 8, f. 605v.
③ Francisco Furtado, *Ânua da Vice-Província da China de 1636*, BAJA, 49 - V - 11, ff. 554 - 554v.
④ João Monteiro, *Annua da Vice Província da China de 1637*, BAJA, 49 - V - 12, f. 29.

我的肉体,解救我的灵魂。现在,兄弟,我请求你,返回教堂,行行好心请求神父可怜可怜我这悲惨的罪人吧。""我不会让你失望的,我的姊妹。"传道员回答她,"神父派我来告诉你,如果想要天主赐你健康、生命,你就下定决心与这男人分居,他就会来听你告解,并为你举行其他的圣礼。刚才我已看到你的悔恨,我能确定你已改正,现在,我就速速去找神父。"神父前来为她做了临终圣事。① 再如,除了一夫多妻,一妻多夫也受到神父的反对。1613 年时,上海"某个模范教徒,或不知情,或放任于中国下等人中的恶习,娶了一个丈夫还活着的女人,得知之后,做了悔罪"。②

最后,是传教士对皇帝多妻的看法与干涉。17 世纪耶稣会年信对从万历起到康熙止的列位皇帝都有记载、评价。婚姻方面,得到传教士正面评价的是崇祯、隆武。阳玛诺在 1627 年年信中这样赞扬崇祯的婚姻状态:"他在做信王时,只有一个女人。在当皇帝之后,他仍然不打算纳其他的女人,甚至就连两个皇妃也不想要(在这个国家相当于所罗门王的 700 个妻子)③……因此,一名朝臣就说,看来我们的皇帝是想接纳天主的律法,天主教律不允许娶超过一个妻子。是否免除纳妃这件事情,以及皇室婚姻,归于礼部负责,礼部尚书坚持不懈地请皇帝纳妃,因为他是皇帝,这关系到国家体面,而纳妃在帝国当中是寻常事。最终,崇祯说道,好吧,但是,只挑教养好的,来自北直隶的,不要给操办者施压,也不要向外省寻找,以免产生不必要的花销。"④郭居静在 1629 年年信中再一次赞许了崇祯的婚姻:"崇祯皇帝本人,他每个月都在变得更好,无

---

① Gabriel de Magalhães, *Annuas das Residências Do Norte da Vice-Província da China do Anno 1658*, 49 - V - 14, ff. 258v - 259.
② Nicolao Longobardo, *Carta Annua da China 1613*, ARSI, JS113, f. 350v.
③ 根据《圣经》记载,所罗门有 700 个妻子和 300 个妃嫔。
④ Manoel Dias, *Carta Annua da Vice-Província da China do Anno de 1627*, 49 - V - 6, ff. 468 - 473v.

论是在他的为人示范方面,他做到了一个异教徒能够被期待的程度,还是在和平期的治理及战争期的管理方面,他的作为,值得我们的主赐个儿子给他的皇后。这是他的第一个妻子,即合法的妻子,在他成为皇帝之前,他们已经结婚多年,没有儿子,这种事该帝国在过去很多个世纪中是见所未见的,这归因于他的节欲及对妻子的爱,他在当皇帝之前就过着这样的生活,这点我们之前已经说过,甚至今天,他仍在克制中生活,就像没有其他的妻子。事实上他是在官员们的进劝之下,使他们终于理解了自己对原配妻子的爱和尊重,以及他从中享受到的这发自本真的幸福,这使得整个国家都热议纷纷和敬重他。"①

对于南明隆武皇帝(朱聿键),传教士则不仅仅限于对皇帝的婚姻发表议论,更是做出直接干涉。这次行动被何大化记录在1645年年信中,他先讲述了隆武帝的早年经历,特别关注到他在禁欲方面做出的表率:"1632年,继为唐王,立即遣散了老唐王从各省搜罗来的众多美女,以及珍禽异兽,他说没有比书更能愉悦自己的了。""1637年,因率兵勤王擅离南阳获罪,关在凤阳宗室监狱8年……在监狱中,他唯一的妻子曾氏割下手臂的两块肉为其炖汤治病。"②这个夫妻情深的故事为下文规劝隆武帝打下伏笔。毕方济自1623年在开封府与朱聿键结识之后,友谊一直保持,朱聿键在福州建政之后,更加珍视神父。1645年底至1646年初,毕方济面见隆武帝三次,是迄至当时,"唯一与皇帝面谈过的耶稣会士"。最后一次见面,是在隆武御驾北伐之前,毕方济告辞时,呈给皇帝一份建议,希望皇帝每天都读一读,"这份建议书的要点有:

---

① Lazaro Catano, *Annua da Vice-Província da China 1629*,49-V-8, ff. 595-595v.

② António de Gouveia, *Ânua da Vice Provincia da China nas Partes do Sul no Anno de 1645*,BAJA, 49-V-13, ff. 303-304v.

祈求天地之主赐给自己管理好国家的智慧；检视自己的行为并找出其中的过失，好好改正；皇后不离不弃地追随着皇帝，哪怕是在8年的落难生涯中，也自愿入狱陪丈夫，皇后的这份爱配得上皇帝全心的爱，皇帝不应将自己的爱再分给别人。皇帝和颜悦色听着这些建议，表示将会严格遵守。皇帝对神父的手书答词，还被刻印出来，官员文人对皇帝如此地恩宠神父惊讶不已"。① 该建议书的第三条正是规劝隆武帝只娶一个妻子，这可能是明清传教士在阻止皇帝多妻的行动上所推进到的最前沿。

总之，在传教士如何处理明清之际普遍的纳妾现象与恪守天主教诫命的关系上，年信向我们展示了一幅迥然不同的画卷，它不再只是士大夫与传教士的辩论会，而是一个个鲜活的传教士的工作场景。在这些具体的场景中，传教士要面对层出不穷的新情况、新问题，他们是如何根据使灵魂利益最大化的原则，在守戒的刚性与弹性上合理权衡，这对于我们从实践的角度了解这场东西方的文化碰撞，颇有裨益。

第三节　守"天主斋"

关于耶稣会士在华劝人改信天主的障碍，广泛存在于中国社会的持斋把素习俗常被忽视或轻视，从理论上，它只不过是从属于佛教轮回转世观的一个末节，但是在实践上，它是一个由实体行为构成的顽固的、有形的实体障碍，耶稣会年信对该障碍和破除该障碍的记叙较为突出，成为天主教与"异教"习俗激烈的交锋点之一。

---

① António de Gouveia, *Ânua da Vice Província da China nas Partes do Sul no Anno de 1645*, BAJA, 49-V-13, ff. 557v-559v.

一、耶稣会士对中国异教斋的记录与批判

　　守斋是许多宗教中普遍存在的一种修行方式,还可以是不带宗教意涵的养生方式。天主教传教士面对的是中国明清社会中复杂的守斋习俗。传教士对各类守斋的记叙以两类为多:一是广泛存在的"佛斋",传教士记此的原因是佛教乃天主教在中国的头号竞争对手;二是中国皇帝在各种情形下的持斋行为,传教士记此的原因是出于对中国最高统治者信仰状态的关注。万历、天启、崇祯的减膳守斋十分频繁,除了在祭祀天地等大典之前斋戒,还经常为某个具体事件、征兆践行斋戒。

　　1619年3月初,某日正午,红云完全遮蔽北京天空,恍若暗夜,不得不点蜡烛照明,这种黑暗一直接续到夜里,钦天监诸官纷纷上疏于万历,请其有罪改之。万历下令进行公开地悔罪,官员一律不得穿锦缎,除去身上的金、银、宝石,斋戒,民间不得宰杀猪牛等牲畜,还隆重地祭祀阵亡兵士。[①]

　　1622年,官员从山东(xam tum)发来的奏疏奏道,在那一片地区,出现了月亮被几颗巨星相伴的天象,这个现象出现在白天。据说北京也出现了一颗巨星伴月,持续几天时间,从正午至午后三点。有人上疏皇帝,应该悔罪,以告慰已降下惩罚之兆的上天。天启皇帝身先示范,斋戒几日,又令官员效仿,并令在12日内,任何官员都不得去公堂,不得审案或者判案,尤其是不能判死刑或者其他刑罚。当一场大旱该年出现在首都地区的时候,天启再次斋戒,亦令官员照做,还令百姓如果只是为了正常和普通

---

① Francisco Furtado, *Annua da China e de Cochimchina de 619*, ARSI, JS114, ff. 222 – 222v.

的用途,不得杀生。①

崇祯在每年例行的"大判决"前几日,匿居在一个最隐蔽的住处,远离通常的宴饮和游乐,也不享用奢华的服饰和皇家器皿,而是穿着粗布衣服,以示赎罪,还按习俗守斋,他向上天呼求助力、启示,请上天接受他在自己的权限内对罪愆的惩罚,而不会牵连到无辜的人。② 1635 年,李自成部攻陷凤阳,掘明皇室的祖坟。崇祯命令整个京城斋戒,而他本人,除了斋戒,还隐退在某处宫殿,只与几个主要太监交流,长达几月。③ 1638 年,西直门内安民厂火药爆炸后,崇祯认为是上天的惩罚,要求全体在京官员吃斋三日。④

传教士判断中国皇帝实践的不是"佛斋",而是敬天,指出"这天不过就是看起来的物质的天,不可能从中找到救国良方,如果他认识到天的真正主人,在窘境中请求天主帮助,他必能找到和平和安宁"。⑤

传教士对"佛斋"投以最多的关注和批判,因为从传教士传教实践角度,放弃佛教式的吃素习惯,是中国佛教徒在改宗归主过程中最大的行为障碍之一,这种行为障碍比纳妾这一障碍更普遍。常有人请求神父允许其保持"佛斋"习惯入天主教,神父就像对待请求同时保留佛像和天主像的望教者一样,坚决不允。

"天主斋"与"佛斋"在神学意义、守斋时间、斋食内容等方面都

---

① Álvaro Semedo, *Carta Annua da Missão da China do Anno de 1622*, BAJA, 49-V-7, ff. 364-365.

② João Fróes, *Annua da V. Província da China do Anno de 1633*, BAJA, 49-V-11, ff. 1-1v.

③ Manoel Dias, *Carta Annua da China de 1635*, BAJA, 49-V-11, f. 196.

④ João Monteiro, *Annua da Vice Província da China do anno de 1637*, BAJA, 49-V-12, f. 286.

⑤ Francisco Furtado, *Ânua da Vice-Província da China de 1636*, BAJA, 49-V-11, f. 522.

有区别,在通常情况下,"天主斋"是从进食量而言,在守斋期减食乃至于不食;"佛斋"是从进食的种类而言,不吃动物性食物等"腥菜"及葱韭蒜等"五荤菜"。在实操中,最便于甄别两者区别的一个标准是吃不吃肉,前者只在某些特定日子禁食热血动物,后者无论何时只吃素食。因此,让有佛教信仰残留嫌疑的望教者在领洗前吃肉,成为根据中国国情特别安排的一个表决心的测试项目。此类事例在年信中比比皆是。

据1602年年信,南京周边乡村中的第一个受洗者是一名农夫,吃斋近30年,这成为他入教的障碍,因为当地吃斋的人很多,还有许多守斋会社,对他构成环境阻力:

> 那些异教朋友、熟人,看到他为了加入天主教,先得被强迫打破这斋戒,都挖苦他、羞辱他,而在神父看来,将他从种种的错误观点中拉出来是必须的,正是因为这错误的观点,他才吃斋。神父为了确认他是真心想要入教,就让他破戒吃肉或鱼,他为此而将洗礼推迟了几个礼拜。某日,神父来到他的家里,看望他家中两个已受洗的女人,去为她们补教义课,当时她们因为生病,处在生命危险当中,在受洗前没能学习教义。他(尽管他是一个农夫,但是不失中国式的待人接物礼节)见神父回住院的路程有一点儿长,就邀请神父在自己家安顿下来,神父见这是一个使他打破斋戒的好机会,就接受了他的晚饭邀请,鱼肉等美味被端上桌招待神父,还有一些蔬菜是给主人吃的,晚饭开始,他招呼神父吃肉和鱼,他则吃蔬菜和豆,但是,神父叫他也吃肉、鱼,神父说如果主人不先吃这些鱼和肉,他自己也不吃。主人只好躲躲闪闪,找了千般理由拒吃鱼肉,他可是已经30年不知肉味了。但是,他最终在神父的强迫下投降了,手颤抖着,脸变了色,吃了口鱼和肉,他就这样打破了

自己的坚守,与一个儿子共同领受了洗礼,他的全家也都接受了入教前的教育,很快就可以受洗了。[1]

　　顺水推舟、趁热打铁、巧施妙计使佛教徒破戒,从而下定入教决心的事例有许多,往往带着得意与幽默的笔调。据1614年年信:"南京一个妻子在信教丈夫的带动下成为望道友,在受洗前,她买了肉,烹饪成看不出是肉的菜肴,邀请吃斋的女邻居来享用,她们发现被骗后,却发现所受的最大欺骗是信佛,这群女人一起受洗。丈夫也用同样的计策骗上述女邻居中的某一个的丈夫吃肉。"[2]当年,北京有一名70岁老者,自18岁起就吃斋,在几名信天主的朋友带领下,前往住院,攀谈之后,深受触动,当天下午就在基督徒的面前吃肉,翌日,又往教堂接受教义教育,后来与3个同伴同受洗。[3] 据1615年年信,杭州一名郎(Lam)姓教徒以将更多人带到教堂听讲教义为己任,某日,他将两个老相识带到了教堂,这两个人长年为佛守斋。他请神父与这两个人就斋戒展开讨论,他还广邀朋友前来旁听。结果,这两个人决定打破斋戒,为了坐实这番决心,郎某立即将他们带到自己家吃肉,翌日,又将他们送到教堂接受教义教育,不久,这两个人受洗。[4]

　　强迫他人吃肉的行为与四处找佛像打砸的行为如出一辙,都体现着天主教传播中带有一定的攻击性,如同拜佛像与破坏佛像、宗教游行、丧葬礼等场合一样,守斋也成为天主教与"异教"常发生

---

[1] Diego Anthunez, *Annua do Collegio da Madre de Deus da Companhia de Jesu de Machao e Residencias da China do anno de 602*, ARSI, JS46, ff. 321v - 322.

[2] João da Costa, *Annua da Christandade da China do Anno de 1614*, ARSI, JS113, f. 377v.

[3] João da Costa, *Annua da Christandade da China do Anno de 1614*, ARSI, JS113, ff. 374 - 376.

[4] Manoel Dias junior, *Annua da Missão da China do Anno de 1615*, ARSI, JS113, f. 412.

冲突的场景。据 1631 年年信,嘉定某个家庭,有一孙女降生,奶奶信天主教,父母是佛教徒,这个婴儿成为家庭内两个教派争夺的对象。她刚开始说话时,就能说些天主教义,父母带她去寺庙里,让她向佛跪拜,也因她的哭闹只得作罢,这些都被天主教徒视为胜利,而他们特意以具体事件说明的一次胜利是:母亲希望将女儿从小培养出吃素的习惯,但是,由于奶奶的教导而屡屡失败,某日,小童手中有一小块肉,正在吃着,母亲不舍得强迫这么小的女儿,就循循善诱地说"看哦,我在这里吃素了"。女儿佯装没听见,就去奶奶家了。伏若望认为这个小朋友的成熟反应远超她的年龄。[①]

但是,传教士面对的是一个庞杂的中国守斋习俗,守斋行为除了来自不同信仰,还被赋予了超越某个特定宗教的意义,传教士经常遇到的一个观点是,有饮食诫命是判断某一宗教是否"大教"的标准。据 1658 年年信,"那佛教徒总是回答:天主教确实是圣教,只是缺少斋戒",如果天主教允许他守斋,那么,他立即就可以入教。[②] 据 1614 年年信,南雄地区的人认为,只有大的宗教才有斋戒,没有一个宗教比佛教大,因此也就没有斋戒。所以,常有访客问住院的神父:你们有斋戒吗?神父就顺着该思路(也是顺应教友们请神父多宣传"天主斋"的要求),开始宣扬天主教的斋戒,比如,在四旬斋期间、在天主教圣日的前夜等时间要守斋,为此还印制了标明圣日的宗教日历。"在一开始,我们不过多地解释教会中为何要遵守这条诫命,只是告诉他们天主教要守斋的好处,比如悔罪、磨炼、洁净灵魂以迎圣日等等。"就连异教徒也开始认可天主教的斋戒,"他们甚至为天主教式斋戒的严苛而惊讶,因为只能在规

[①] João Fróes, *Annua da V. Província da China do anno de 1631*, BAJA, 49-V-10, ff. 62v-63.

[②] Gabriel de Magalhães, *Annuas das Residências Do Norte da Vice-Província da China do Anno 1658*, 49-V-14, f. 244v.

定的时间内吃一顿,而中国式吃斋,想何时吃就何时吃,想吃多少就吃多少。尽管许多中国教徒还不能完全做到天主教的斋戒,但是,他们很乐于向异教徒们展示标注了斋戒期的宗教日历,他们还喜欢援引住院中严格遵循斋戒之例"。① 传教士对中国人的守斋热情因势利导,他们要做的就是将斋戒里的佛学意涵替换为天主教的神学意涵。

二、与佛教争夺守斋的神学意涵

尽管传教士逼迫望教者吃肉后才付洗,但不反对天主教徒以长期吃素的方式履行天主教的守斋义务。传教士反对的只是吃素中的异教意涵,并不反对吃素本身,若内中替换以天主教意涵,则更好了。所以,经常可见传教士在吃素上对教徒和异教徒执行两套标准。1631年,西安有个教徒,祈求天主帮他达成某个愿望,为此,他向天主许愿,在3年内不吃肉、鱼、酒,只吃蔬菜、稻米。这是"佛斋"式的吃素行为,但体现的是天主教的虔诚,伏若望评论"因为这个教友的愿望是合情合理的,可以期待天主会成全它"。② 1639年,兴化有个不满20岁的教徒,在四旬斋期,进行了一次严格的守斋尝试。他只喝一丁点儿米粥。他发现这样坚持下去太艰难了,就增加了茶。在斋期结束前,神父发现他消瘦得太厉害了,询问他的守斋方式,建议他增加些蔬菜、鱼,这是教会里通用的守斋方式。他却眼含泪水对神父说:耶稣为了我们可以40个日夜不吃不喝,我怎么敢吃呢? 神父见他态度坚决,也

---

① João da Costa, *Annua da Christandade da China do Anno de 1614*, ARSI, JS113, f. 388.

② João Fróes, *Annua da V. Província da China do anno de 1631*, BAJA, 49-V-10, f. 52.

就由他去了。① 1640年四旬斋期,福州有部分严格的教徒,也不吃鱼、乳制品,只吃米饭、蔬菜。② 1645年,福州许多教徒在整个四旬斋期间,"所食不过稻米和'草'"。何大化认为这体现的是当地教徒的奉教热忱。③ 此类事例很多,从表面看,与守"佛斋"没有两样,但在背后守斋者已完成信仰换轨,一样的表象下是不一样的宗教意涵。

"天主斋"的神学意涵来自《圣经》:耶稣于开始传教前在旷野守斋祈祷40昼夜④,摩西也在西奈山上有40天守斋经历⑤,厄里亚在到曷勒布山途中也曾守斋40天⑥。基督徒通过模仿以对这种痛苦感同身受,来向基督为人类做出的牺牲敬礼,并为克己苦身作补赎。

"佛斋"的神学意涵指向的是佛教的轮回转世论,"虔心守斋的人不该杀生,因为他不知道自己杀的、吃的是什么人的灵魂,有可能是陌生人的,也有可能是亲人的,因为人的灵魂会转世进这些活物中"。⑦ "有些人认为通过吃素这种方式可以达到消解罪孽的目的,有些人希望通过这种方式投胎到富贵人家,他们都认为杀生是很大的罪,这些观点与异教哲学家的谬论,比如毕达哥拉斯的灵魂转世论,混在一起,他们认为坏人会转世成虎、狗、狼,好人会转世

---

① João Monteiro, *Annua da Vice Província da China do anno de 1639*, ARSI, JS121, f. 301.
② Gabriel de Magalhães, *Annua da Vice Província da China do Ano de 1640*, ARSI, JS116a, f. 179v.
③ António de Gouveia, *Ânua da Vice Provincia da China nas Partes do Sul no Anno de 1645*, BAJA, 49-V-13, ff. 305-305v.
④ 《新约·玛窦福音》4:2;《新约·马尔谷福音》1:12—13;《新约·路加福音》4:1—4。
⑤ 《旧约·出谷纪》34:28。
⑥ 《旧约·列王纪上》19:8。
⑦ Gabriel de Magalhães, *Annuas das Residências Do Norte da Vice-Província da China do Anno 1658*, 49-V-14, f. 244v.

成牛、马等温顺的动物。"①据 1633 年年信,距建昌 3 日行程某县,某武官的母亲吃斋多年,还戴儒帽,因为她想来世托生男身。② 据 1637 年年信,建昌有个拜"魔鬼"的女性团体,每年聚若干次,聚在一起抱怨各自丈夫,进行崇拜魔鬼仪式,遵守一种极严格的斋戒,除了不吃肉、鱼,就连活物所生的也不吃,她们每次都准时参加团体的聚会,严守斋戒,幻想在来生能因此得到奖赏。③"毕达哥拉斯式的灵魂转世说",是传教士与佛教徒辩论的重要议题之一,批判"佛斋"的着力点正在于此。

为区分天主教徒和佛教徒在斋素教义方面的不同,利玛窦通过撰述《天主实义》(1603)、《斋旨》和《畸人十篇》(1608)等中文书稿来进行解释。《斋旨》没有著作年月,是《天主实义》第五篇论斋素一段的修正稿,也是《畸人十篇》中第六篇的初稿,成稿时间当在《天主实义》之后,《畸人十篇》之前。④

《天主实义》中第五章"辩排轮回六道、戒杀生之谬说,而揭斋素正志",利玛窦主要是利用佛教斋素戒杀理论和佛教六道轮回理论之间的矛盾以及天主教教义理论来证明佛教轮回六道、戒杀生之谬误,进而重点阐述了天主教斋素的宗旨在于正志。利玛窦在《畸人十篇》中阐述"斋素之旨非由戒杀",天主教主张淡饮薄食,是出于对天主的感恩,赎罪的需要和对自我的约束,并非是因为佛教所说的不能杀生,指出佛教理论中戒杀之说的种种不合情理之处。

庞迪我在其所著《七克》第五卷中,也谈到了佛斋,指出佛徒不

---

① Diego Anthunez, *Annua do Collegio da Madre de Deus da Companhia de Jesu de Machao e Residencias da China do anno de 602*, ARSI, JS46, ff. 321v – 322.

② João Fróes, *Annua da Vice Provincia da China do Anno de 1632*, BAJA, 49 – V – 10, ff. 117v – 20v.

③ João Monteiro, *Annua da Vice Província da China de 1637*, BAJA, 49 – V – 12, f. 42.

④ 利玛窦著:《斋旨》,收[比]钟鸣旦等编:《徐家汇藏书楼明清天主教文献》(第 1 册),台北:方济出版社,1996 年,第 1—8 页。

杀生是虚伪假慈而已：

> 或问于余曰……佛教入我国之后不然,皆劝食斋素,不茹荤。其志意,则戒杀生也。盖曰前后万世之人与诸畜生,转输变化,前世为鸟兽者,今世或为人也。今世为人者,后世未必不为鸟兽也。因信此说,谓杀鸟兽者其阴祸无殊杀人,故戒杀鸟兽无殊戒杀人。其说正耶？
>
> 余曰……夫鸟兽疑为人类转生,爱不忍杀,斯因矜爱人,故矜爱鸟兽也,则其矜爱人,必倍至矣。今不忍杀生者,皆然乎？甚不然也。怜恤鸟兽,酷虐人民,遇捕获生物,捐赀赎之,收养之,放释之,至小民之困苦饥寒者,行乞者,曾不反顾,迹之甚远,乞之甚悲,恬然漠然,莫捐半菽也。[①]

除了纸面上的隔空论战,传教士也经常与佛教徒和儒士面对面地辩难,1659—1660年日本年信作者利玛弟(Mathias de Maya, 1616—1670)在介绍广东的情况时说："辩论对于使异教徒信服和使他们改宗也很有帮助,这些辩论不定日期地在其他地方进行,针锋相对于他们的谬误。"利玛弟将焦点论题归结为三:斋素与转世的关系、礼拜佛像、尊孔。对第一条论题,利玛弟是这样批驳的：

> 关于人的灵魂在此世之后会转世成各种动物。对此他们最为遵守的一条规定是迷信的斋戒,即不吃肉、不吃鱼、不吃其他有生命的,对于其他食物,则想吃多少就吃多少。他们很嘲笑我们的斋戒,只吃一顿,在斋戒日照样吃鱼。对此,神父多次说服他们,采用类照和对照的方式明确地指出了他们的错误,这些错误是他们没有洞悉和理解哲理的证明。关于斋戒,神父告诉他们,如果最完美的可归结为不吃肉、不吃鱼,还

[①] 叶农整理:《耶稣会士庞迪我著述集》,广州:广东人民出版社,2019年,第105—106页。

有一些日子是从早到晚吃牛和马的,为了一个完美的斋,为什么不吃草呢?至于灵魂转世,就用他们的道理来说服他们。他们说所有的动物都是由过世的人的灵魂形成的,为什么这是错误的呢,非常明显,活物的数目比人多得多,如鱼,如果一个躯体里驻扎着一个人类的灵魂,是怎么分生出这么多灵魂的,哪有这么多的人的灵魂进入动物体内。①

此外,天主教徒和传教士会收集一些佛教素斋者的丑行,以批判其虚伪。1658年,某个固执地吃佛斋者进妓院时,被某天主教教徒看见,还邀天主教徒同去。天主教徒当场批评:"你这么严格地守斋,其实,你并没有真正地守斋,意思是说,你不吃肉,却这么放纵自己的肉欲!真正的守斋者是严格地按照理性的清规戒律生活。若有人看见你吃肉,他不会惊讶。当越来越多的人看见你吃肉,他们会说,你纠正了错误,与以前的生活方式告别。但是,如果有人看见你进了这样一个卖肉场所,就像我撞见的一样,他们才会吃惊,就像我现在很吃惊一样。"②

总之,素斋是天主教与中国"异教"斗争的焦点话题之一,天主教人士通过著书立说、现场辩论、日常纠举等形式多方位揭批佛教素斋与转世论的荒谬,传教士重在驳斥素斋背后的神学意涵,对已归信的天主教徒的守斋形式,则有相当的弹性和宽容度,体现出重内涵而不重形式的特点,这与"佛斋"严禁荤腥,是形式上的最显著区别之一。以下将论述明清天主教徒对守"天主斋"的多样性实践。

---

① Mathias de Maya, *Annua da Província de Japão dos Annos de 1659 e 1660*, BAJA, 49-V-14, ff. 735v-736.
② Gabriel de Magalhães, *Annuas das Residências Do Norte da Vice-Província da China do Anno 1658*, 49-V-14, f. 244v.

三、中国天主徒的守斋

天主教的守斋分为大斋和小斋,常年中只有两天守大斋,即四旬斋的首日"圣灰礼仪日"及复活节前的圣周五"耶稣受难日",守大斋时,一天只吃一顿饱饭。常年中每个星期五当守小斋,以纪念耶稣于星期五为人受难而死,小斋禁食热血动物的肉和肉汤,如猪、牛、羊、鸡、鸭等,但不禁食冷血动物的肉,如水族的鱼、虾、蟹等,鸡蛋和奶制品亦不禁食。可见,"天主斋"与特定日期相关联,与佛教持续性地守斋不同,天主教是间歇性的守斋,需要时刻表以提醒。中国的农历没有"星期"的概念,天主教徒完成守斋,必须依靠教会礼仪日历,即"瞻礼单"。

最先在中国推行"瞻礼单"者是利玛窦,1603年利玛窦在韶州附近的靖村传教,为保证教徒在神父离开后维持宗教活动而推出[①],之后,金尼阁刊行《推历年瞻礼法》(1625),柏应理又编撰了《天主圣教永瞻礼单》。柏应理版瞻礼单的进步之处在于解释了瞻礼单的使用以及节日、守斋日的推算方法,便于教徒掌握教会礼仪年的基本规律及特征,内中对守斋的解释甚详:

> 耶稣复活,复活前二日是耶稣受难,此二日大斋,受难前一日,是建立圣体大礼,前主日是圣枝礼仪,圣枝前四十日是圣灰礼仪,即四十日大斋首日,至复活瞻礼开斋。复活后第四十日是耶稣升天,升天后十日是圣神降临。复活后一二日,即降临后一二日,俱副瞻礼。降临后主日是天主圣三,圣三后四日是耶稣圣体。若四季大斋,春季在圣灰后七日,即瞻礼四六七日,夏季在圣神降临后,瞻礼四六七日,秋季在圣架之荣后,

---

[①] [意]利玛窦著,刘俊余、王玉川译:《利玛窦全集》(2),第389—390页。

瞻礼四六七日,冬季在圣女路济亚后,瞻礼四六七日。其瞻礼日该前一日守大斋者,另有号记。斋日若遇主日,则移前一日。其主日,当依时宪历载二十八宿内,房虚昴星四曜日是也。主日前二日,皆持小斋。凡瞻礼斋期有号记者,确宜遵守,知此,则每年瞻礼单,可以推算矣。①

瞻礼单为中国天主教徒奉行敬虔仪式制定了可供遵循的时间轨道,成为宗教生活的必备品。据 1637 年年信,瞻礼单每年年初通常由传道员分派到教友的手中。② 1703 年,卫方济在崇明岛传教,要求信教家庭"在家中张贴一份瞻礼单,上面标明应集合的日子,即主日和大瞻礼日,以及应守大小斋的日子"。③

因瞻礼单涉及守斋,所以中国乡村信徒把信仰天主教以及守斋称之为"吃天主斋",瞻礼单由此演绎为"斋单"。④ 对瞻礼单上规定的斋期,教徒认为"斋为克己苦修之一端,能赎罪,能去邪,故瞻礼单斋期,不可不守"。⑤ 瞻礼单在教徒信仰生活中扮演重要角色的事例,则如 1625 年,"在嘉定的孙元化的母亲向自己的忏悔神父要了一张表单,罗列出圣人瞻礼日,她家里的人——孙子、媳妇、仆人、女童——名字与圣人的一样,就要在自己的那日庆祝,比如,更多祷告、以天主教的方式在前夜斋戒(对中国人这非常难),还有

---

① [比]柏应理:《天主圣教永瞻礼单》,收[比]钟鸣旦、[荷]杜鼎克、[法]蒙曦编:《法国国家图书馆明清天主教文献》(第 20 册),第 575 页。
② João Monteiro, *Annua da Vice Província da China do anno de 1637*, BAJA, 49-V-12, f. 304.
③ [法]费赖之著,梅乘骐、梅乘骏译:《明清间在华耶稣会士列传 1552—1773》,1997 年,第 714 页。
④ 天主教民刘振宇供单(乾隆四十九年八月十四日),收中国第一历史档案馆编:《清中前期西洋天主教在华活动档案史料》(第 1 册),北京:中华书局,2003 年,第 349 页。
⑤ 本一居士:《进善录》,收[比]钟鸣旦、[荷]杜鼎克、[法]蒙曦编:《法国国家图书馆明清天主教文献》(第 25 册),第 83 页。

一些人则恪守清规"。① 1629年,"杭州一名老资格的教友,连续多年在教堂里的表现不好,他见到了一张清单,今年有哪些圣日和礼拜天需要斋戒,都列在了上面,看起来这份清单是花了特别的精力和心思制成的,他的内心受到触动,迁罪于自己,以神父在他身上倾注大量心思,本是为了他好,他却无动于衷。在我们的主前,他带着特别的宗教热忱,提出从今往后的三整年内,他全斋戒,以弥补截至当时他作为教徒该斋戒而未斋戒的日子,在做了一番总忏悔后,他就按照他的发愿做了"。②

年信中有许多中国教徒守"天主斋"情况的记录。1602年四旬斋、基督降临节,澳门读书修士在食堂中进行公开的鞭笞,直接吃地上的东西,吻神父和修士们的脚,乞求施舍,以及虔诚能使人"发明"出的其他一些苦修活动。③ 1609年四旬斋,南昌男女教徒整个封斋期都奉行斋戒,完全禁食;一些体弱的教徒则按照中国持斋方式度过,即不吃肉、不饮酒、只吃素;连吃素的身体条件都达不到的,就行"语言斋戒",不讲坏话、谎话,也不窃窃私语。④ 1631年,西安某不满16岁的教徒,因年龄小,不经常去教堂,也不知在四旬斋要斋戒,他得知后,开始了为期百日的斋戒,而且更严格,他要将之前的补上。⑤ 1634年,福州某教徒在斋戒日不小心吃了一个肉包子,为悔罪一年不吃肉,他还做了一个铁锥子来管制自己的欲望,很多次将自己扎出血来。⑥ 1637年圣周中,福州教友严守大

---

① Manoel Dias, *Annua da V. Província da China do Anno de 1625*, BAJA, 49 - V - 6, f. 230v.
② Lazaro Catano, *Annua da Vice-Província da China 1629*, 49 - V - 8, f. 599v.
③ Diego Anthunez, *Annua do Collegio da Madre de Deus da Companhia de Jesu de Machao e Residencias da China do anno de 602*, ARSI, JS46, f. 318v.
④ Nicolao Longobardo, *Annua da China do Anno 1609*, ARSI, JS113, f. 114v.
⑤ João Fróes, *Annua da V. Província da China do anno de 1631*, BAJA, 49 - V - 10, ff. 12 - 15.
⑥ João Fróes, *Annua da Missão da China de 1634*, BAJA, 49 - V - 10, f. 472.

斋,其中,近100人仅靠馒头和水度过圣周。① 1645年,泉州某酿酒为生的女人,在酿酒过程中的蒸馏环节,酒不沸腾,她领悟到是因为自己在四旬斋期间未守斋,于是,在四旬斋剩下的日子中守斋,酒就开始沸腾。②

著名教徒守斋事例亦有记载。1618年圣周中,杨廷筠不得不出席某宴飨,正在封斋期中的他拿不定主意,就去请教神父,神父们对他说,为了不使我们的圣教显得面目可憎,好似剥夺了友谊中的礼节、交际、规矩,去赴宴吧,但使庄重、谦逊外形于色,他照办了,在宴上的举止十分惹人注目。③李之藻自入教后就养成了一个习惯:逢周五、周六不吃肉。不仅在自己家奉行,就连在交游的宴饮上也保持着这条戒律,有些官员就取笑他,这种只在某些日子吃素的习惯,与中国人的方式不一样。李之藻指出佛教徒的吃素才是应该被取笑的,他列举出充分理由,让取笑者无言以对。④

以上事例可见,中国教徒守"天主斋",形式灵活,有许多创造性发挥,神父也不规定刻板形式,根据实际情况做出变通,注重内涵。中国天主徒对斋戒这一修行手段的利用,也突破了其纪念耶稣受难的最初意义,将守斋用于为某一具体事件赎罪、祈求、表达重视等,也是个人苦修的重要手段。

以斋戒来赎罪的事例则如,1613年,南京一个老者吃佛斋已30多年,受触动而与全家弃佛归耶,烧毁佛像、佛书,他打算再为天主

---

① João Monteiro, *Annua da Vice Província da China de 1637*, BAJA, 49-V-12, ff. 51-51v.
② António de Gouveia, *Ânua da Vice Provincia da China nas Partes do Sul no Anno de 1645*, BAJA, 49-V-13, ff. 309-311v.
③ Manoel Dias junior, *Carta Annua da Missam da China do Anno de 1618*, BAJA, 49-V-5, ff. 244-247v.
④ Manoel Dias junior, *Annua da Missão da China do Anno de 1615*, ARSI, JS113, ff. 409v-410.

持斋30年，以弥补过去的罪。① 以斋戒来祈求的事例则如，著名教徒张焘希望圣母能向自己"显现"，连续几日斋戒、祷告。② 以斋戒来表达重视某项圣事的事例则如，福建某府教友还自行规定在告解前三日奉行斋戒。③ 王徵在向神父告解之前，也要预先斋戒三日。④ 以斋戒为苦修手段的事例则如，在耶稣受难瞻礼日、耶稣升天节，福建教徒有三项苦修活动：斋戒、鞭笞、系上苦修腰带。⑤ 徐光启的孙女许甘第大即是苦修的认真践行者，她最常使用的两个苦修项目是斋戒、鞭笞。⑥ 中国天主徒对斋戒这一手段的运用及赋予的意义远比以上所例举的丰富，以上只是较集中出现的几种情形。

总之，耶稣会士面对的是一个复杂的中国社会的斋素习俗：它广泛存在于各阶层中，信仰来源多元，作为某些人的长年生活习惯而顽固难清除，又与"天主斋"在外观上颇为相似。

耶稣会士准确地抓住"佛斋"背后的神学意涵进行定点攻击和清除，在保留斋戒行为"外壳"的情况下，替换以天主教的神学意涵，从而将中国人对宗教中饮食诫命的推崇和热情引向天主教信仰，此番操作体现了耶稣会士传教技巧达到理论与实操的完美配合。同时，耶稣会士能从具体实际出发，管理中国天主徒的守斋义务，体现了该时期天主教的人性化取向和耶稣会的调适策略。

中国天主徒在守"天主斋"中创新形式和用途，体现了他们作为传播学意义上的受者，也有发挥主动性的一面。

---

① Nicolao Longobardo, *Carta Annua da China 1613*, ARSI, JS113, ff. 345 – 348.
② Francisco Furtado, *Annua da China do Anno de 1620*, ARSI, JS114, ff. 247v – 255v.
③ João Fróes, *Annua da Missão da China de 1634*, BAJA, 49 – V – 10, f. 473v.
④ Álvaro Semedo, *Carta Annua da Missão da China do Anno de 1622*, BAJA, 49 – V – 7, f. 367v.
⑤ João Fróes, *Annua da Missão da China de 1634*, BAJA, 49 – V – 10, f. 472v.
⑥ António de Gouveia, *Cartas Ânuas da China*（1636，1643 a 1649），edição, introdução e notas de Horácio Peixoto de Araújo, pp. 131 – 132.

中编小结

对于希望从年信中找出耶稣会内讧等秘史的读者来说,读完本章恐怕会失望的。年信是一种供公开传阅的读物,耶稣会严格的审查制度早就将不利于教会形象的内容剔除干净。但是这不意味着年信只是一份无甚价值的宣传品。相反,年信为我们展示出一幅恢宏的明清之际天主教传华事业的图景。

在这幅鸿篇巨制中,有密集的人物:既有大名鼎鼎的历史人物,在中西文献中都有浓墨重彩的一笔;更多的是在中文文献中缺失的人物,或是部分缺失,不载教徒身份,但是,通过中西文文献的勘对,可以确定教徒身份,或是完全无名,但是,在西文文献中留下活动痕迹。后者在年信中占据多数篇幅。中国的士大夫阶层不为蚕妇村氓作传,以中文书写的传教史,也是由有社会地位的教徒串联起来的,但是,年信的底层视角为我们展示了迥然不同的一部传教史,并进一步牵引我们对耶稣会的上层传教路线等看似有定论的问题重新思考。

如同人物刻画一样,在本编论述的传教士的活动、传教工作中发生的物质交流等方面,年信除了提供新史实外,还展现了不同于中文传教史的书写范式,其中,底层视角、受者中心视角、微观视角、实践视角等,在年信中较为显著。总体而言,年信中折射出的明清天主教史，更全面、更均衡、更具象，但是带有强烈宣教色彩。

本编还利用年信对明清传教士大量增补了新史实，比如，对成大用、曾陈易、侯拱宸等教徒身份的挖掘，对匾额这个此前未被关注的物品在传教士社会交往中重要性的阐释等。

总之，年信在内容、框架两方面书写了一部独立的明清传教史。

| 下编 |

17世纪耶稣会中国年信与明清史

下编引言

耶稣会年信中有丰富的明清史史料。来源有二：第一，耶稣会总部规定每年的年信中必须汇报传教区该年度的时局大事，因此，"世俗状况"成为年信中的固定"栏目"，而且往往作为开篇；第二，在传教士的传教活动中，在教徒的奉教事例中，对明清社会的描写作为背景而存在。

年信中的此类记载，主题包罗万象，本编选择的几个主题是在年信中集中度较高的。明清易代史是年信中规模最大的一个报道主题，篇幅最大、时间跨度最大、报道频率最高，因此，单列一章。

民俗事象在年信中呈弥漫状存在，常见但是零碎，本编从传教士的视角，按照民俗中包含的异教信仰色彩浓淡做了分类，因为正是这些异教成分引起了传教士的注意；科技贡献是传教士研究的一个传统方向，是个避不开的话题，本编综合利用年信和另一份重要史料《熊三拔日记》，复原了《泰西水法》的成书过程，以此为例说明年信对科技史研究的价值；在关于语言接触史一节，对年信中由语言接触而产生的词汇做了完全收集，将年信中全部汉字的罗马字注音对译回了汉字，相当于编纂了一部小型的汉葡字典；本编选择的最后一个主题是年信对明清司法史研究的意义，这是一个在年信中较常见但基本上未得到研究的问题。

以上主题只是列举式的，以之说明年信对明清史研究的意义。年信中可补益于明清史研究的内容远不止此，比如，耶稣会士对佛教、道教、伊斯兰教等"异教"的观察和理解，也是年信中的一个显性话题。至于年信对某一个具体史实的记载、佐证等更是数不胜数。总之，年信建构的明清史叙述，像一幅画，既可整体观赏，又可细部揣摩。

第八章　年信中的明清鼎革：内容、特征与应用讨论

　　明清鼎革是 17 世纪耶稣会中国年信中最大的事件报道，无论是就篇幅而言，还是从时间跨度来看。本文将明清鼎革的起始年定为万历四十六年（1618），努尔哈赤在兴京告天誓师，起兵反明，将康熙元年（永历十六年，1662）定为明清鼎革的完成年，清廷以擒获永历帝诏告天下，宣布"疆围从此奠安，间阎获宁干止"。[1][2] 在这几近半世纪的中国年信中，几乎每一份都有相关报道，涉及战役、事变、农民暴动、辽策、人物、战时社会见闻及传教士自身带有时评性质的评述等，构成对明亡清兴这一复杂历史过程的多题材、多角度、兼具时效性与连续性、有述有议的大型系列报道。仅年信中的这些报道就足够写一部耶稣会士眼中的明清易代史，成为与以中文书写的这段历史的有呼应、有互补、有区别的"平行叙事"。年信更可与其他西文文献共同将明清易代史的书写推进至全球史

---

[1]　《圣祖仁皇帝实录》卷之六，康熙元年三月十二日，《清实录》（第 4 册），第 2713 页。
[2]　关于明清战争起止时间，有观点认为起于 1616 年（明万历四十四年、后金天命元年）后金建立，也有认为起自 1618 年后金与明朝在抚顺首次交锋，结束时间有 1662 年永历帝被擒、1683 年明郑政权覆灭等观点。本文根据年信对明清战争报道的集中度，确定以上起止时间。

的视域，以全球史的方法考察发生在东亚的这场政局巨震是怎样久久回荡在东西方。

本文旨在向明清史研究者"推荐"年信作为史料，并非以年信为史料所做的明清鼎革研究，所以，本文首先介绍在华耶稣会士是怎样报道明清鼎革的，他们为何这样报道，继而在与中文文献及其他西文文献的比较中，凸显年信中对明清鼎革的报道都有哪些特点，最后讨论如何应用年信进行明清史的研究。

为使叙述连贯、简洁，并更完整地、原汁原味地展示年信是如何讲述明清鼎革的，本文将论述过程中提及的典型的或重要的年信相关章节译出，以附件的形式附在本文之后，而非在正文中穿插只言片语的译文，以便于学界直接利用。

第一节 事实类内容

年信中对明清鼎革的报道可分为事实类与观点类。事实类又可分为动态类和背景知识类。常规性的动态类报道有：1. 当年较重要的战役。比如1618年抚顺、清河堡之战；1619年，明军萨尔浒大败后，又失陷开原、铁岭；1620年，后金军兵锋抵沈阳；1621年，努尔哈赤攻占辽阳、沈阳，迁都辽阳等。这些在当年的年信中都有报道。[①] 将每年的这些重要战役的报道串起来，就是一部展现清军是如何一步步入主中原的编年史。

2. 叛乱/暴动。比如，1622年年信记载了徐鸿儒领导的闻香教反明起义、安邦彦与奢崇明的叛乱、秦良玉在重庆平定樊龙兵乱等3件事。当然，李自成、张献忠是该报道主题中最常见的面孔。

[①] 关于战役报道实例，请参本书《对年信作为史料的可信度评价》一节。

传教士在报道这连绵不绝的动乱时,是将之作为"内乱"与辽事这一"外患"并列处理的,并未探究二者间的关联,尽管我们今日将农民起义视为促成明清鼎革的重要力量。

3. 重要事变。1632 年年信讲述了发生于 1631 年的"吴桥兵变"①,孔有德等率部 1 万多人向清军投降,同时带走了大量的红夷大炮等火器和有关技术人员,使清军攻击力大为改观,明清火器实力对比从此逆转,可见该事变的重要。事变主角孙元化是天主教徒,教内是怎样报道该事件的,态度如何,对于明清战争史和明清天主教史皆有意义。1644 年"甲申之变"是明清战争的关键时刻,"《1644 年耶稣会中国副省南部年信》记录了从李自成攻陷北京、崇祯自缢,到吴三桂引清军入关及南明政权的兴亡等一系列重大事件。该年信对某些中国史籍模糊的记载提供了新说法,如李自成的称号和朱慈烺的下落等,丰富了中文史料的细节。

4. 战时社会见闻。1618 年"抚清之战"的消息传到北京后,"城门、宫门设新警卫,日出开门,日落关门;因尘土重,彼地习俗遮面而行,谕令所有人至少在出入城门时露出面部,以便边防官兵查验路人身份""谕令辽东省该年的科考(1619 年己未科)当试之人莫来应试,允诺在之后的考试中弥补今次之失"。② 1619 年萨尔浒之战后,京师紧张气氛加剧:大批人离开北京,返回故土;全城加

---

① 关于"吴桥兵变"原文译文,请参本节附录一。黄一农、董少新在研究"吴桥兵变"时,就利用了何大化的《远方亚洲》(*Ásia Extrema*),来华通官故未略(Simão Coelho)所撰《统领公沙·的西劳率队入京大事记》(*Couzas principaes que no discurso desta jornada aconecerá o entre a gente que nella vay, e o Capitã o Gonsalo Texeira Correa*)等西文史料,参董少新、黄一农:《崇祯年间招募葡兵新考》,《历史研究》2009 年第 5 期,第 65—86 页。此外,对"吴桥兵变"较有影响力的研究还有黄一农《吴桥兵变:明清鼎革的一条重要导火线》,《清华学报》2012 年新 42 卷第 1 期,第 79—133 页;黄一农《崇祯朝"吴桥兵变"重要文献析探》,《汉学研究》第 22 卷第 2 期,第 361—385 页。

② Manoel Dias junior, *Carta Annua da Missam da China do Anno de 1618*, BAJA, 49-V-5, f. 238.

强戒备,风传"鞑子兵"只需 3 日即可进京,城门大量增派值守士兵,只在见太阳时开启城门。①

1652年,曾德昭神父、费藏裕修士分别走了一趟京广路线,将战后沿途的景象与升平时期进行了对比,算是一篇战后"风貌通讯":

> 我们"(耶稣)连队"的曾德昭神父在中国超过 20 年,几乎行遍了全中国,他确认从广州府到北京朝廷的路,除去几里格的山路,都可以走水路,通常需要近 6 个月。在府县村的边界与边界之间人口稠密,一大片一大片的房屋相连,不像郊区,这种景象使人很快相信该国之大、人口之庶,有人认为这里就是北京,全中国的第一首都。人们各安其事,各安其职,读书人专心于考试,官员们专心于讼案,商人们专心于货殖,耕夫、工匠专心于技艺的精湛,在该王国,有工艺精巧绝伦的作品。在村连村的河岸边就可谋生,做生意的小船在河面上来来往往,向旅人售卖水果、鱼、肉和各种必需品。旅人们可以在一处吃午餐,而午后点心、晚餐和夜宵在另一处解决,只要愿意,可以在任何时候上岸去吃东西。今天,神父说走这条路要口袋里装上大米和补给品,因为从广东到北京全程都杳无人迹(神父说这件事时情难自禁,泣不成声)。费藏裕修士也确认了同样的事实,就在今年,(16)52 年,在他抵达澳门城才几个月时,天主就将他带到了荣耀中,他走过这条路,不仅是见证者,而且还是切身的体验者,他忍受了必需品的缺乏和劳顿才抵达了这座城市(澳门)。②

---

① Francisco Furtado, *Annua da China e de Cochimchina de 619*, ARSI, JS114, ff. 220 - 222v.
② Pedro Canevari, *Carta Annua da China a 1651*, BAJA, 49 - IV - 61, ff. 78 - 81.

传教士还喜欢记录战时物价等带有社会调查性质的内容,比如 1648 年,随着南明义军反攻福建,福州城内一石米卖 15 两银子。① 1649 年,"征南大将军"谭泰在江西南昌府进行的一次大规模屠城(史称"南昌之屠"),据何大化记载"一石米卖到了 80 两银子。清兵入城后见活人即斩杀"。② 1656 年,漳州城内物价,稻米 200 两银子一担,马肉 5 两银子,人肉 2 两银子。③ 此类数据聚合起来,可资专项研究。

与明清鼎革有关的社会见闻,报道持续时间最长,在 17 世纪后半叶的年信中还不时有此类消息,这与战争创伤需要时间弥合、满汉之间需要时间融合有关。本节附录二从 1658 年年信中节选四段京中社会见闻,分别是"'逃人'造成严峻社会问题""疫病只传满人""满族妇女中的一桩丑闻"和"汉人今不如昔",从作者安文思的选材可以看出某些传教士尚未完全接受改朝换代。

5. 人物报道。年信中记载了与传教士关系接近的明清战争参与者,以徐光启、孙元化、庞天寿、瞿式耜等奉教官员及叶向高等友教官员为主;万历、泰昌、天启、崇祯、弘光、隆武、永历等历任皇帝面对外族挑战的反应与应对也被年信记录下来,根据转述邸报、知情人士口述、坊间传闻等信息。南明时期,传教士与皇帝直接接触,尤其是隆武朝、永历朝,留下许多直接交往记录,另汤若望与顺治有直接交往,安文思、利类斯与张献忠有直接交往,所以,年信中对一度并立的各政权的最高领导人都有描述;此外,澳门葡兵、黑人士兵,郑氏家族等因其宗教背景,在年信中亦有记载。需要说明

---

① António de Gouveia, *Cartas Ânuas da China*(*1636,1643 a 1649*), edição, introdução e notas de Horácio Peixoto de Araújo, p. 399.
② António de Gouveia, *Cartas Ânuas da China*(*1636,1643 a 1649*), edição, introdução e notas de Horácio Peixoto de Araújo, pp. 427 – 428.
③ André Ferram, *Annua da Vice-Província da China de 1656*, BAJA, 49-Ⅴ-14, f. 82.

的是，年信记载这些人物，目的不在于塑造某一些人物，也不是以纪传体的形式存在，年信作者还是采取了纪事体，本文为了归纳和说明年信的相关内容，将之作为人物报道。

在动态类信息报道中，年信的选材遵循重要性原则与临近性原则。所谓"重要性"是指当年的世俗消息中最具备新闻价值的。世俗消息是年信的"固定栏目"，每年必有，重要消息是不得不报道的。所谓"临近性"，包括关系上的临近和利益上的临近。前者是指奉教、友教官员们的活动，比如，1621年年信详述了徐光启的通州练兵，这件事在明帝国庞大的备战工程中，并不特别重要，也非关键步骤，只因为它的主角是徐光启，就进入了传教士的报道视野。后者是指与传教事业的利益息息相关，比如赴澳门购炮和搬葡兵被1620年、1621年等年度的年信详细记录，因为传教士与官员朋友们筹划，以军事顾问的身份使"南京教案"中被驱逐的神父合法回归京中。

事实类信息中的背景知识类信息，主要是为理解动态类信息服务。比如，为了解释努尔哈赤为何突然起兵反明，1618年年信作者阳玛诺首先讲解明朝对女真各部的统治手段：一面以羁縻政策笼络其首领，封官晋爵赏赐财物；一面分化女真各部，使其互相对立，以便分而治之。指出"中国人这种拉偏架求平衡的策略，为目下遭受的战争埋下了远因"。[①] 年信中最大的一宗背景知识类信息是对满洲人的介绍，多份年信以民族志的笔法对该民族的相貌、服饰、饮食、信仰、生产、治理及风俗习惯等方面进行深描，是研究满洲民族史的重要资料。广义满洲民族史的时间跨度更大，涉及人类学方面的知识，而明清易代史时间跨度相对小，更倾向于政

[①] Manoel Dias junior, *Carta Annua da Missam da China do Anno de 1618*, BAJA, 49-V-5, f. 236.

治、军事等方面，二者不同，但在很大程度上重合且互为表里，所以，应该一体研究。本节附录三从1646年、1651年年信中节选传教士描述满洲人的相关段落以展示之，作者分别是何大化、聂伯多。

第二节 主观类内容

再看观点类的内容，前述内容是年信的素材，如何摆放、呈现这些素材，则受制于传教士心中的主观框架，他们通过这个框架选择和凸显现实的某些方面，并使之在传播文本中更加突出，用这样的方式促成某个独特问题的界定（比如，将清灭明的实质视为天主的惩罚），对事件进行主观解释、道德评价、建构意义，并提出如何处理的忠告（比如，要使中华归主）。传教士的这种主观倾向、情绪、感情或明或暗地沉淀、笼罩在年信的字里行间。如果说传教士对某些事件的记载不及中文典籍翔实、可靠、全面，那么，或许这些西文档案的独特价值之一正在于其主观性，因为对现代的研究者而言，传教士当时的观点也成了一种客观事实；再者，当时西方人"看见"的明清鼎革，是传教士为他们构建的现实，未必是真实的现实，他们又以此为逻辑的起点，构建他们对明清鼎革的认知体系，进而影响当地某些方面。

那么，传教士用以观察、书写明清易代的主观框架是怎样的？通过对年信的文本分析，可总结为"认知""立场""成见""实用主义"等4方面，像框架的4根主梁，约束和支撑着关于明清易代的文本书写。

"认知"指的是传教士对明清易代的实质的判断：天主降罪。在1618年，明清易代的起始年，该年年信作者阳玛诺就下了这个判断:"对于拒绝其至神圣信仰的,天主施以繁苛惩罚,甚至摧毁它整个国,先例数见不鲜。由来如此,并将永远如此。"①他认为"鞑靼人"是天主降罚的工具,"鞑靼人在这个国中出现,他们像神派来的亚述人或棍杖②,比邻中国,手握惩罚"。③ 阳玛诺下这个判断的背景是当时"南京教案"正在沉重打击着中国传教团。在持续40多年的明清战争中,明王朝经受的每一次挫败,都可以在天主降罪这一个解释框架中获得统一的解释。这个解释框架是统一的,同时是具体的,天主用每一次挫败来惩罚明王朝的具体理由不尽相同。比如,1635年,李自成部攻陷凤阳,掘明皇室的祖坟。"崇祯为了平息天怒(中国人都是这样认为的),为了表达这个侮辱给他造成的哀伤,他命令全京城斋戒,而他本人,除了斋戒,还隐退在某处宫殿,只与几个主要太监交流,长达几月。这个僻静结束之后,他又前往城外某庙祭天,祈求上天救他。"④阳玛诺说,可惜崇祯求错了人,求了不能帮助他的,战火、灾难还在继续,丝毫没有改善。在阳玛诺看来,敬拜异教偶像是天主降罪的理由。1639年年信作者孟儒望认为中国人的傲慢是天主降罪的理由:"辽阔的中华帝国的15省的人,都不想与外国间有商贸往来,中国人在技艺、文学、文明和治理等方面全面领先于大东方的所有民族,除了军事。他们满心傲慢、自负,想象中国以外世界上的所有人都是蛮人,天主为了教训这种自大,就抓来鞑靼人,鞑靼人持续地肆虐,已将这个帝国置于险境。"⑤1651年年信作者聂伯多认为明清战争的原因有

---

① Manoel Dias junior, *Carta Annua da Missam da China do Anno de 1618*, BAJA, 49-V-5, f. 233v.

② 《圣经·旧约·依撒意亚》10:5,"祸哉,亚述!我义怒的木棒,我震怒的棍杖!"

③ Manoel Dias junior, *Carta Annua da Missam da China do Anno de 1618*, BAJA, 49-V-5, f. 235v.

④ Manoel Dias, *Carta Annua da China de 1635*, BAJA, 49-V-11, f. 196.

⑤ João Monteiro, *Annua da Vice Província da China do anno de 1639*, ARSI, JS121, f. 221.

二：第一，"鞑靼人"对中国之辽阔、富饶、文明的嫉妒；第二，天主对中国人的惩罚，惩罚官员的不公正、老百姓的罪过，当他们强大到顶点时，却不致力于以圣工、德行建造天国。① 总之，这个主观性的解释框架是统一的，但又需要具体问题具体分析。

"立场"指的是传教士对明清易代的叙事立场是维护、同情明王朝的，将清军与农民起义军视为破坏秩序、制造惨剧的不安定因素，甚至认为起义军比清军更坏，"'家贼'的危害远大于鞑靼人，鞑靼人抢完就走了，本土反贼却还烧杀抢虐"。② 该立场在"甲申之变"后仍维持了一段时间，1644年年信引用文人的时议："政权落在为中国人所鄙夷的鞑靼蛮子手中……这狠狠地打击了中国文人们的傲气，他们不能忍受异族统治，他们预言鞑靼人的暴政不会长久。"③1645年，清政权已占领两京及9省，隆武建都福州，何大化认为"鞑靼人似乎不想攻占福建，但是该省内全是阿尔卑斯、比利牛斯一样的山，要想进入，必冒着损失巨大的风险，鞑靼人既然已享有9省，是中国最好的地方，他们不会在乎还缺这一小块"。④ 何大化的这个观点与其说是对时局的判断，不如说是愿望。1646年隆武被清军擒杀后，何大化引述了忠诚于大明的士人、百姓的观点，"他们认为隆武换装逃跑了，一定会带着军队打回来的，重登皇位"。⑤ 何大化本人的观点是"如果我们从鞑靼人捍卫胜利果实和

---

① Pedro Canevari, *Carta Annua da China a 1651*, BAJA, 49-IV-61, ff. 78-78v.

② João Fróes, *Annua da V. Província da China do Anno de 1633*, BAJA, 49-V-11, f. 1v.

③ António de Gouvea, *Annua da V. Província do Sul na China de 1644*, BAJA, 49-V-13, f. 523.

④ António de Gouveia, *Ânua da Vice Provincia da China nas Partes do Sul no Anno de 1645*, BAJA, 49-V-13, f. 304v.

⑤ António de Gouveia, *Ânua da Vice Provincia da China nas Partes do Sul no Anno de 1645*, in *Cartas Ânuas da China* (1636, 1643 a 1649), edição, introdução e notas de Horácio Peixoto de Araújo, pp. 291-292.

维持统治的方式看,中国人迟早会打回来立他们自己的皇帝"。①传教士本人的这些时评性质的观点及他们引用的时议,既可视为愿望的表达,也是当时在剧变中飘摇、惶惑的人们"不识庐山真面目,只缘身在此山中"式的历史真实,实际上就连弘光政权也一度没想明白真正的敌人到底是农民军还是清军,而出现派遣左懋第、马绍愉、陈洪范联络清廷的情况。这些事后被证实是错误的观点,正是研究时人的心态是如何随着战局而调整的材料。而从传教士的该立场的影响力来看,荷兰剧作家冯德尔(Joost van den Vondel)的悲剧《崇祯,明王朝的陨落》(*Zungchin, of Ondergang des Sineesche Heerschappije*)②等以明清易代为题材的文学作品,在基调上是否受到了传教士的忠于明的影响,也很值得研究。

"成见"是指传教士对汉人不善战、满人是蛮族的固定看法。如果满、汉是两名演员,他们在传教士笔下的明清战争这场戏中已被这两个成见脸谱化。在1618年明清战争打响时,阳玛诺就评论:"历史上有多次胡人乱华,挑起了战争,肆虐之后,还曾篡国一次。③ 鞑靼人也与以往的胡人一样,因此中国人对他们常怀敌意,但却只能在口舌或笔头上复仇,因为中国人对胡人甚为恐惧,哪怕提到他们也会胆战。闻名于世的长城可为证,修这座墙只是为了生活得更有安全感。"④历年年信报道当年战役的总基调就是汉人不善战,1631年年信写道:"中国人与鞑靼人之间的战争还是那个

---

① António de Gouveia, *Ânua da Vice Provincia da China nas Partes do Sul no Anno de 1645*, in *Cartas Ânuas da China (1636, 1643 a 1649)*, edição, introdução e notas de Horácio Peixoto de Araújo, pp. 296 – 297.

② Joost van den Vondel, *Zungchin, of Ondergang des Sineesche Heerschappije*, Amsterdam: Joannes de Wees, Boekverkooper op den Middeldam, 1692.

③ 此处指蒙古人灭宋建元。

④ Manoel Dias junior, *Carta Annua da Missam da China do Anno de 1618*, BAJA, 49 – V – 5, f. 236.

样子,没什么值得记录的,鞑靼人抢得满载而归并大开杀戒,中国人还是一如既往地喜和恶战,他们守住已拥有的就心满意足,从不考虑公利。"①1632年年信写道:"鞑靼人进来肆意地抢劫(就像往年一样),而后退回自己地盘,慢慢享用(也与往年没有什么不同),因为中国人基本不抵抗,鞑靼人从来没什么损失。"②1633年年信写道:"中国人非常不善战。感觉家里进了土匪,吓得装睡,任由土匪自取,只要饶其性命就行。这也正中土匪下怀,他们就可以安全地打劫。土匪从不伤害缄默的人,对反抗者毫不留情。于是,在打劫时出现反抗就极少见。"③"而最胆小的是官员,他们本应出战剿匪,却临阵脱逃或干脆藏起来。受贼乱的百姓,别无他法,落草为寇成了最好出路,于是,叛军的力量在不断增长。"④1634年年信写道,胆小的中国人不仅怕"鞑靼人",还害怕日本人。杭州有个教徒做了一个噩梦,梦见大批日本人从四面八方攻进城内,作者伏若望还加了一句说明:"中国人怕日本人。"这个怕极了的教徒,去圣像前祈求天主在此类情形中一定要救自己。⑤ 1636年,清军经由宣府、大同又一次入侵(即第三次清军入塞),劫掠京畿地区,该年年信写道:"这个国家对武器有巨大的恐惧,他们很少操练,对自己的生命非常爱惜。"⑥"他们晃动笔杆子的功夫比使用长矛打仗的功夫好,既不会掷又不会刺,于是,胜利就属于鞑靼人,他们所付出的

---

① João Fróes, *Annua da V. Província da China do anno de 1631*, BAJA, 49-V-10, f. 36.
② João Fróes, *Annua da Vice Província da China do Anno de 1632*, BAJA, 49-V-10, f. 76.
③ João Fróes, *Annua da V. Província da China do Anno de 1633*, BAJA, 49-V-11, ff. 1v-2.
④ João Fróes, *Annua da V. Província da China do Anno de 1633*, BAJA, 49-V-11, f. 4v.
⑤ João Fróes, *Annua da Missão da China de 1634*, BAJA, 49-V-10, f. 456.
⑥ Francisco Furtado, *Ânua da Vice-Província da China de 1636*, BAJA, 49-V-11, f. 521v.

代价愈小,就愈骄傲,欢呼愈响,中国人从来不敢向他们开战,不敢发起进攻。"[1]1639 年年信写道:"中国人在技艺、文学、文明和治理等方面全面领先于大东方的所有民族,除了军事。"[2]从以上在年份上几乎"连号"的年信中传教士对汉人不善战的评价如出一辙可以看出,传教士的这个成见有多固执,而且从未改变。1646 年年信回顾了 1645 年的扬州保卫战,提到清军过长江根本没遇到抵抗,因为中国将领太软弱了,清军顺势占领浙、赣。[3]"无抵抗"(sem resistência)是传教士在描述战争过程时的高频词。在传教士的笔下,明清鼎革似乎是在清军一步步地得寸进尺和明王朝一步一步地坐以待毙中完成的。1654 年年信作者 Luiz Pinheiro 在总结明清战争时说:"中国在一切方面都很繁荣,唯独缺少战争中的勇气,全民在这方面的训练很少,这可以从他们被征服的方式上看得出来,他们在打仗上是见所未见的无能。"[4]

传教士对满人之野蛮的描述较对汉人之怯懦的描述更明显、更多见,鄙夷之情溢于言辞,从本节附录对满洲人的描述中可见一斑,完全是俯视一个"劣等文明"的视角。有趣的是,传教士在以这两个成见看待双方时,还记载了被看的两方也以这两个成见来看待彼此,形成三者间的复杂的看与被看的关系。阳玛诺收集了汉人对满人的骂名:"中国人为他们取了形形色色的名字,皆有侮辱、轻蔑之意,如称之为'虏人'(lùgiên)、'奴人'(nùgiñ),意为'囚徒';

---

[1] Francisco Furtado, *Ânua da Vice-Província da China de 1636*, BAJA, 49-V-11, f. 522.

[2] João Monteiro, *Annua da Vice Província da China do anno de 1639*, ARSI, JS121, f. 221.

[3] António de Gouveia, *Ânua da Vice Província da China nas Partes do Sul no Anno de 1645*, in *Cartas Ânuas da China*(1636, 1643 a 1649), edição, introdução e notas de Horácio Peixoto de Araújo, p. 290.

[4] Luiz Pinheiro, *Carta Annua da V. Provincia da China do Anno de 1654*, BAJA, 49-IV-61, f. 304v.

称之为'骚奴'（sáo nù），意为'散发着臭气的奴隶'；称之为'匈奴'（hiuḿnù），意为'卑微的仆人'；统称为'鞑子'（tat çù）、'鞑靼'（tatalh），这像是对鞑靼人的一般称谓。"①这些骂名是围绕满洲人的野蛮来造词的。安文思记录了满人对汉人的回骂："鞑靼人也对他们以'松蛮子'（súm mân çu）相称，意思是'松松散散、疲疲沓沓、随随便便的野蛮人'。"满人骂的正是汉人的怯懦，安文思还加上自己的评论："中国人确实是有些松散。"②当然，以上成见是就一般情况而言，尽管汉人怯战，1621年年信还是刻画了辽沈之战中袁应泰、张铨的忠烈；尽管传教士对"鞑靼人"多有贬低之言辞，但是，对于妥善处理了与顺治关系的多尔衮评价较高，认为就算与欧洲的政治家比较，也是楷模。③

"实用主义"是指传教士以务实的态度处理与清、南明、李自成、张献忠等政权的关系，以期传教利益的最大化。传教士在明亡前及明亡后的一段时间内，"支持"明政权的立场，或许在很大程度上与明政权仍然是合法政权，及传教士在该政权下积累了六七十年的传教基础有关。这是以有利于传教事业为准则而做出的"选边站"。但是，当该政权无法为耶稣会的传教事业提供条件，甚至将有损害，传教士没有将自己捆绑在朱明王朝上殉葬，哪个政权下有更多的传教自由才是他们关心的，这样做丝毫不会有良心上的负担。正如19世纪美国学者Noah Porter"谓耶稣会唯懂修会政治，故于世俗政治上并无既定立场。此论大较

---

① Manoel Dias junior, *Carta Annua da Missam da China do Anno de 1618*, BAJA, 49-V-5, ff. 235v-236.

② Gabriel de Magalhães, *Annuas das Residências Do Norte da Vice-Província da China do Anno 1658*, 49-V-14, ff. 237v-238.

③ António de Gouveia, *Ânua da Vice Provincia da China nas Partes do Sul no Anno de 1645*, in *Cartas Ânuas da China*（1636, 1643 a 1649）, edição, introdução e notas de Horácio Peixoto de Araújo, p. 296.

上并不为错"。① 耶稣会在传教理念上的一个重要特征就是务实主义,从传教士在世界各地的传教经验看,他们擅长与各政权合作,并不在意政权本身的民族属性等特征。不管出于被动还是主动,在上述4个并立政权中,都有耶稣会士活动,尽管难以论证这是精心设计的全选全押的策略,但是,事实就是如此。读耶稣会的文献,你不会怀疑汤若望与顺治帝的交往情真意切,也不会怀疑毕方济、卜弥格、瞿纱微为南明诸政权的效力不遗余力,每段交往都有真实的感情和精力投入。因为在清与南明并立的前几年中,耶稣会内部为支持哪方也发生过真实的争执。1650年11月,卜弥格受永历朝廷之托赴欧求援。是否支持南明使者赴欧,在华耶稣会士内部有不同的意见。在华南活动的曾德昭认为,耶稣会士应该支持南明政权;在北方活动的传教士认为,清军控制全国仅是时间问题,为了今后在华传教事业,不宜明显站在南明一边。当时担任清政府钦天监监正的汤若望就不支持卜弥格赴欧,为了向欧洲介绍中国的实际情况,他派卫匡国到欧洲。② 清军攻占广州、控制广东之后,澳门从支持南明转而向清朝投诚。③ 1650年代年信中满族教徒的事迹多起来,比如,据张玛诺1652年年信记载,龙华民因年纪太大不被允许外出传教之后,主要精力都花在了劝化满人入教上。④ 这表示传教士已经在新政权

---

① Noah Porter, *The educational systems of the Puritans and Jesuits compared: a premium essay* (written for "The Society for the Promotion of Collegiate and Theological Education at the west"), New York: M. W. Dodd, 1851, p. 14. 转引自黄正谦:《西学东渐之序章——明末清初耶稣会史新论》,第24页。

② [波]爱德华·卡伊丹斯基著,张振辉译:《中国的使臣卜弥格》,郑州:大象出版社,2001年,第125—126页。

③ 董少新:《明清鼎革之际的澳门》,《澳门理工学报》(人文社会科学版)2013年第4期,第19—30页。

④ Manoel Jorge, *Annua da Vice-Provincia da China do ano de 1652*, BAJA, 49-IV-61, f. 209.

下正常开展宣教工作,争执基本上结束了。

第三节 叙事特征

在记载明清战争的诸文献中,年信有鲜明的特征,通过与中文文献和其他西文文献的对比,可归结为以下"六个视角":一线视角、多方视角、过程视角、微观视角、技术视角、世界视角。当然,这并不是说这些视角是年信独具的,只是作为特征而言,在年信上表达得更明显。

一线视角。年信作者并不致力于书写一部大而全的明清易代史,他们通常只写亲见、亲历、与传教利益相关的事,算是一手消息,而且他们具备全国观察的能力。在晚明的最后几十年里,传教士在中国各省勤恳开教,广泛布局:1600 年 3 座住院,1603 年 4 座住院,1611 年 5 座住院,1626 年 10 座住院,1628 年 11 座住院,1639 年 13 座住院,1640 年 14 座住院,只剩下广西、贵州、云南三省未开教①,1641 年 16 座住院。② 最能体现"一线视角"的一组报道是,在清军推进的线路上,常常有传教士的观察点位。在一些重要城池失守时,常住当地的传教士会记录自己的状况与遭遇,兼有他对当地情形的观察和描述。该系列构成年信对明清战争的特色报道,兹撷取几例置于本节附录四中,以展示之。除了亲见、亲历,一些与传教士关系密切的当事人亦会讲述某个重要历史时刻。比如,1646 年 1 月,朱由榔受丁魁楚、吕大器、陈子壮等人拥为监国,接着称帝于广东肇庆,建年号为永历。庞天寿讲述了拥立永

---

① Gabriel de Magalhães, *Annua da Vice Província da China do Ano de 1640*, BAJA, 49-V-12, ff. 479-517, ff. 559-592.
② 住院总数引自相关年度年信。

历帝的经过,被传教士记录下来,为了更好地展示赞成派与反对派的交锋,这段记录被设计成对话体,发言针锋相对,庞天寿则被塑造成永历帝的主要拥立者。关于拥立永历帝的经过,请见本节附录五。

多方视角。明清鼎革,对明而言,是一部饱含屈辱、悲壮、痛惜的亡国史,对清而言,是一部洋溢着雄心壮志、胜利凯歌和摧枯拉朽的开国史。这是由于写史者的立场不同造成的。如上所述,传教士在当时几个主要政权中都有效力,这种并立布局在形式上构成了一种客观平衡视角。再者,传教士的教会立场与当时中国各派的政治立场不在同一个维度上直接冲突。相对而言,传教士在传统明清史书写中的浓厚的政治性之上,可以有一种抽离于事外的客观性。这不是说传教士能做到全然客观,或传教士较其他史家更客观,而是说当传教士的教会立场与某派势力的政治立场发生冲突而导致客观性发生形变扭曲时,这种形变扭曲与不同政治立场直接对抗而产生的形变扭曲是不同的,正是这种不同给我们撑开了洞悉历史真实的罅隙。没有哪家史家是纯粹客观的,是不同史家的争鸣给了我们探求真相的机会。传教士就是一类别致的史家。明末京城中的传教士已享受到历史上最大的传教自由,他们提起宫廷,仍然秉持批判,伏若望说:"从崇祯六年(1633)上推50年中的几个皇帝,从未走出皇宫,对民间的了解仅限于官员的奏报,官员就只拣使皇帝开心的事上奏,中国宫廷中流行的谎话比世界上任何国家都多。如果某正直的官员想说忠于职守的话,那他就得罪了所有其他官员,他们就会联合起来攻击这个正直官员,用弹劾状淹没他,直至他被去职。"[1]"官员治理不善。因中国人只

---

[1] João Fróes, *Annua da V. Província da China do Anno de 1633*, BAJA, 49-V-11, ff. 4v.-5.

关注私利,没有人肯为公共利益出头;抱怨的人多,他们却拿不出办法。"①安文思、利类斯虽然在大西政权中担惊受怕,却也算是受到张献忠的知遇之恩,他们对张献忠之残暴的描写,毫不留情,"张献忠热衷于活剥人皮,从脚至头完整剥下,再让这无皮人在他的军队面前行走,以此取乐。但走不了几步,这人就因失血和没力气,倒地死了。关于张献忠的暴行,还有一份专项报告专门描述。张献忠的士兵也很残忍,在人死前,打开人的胸腔,撒入麦粒,让马和着血吃,据说这样喂出来的马更凶猛"。②另一个农民军领袖"李自成在开封屠杀的人数不过来,割下来的鼻子、耳朵堆成了一座座小山"。③ 顺治尊称汤若望为"玛法",即满语中"爷爷"之意,年信中对顺治与董鄂妃的畸恋大加批判。汤若望应该是寓目过这些年信,也应该不会对顺治提起,这些以西方语言书写的年信,面向西方读者,这也是使年信显得更客观的一个因素。

过程视角。记录明清鼎革的西文档案多种多样。与卫匡国之《鞑靼战纪》、帕莱福(Juan de Palafox y Mendoza)之《鞑靼征服中国史》等其他西文著述相比,年信的一个重要特征是在事件发展过程中的"直播"。可以认为年信是在以"做新闻"(making news)的方式报道明清战争,而不是以事后记史的方式。从当时的邮传效率来看,发生在中国的战争消息能在两三年内传递到欧洲,已算"新闻",年信则算是一种"新闻纸"。从结果看历史和在过程中看历史是不同的,少了"先验"的结论以倒推,能更真实地反映人们直面剧变时的想法、应对和局限性,正如前述传教士认为南北对峙或许也是中国政局的一种走向,时人对复国的希望是真挚的,而后人

---

① João Fróes, *Annua da V. Província da China do Anno de 1633*, BAJA, 49-V-11, f. 2.

② Pedro Canevari, *Carta Annua da China a 1651*, BAJA, 49-IV-61, ff. 83-83v.

③ Pedro Canevari, *Carta Annua da China a 1651*, BAJA, 49-IV-61, f. 82v.

以"先验"的结果悲悯地看待这希望,无非是更验证了自己的悲悯。除了年信之外,还有一些传教士间的私人通信、专项报告也带有"新闻纸"的性质,与之相比,年信的"优势"则体现在连续性,年信中的明清战争是一个大型的连续性报道,有始有终,并非只是一个截面。总之,年信对明清战争报道的过程视角体现有二:第一,可以进入当时;第二,有过程的长度。

微观视角。大时代、大变局中小人物的命运、故事,无论史学家、剧作家,还是新闻记者都喜欢。底层社会及普通个体在这起大事件中的遭遇、应对,年信亦提供了丰富的个案,这些大变局中的微观画面,多角度呈现了天崩地解降临时的中国社会,是从微观视角观察明清易代的新材料。1644年年信记载了上海县的农奴趁政权真空期掀起的争取自由身的民乱,以及徐光启的第二个孙子徐尔爵将值钱家当全部转移到了教堂保管从而逃过一劫。1645年年信记载了建宁县石网①山区的战时自治,"这片地区长宽各7里格,坐落着约50个村子,每村都有首领,每月召集村民集合,讨论如何维持秩序,对于抢劫等不安定因素严惩不贷,若是被告不服,就送泰宁县衙,由此而维持了战时的良好秩序"。② 1647年,艾儒略从兴化往福州的途中,经过福清,看望了叶向高的几个孙子。得知叶的孙子在战争中的一个善举:清军在海口俘虏了100多名妇女,已婚、未婚都有,叶的孙子出钱将她们赎出,还给她们食物。③ 诸如此类,不胜枚举。

技术视角。战争检阅科技。西洋科技在明清战争中大出风头

---

① 今福建省三明市泰宁县朱口镇石网村。
② António de Gouveia, Ânua da Vice Provincia da China nas Partes do Sul no Anno de 1645, BAJA, 49 - V - 13, ff. 551v - 552.
③ António de Gouveia, Ânua da Vice Provincia da China nas Partes do Sul no Anno de 1647, in Cartas Ânuas da China (1636, 1643 a 1649), edição, introdução e notas de Horácio Peixoto de Araújo, pp. 339 - 340.

的主要是火器("红夷大炮")、海洋战船("鸟船"),年信对前者有较多的记载①。除此之外,传教士还偶尔以技术的视角剖析一场战役,谈论这场战役的守军若是欧洲人,该如何将"鞑靼人"拒之门外。1651年年信的第15章、16章详述了1650年清军攻克广州城的经过,及随后的大屠杀(又称"庚寅之劫"),作者聂伯多对该战役的报道,不同于以往年信作者,他从战争技术的角度评述此役,就像足球评论员在解说一场球赛。聂伯多边叙述战事的进程,边征引欧洲的战争理论,还以几乎在同期进行的"三十年战争"中的实践进行对比,在聂伯多的叙述中还出现了大量攻城工具词汇,这些均有助于战争技术史的研究。鉴于该视角的新颖,此例请见本节附录六。

世界视角。年信的作者和读者都是带有西方知识背景的西洋人,他们必然在他们的认知结构中思考、书写、理解明清战争。当中国消息飞入西方的认知体系,就意味着这消息将以世界视角审视。世界视角体现在年信文本上,主要有三部分内容:第一,是从周边看中国的角度,"周边"主要是指澳门、日本,但是,要详细了解这两个地区的反应,还是需要从日本、澳门各自的年信和传教士书信中寻找,中国年信语焉不详,只能提供一些线索。比如,清军入关第一年的年信《1644年耶稣会中国副省南部年信》,有两个抄本收藏于里斯本阿儒达图书馆"耶稣会士在亚洲"系列档案编号49-V-13中,同一编号中还有《日本、东京及交趾支那对鞑靼人战胜中国人的反应》《鞑靼人入侵期间澳门之情势》和《中国境内战争及动乱的报告,皇帝之死及鞑靼人的入

---

① 关于火炮与明清战争的关系,中国学者做了较多研究,最突出的当属台湾清华大学的黄一农先生,这些研究可与年信中的相关记载互相参证。请参黄一农:《红夷大炮与明清战争》,成都:四川人民出版社,2022年。

关（1642—1647）》①等文献,应该一并处理,综合利用。第二,对比角度。将明清战争中的某些方面与类似事件相对比,以助理解。例如,聂伯多将明清战争与几乎同期进行的欧洲三十年战争（1618—1648）相比较,认为两者最大的不同是：欧洲战争只在军人之间进行,并不为难平民,反而善待平民,向他们许诺自由、和平、最幸福的生活。但是,这帮野蛮人（"鞑靼人"）将残忍无所不用其极,大开杀戮,大肆破坏,似乎他们来中国的目的就是终结一切。"他们就差把山扳倒,把江腾空。"②第三,对标角度。为明清易代寻找一个类似的事件,以助理解。例如,1651年年信,将明的覆灭对标于罗马帝国、西班牙帝国的崩溃,将以十三副铠甲起兵建立起清帝国的东鞑靼人对标于航海大发现后,从欧陆最西南边角建立起葡萄牙的世界性帝国的卢济塔尼亚人。③ 从此类对标中可以感受、揣测传教士在潜意识中赋予了明帝国、清帝国怎样的世界地位。

第四节　应　用　讨　论

耶稣会中国年信是一种可资明清易代史研究的西文史料。对某种史料加以利用的巧妙构思,千人千策,笔者就已掌握的年信相关内容及对它们的理解,提出以下可能并可行的应用方向：

第一,从最宏观的层次,年信等西文文献有望将明清易代史的

---

① Anonymous, *Relação das Guerras e Levantamentos que houve na China, morto do seu Imperador e entrada dos Tártaros nella desdo ano de 1642 athe o de 1647*, BAJA, 49-V-13, ff. 1-43.

② Pedro Canevari, *Carta Annua da China a 1651*, BAJA, 49-IV-61, ff. 81-81v.

③ Pedro Canevari, *Carta Annua da China a 1651*, BAJA, 49-IV-61, ff. 75-120.

研究推进至全球史范畴。这些西文文献的存在首先证明了明清易代这一事件的全球性。在此之前,中国没有哪一次改朝换代这么大规模地曝光在西方读者面前。某事件对他人的重要性既取决于事件本身的性质和烈度,从某种意义上,更取决于关联性和传播。17世纪处在"原始全球化"①的早期,东西方之间已存在渐成常态化、组织化的联系,主要体现于殖民、贸易、传教等三项活动,明清鼎革是否影响了这些活动,是否有对方文字的记载是最直接而有力的证据。也就是说,多语种文献直接体现着明清易代这一重大历史事件的全球性,因为受到不同语言区的关注,才有关于该事件的多语种文献。耶稣会士作为当时最了解中国的西方人,耶稣会作为有着发达通信系统的全球性组织,使该事件以同类事件前所未有的清晰度传播到西方,或许促成了欧洲本土各界对中国观念、态度的转变,传教政策和贸易政策的调整,以及中欧关系的转向。而全球史的要义正在于全球不同板块间的"联系"与"影响"。

年信等西文文献不仅对从全球史角度研究明清易代进行议程设置,还为这项研究提供了可能性。新的研究范式出现,往往伴随着新史料的开掘,满文档案向我们展示了新清史的图景,朝鲜、日本、越南档案的使用让我们看见东亚背景下的明清鼎革,西文文献的利用将使我们在全球史的视野下回望明清。哪里尘封的档案被打开,哪里就点亮了一盏灯,照出当年投射于此的一幅画面。从中国本土到东亚到欧洲,一路展卷,一路点亮。目前,对明清鼎革的研究基本上还在中国本土研究的框架内深耕细作,结合全球史的方法和西文文献将有助于更有新意地呈现和诠释明清鼎革。

---

① 英国著名历史学家克里斯托弗・阿兰・贝利(C. A. Bayly)在《现代世界的诞生:1780—1914》一书中用"原始全球化"(archaic globalization)这一概念来概括 1800年之前跨大西洋奴隶买卖和殖民世界经济的早期发展,以此对应"现代全球化"(modern globalization)。

第二，年信等西文文献可以纳入中国史的史料库。以对明清战争的记载为例，西文史料不及中国本土史料（汉文、满文）恢宏、全面、细密，但有独一无二的原创性，它们大多来自传教士的亲历、亲见，可视之为原始文献。再者，传教士的观察习惯、视角、方法不同，在同一个现场，看到不一样的画面，这也构成传教士文献的原创性。若干例证，如前所述。

第三，传教士倾注在文本中的强烈主观性，或许较其提供的新事实更有价值。观看"风景"的传教士必定是现代史学家眼中的"风景"。西方人如何看中国始终是中国人在历史上的和在现实上的重大关切。尤其是在只有一种声音的时代或话语权稀缺的时代，西方人看见的中国基本上就是传教士指给他们看的中国，传教士在很大程度上对西方中国观的形成起到主导作用。

第四，年信等西文文献的局部内容可用于专门史的研究。比如，传教士能在明、清、大西、大顺四方政权中游刃有余的原因之一在于其工具性，具备科学技能，科技史方面的记载正是该文献的特色内容之一。再如，在概念史的研究中，西方人用"帝国"还是"王国"指称中国，以及称谓是否有过转换，何时转换，为何转换等问题，可以考察年信中使用"帝国"和"王国"指称中国的情况，以此为例以说明之，因为年信中使用这两个词的频率很高，而且年信是年年都有的连续性文本，能展现转换的过程。"鞑靼"是另一个可利用年信进行研究的概念。"鞑靼"一词，无论在中文文献还是西文文献中，都是一个含义多变的概念。来华耶稣会士的"鞑靼"概念，随着满洲人的崛起，及对中国和中国北方、西方大片区域的了解深入，也有一个演变过程。从年信中可以寻找该演变的轨迹，甚至可以找到传教士对该概念的直接梳理。聂伯多在1651年年信中就总结出截至当时传教士心目中的"鞑靼"概念，请见本节附录七。

最后，需要说明的是，年信作为记载明清易代史的诸多西文文献中的一种，既有共性，亦有特性，充分利用其自成体系、前后连贯等特点，有助于对某些需要在过程中体现变化的特定问题的研究。许多事件在年信及其他西文文献中均有记载，或是原文照搬，或是此详彼略，或是角度不同，将年信与多种西文文献综合利用将更有益。

本 章 附 录

附录一　吴 桥 兵 变

中国许多地区在这一年都有持续不断的动乱，不得安宁，在边境地区的动乱是由相邻的鞑靼人引起的。鞑靼人进来肆意地抢劫（就像往年一样），而后退回自己地盘，慢慢享用（也与往年没有什么不同），因为中国人基本不抵抗，鞑靼人从来没什么损失。今年，中国人自己造成的破坏比鞑靼人给边境带来的损失更糟，中国叛军抢走的与造成的破坏同样巨大，因为叛军不仅仅满足于围城、攻城、占城。孙元化就住在被叛军进攻的城池中，他是彼省巡抚，他为当地做的许多事情该被记住，却被遗忘，夺回这些城市也无法弥补这个国家失去孙元化的损失，他的文采出众、善于治理，是最优秀的天主教徒，因此，在许多方面都能感受到这个损失。孙元化在教会中是值得效仿和追随的道德楷模，他用他的权威守护着教会，尽管教友们还没有感受到这个损失，但是，就连异教徒也开始怀念他了，因为他的良好品行的盛名也传到异教徒的耳朵中去了，哪怕是从此片地区叛军传出来的谣言中也能判断出孙元化的良好品行，就连过路人也在道路上为孙元化哭泣。鞑靼人和叛军[①]是两

---

① 吴桥兵变中的叛将孔有德等。

大祸害,横行于中国一些省份的反贼是第三大祸害,最厉害的反贼已经结为一体,推举出共同的首领,受其指挥,肆意破坏,不仅仅满足于杀人越货,他们不只是针对抵抗者,不反抗也难逃厄运。他们手段残忍,折磨人的酷刑花样百出,好让人们更怕他们,这样,他们就更能肆无忌惮地烧杀奸掠,尽其残忍之能事。女人只有穿成男人的样子才能躲过侮辱。反贼们的虎狼兽性暴露无遗,肆虐全国各地,中国人自己造成的危害与鞑靼人造成的危害没什么两样,人们对反贼的恐惧不亚于对鞑靼人的恐惧,河上没有一个渡者不害怕,路上没有一个行者不害怕,人们就连在自己的家里也不感觉安全,眼见官府既不努力剿匪,也不为这祸患寻求对策,恐惧感则尤为加重,这全都因官员办事不力。皇帝对于督促官员尽职既不充分亦无激励,在惩罚上既不严格又不严厉,而对某些人的惩罚,皇帝又是很在意的,即使是在一名皇子出生时,他也没有大赦,按照惯例,此时应有大赦,在阁老们的再三请求下,皇帝给出的理由是,这违背了祖上定下的已延续了多年的规矩,就没同意阁老们的请求。这个国家历代都维持着一种对罪犯的惩罚方式,罚款或者罚作劳役,而这种惩罚方式并不尽如人意,有失公平,在官府中由此而引发的不公平尤为严重,该情况触动了皇帝,不仅对一般的罪犯不饶恕,而且对官员和太监,不管职位多高,也是严惩不贷,以避免因司法不公而助长恶行。在上述背景中,葡兵来华,他们是与一名澳门使节同来的。这些入华葡兵在澳门时就已经受邀并被编入由欧洲人组成的守军,他们在那里一直受当地人的爱戴,因为他们身先士卒,为了保卫当地人的生命,不惜拿自己的生命在最危险中冒险。敌人[①]看见他们能够以少胜多,无不闻风丧胆,他们以压倒性优势大胜敌军,在葡人的全力进攻之下,敌人全力撤退,在撤退中

---

① 清军。

损失惨重,却又一无所获;敌人从进攻点撤退,在撤退的途中,寻找没有葡人的地方以占据,只要没有葡人狙击和阻拦他们,他们就能像以往一样搞破坏,而没什么损失,事实上鞑靼人确实这么干了,因为中国官员(不愿抵抗),或者因为不想承担战争之累,或者因为想在和平中保命(这条理由或许是最准确的),或者因为想以职权谋利,他们确实擅长在官位上大把敛财,因此,他们满足于鞑靼人撤兵去享用已掠取的,等他们用完了,再来掠夺,已成习惯。这么多年周而复始,中国人已习以为常,就干脆不做任何防备了。这次,他们为了安全,决定放弃一切,逃走,但是,在完成彻底的逃离之前,他们被逼退到一个边境的县,他们不得不向孙元化求援兵,孙元化的军队训练有素,这支援军在过境某县时,该县主政官员很不欢迎,官员下令紧闭城门,不让援军进城,官员这样做或许是出于节约粮食的需要,也或许是因为想避免军队扰民事件的发生,因为在类似的情况下,此类事件几乎是不可避免的。援军一方面因缺少给养,另一方面因被县里官员这种不友好的态度激怒,通过武力强行进城,杀了相关官员,肆意掠夺,这部分士兵害怕受处罚,就干脆什么都不顾了,当了叛军,在县城里为所欲为,不受任何约束,因此,短时间内,叛军人数壮大很快,纠集了一批游手好闲的人、一批罪犯,还有一批贪婪的人。叛军们越来越大胆,竟然围困了孙元化驻扎的堡垒,葡人向孙元化请求与未叛变的士兵出城应战,他们出战几次,但这几次都是叛军占优,因为叛军与临阵倒戈的士兵里应外合,叛军因此士气大涨,多次试图攻破城门,但是他们并未得逞,因为少数几个葡萄牙人承担了大批叛军带来的进攻压力,葡萄牙人既没打败叛军,也没投降(正像葡人自己所认为的),只要有葡人在,这座城就不会沦陷,这顽强的抵抗力来自士兵们的团结。在一场鏖战中,已是深夜,漆黑一片,趁着火药燃烧时的亮光,叛军发现了葡人的兵营,乱箭射来,葡兵重伤,伤势只持续了几天,但足以使叛军做好进城的准备,于是,随着葡兵受损,城池也失守了。

叛军进城之后,不仅没为难孙元化,反而拥戴他为首领,甚至给孙元化上"皇帝"称号,但孙元化不想接受。而得胜的叛军,或是佯装或是真心回国,向皇帝上了份奏章,表示认识其所犯的错误的严重性,他们对此感到后悔,请求皇帝给他们一个将功补过的机会。为了能达成将功补过的目的,孙元化也以登莱巡抚的身份向皇帝上了一个奏折,在孙元化的带领下,他们向鞑靼人出击,给鞑靼人重创,这足以使他们获得皇帝的原谅。在朝廷中,围绕此事,出现了激烈的讨价还价,和不同的看法。看起来应该同意他们的请求为好,以便能够团结起来外御强敌、内平叛乱。因为此事不宜久拖,皇帝下令立即解决此事,尽快批复并答应他们的请求。但是,山东某个邻省的巡抚认为这一个批复欠妥,就将此批复扣留了多时,这使等待批复中的叛军失去耐心,他们就把孙元化等几个人释放了,因为他们认为迟迟收不到批复意味着皇帝不会同意他们的请求。孙元化就跟被释放的几个人一起上路,前往北京,在路途上,孙元化的表现对皇帝很忠诚,他觉得晚一点儿到北京都是罪过,在这种情况下,他得到了此事处理结果。在他即将到北京的时候,向皇帝汇报了事情经过,为了表达忠心,他为自己做了辩护,并且表示愿意接受任何处分。孙元化被就地带走,在京城里,经过几轮审查之后,迎来了一个悲剧的结果,饱受了酷刑的犯人,一部分被流放,孙元化和另几个人则被砍头。皇帝是通过偏见和来自叛军的片面消息,而不是通过实有的罪证来判刑的,因为大家都认为孙元化在这件事上是无罪的。只有葡萄牙人在这件事上名誉得到提升,因为葡兵几乎全员尽殁,尤其是葡兵的首领,皇帝对他的死很痛心,就用给他的抚恤来体现其痛心的程度,皇帝在这件事上的做法在中国是很罕见的,都认为只有极少数的人才能得此殊荣。葡兵对中国的贡献和随军神父的功劳是配得上这种殊荣的,皇帝赐给澳门许多自由权利。但神父不仅不谋求奖赏,而且对赐给他的奖赏不想要,因为他信奉的宗教也不允许他享受,皇帝及其臣属对此很是惊讶。因为神父的做法很新奇,闻所未闻,而且神父在工作中竭尽全力,超出了其年龄的允许,皇帝就赐给神父许多方便。①

附录二 清初社会见闻
"逃 人"

鞑靼人有很多奴隶,有男有女,在全中国都是这样,无论是在战时,还是和平时期,他们不讲道理、不讲公正,随便就将人俘虏来作为奴隶。这么做的,往往都是贵族,体面的人,通常,奴隶们会衣不蔽体,活活饿死,结果就是,这严重虐待的情况催人泪下,让人悲愤。在这京城当中,没有一起惨剧不会让人哭泣,没有一块地方不让人悲恸和叹息,但是,最严重的当属城墙内的宫廷之中,以及城墙外的河边,就是城墙脚下的护城河。就在那里,我们每天都能看见不计其数的妇女在哭诉自己的不幸,为儿子、为丈夫哀鸣,向过往的行人诉说,眼泪涟涟地呼叫着自己的爹娘、兄弟姐妹和众亲戚。有人说道,这番景象和这潺潺水声确实勾起了旁观者的幽情思绪,这仿佛是古老的以色列之囚所经受的,他们坐在巴比伦河岸边哭泣,彼时,他们思念起了熙雍。② 这些人无法再忍受这无以复加的惨剧,一些自缢而死,一些投河投井,还有一些逃跑,或者逃回老家,或者逃往他乡他省。对于这种局面,鞑靼人想采取措施,他们制定了严刑峻法,对于逃走的人,规定抽 100 鞭,是用赶马的大

---

① João Fróes, *Annua da Vice Provincia da China do Anno de 1632*, BAJA, 49-V-10, ff. 76-78.
② 《圣经·旧约·诗篇》137:1. "当我们坐在巴比伦河畔,一起想熙雍即泪流满面"。

鞭子。对于收留逃跑的奴隶的家庭,哪怕只收留了1个时辰,全家杀头,这户人家的左右各10户邻家还要判处鞭刑,随后,再发配至鞑靼人的山地和荆棘林中。因为这个新法令的缘故,每日被捕和押到京中的男男女女络绎不绝。整个帝国处在恐惧、混乱之中。但是,这并没有阻止那些苦命的人逃跑,因为他们不会去想等待自己的厄运,以及对他人造成的伤害,他们只想着逃离这眼前的暴政。他们止不住地逃跑,那么多人逃跑,在今年短短几个月的时间内,被发现的逃跑的人就超过了1万。一名中国官员[1]看在眼里,为了讨皇帝的欢心,博得鞑靼人的好感,就上奏疏来对付自己的同胞,他在奏疏中说,凡是被抓住的逃跑者,都用烙铁在脸上用中文及鞑靼文刺字,中文写上"逃人"(Tâo gín),鞑靼文写 Kanchonhalma,用我们的语言就是"逃跑的人"。这个泯灭了良心的计策在皇帝和鞑靼人看起来很好,实行之后,在短短的几个月中,马路上到处都是脸上刺字的男女老少。另一个后果是,这个侮辱性的惩罚对于上述苛政实施之后,在整个帝国中造成的数不清的伤害和恶果起到了一定的缓解作用。[2]

满人妇女丑事

在该京城当中,还发生了一件丑事,它是那么耸人听闻,稀奇古怪,状类禽兽。一名鞑靼女人,丈夫不在家中,忙于南方战事,她便失去节制,不受约束,尽日都将自己关在卧房,还将家中养的一条狗也关在房中,她的男仆、女仆对此不乏恶意揣测,仆人们根据自己的观察,在彼此间传播着这件事,而且传得活灵活现:我只听说这畜生是应该睡在外面的,而不是睡在屋里面的,是应该看家护

---

[1] 文中中国官员是指汉族官员。
[2] Gabriel de Magalhāes, *Annuas das Residências Do Norte da Vice-Província da China do Anno 1658*,49 - V - 14, ff. 228v - 229.

院的,不是养在房子内的,是应该睡在地上的,而不是睡床上的,可我们的女主人就反着干,每天夜里她都把狗与自己关在同一间卧房里。事情就在这样传着,也在传播当中被质疑着,为了主人的尊严和终止对其忠贞的怀疑,女主人就把这几名仆人赶到了其他地方,停职,强迫他们闭嘴,只能看着事件发展。直到几个月后,一个极坏的时刻到来了,那个忧心忡忡的妇女分娩了,她生下了两个状如禽兽、面目可憎的小牲畜,部分像人,部分像狗。这个可怜的女人立即被人报了官,被带到了刑部,刑部向皇帝报知了这件耸人听闻的、该遭天谴的事,下令将这女犯和她生下来的怪物带去示众,共计9天,9个城门,一门一天,9天之后,再将母子统统杀掉,烧掉,挫骨扬灰,一点都不要留下来,这个女人生下来的令人作呕的畜生,一点痕迹也不能再出现。在两个城门展示了两天之后,鞑靼人中的高官向皇帝求情,看在丈夫的尊严的份上——他正在战斗中为皇帝效力,看在鞑靼人的民族声誉的份上——中国人正在闭着嘴嘲笑,立即下令将她处死,不要再在其他的城门展览了。皇帝采纳了他们的建议,这个鞑靼女人和她的怪胎死了,烧了,正如上文所述。[①]

天花只传满人

在今年即1658年,及此前的年份,在该帝国中并无瘟疫或饥馑,以前,这个国家的各式各样的果实和粮食都非常丰富。只有鞑靼人才遭受饥荒,这种情况非常严重,以至于在这年的秋季至隆冬,所有的鞑靼人都提心吊胆,仿佛魂不守舍,因为这几个月,天花在鞑靼人中爆发了,有很多人死于天花。令人吃惊的是,染病者

---

① Gabriel de Magalhães, *Annuas das Residências Do Norte da Vice-Província da China do Anno 1658*, 49 - V - 14, ff. 229 - 229v.

中,每100个中国人中,死1个人,每100个鞑靼人中,死99个人。以至于进入中国的鞑靼人中患天花和被埋葬的十有八九。现在医生已去探视情况,看看在这些地区中国人和鞑靼人为什么会出现如此不同的反应,地是一样的地,水是一样的水,空气是一样的空气,粮食是一样的粮食。这就是该帝国整体上的世俗情况。①

汉人今不如昔

这世界的荣华就是这么转瞬即逝,世界在与万国玩弹力球的游戏。今天施与此的,明日就施与彼。上午才给你的,下午就后悔了,就夺回了,仿佛是一个圆,随时都会转动,不宁,多样,多变。谁能相信,仅仅几年之前,(大明)还是一个幅员至那么多省份的那么辽阔的帝国,人口那么众多,在物产与财力上那么充裕,在文字与礼仪上那么成熟,那么富饶,那么强大,那么高雅,那么古老,在这么短的时间内就在如此悲惨中落幕,进入这艰难的被征服的状态。我们曾见识过其城市与堡垒的宏伟,今日我们见到的是残垣断壁。我们曾见识其官殿的壮丽,今日见到的是变成马棚。我们看见无论富人、穷人还是贵族,全都变得低三下四,沮丧泄气。那些庄园、财宝,从当地人手中褫夺过来,分发给了外族。那些掌握在高级文人手中的官职,今日则在野蛮又无知的人手中。那些在丈夫眼中是贵妇的女人,受到侮辱、掠走,那些父亲们看护下的处女、未婚少女也被侮辱、掠走。而这些尊贵的妇人、优雅的少女,曾经藏娇深闺,不会被父亲、丈夫、兄弟之外的男人见到。她们在大街上、在空地上运水,捡拾稻草、柴禾,还有牛粪、马粪,这些物材通常被

---

① Gabriel de Magalhães, *Annuas das Residências Do Norte da Vice-Província da China do Anno 1658*, 49-V-14, f. 237.

鞑靼人用来烧火。这些妇女如果不能每个月都从惨淡的生意和稀薄的利润中挤出丰厚的银子上缴给她们的鞑靼主子,就有很大的风险被卖给妓院。每日每时,我们都能看到街上满是富贵人家的孩子和有教养的学童,他们饿着肚子,面黄肌瘦,没穿鞋子,或是跟在鞑靼主人的马屁股后面奔跑,或是牵牛驾车,更多的则是拾柴禾、拾稻草,以及其他可用来烧火的材料,就是我们在上文讲过的。

看到这个民族陷入如此境地是多么悲痛与难过啊,这个民族,曾经睥睨一切最文明的民族,现在则被世界上最野蛮的民族轻视、压迫。中国人过去不仅称鞑靼人为蛮族,而且对所有其他民族冠以蛮族的称呼。而现在他们不仅要自己收下这个称呼,被鞑靼人称为蛮族,还被普遍地称为野蛮人,过去鞑靼人与野蛮人是同义词,现在中国人与野蛮人是同义词。看到士人与庶民陷入这番境地是多么悲伤啊,但是,最大的悲剧还是本土的皇帝,宗室以及这个大帝国的全体贵族,他们丢了国,还丢了性命。[1]

附录三 传教士对满洲人的介绍
服 饰

鞑靼人在外貌上与中国人没有多大差别,但比中国人勇敢得多。穿着紧身、及腰、窄袖的上衣,腰部以下宽松,前后开衩,方便骑马。腰间束带系刀,若是守军献城投降,鞑靼人得以不战而入城,他们就将刀柄朝后、刀尖朝前,反之,如果需要作战,则是相反方向带刀。他们还像官员一样穿着靴子。他们剃光头发,仅留头顶的一绺,扎成辫子,垂于后背。他们就像对待命根子一样爱惜这

---

[1] Gabriel de Magalhães, *Annuas das Residências Do Norte da Vice-Província da China do Anno 1658*, 49-V-14, ff. 232-232v.

根辫子。

他们戴着帽子,有的是无翅的小帽,草编或者苇编,还算精致;有的像个倒扣的筐,还有的像吉卜赛人戴的帽子,只是比头还小;最好的一种帽子就是一个没有嘴的大漏斗,反扣在头顶上,里面根据个人喜好加上内衬,两条细带在下巴处系紧,以免被风吹落。但最别致和最花手工之处是帽顶上的丝织流苏,这条流苏与帽子一样长,通常是红色的,与法学博士帽子上的流苏一模一样。肩头则是一枚 patacāo(硬币名称)大小的肩章,根据官秩各不相同,皇帝戴着条龙,还有的是带放射状光线的太阳鸟,还有的是用银、金、玉制作的。

他们腰间左右各挂着一块手帕(我们姑且这么称吧,其实就是两块破布),这是块万用巾,看似为了干净,其实很脏,就像波斯人和阿拉伯人在腰间挂着马尾巴来代替手帕一样。这块脏东西足以让所有人觉得鞑靼人令人作呕,不仅欧洲人会这么觉得,就连中国人也这么认为。大人物们在文明与卫生方面大为改观,这倒也是事实。①

生　产

谁要仔细考察一下鞑靼人的生活方式,就会发现一幅人类在初世纪时的活的生活画面,因为他们是简单至极的人,没有一丝伪装、欺骗,而这正是中国人最出名的,中国人在这方面达到了登峰造极的地步。他们很少耕作土地,除了少量玉米,没有其他作物。而且他们只把种子丢在地里,任其自由生长,不再施以其他劳作,也不犁地。

---

① António de Gouveia, *Ânua da Vice Provincia da China nas Partes do Sul no Anno de 1646*, in *Cartas Ânuas da China*（1636, 1643 a 1649）, edição, introdução e notas de Horácio Peixoto de Araújo, pp. 293 - 294.

他们的给养品除了地里的草,没有其他的了,因为他们只以牲畜的肉为生,他们住在山谷、山麓或一片荒原的中央,当发现有可供牲畜吃的草就驻足。当这些草吃完,整个村子或部落就迁移,迁到新找到的有草的地方。除了皮制帐篷,他们没有其他财产。他们正餐吃烹饪过的肉,晚餐只是喝汤,汤是正餐的锅里剩下的。除了长草,他们也不需要地里出产丰富,除了丛林、野树自然结果,他们也不需要别的菜园、花园。说实话,这片土地上的人这么容易养活,只要野草就够了,还是很让人吃惊的。他们大量使用马匹,这些马都是草木丛里出产的,非常容易猎捕,因为只要抓住头马,其他的马就会尾随而来,毫不费力。对于动物毛皮,他们都会鞣制,这是他们所掌握的唯一技术。这些皮子用来穿在身上,制作帐篷、马镫、马鞍。喂养的方式是去只要在地上能找到的水塘、小溪边。鞑靼人是了不起的骑手,因为他们行走总是靠马,当他们用脚走路的时候,一只脚会别进另一只脚里,因为他们习惯了夹紧马肚子。鞑靼王国可比之于多了点儿政治意识的卡菲尔人。①

治　　理

如果罗马人所统治的王国、人民,像鞑靼国、鞑靼人这样容易治理,那么,就不必疲于制定多出很多倍的法律、规条、法令全书、条例,还有那么多的法规汇编、法学汇编,一个人穷尽一生的岁月也不能全知道、全理解。如果人们都把时间用来写这些法令文书,以及以此来教育好下一代,那么就没有其他学科的老师和学生了,鞑靼人将书写所花费的时间、印刷所花费的劳动,都用于其他事情了。

---

① Pedro Canevari, *Carta Annua da China a 1651*, BAJA, 49-IV-61, ff. 85v-86.

因为，首先，对这些人来说，法律是不需要的，除了草地用于畜牧，他们没有其他的不动产，除了绵羊、山羊、牛和马等的交换，没有其他买卖。他们是简单至极的人，没有心机，他们之间也不会出现诉讼的情况。动产也不过是马镫、马鞍、靴子、外套、帐篷，全都是用动物皮做成的，还有弓、箭，每个人都会造，以及烹肉用的锅子，他们晚餐喝的汤也用这口锅盛。

这些鞑靼人的政府，不过是每个村或每个部落有一个头领，管理他们，引领他们。很多个村，就有一个公爵，或大首领。很多公爵，再有一个国王，是一个王国的主人。国王不是世袭，而是在这些大首领或公爵中，让给最有能力的人，可以是这一个，可以是另一个，这正是鞑靼人中间为什么有持续不断的战争和动荡的原因。

这位国王管理什么，或者发号什么施令，我不知道，因为没人来告诉我。但是，我想他能管的非常有限，他的朝廷也应该很简陋。因为除了为自己的牲畜要一个良好的牧场，没有人提更多要求，当一个人所拥有的牲畜越多，他的地位越高。

他们的字母极简单，与我们的类似，用这些字母组成词和词汇表，他们的词很长，两个词才能指一件事。

他们没有任何科学，没有任何艺术，如上所述，鞣制皮革，制造弓箭是他们每个人都会的技术。生意就是自然物的交换，没有欺骗，应该很好管理。①

礼　节

说到这些人的习俗，西鞑靼人最不开化，除了拥抱，没有其他

---

① Pedro Canevari, *Carta Annua da China a 1651*, BAJA, 49 - IV - 61, ff. 86 - 86v.

礼节,拥抱在鞑靼人中很常见。北鞑靼人、东鞑靼人,老道得多。为了表达尊重,就将对方邀请至家,指示地点或指路时,伸出右手,让人走在前面。说话时也有一定的礼貌,与我们没区别。①

饮　　食

他们的日常食物是,早上吃肉,或山羊肉,或绵羊肉、牛肉、羊肉、骆驼肉和马肉,这些动物都很丰富,他们总是驱赶着庞大的畜群移动。他们吃的肉烤得不好或烹饪得不好,都带着血,这样可以在胃里停留更长的时间,Sena、Coama 和莫桑比克等王国的卡菲尔人也持同样观点,即过度的烹制会带走肉的最好营养状态,出于同样原因,鞑靼人的一大乐趣就是吃动物的肺和肝脏,只带有自然的体温,动物刚被杀死,他们就开膛破肚将其掏出来,这像一些欧洲人喝鸡蛋,这些鸡蛋刚从母鸡体内排出,带着体温。

他们只为晚餐留出一锅肉汤,除了汤什么也没有。入夜,全家人在锅边围成一圈,每个人拿着自己的木碗,舀汤,吸溜,靠这些汤,能至翌日不饿。因为那么多没烤熟没煮熟的肉应该很难消化,所以,他们在一天内不吃两次肉。

那些有权力的人日间还有自己的难喝饮品,像中国人的茶,但是,在材料上非常不同。因为这种饮品是由奶油、奶和玉米面制成,全混起来,制成液状,很有营养,在白天喝这种东西被认为是很享受的事。但是,他们烧煮过的所有东西都不卫生,他们把肉放在同一口锅里炖,动物下水、胃等也放在这口锅里,中间也不洗锅,而这些食物就用手抓,在空气中略微腐烂,就这样被扔进锅里。那些大人物或当官的吃这些内脏时会优雅些,用一把磨光的小刀。他

---

① Pedro Canevari, *Carta Annua da China a 1651*, BAJA, 49-IV-61, ff. 87.

们身上携带的气味很糟糕,即便是较开化的东鞑靼人,若他们在行军,中国人也能很远就闻出来。鞑靼人的村子和聚居区也是这种气味,他们人畜混居。①

附录四 现场:各地失守时的传教士

1643 年,蒲州。万密克被李自成军杀害的经过

叛军闯进蒲州教堂,向万密克索要银子,万密克用好话和一些不值钱的东西将他们打发走了。过了不久,这一小队叛军觉得不能就这么便宜了神父,他住这么好的房子,一定有钱。叛军第二次来,仍然一无所获,砍了神父七刀,将教堂洗劫一空后,将浑身浴血的神父丢弃在教堂内。没有人能来救神父,人们早就逃到山上去了,神父在疼痛与折磨中忍受了 20 天才死去。在山上避难的韩氏兄弟,听说神父死了,派人替他收尸、入殓,还给他找了块墓地,葬了。②

1644 年,北京。汤若望与刘宗敏的交涉

汤若望在钦天监任职时,招致一些人的妒恨,李自成入主北京后,这些人对李旗下第一大将刘宗敏(Liêu)说,李自成的钱财很多,崇祯赏赐他许多钱,而且他会变铜为金、变石为银,不过,汤若望会使障眼法,让一切都"消失",只有对其动用大刑,不惜夺其性命,方能有所斩获。

刘宗敏派人去请汤若望,以客人的身份而非俘虏的身份来见面。汤若望向天主祈求保佑。当他来到第一进大堂时,看见这里

---

① Pedro Canevari, *Carta Annua da China a 1651*, BAJA, 49-IV-61, ff. 87-87v.

② António de Gouveia, *Ânua da Vice Provincia da China nas Partes do Sul no Anno de 1645*, in *Cartas Ânuas da China* (1636, 1643 a 1649), edição, introdução e notas de Horácio Peixoto de Araújo, pp. 302-303.

简直就是一个上演着惨剧的剧场,许多官员在被用刑,逼着交出银子,在行刑中死去的也不少。汤若望见到了坐在宝座上的刘宗敏,他觉得天主已经将刘宗敏的心换了,因为这个比老虎、狮子还恶劣的人,对他周到而有礼貌,他们互相作揖(Çô yê),这是一种平等礼节。刘宗敏赐他坐上首,上了好茶。接下来是宴饮,谈得很欢,似乎完全忘了为什么要把汤若望抓来。①

1645年,西安失守时方德望与清军的交涉

1645年2月23日,清军攻破西安,头三天在城内肆意地烧杀抢掠。方德望、梅高将教堂装扮得如同复活节的庆典一样,充满节日气氛。一对奉教的举人父子在教堂中陪着神父,他们觉得在教堂内才能活命。屠城第一日的清晨,15名清兵闯入教堂,见教堂内肃穆,圣像庄严,全体跪下朝着圣像拜了四拜,拜完之后,凶相毕露,将教父擒到了堂外,直接挑明来此的目的是钱财。他们搜遍教堂每个角落,对神父也满是侮辱,好在他们最终没伤一人,走了。

不久之后,又有一名打扮成鞑靼人模样的中国人,带着几个同伙进来。他们更不客气,教堂里的东西,能搬走的,全都搬进一个小室,逼着神父说出藏银子的地方,神父千般解释,自己是贫穷的宗教人士,家乡远在万里之遥,没有银子。"这个假鞑靼人提高嗓门,要同伙放火烧。"他们拿起一根门闩,狠狠地打郭纳爵的胳膊。另一个人则把刀架在了神父的头上,神父认为这次真要完了,突然,一名教徒跪下,说神父们是远道而来的客人,他们的品德、才学在全中国都享有名望,他愿代替神父受死等等。他们真的在这个

---

① António de Gouveia, *Ânua da Vice Provincia da China nas Partes do Sul no Anno de 1645*, in *Cartas Ânuas da China*(1636,1643 a 1649),edição, introdução e notas de Horácio Peixoto de Araújo, pp. 298 - 299.

教徒的背上砍了几刀,教徒疼得惨叫。他们把该教徒的衣服都脱光,看他是否藏了银子,没有找到,就把他丢到了里面的房间。接下来扒光了两个举人。然后是方德望、梅高二位神父,只把他们脱到裤腰,何大化用苦涩的幽默评论道:"他们用这个方式表达对神父仅存的尊敬,因为其他人都被脱成了亚当在穿上树叶之前的状态。"剩下的几个人也都被脱到全裸。

第二波抢劫终于过去了,神父带着教徒到教堂内谢天主。这时,又有一名骑马的轻兵进来了,客气地向神父讨要银子,没有收获,就带走了一名举人。教友们害怕举人被砍头,跪在像前祈祷。那名举人被关在一个储存赃物的房子中,自己逃了回来。方德望后来找到机会与清军的将领协商,终于得到一纸免受打扰的特赦令。①

1646年,福州失守时的何大化

1646年10月26日,作为首都并改名为福京已两年的省城,被鞑靼人攻破。凌晨5点,鞑靼的400骑兵由北门攻入,而后续部队尚有数日之程。城门原本紧闭,但守城门的士兵却在睡觉。鞑靼军队用城外死者的棺材垒成小丘,登上城墙。城中官员被惊醒后,打开城门以获取和平。但是,在新一轮进攻中,爆炸声震天,逃跑之人的喧闹声乱作一团。爆炸的地点离教堂还有一段距离,但是(何大化)神父感觉好像是打雷和地震。神父赶紧躲进教堂,捡回一条命。不过没多久一切重归平静,因为无人抵抗,一切都处于和平中。鞑靼官员和总督很快也进入了省城,接管了这座城市的政府,将一些有意作乱的人斩首示众,并以复仇的情绪推倒了原来

---

① António de Gouveia, *Ânua da Vice Provincia da China nas Partes do Sul no Anno de 1645*, in *Cartas Ânuas da China*(*1636*, *1643 a 1649*), edição, introdução e notas de Horácio Peixoto de Araújo, pp. 305 – 308.

的官署。

11月6日,隆武皇帝及其皇后和妃子被捕,被交给鞑靼王子[①],如前所述,这个王子下令将他们全部杀死了。隆武是一位很好的皇帝,谦恭而公允,朴素且很有才华,这种品德也给他带来麻烦,因为他的大臣们不想让他知道许多事情。他一直运气不佳,许多人背叛了他,他的皇权被无耻地削弱了,使他失去了重新回到安宁并掌握巨大世俗权力的希望。

该省城更大规模的动荡发生在鞑靼人抵达前的20天。所有贵族和富人均遭洗劫,官员们是最早放弃该城之人,而大量盗贼肆无忌惮(原文缺)任意放火、抢劫。不过,居民们为防止被劫掠也做了充分的准备:家家户户门窗紧闭,每家门上都悬挂灯笼,自备各类武器保卫家园,但他们的武器都很可笑,很多都是由带有老枝杈的竹子做成的,一些刀剑也锈迹斑斑,看不出刀刃。由于有人在鞑靼人来到之前便剃发并当了奸细,人民将他们斩首时用了很长时间,且非常残忍,因为刀剑很钝,可以说是用其击毙叛徒的,而不是将头砍下。

福州附近传教区的教徒们对神父显示出了极大的关爱,他们想方设法将他带离省城,藏匿于他们的村落中,直到第一拨"狂风暴雨"过去之后,又力劝其待在教堂中,而教堂中一直有大量教徒陪伴其左右。这些措施取得了效果,他们的智慧使好运降临于这座教堂之中,因为在没有神父的其他教堂都遭打了严重冲击与破坏。[②]

---

① 多罗贝勒博洛。
② António de Gouveia, *Ânua da Vice Província da China nas Partes do Sul no Anno de 1645*, in *Cartas Ânuas da China* (1636, 1643 a 1649), edição, introdução e notas de Horácio Peixoto de Araújo, pp. 317-318.

1647年，义军企图光复建宁时的瞿西满、穆尼阁

1647年，清军未遇抵抗地接管建宁府，当地已经太平，一个南京来的和尚，纠集乡民、无赖反清，先攻占周边的村、县，又在内线的接应下，从被打开的一扇城门，进入建宁府的城内，见鞑靼人就杀，不说当地话的也杀。有人举报鞑靼人藏在教堂内，便来教堂捉人，神父礼貌应对，得到他们信任，暂时躲过一劫。8月5日，他们确认一名鞑靼军官在教堂内，再来搜查。这名鞑靼军官是名教徒，在起义军在城内展开第一波屠杀时，前来教堂告解，瞿西满收留了他。他们搜出军官，大卸八块，还把住院的一名仆人的脑袋砍掉，因为该仆人讲官话。教堂也被洗劫一空。瞿西满、穆尼阁和两名仆人被抓走，将被作为鞑靼人而斩首。幸亏两名中国人在刑场上认出神父，跪求监斩军头，说这两名神父是欧洲文人，不是清军的人，二神父被释放。①

1646年，广州第一次被清军攻陷时的毕方济

在战事中，名声的力量和有价值的声望是如此重要，以至于有很多次充分地验证，名望不仅带来胜利，可以以少胜多挫败大军，而且可以一直都是赢家。

在日耳曼的最近几场战争中，瑞典国王及其士兵的威名就很盛，尽管他们已被帝国军队打败、摧毁，便向某座广场和安全的地方撤逃，他们在奔逃的途中还施展计谋，设下伏击，使得追击他们的帝国的军队非常害怕，最后，要是不问的话，根本就不知道这两支军队中，哪一支是败者，哪一支是胜者。

---

① António de Gouveia, *Ânua da Vice Provincia da China nas Partes do Sul no Anno de 1647*, in *Cartas Ânuas da China*（1636，1643 a 1649），edição, introdução e notas de Horácio Peixoto de Araújo, pp. 342 - 344.

伟大的李①,是鞑靼军中的名将,或更确切地说,是鞑靼化的中国人军队,他的威名还有用兵之计赫赫远扬,他的部队也是名声在外,中国人都对其十分害怕,他的军中骑兵很少,已经足以降服任何一座大的、人口稠密的城。

发生在广州城的就是这种情况。广州城可以与那些欧洲最大的城市相媲美。加起来有一百多万居民,而事实上,这还只算城墙内的人口,在这一圈城墙之外,是一大片一大片的房子,市郊范围极广,仅看看路上来来往往的人流,就可以说城外也有那么多人,甚至更多。

我们修会的一位好奇的神父用自己的步幅丈量之后发现,城门与城门间的平均距离为3 600步,该神父是中等身材,他用双脚进行了一次几何学的步测,结果广州城的直径是接近两个意大利里(milhas italianas)或半个葡萄牙里格,这是指城墙内的长度。广州城内街道划分十分工整。广州城大约是椭圆形的,接近于圆,一个圆的直径是1,其圆周长总是直径3倍,采用这种方式,我们再乘以3就可以立即得出广州城的城墙长度,6意大利里或1.5葡萄牙里格,这个数字或许小了一点,再加上城墙外边的一圈郊环,直径就变为4意大利里,周长就变为12意大利里,或3葡萄牙里格。我认为规模这么大的城市,在罗马衰落后,欧洲今日还找不到。

这座宏伟的城、人烟阜盛的城,街道整齐,划分工整,两条大马路在城中心交叉出一个美丽的大十字,将城切分,这两条大马路通贯全城,止于四面的大城门,四大城门坐落于城域的东西南北四方。这是一座非常坚固的城,完全包在牢固的城墙中,外堡的大部分浸在一条美丽的河中,河流用自己的身体护着城门。在陆地部

---

① 即李成栋。

分挖有很多条大沟,一千多名炮兵驻守在此。(关于军队的威名所带来的恐惧的力量)九名(鞑靼)骑兵突袭闯入城中,他们气势汹汹地要踏遍全城,他们一边高呼鞑靼皇帝万岁,一边威胁全城的人,若不投降,将会死得非常痛苦。通过与中国人的接触,他们认为不需要发动军队了,因为所有的中国人都充满了恐惧,他们躲进自己家中,只有一些最大胆的,说自己是澳门来的,他们发现来犯者不超过9个人,就与他们打了起来,处死了这9个如此胆大而狂妄的骑兵。

不过,这番英雄事迹没能得以好好发扬,因为没过多久,李带大军突然兵临城下。城民的心掉到了脚底下,惊恐万分,就像一只雏鸭,突然听到要起飞的哨声,除了灰心丧气,将自己埋在自己的双手间,不知该做什么,或者就像温顺的绵羊或公羊羔,当遇到嗜肉的狼或准备好扑食的猛虎时一样不知所措。英勇的李就是这样进了广州城门,遇到极微弱的抵抗或无抵抗,只是在进城时杀了零星的人,对于抵抗的人更多采取恐吓。

正确的做法是,不仅饶了所有人的性命,而且不抢他们财物。然而,李具黩武精神,鞑靼人的残忍浸泡至骨子中,他的意见是将城中半数人口杀绝,以将这个太庞大的民间力量削弱一半。但是,与李同来的一名姓佟(Tum)的文官[①],一名总督,不同意这么残暴的行为,对于抢劫,他却认为情有可原,士兵们没有等上级的任何命令就动手了,抢掠规模很大,持续了三四天,原住民承受了失去财产和尊严的痛苦,还忍受了很多酷刑,士兵们用酷刑强迫他们交代银子和最值钱的东西藏在哪里。

此时,毕方济在广州已经有住院和小教堂,还有一名同伴,是费奇观神父,他们都很老了,上了岁数。面对这个突发状况,二位

---

① 即佟养甲。

神父非常惊恐。看到自己同伴这么老了,还要承受这场灾难,毕方济神父的善心不忍,秘密地将费奇观神父托在一名穷人的小屋中,因为穷的缘故,当鞑靼人来时,可能会放过这一户人家(后来所发生的事实的确如此)。毕方济神父则独自待在住院的大房子中,只有很少几名仆童陪伴。他意识到自己的生命处在巨大的危险中,敌人发现他后,马上就辨别出来他是外国人,因为这些当兵的几乎全是中国人,他很难保证自己的生命安全,尤其是住着大房子,这样的房子是大官住的。

只要活着逃脱,哪怕有一千种酷刑,也能够好好地准备应对。毕方济神父是隆武帝的好朋友,很受隆武青睐的事,很快被这些士兵知道了。这支军队在福建杀死了隆武帝及其朝廷官员、朋友。而且毕方济还是亚基楼的好朋友,而后者是广东官员立永历帝的原因。同样的命运将降临在永历的身上,这些广东官员中无人不认为自己将死在刀下。

因为这些原因,还有另外很多原因,即面对触目惊心的死亡而造成的受惊的心和惶惶不安的思绪,使得神父陷入深深的不安中。神父眼见对于那位勇武的将军没有任何人力可为的对策,没有军队,没有抵抗,这位将军对于抵挡自己的人,无任何宽容地镇压,神父便在一幅天主圣像面前跪下,先与住院的人一起做了向圣母的连祷,为即将到来的死亡做了忏悔,他们很虔诚地连续祷告。神父独自一人躲在一个角落,进入了一个虔诚而热切的祷告,一般在极端必需的时刻他才这么做。天主,神父说道,我很高兴我做了这么长的旅行,做了这么多的事工,这一切都因您的爱而来,又在这样美好的结局中休止,这个结局就是为您壮烈而死,如果不是这样,我也应该死在日本弯刀之下,我应该为您的圣教这么光荣的名义而死,我很满足我有这场流血牺牲,将我的生命终结于神圣的侍主之中。在此地的卑劣之人当中,或在一处公众广场之上,我将被当作坏人与窃贼、叛徒混在一起,我的主啊,出于对我们的爱,您也是这样死去的,而您依然清白,依然神圣,我的身体就在这里,做好牺牲准备,或是火刑,或是刀砍,或是纯粹酷刑,还是廷杖,都由您定。慈悲的主,我只向您请求宽恕我的罪过,我为这些基督徒的灵魂祈求您的护佑,他们将会与我同死,我为这处住院、这座教堂祈求您的护佑,我们尽了很多努力才起动了这座教堂建造,它对中国基督教徒的利益很重要,它是一扇大门,主啊,您的子孙,我的同伴将从这扇门中穿过,从而将那些蒙昧的灵魂拯救出来,给庞大的异教徒群体送去光亮。主啊,不能允许它刚起步就夭折了,带它向前,守护着它,直到耶稣会的神父从澳门来。

圣伊纳爵,我的父啊,我亲爱的父亲,收下这一个灵魂吧,当它出离身体,不要放弃您的儿子,他今天在人群中是那么无助。光荣的圣·弗兰西斯·沙勿略神父啊,您在这个伟大国度的门前去世,在离这座(广州)城不远的上川岛,不过十八里格,就在此刻,赐予您的儿子以勇气吧,他将在同一个门前死去。

哦,这世界的风云变幻! 哦,这善变的命运之轮! 这是第二次了,中国在短时间内见到皇冠换了三换。它在北方的北京宫廷发生过,今天它发生在南方的广东省城。我的朋友隆武死了,现在永历皇帝行将终结,就在他的皇位之上,皇冠将加冕在一个暴君的头上。世界乱了,你承诺过的,是那么难懂!

就在此时,一队暴躁的士兵闯进来,他们首先拆掉了门,奔着神父而来,对着神父砍了两刀,任其自生自灭。神父什么话也不说,只是口里念着:耶稣、玛利亚、圣伊纳爵神父、圣·弗兰西斯·沙勿略神父,保佑我吧。士兵们又去对付神父的仆童,住院里的人都受了伤,受到打骂,神父因此得空爬到一个角落里,躲藏起来。士兵们连抢带杀,把一切都毁坏了。然而,天主没有放弃这受伤的神父,鞑靼人的一名将领路过,这个将领是欧洲人,名叫迪奥戈·

巴雷托(Diogo Barreto),认识神父,将神父收留在自己家中,为他寻找帮助并照顾他。

当神父康复和健壮之后,将领带他去见总督,将神父介绍给总督认识,总督隆重地接待了神父,并与神父交流等等。①

1650 年,广州第二次被清军攻陷时的曾德昭

奉教士兵们跑来躲藏进教堂,他们带来了在城墙豁口处发生的最新消息,还有官员们是怎样全速乘船从河上逃走,这些船都是他们为了逃跑早就准备好的。曾德昭神父听到这些后,立即就去城墙寻找一名穆斯林,这名穆斯林曾经请求他为自己施洗,好心的神父置自己的生命于度外,而去关心这名穆斯林的属灵生命和永生。但是,神父没找到他,神父看到的是,全在逃命,一片乱象,因为逃跑的人太多,神父都不能从路上通过。神父到了穆斯林的家里,找到了他,立即为其施洗,随后不久,这名穆斯林就与另外 11 名奉教士兵一起死去。神父立即将躲藏在那里的逝者的家人,老婆、孩子带往教堂。神父很快地听了他们的告解,这是情势使然,因为,他们随时等待死亡降临。做完这件最重要的事情,神父将所有的圣器焚毁,只保留下做弥撒所必需的。入夜,不安趋于平静,神父见此,就更完整地听取了教徒们的告解,还在破晓前举行了弥撒,在弥撒中,根据规定方式,向所有人分授圣体。弥撒结束之后,大家都留在教堂中,他们都准备好了投向另一段生命。神父这一整夜都与他们热切交谈,伴在基督受难像旁,神父为自己的灵魂和在这座教堂中由他牧养的那些人的灵魂向基督祷告,全体教徒深受鼓舞,他们不怕就这么坚贞地死去,因为他们死时,已在天主的

---

① Anonymous, *Relação da Missão de Tunkim*(1646), BAJA, 49 - IV - 61, ff. 94 - 96v.

家中告解过了并领受了圣体。如果我死了，天主，我将含着满足而死，因为我是死在我的岗位上，就像您神圣军队中的一名光荣的战士。有多少人死在城墙脚下，或是为了荣耀，或是为了钱财，或是为了万世流芳。为了不使这些灵魂失去庇护，我要死在这里，死在您的脚下，这是何等殊荣。那么多人死了，没有忏悔就死去了，这会使您多么伤心。去吧，在我之前先去，让这具罪恶的躯体去吧，它终究是要死去的，灵魂将得永生。我代这些灵魂向您祷告，我代这些灵魂向您祈求，求您在救赎中为它们留下位置。贞洁的圣母啊，在这充满了危险的最后一步，求您不要抛弃我们。

仪式结束之后，所有人都各找各路隐遁去了，只剩下神父与四名小童，一名上年纪的仆人，名叫Faustino，还有这名仆人的小儿子。因为还会有更多的信教士兵前来躲藏，神父等人便没有逃。

当开始感觉到城内的骚乱的时候，已经是大约七点钟了，听到的是耶利米哀歌等歌声，目之所见则是一堆小山又一堆小山一样的尸体。

风暴终于席卷到我们的住院，闯进来了四头"豹子"，提着从鞘中拔出的弯刀，他们立即砍杀了遇到的第一个人，这个被杀的人是一名信教的士兵。神父没有离开他的位置，他仍跪在圣坛之前，身着白色法衣，以及教士在宗教仪式中所佩戴的襟带，静候弯刀给他致命一击，然而，天主从这些暴徒的手里解救了他。

这些闯入的鞑靼兵，有三人布守在住房中，其余人等进了教堂，他们见到救世主像，大且精美，还有用烛台和燃烧着的蜡烛布置的祭台，便停住了，与神父讲话的语气也很温和，他们将圣器室里的财物浏览了一遍，带走少许，又将神父塞进住院里的一间内室。

全体妇女儿童也被塞进一间小室，男人则被绑脚绑手，对于神父，他们只让神父背过手去，把手绑住。然后，他们将住院里的财物聚拢在一处,这笔财物数量不小,因为其中有一些是别人寄存在住院里的。为了"物尽其用",他们命令做饭来吃,随心所欲细挑慢选。

天色将晚,这时,一名有地位的军官再次前来,对士兵们说道,带上这些财物,离开住院,他们还有任务。他们将一切都打包,将一些被关押的人释放,由他们来搬运,其余俘虏则用绳子套着脖子,手被捆住,与神父一起被牵出住院,编成一支战利品和俘虏队列行进。因为鞑靼人还没有住屋,就在最先找到的空房子中留宿,将妇女和儿童塞进房屋的内室,被绑着的男人留在他们视线之内。

夜已至,在冷静地注视下(噢,多么野蛮残酷!),(关押的人)可怜的战俘被拖出去,砍去头颅。只一个人自说自话,愿意用某一样东西换命。凭借着银子的收买,有人在杀戮中幸存下来,也只不过是仅四名战俘。

在夜里,基督徒们与异教徒交谈,与他们谈条件,教徒们挣脱捆绑,而没有被觉察,然后逃之夭夭。但是,他们没有逃脱死亡,因为随处都能遇到鞑靼人的屠刀。

清晨到,还活着的可怜的战俘,度过了一个惶惶不安的黑夜,然而,他们终于熬到了明亮与晴和。这几名鞑靼人的贪欲胜过了杀欲,他们决定放下屠刀,他们释放了老仆人 Faustino,还有另外两名年小的,以便让他们运财物,只留下一名鞑靼兵看守着房子。

此时,恰巧另外几名鞑靼士兵经过,他们互相认识,就告诉这几名鞑靼人他们做了什么,砍了多少人头,又说,现在我们必须砍掉这个老人的头,留着这个神父的心跳干什么? 然而,没有在这个老人身上觉察到半点恐惧的阴影,神父告诉他们自己的名字叫 Semado 或 Semedo,之前,他还喜悦而满意地引颈候刀,一时一分地等,他清楚地知道死亡是自己通往天国的阶梯。

摆在他们面前的有好几条路线,他们可以选择走这条和不走那条,他们认为,每个人都分到了自己的一份,量也够了,他们决定还是找房子住下来。大家就跟着这支游移不定的队伍行进,队中没有人被绑起来,因为他们都扛运着掠获物。鞑靼人将一根很沉重的扁担压在神父背上,神父驮着这根扁担,迈不动步,鞑靼人将这根扁担转移到另一名更有力气的俘虏身上,而让神父背着几只公鸡、母鸡,因为这个负重物是活的,神父走起路来更跛脚了。

走了没有多远,这时,遇到一名骑在马上的兵,这个兵看起来像大帖木儿(gram tamerlão),他在马上大呼小叫,为什么不砍了这个老人的头?这(个老人)是此时正在唱的歌曲中最后一首,(这首歌曲是)砍之、伤之、杀之、焚之、辱之。

这支队伍穿越了广州城的一部分,一路上的所见已发生的、正发生的真是令人心碎,路上尸体拥塞,房屋里已没有一个中国人,因为所有的中国人,要么死了,要么被俘,关在别人家里,自己的家被鞑靼兵占领。因为房舍不很宽敞,俘虏就被赶到一个屋檐下面住宿,时值寒冬,衣服又少,非常遭罪。战俘们受到的对待还有,米饭又黑又少,还是坏的,能满足基本所需已经是美味,他们身上有对死亡的恐惧,也没水喝。

整整五天,一直都在杀人,砍杀了超过一万五千人。

在第四日①,出来一份告示,不再杀更多的人了,在广州城建造的死人墓多于活人住宅的时候,屠刀终于停住。

那些活着逃出去的俘虏,见到告示,认为自己已安全了。翌日,即第六日,Faustino哭着来找神父。神父问他为什么哭,这个仆人哭着答道:他们想砍下尊贵的您的脑袋,如果尊贵的您死了,我们该怎么办?神父以能做到的最好的方式安慰他:如果我被交到天主我主手中,我就等待屠刀降临的那一刻。然而,或许鞑靼人

---

① 第五日之误。

第八章　年信中的明清鼎革：内容、特征与应用讨论　845

反悔了,或许我主改了主意,那个预想中的结果没来。这样,神父就继续等待基督的降临,神父说道,他感觉前所未有的好。

因为在城外的人已得知,广州城内已经不再虐待中国人了,而且安抚他们向广州城运送补给品,那些在城里消失的人又开始走动起来了。

在这支鞑靼军队中,来了一名奉教太监,他是为军中的一名将领效力的,太监名叫弥额尔。他知道曾德昭神父,立即就去拜会神父,他还将神父被关押的事情报告了亲王,亲王马上派人去传神父。神父去见亲王,亲王以周全的礼节接待了他,给神父茶,让神父坐,他还命令太监传话士兵,如果他需要另一个人来代替神父,就给他找,或者给他银子。士兵听到这个口谕之后,惊得说不出话,想要亲自去见亲王。觐见仪式结束之后,亲王赐给士兵50两银子,这是最令士兵满意的一件事,他称神父为老父亲。

亲王命令太监弥额尔照顾好神父,将其安排在官邸居住。神父为这份恩典表达了感谢,但是,他不想待在官邸里。太监在官邸外还有住宅,神父就住这里,这样对于教徒比较方便,他们想与神父交流,每天都有更多的人寻找神父处理灵魂之事和行告解。

中国新年到了,亲王派人给神父送去全套的外衣,因为神父除了一件长衫之外,没有其他外套。亲王还送去一只猪,几只母鸡,还有两篓白米。另外,还送给神父几间好房,就与官邸相连,并且配了家具,单人床和桌椅等等,至于柴米,则是常年供应。然而,因为亲王的家人从北方过来了,母亲、妻子、儿子等等,神父住的房子就得让给这些人了,于是,亲王命令再给神父寻找其他房子,新找到的房子里还布置了一座小堂,神父从此住在这里直至病重。因为生病,神父的上司就召神父去澳门治疗,他抵达时,病入膏肓,加之治疗不当,没有人可以救活他,然而,我们的主起了作用,就像将之从鞑靼人的屠刀下解救出来,为了中国传教区好,又将之从这致命的疾病中解脱出来。①

附录五　拥立永历帝的经过

广东官员决定立一新帝,名永历(Yum Lye)。

当在一座城中,火被点燃,敌人已经要进来了,火势涨得很猛,看起来不可能有挽救措施,尤其还有风助火势,于是,所有住民人心惶惶,充满恐惧,面对眼皮子底下的危险,他们动手武装起来,以必要的方式加强戒备,不让敌人进入自己家里,当看到邻居家的房子烧起来,恐惧就会增长许多。

战火在中国燃烧,随着鞑靼敌军的扩张而蔓延,随着他们对当地人的了解而升级,就像怒风助长了火势,鞑靼人将烈焰和火花带到了全中国。北方诸省已领略过这场大火的威力和暴力,几乎将所过之处变成齑粉和灰烬。这些省份是山西、河南、山东、北京、陕西。鞑靼人的暴虐无视"洋子江"的大河天堑,传递到了南方诸省,南京、浙江、江西、四川、贵州、湖广、云南,鞑靼人在这些地区造成极大破坏,他们在福建邻省点燃的怒焰已冲天了,就是从福建南下的两个省份,广西、广东。广东的官员们立即行动起来,就像这座广州城的主人一样,组成一个紧急的、盛大的议事会,决定拥立一位新的皇帝,以应对防御的需要。有一个人具备皇室血统,他是偌大皇室的最后的遗脉。

官员们凑在了一起,就像往常一样,在他们中总是出现意见分歧,他们分成两派,一派支持拥立,另一派则反对,宦官亚基楼掌管着这个议事会,他在这群人中很受尊重,拥有权威。

不想立新皇帝的人给出了很多理由,各种各样。他们说道:

---

① Pedro Canevari, *Carta Annua da China a 1651*, BAJA, 49-IV-61, ff. 116-118v.

"今天我们还能看到光复我中国帝国的希望,诸位先生,你们是想把所有的希望葬送于一次冒险吗?如果说我们拥有的皇室血脉是藏在林地里的珠宝,蛰伏在广西的山中,我们让他以中国皇帝的身份亮相于天下,除了将他暴露于鞑靼人的眼前,或者说将一只羊摆在鞑靼人野蛮的刀下的砧板上,我们还能做什么呢?"

(主张拥立新皇帝这一派的观点则是)"等待更适合的时候未必更好。当这几个邻近省份因为某个机缘举兵而起的时候,因为我们已经为这几个省和我们所在的广东省宣布了新皇帝,本族的主子会使他们有劲头,他们不仅会维持这个政权,而且还会取得期待中的胜利,将敌人鞑靼驱逐出中国,再惩罚那些造反的中国人,使我们的帝国恢复到它最初的样子和原先的状态,还有它的美丽。"

——"能担当这么艰巨重任的将军现在在哪里呢,士兵在哪里呢,能打仗的人又在哪里?谁敢直面这样一支强大的和战无不胜的(鞑靼)军队,还没有一个中国的省份这样做过。"

——"我们非常了解我们的邻省福建人的价值,他们勇敢、敢干,不仅与中国人打仗,赢了很多胜仗,而且还敢拿起武器反抗来自远西的外国人。正如我们所知道的,他们富有勇气,亦有作战经验。"

——"如果这些(福建)人失败了,如果这些(福建)人臣服了,我们还能指望广东人战胜如此强大的敌人吗?我们每个人都深藏恐惧,只是今日我们在广东还不说出口,除非到了一个必须得逃命的地方,想要活命。还有,我们银子短缺,军需物资短缺。我们也很清楚,咱们中国人在战争开打时拿不起武器,除非他们是兵,而这些兵的饷银很高,由一名勇敢的将领逼上前线,将领手里持刀鞭励他们,要么就死,要么就赢。我们(在广州)要拿出养活1.5万或2万人的银子,要防守这么大的城墙、这么多兵是需要的。我们立新皇帝,新皇帝再安排我们防守,无非也就是要我们摸起武器,和向敌人喊话而已,敌人一定会因为我们的胆大妄为而被激怒,会用更残酷的手段对待我们,这将使得事态更糟,他们就不仅满足于统治北方,全中国都会有鞑靼人了。这些情况就算是不可能出现,中国全部省份已然沦陷,还能依靠什么来维持我们广东省的供给?谁来消费我们的盐?谁来购买南方药材,印度货物,欧洲奇器等由葡萄牙人带进来的商品?这(对鞑靼人而言)不过是关闭所有贸易,另外找条途径而已,不是只有广州,还有澳门。我们认为,不立新帝,也就不会激化战争。我们可以先向鞑靼人派使臣,就说是省督派来的,我们全体官员都准备好归顺,你们不必出兵,对投降的和顺从的,没有必要使用武器还有武力。"

"我很震惊,"忠勇而谨慎的亚基楼说——他是支持拥立新皇帝这一派官员的首领——"国土沦陷如此之快,那么多大人物的心也沦陷得如此之快,在见到敌人的武器之前,已经软弱得想投降了。他们说出来的所有理由,对代表民意的人和见识远大的人,是苍白无力的。对鞑靼人实力的最后的抗争开始了,对他们不败的军队和骁勇的骑兵,要记住这些鞑靼人与那些从前侵入中国又被中国人赶出去的鞑靼人是同样的鞑靼人。但要考虑到那些勇敢的敌人未必是鞑靼人,南下大军未必是鞑靼人,他们是打着鞑靼人旗帜的中国人,他们穿戴着与鞑靼人一样的衣靴,他们还削去了头发,甚至用浑厚的嗓音说话,以使自己看起来像鞑靼人。

"我不知道有什么可小心的,也不知道,他只是个后生,又有什么威望,你们害怕的是一个伪装的嗓音和服装打扮。他们骑马而来,我们不必害怕,因为这战马上的不是骑士,不仅没甚作为,而且,他们逃跑,还会在敌军中引起大乱。

"鞑靼人将打败福建,也是无稽之谈,打都没打,何来打败。吓怕了的人会投降,他们应该听你们的意见,就是如果他们拼命一战的话,今日鞑靼人将不会在福建省拿下一县乃至一村。我早就说,福建人看见了我们,就会为了我们战斗、抗敌,他们会为我们的背叛和怯懦而羞愧的,他们将会立即拿起武器,牢据中间,将我们共同的敌人包围。要有一股士气,没有人对胜利丧失信心,这丰功伟业需要有信心,不管其中多少困难。广东并不缺人,也不缺将,只要我们这里团结一心,想要多少就有多少。

"这次争论是从一个很浮于表面的理由开始的,即将我们唯一拥有皇室血脉的人立为皇帝,是将其暴露在最大的危险中。恰恰相反。如果鞑靼人掌管了该省,而这皇族还处在非公开的状态,就很容易落在鞑靼人的手中,要么只能逃亡外国,要么就在籍籍无名当中结束生命,就像那么多的皇室血亲都是死于无名,这些我们是知道的。将其立为皇帝,就会有兵,有权,有贴身的护卫,不管身在何处,他是皇帝,总能受到尊敬,得到保护。

"还有必要警醒诸位,如果今年我们不立首脑,当我们看到我们受屈辱的人民受到鞑靼人的恶劣对待,那就意味着我们将被世界上最野蛮、最卑劣的民族征服很多年,沦为其奴隶很多年。我就以此来结束我的话吧。

"如果运气不利我们,因为毕竟这是一场不确定的战争,我们可以撤往广西山林之中,我们有海南岛,我们有澳门的葡萄牙人,葡人不会抛弃我们,会将我们置于其要塞和重炮的保护之下。

"如果说运气有利于将胜利的一方,是说军队的补给就不需要了,因为整个地盘都是他们的了,如果不是这样,那么我问你们,那些造反的人的军需从哪里来,他们可是超过 60 万人,全部都是从府城里找来的,从县里偷来的,从田里收割的,牛、猪、鸡、鸭统统抢光,这些不名分文的人就是这样维持给养。天主还是要将胜利赐给不缺物资的人。所以,要开贸易,拔去门闩,使中国和澳门间的货物流通起来。"

凭借这些理由,反对派被说服,他们当即表示,愿意捐献财物乃至生命来保卫新皇帝。在欢天喜地中,要按照他们的方式举行大礼、仪式,这些谋划者便立即带着礼物赶赴肇庆城,这唯一的皇室血脉正在那里。

他们翌日出发,赶到肇庆,立即就去他的官邸,全体叩首,这是习惯礼节,奉教宦官庞亚基楼以全体的名义进言。"主公,"他说,"光复中国以及万民不受奴役之唯一的希望,主公,我们神圣家族这棵大树上仅存的幸运果实,鞑靼人的毒、手中的斧残酷地砍伐这棵树的根基,使这棵树几乎完全倾倒在地,他们砍去树的枝叶,摧毁其繁庶的子孙之果,只有您留存下来了,您是金果,是这棵大树仅存的种子,再来一次摧残,这棵树将被投入火中而枯死,我们来到这里,一切都结束了。

"我们想保住您这根珍贵的树枝,我们想将您带给兴高采烈的广东人,根据我们的判断,秘密地保护您是不可能做得到的,因此,我们的万民,我们全体,想拥立您为我们在广东省及周边岛屿的新皇帝,我希望能兼及广西,这样,您就可以建起宫廷,拥有卫队,既能护卫自己,又能护卫我们。百姓或者广东省的庞大人口的民意能感动您,只要您还有一口气,他们见到您就感到安慰,只要您还活着,希望就还活着,如果您终结了,中国就终结了,届时,诗书不存,我们全都将变成野蛮人,我们的君主国将变成一个纯粹的鞑子国。"

他为民意所动,接受老百姓劝进的皇位。大家都高兴地哭了,带着这份喜悦,返回广州,将这个好消息告诉老百姓。①

---

① Anonymous, *Relação da Missão de Tunkim* (1646), BAJA, 49-IV-61, ff. 91-94.

附录六 清军攻克广州及庚寅之劫

1651年年信第15章[①]

《三万人的鞑靼军队抵达广州，有步兵，有骑兵，他们做了首次攻击；关于攻击中的情况》

这是一条现代军事箴言：当一座城的守方属于一个强大的国家，不会等着敌人越过国境线打到家门口，而是出击，与其交锋，如有可能，就把战争放在敌人家里。

在我们时代的欧洲，好战的法兰西民族就是这样践行的，他们在兵力上很强大，不论是步兵还是骑兵，他们从不坐以待毙，也不允许帝国之鹰(Águia Imperial)在自己的国土上插入一根爪趾。他们宣战，立即携三万四千人马侵入佛莱芒(Flandes)，另一路入普法尔茨(Palatinado)，又一路更大的军队进入阿尔萨斯(Alçacia)，还有一路则与萨瓦(Saboya)和帕尔马(Parma)的军队在意大利会师。在海上出动一百艘战舰收Deres岛(Ilhas Deres)。他们还试探了萨丁(Sardenha)、西西里(Scissilia)和那不勒斯(Napoles)的忠诚度。最后，又在西班牙发动了两支军队，一支在比斯开(Vizcaya)，另一支富有冒险精神的在加泰罗尼亚伯爵领地(Condado de Catalunha)。这场胜利势如破竹，正如我们已看到的和正看到的。

这种战争模式有数不尽的和各式各样的理由，首要的理由就是，如果将战事放在敌人的地盘上开打，局促中的敌人只能转攻为守，而自己的国家完全处在和平之中，得以休养生息，除了军费、捐税之外，感受不到其他战争所带来的伤害。农夫可以安心种田，牛可安心吃草，不必害怕被盗，全体人民都很安全，危险是有，但很遥远，在国境外，在敌国土上的任何一场胜利，都会得到高声喝彩，因为这些胜利是在敌人的城池中取得的，花费相对较少，只要供给

[①] Pedro Canevari, *Carta Annua da China a 1651*, BAJA, 49-IV-61, ff. 111-113v.

线路安全，军需就能得到比在本国境内开战更好的供应，因为供给物资可以来自掠获、来自投降的县、来自村镇纳贡、来自敌方任何土地，这些都有助于补充军需。

然而，当防守方没有这么强大，那么，就该强烈建议守方不要在国家的心脏部位待敌，而是修筑要塞，至少迎敌于边境线上，要有一支装备精良的守卫部队，补给品、军需品充裕，这样，就能将敌军进攻中一鼓而起的锐气在国境线上挫败。如果有源源不断的援军可以在国境线外发起攻击，又有后方来的补给，那么，就在大门口将敌军消灭，截断所有河流的门户，加固建筑，抢走敌军粮草，用接二连三的小规模冲击劳烦敌军，冲散他们军队，侵入他们军营，等等。如果敌人非常强大，那就采取另外一种方式，把场地上割得寸草不留，把可以为敌人提供给养品的一切付之一炬。

有智慧的医生不会等待高烧的热侵害心脏，而是在一开始就用放血治疗牵制病害，在与疾病战斗的前线，千方百计拦截疾病，使用束胸带（a pitrina）和强心的补药来加强心脏的防御能力，同时，降低和减小疾病的威力。

采取这种将防御前移于国境线的方式，国家就会得到更多保护，更加安全。因为如果敌军入境，其力盖过守军，很快就能掌控战局，掌控一切没有王师守备、没有火炮装备之处——如果是不大的一座城，没有城墙来保护城内的居民，是不会有堡垒和火炮的。这样的话，一切都会陷入混乱，没有一日、没有一夜是安全的，没有人可以保证自己从这一小时到下一小时的生命是安全的，整个国家只能寄望于交出一两个城市或几座要塞。

广东人在保卫自己的国家时就犯了这个重大的错误。既然全中国都被征服了，鞑靼人就不会只留下广东省，他们就只能暂且等待鞑靼大军的逼近。因为是在自己国家待敌，除了加固广州城的城墙之外，也做不了其他事情，就是将全部的兵力放在城内，强化一下前线,在前线有天然形成的坚固屏障,一片连绵的山,只留出一条极狭小的通道,此山还将广东省和广西省分开。可是,大将军李(成栋)不在,而在广东省外打得两场胜仗于事无补,于是,他们决定做个赌博,孤注一掷,要么光复,要么一次性地全盘尽失。

他们将所有的力量,还有全部用于拒敌的武器,以及大炮都置于广州城内,他们认为不仅可以保住城池,而且可以消灭高墙下的敌人。而事实上,在广州城朝南的、与河相连的部分,有二峡道,这两条峡道一直是畅行无阻的,源源不断的补给品就从这两座"门"进城。如果守城的人和将领是其他人,这些条件能够保证一场完美的胜利。然而,他们只满足于安全地躲在城墙之后,所谓"胜利"就变成了我们马上将要讲到的这样。

鞑靼大军抵境,见到城池,就在一座山丘之后安营扎寨,此处离城墙有一个炮程的距离,因为急行军带来的劳累,就先休整。这几天里,他们装配攻城器械,梯子、长凳(bancos)、antemas[①]、剪刀(tizouras)、三角(triângulo),还有其他类似的用以爬城墙的工具。

在战争中使用火炮之后,现代军队针对攻城三式,进行三项设计,以固城池。第一项被称为"人手炮排"(bateria da mão),这些城墙是轻薄型的,砌这些墙只是为了避免被梯子及其他攀墙工具等的攻陷。另一项被称为"皇家要塞"(Fortificação Real),这些城墙都是厚墙,立于七个台座之上,台座又依托于山梁、高地之上,这种设计是为了抵御攻城的第二式,即使用炮群来攻城。第三种设计还能抵御从背后挖过来的暗道、隐蔽道路以及坑道,这种设计还得水势之力,护城的水是不能被拔除和切割的。

除了高大、坚固的城墙本身,以及倚重河水之外,广州城没有其他的设防手段,大约有三分之二的城墙是在河里的。针对高墙,

---

① 待考。

鞑靼人在一次猛烈的进攻中使用梯子。但是，对于这种攻式，广州城可以说固若金汤，它的高墙布有重兵把守，备有火炮、火药壶（panela de pólvora）、榴弹等火器。广州军民抵抗鞑靼人的进攻，鞑靼人在第四日向城墙发起猛攻，呼号叫喊响遏行云，曾德昭神父在其信件中证明，他在住院中就听到了攻击的声响，而住院距离城墙有半个葡萄牙里格那么远。

城墙上的士兵抵抗力强，他们勇敢，有很多士兵是澳门人。如雨般大量急速落下的不仅仅是箭矢，还有圆球形炮弹、火药壶和榴弹，鞑靼人根本就不能靠近，把梯子、antemas 及其他登墙器械架靠在城墙上。起先，鞑靼人抵抗不住这不间断的弹雨，以最快的速度逃回其大本营，就是他们发起进攻之处。鞑靼人留下 600 多具死尸，地面都被血水浸透了，此外，还有很多士兵残的残、伤的伤，这个情形把外围的鞑靼兵吓坏了，却鼓舞了城墙内的中国士兵。鞑靼人决定先住进营地，等待更多援军。城内的中国人决定加固工事，并且出兵阻止从水路而来的鞑靼援军。

在距离广州城有一炮的射程那么远的地方，有一山丘，火力恰好覆盖不到，从山丘上可以望见数不清的墓碑，这些墓碑都是广州人的。

这座山丘的背面（是广州城的火力覆盖不到的地方），不仅仅是广州城的致命之踵，对于敌人而言，可以用作一道安全屏障，用以隐蔽。鞑靼人在这里安营扎寨，前有山丘为其阻挡广州城射来的炮火，他们搭起帐篷，为了腾出搭帐篷的空地，为了生火，他们刨出墓地里装死人的棺材，这些棺材都是用又好又厚的板材制作的，这件事大大地刺激了广州城里的人。鞑靼人很快从邻近的县凑了 20 门火炮，安置在山顶上，这组火炮数量不少，却造不成伤害，因为太远，而这些炮又是中等口径，他们只是朝着射程内的房屋和人放炮，广州城的城墙上则装备了大火力的加农炮用以反击，在这轮火炮与火炮的较量中，广州城抵挡住了第一日的猛烈攻击。

与此同时,广州城内也不乏突围的尝试,而且总是漂亮突围,尤其当"澳门连"出击时,他们既是通事(Jurubaças),又是英勇的步兵,另一队是黑人,由一位优秀的将领指挥,他们称之为"刀疤脸",因为他的面部有一道疤痕,第一眼看上去是勇敢的象征。

在小规模的短兵相接中,通常是鞑靼人徒步逃跑,然而,当鞑靼骑兵出现的时候,我们的人要么失去了长矛队的掩护,要么暴露在战车组成的坚固防线之外,立即就被打散,乱成一团,被迫后撤。

在这些小型战斗中的一次,我们的两三个人成了鞑靼人的俘虏,鞑靼人没有杀他们,而是要他们为自己服务,还给他们涨了饷钱,以此来"邀请"广州城里的中国士兵。

广州人的军队在河中几次拿下鞑靼人的护航队,阻止了大队鞑靼援军的到来,他们俘虏并处决了很多鞑靼人,一次,他们将300名鞑靼战俘押回城内,这些俘虏在广场中央全部被立即斩首,因为鞑靼人也以同样的方式对待留在那里的中国人。宦官亚基楼也一试身手,他带着优良的援兵从肇庆而来,但是,鞑靼人总是躲在自己的营地中,中国人赶也赶不走,直到一支强大的鞑靼援军从广西到来(才打破了僵持),这是一支精选的两千人的队伍,他们将使广州的命运终结于悲剧。

1651年年信第16章[①]

《鞑靼人进攻广州城外的、在福建人聚居区中的三个堡垒,并控制了它们,在其中装备了50门炮,鞑靼人凭借这些炮攻入了广州城,以及关于在攻城中和屠杀中所发生的事》

在广州城被围期间,受围困的广州人总是有好运,源源不断的

[①] Pedro Canevari, *Carta Annua da China a 1651*, BAJA, 49-Ⅳ-61, ff. 113v-116.

给养品通过河上的两个峡道进入城内,尽管物价涨了,但是,那些日常所用,猪、鱼、牛、麻鸭、鸡蛋、母鸡等一点不缺,这些岛上的居民过着像和平期一样安逸的日子。广州城悲惨陷落的原因是居民们赖以支撑的伟大的信心没了,只要敌人还在继续围城,城里的人总会担心某种灾难发生。"没有后援的部队已失败一半,有后援的部队固若金汤",即使这句谚语很有道理,然而,对这句话的理解还取决于后援对敌军造成了很大的麻烦,敌军或是出于补给不足,或是出于在连续的进攻中减员,被迫——尽管很不情愿——撤围,放弃战术意图。(对于广州守民而言)美好的时光是在那个第四日,城内的人击退了猛烈的进攻,敌军鲜血淋漓,伤亡惨重,屈辱地返回自己的营地,全都充满恐惧。美好的时光是在那一日,广州城门全部打开,军民倾巢而出,就连小童也拿着石块去乘胜追击,将敌军驱逐出被他们霸占的地盘,中国人毫无疑问地每下一地就成为该地的主人,就地加强防御工事,拿下俯视广州城的高地,幸运的话,鞑靼人马不停蹄地逃到了国门处,就像广州人在广州城还没受到灭顶之灾时逃跑。然而,要实现这一切尚缺乏经验,缺乏将领。

鞑靼人就这样任由广州守民加强防御工事,(僵持)持续了9个月,直到一员猛将到来,他带了两千精挑细选的兵士,在某个清晨向福建人的一处堡垒突然发动猛攻,广州人英勇地抵抗,然而,这一处轻微的创伤——如果"轻微"可以描述在战争中所发生的一切的话——导致满盘皆输。鞑靼人在一处堡垒的火药中放了把火,与堡垒连在一起的一座房子开始燃烧起来,另外两处堡垒的士兵以为鞑靼人已侵入了他们的这三处堡垒,满怀着惊惧地弃岗离守,敌军安然无损地占领了堡垒。这使得全广州城笼罩在阴影中,因为这三处堡垒几乎与广州城的城墙处于等高的位置,还有30门炮,中国人还挖满了巷道以方便城内与碉堡的联络,这是军事中的一个极大错误,它在这里使守军付出的代价是丢失了一个偌大的省,一座富饶的城,还有那么多县。

现代军队在对一些问题的看法上有很大的改变,关于加固防御,对于即将被包围的军队而言,在城墙外构筑工事是好是坏,对这个问题的解答十分困难。因为如果不在墙外设防,就生出一个大麻烦,敌人可以借助隐蔽道路,非固定土地上的移动围栏,pijoas①,孔穴(couvas),以及掩护人员的机械悄悄扩张,不用几天就能触到壕沟外的护墙,进入壕沟,像藤蔓一样缠绕住堡垒(rotango do baluarte),或者在开阔的街头布置好一组强力的火炮,如果出现这种局面,包围在几天中就会解除,因为这已是今年的习惯做法,只要敌人摸到壕沟护墙,或者进入壕沟,他们就开始攻击了。

如果在城墙外设了防御工事,也有不好之处,就像在广州城外的三处堡垒中所发生的,这种情况也在欧洲城市的围歼战中发生过很多次。因为敌军一旦夺下墙外据点,那么,敌军就增强了对抗城池的力量,这简直是糟糕透顶,尤其是当墙外的工事配备有精良的火炮时,因为这相当于把现成的火力交给了敌人,是将敌人武装起来,如果敌人要在距离城墙这么近的地方完成这些,就不得不付出很大的代价,包括劳动还有人员损失,因为这完全在城墙守军的射程之内,这真的是很难的一件事。所以,最好的办法是,当人员齐备、补给充足的时候,就在敌人的据点上不分日夜地折磨敌人,直至消耗他们,赶走他们。

广州城的三个堡垒,是福建人在城郊建造的,离城墙非常近,这三个堡垒正是广州城失守的原因。正如前述,鞑靼人在夺得这三个堡垒后,获得30门火炮,加上其原有的20门,大大小小共50门炮,他们夜以继日地朝着城墙的同一段持续轰炸,一天一夜之

---

① 待考。

后,天破晓时,那处墙段已经有了一个很大的豁口,堆满灰泥残渣的壕沟正适合攻城的人用脚蹬着向上攀爬,但是并不利于骑兵施展。翌日,就在这个口上,战斗十分激烈,城内的人严防死守,鞑靼人发起了三次猛攻,三次都被击退,守军使用了大量的火药壶、箭矢和滑膛枪。

战斗打得有声有色,因为皇帝本人就在现场,皇帝带来了两大箱银子,对于干得好的当场奖励,比如,他一次性奖励了一名基督徒 50 两,因为这名教徒将火药壶不偏不倚地投掷到敌军的密集处,在敌军中引发了一场大骚乱,迅速地将这股敌军从其霸占的地盘上驱逐出去。

然而,这是一场鏖战,鞑靼人坚决而固执地要入城,尤其是不停歇的大炮,在城墙的豁口处掀起大量尘土、石块,城里的人无计可施,他们都看不见自己身在何方,隆隆炮声和鞑靼人的喊杀声似乎拖曳住了天空,对所有人而言,这就像是末日审判。

皇帝受伤,躲藏起来,河上有一支全副武装的军队,财物细软已经装船,官员们亦撤退跑路,将领本来还是士兵们的楷模,也一点点地跟着跑了,有些将领坚持到了城墙失守,赶在鞑靼人从豁口进来之前。鞑靼人踏着城墙冲进来,于是,全城乱作一团,充满对死亡的恐惧。

童男童女,人父人母,眼见屈辱和弯刀离得这么近,听他们的呼喊、看他们的眼泪,真是一件令人心碎的事。很多贵妇,按照惯例,秘密地在自己的花园和房间内自缢身亡,具体数目不得而知。在街上仓惶逃命的人,把财物和小女儿驮在背上,从身上掉在路上的东西不再去捡,如果认为谁妨碍了自己逃跑,哪怕是还在胸前哺乳的儿子,也会撒手而逃。对死亡的惊惧,还有鬼迷心窍如此之深,也触发了生命危险。河上除了两条峡道,没有更多敞开了的门户,那么多人一涌而至,以致不能承载,就连骑马的人也被挤成雕塑,进退失据。鞑靼骑兵从城外来,他们是来对付那些想从河上门户逃跑的人的,他们发动攻击,杀死挤出来的城民,这些城民的死法,或是在大门口被鞑靼人踩在脚下,用刀砍死,或是被扔进河水里溺毙。啊,这是多么悲惨的景象!战争中的一个不小心或一场轻微的灾祸就能引发这么大的恶果!针对城中居民的大屠杀开始了,那么残暴,那么灭绝人性,广州城的大街小巷就像是断头台,满地都是血和被切割的尸体。

整整连续五天,没有一天停止杀戮,没有一天血凉下来,到处都是抢夺、劫掠。除了听到哭泣、哀叹,你听不到白天黑夜;除了见到武装的人,被带到刀刃之前的人,有的落网,有的杀人,有的呻吟、大哭,你看不到其他东西。

附录七 聂伯多整理的传教士观念中的鞑靼范围

欧洲人的鞑靼概念是混乱的,他们只听说过住在北方的、莫斯科周边的鞑靼人,这些鞑靼人多次策马进入波兰。但是,今日我们知道鞑靼地区是很辽阔的,陆地部分,从西而北,从北而东,对偌大的中国形成半包围。这个包围圈西至西藏,北至莫斯科、波兰,东边保住整个朝鲜,直至东方的海(Mar Eoo)。

西鞑靼诸国(Sitâ,西鞑)(从中国陕西省的边界往西,只提那些大的,为人知的,以及那些听说过的人群,因为这块地区太大,完全没有科学,就连他们自己也搞不清,互不认识):鄂尔多斯、土默特部、察哈尔、Arckhym、Nannum、杭锦。①

北鞑靼诸国(Petâ,北鞑)(这是中国长城主要防御的对象,但是,部落的数量太多了,当地人都忽略它们,大的共有6个):南喀尔喀、北喀尔喀、东喀尔喀、西喀尔喀、两个中喀尔喀。

---

① 以上未译出的地名待考。

东鞑靼诸国(Tûmtâ,东鞑)(这是占领了中国的鞑靼,其主要的地区称为满洲,或者女真,位于辽东以东,辽东属山东省,这片地区的鞑靼部落也很多,主要的有):满洲,又称女真,还有瓦尔喀、Horhan、索伦。

以上各处的鞑靼人都是白色或粉红色人种,与中国北方人一样。①

---

① Pedro Canevari, *Carta Annua da China a 1651*, BAJA, 49 - IV - 61, ff. 84v - 85v.

第九章　耶稣会中国年信与专门史

第一节　年信中的民俗事象

最使来华传教士有异乡感的是民俗。与研读中国古圣经典时，头脑中时刻保持着抽离感不同，民风民俗是真切地扑面而来并使人全身浸润其中，无需经过思辨而被直接感知。传教士每年中的大半时间是在住院周边巡回传教，这同时也是对当地民俗做"田野调查"的机会。民俗事象成为耶稣会年信中的一个重要组成部分。

传教士描绘中国民俗的主要目的在于搭建一个异教画风的舞台，让"耶稣连队"的战士在舞台上活动，异教元素是他们作战的对象，因此，带有异教信仰性质的民俗就特别多。本文按照信仰色彩的由淡到浓将年信中的民俗划分为世俗类民俗、俗信类民俗、"异教"类民俗，另有一类是引入中国的天主教习俗，或在中国新合成的天主教风俗，第四类是年信中辑录的明清民俗事象的主要"新意"所在。

民俗本就五彩斑斓，本文尝试以丰富的例证来呈现耶稣会士是怎样描画中国的民俗事象的，在例举的同时，结合当时传教工作实际,阐释传教士为何要记录这些事象,最后,概括年信中的这些民俗事象对学术研究的价值。在择例上,偏重"新"史实、"新"解释,遵从传教士的重视程度,受传教士关注更多的事象,就重点讲。

一、世俗类民俗

年信中不带信仰性质的民俗都归入此类。

社交礼节。在各国的耶稣会士都擅长于社交,在华耶稣会士尤其注重与士人、官员结交,以为传教寻找靠山、树立进教榜样。在年信中,有许多与文人士大夫交往的记录,其中点滴透露着当时流行的一些社交礼节:在登门拜访前要先递交"帖",无论主客,都要换上得体服装,见面时该"作揖";官场上的接待很重视级别对等,在意"进士""举人"等称谓带来的身份感觉;礼物在交往中扮演着重要角色,回礼以及回访是必要的,大人物为传教士题写的匾额和赞誉文章深受传教士的喜爱,也被传教士用于为传教"背书";题赠人在赠匾时喜欢摆很大的仪仗,引来众人围观,这种带有为传教士树威望作用的仪式也令传教士很受用;时人喜好宴饮,吃喝是交往中的一件很重要的事,有些来拜访传教士的客人自己带着吃食,边吃边谈,直至深夜才归;等等。社交礼节是年信中分布最广泛、最零散的一类民俗。

物质民俗。物质民俗指在创造和消费物质财富过程中所不断重复的、带有模式性的活动,以及由这种活动所产生的带有类型性的产品形式。[①] 衣食住行是物质民俗的大宗,**住房民俗**则如,"整个中国火灾都常发生,因为中国房屋大部分是木建筑,凡着火,必

[①] 钟敬文主编:《民俗学概论》,上海:上海文艺出版社,1998年,第40—98页。

尽毁"。① 杭州是中国最易燃的城市。因为杭州人多,而建筑大多是木结构,甚至墙和窗是纸的。生活在杭州的人总是提心吊胆,鲜有一日、一夜没有火警响起。② 因为火灾,每 12 年到 15 年杭州城几乎要翻新一遍。1621 年杭州城中发了两场或更多场大型火灾,第一场火,七千间屋被烧。③ 在这一年,杨廷筠、李之藻的房子双双失火。1634 年,杭州发生两起大型火灾,每起烧毁数百间房。④ 1636 年又发生了多起大型火灾,盛夏中的一场火灾烧毁了某区的一千五百间房屋。⑤ 1640 年火灾尤其多,人们终日惶惶不安,因为没有一天或者一夜不听闻火情。很多房子都是老木建的,火势很容易成片地蔓延。⑥ 1692 年 8 月 2 日的一场大火甚至将杭州的教堂化为灰烬,这是当时中国最精致的一座教堂。⑦ 房屋因是木结构而遭火灾的状况是一个全国性现象,在 1621—1627 年间,杭州、北京和其他主要城市的火灾,烧毁了成千上万的人家和商家。⑧

交通民俗则如,从四川通过"洋子江"向外省运木材的方式:这些木材被扎成又宽又长的木排,就像水上漂来一座小城,木排上有密集的住屋,建造、装修都很精美,有非常多木头或金属做的怪面饰

---

① João Fróes, *Annua da Missão da China de 1634*, BAJA, 49 - V - 10, f. 440.
② Gabriel de Magalhães, *Annua da Vice Província da China do Ano de 1640*, ARSI, JS116a, f. 155.
③ Francisco Furtado, *Carta Annua da China de 1621*, BAJA, 49 - V - 5, f. 321v.
④ João Fróes, *Annua da Missão da China de 1634*, BAJA, 49 - V - 10, f. 457.
⑤ Francisco Furtado, *Ânua da Vice-Província da China de 1636*, BAJA, 49 - V - 11, ff. 537 - 537v.
⑥ Gabriel de Magalhães, *Annua da Vice Província da China do Ano de 1640*, BAJA, 49 - V - 12, ff. 479 - 483.
⑦ Joze Suares, *Annua do Colégio de Pekim desde o fim de Julho de 94 até o fim do mesmo de 97 e algumas outras Rezidências e Christandades da Missão de China*, BAJA, 49 - V - 22, f. 640v. 另参[法]费赖之著,梅乘骐、梅乘骏译:《明清间在华耶稣会士列传(1552—1773)》,第 365—375 页。
⑧ [美]牟复礼、[英]崔瑞德编,张书生等译:《剑桥中国明代史》,第 584 页。

以及花结装饰,是一件件不但可赏而且可赞的器物。商人们带上这许多器物,在水上用于自己的享受,在岸上就用来换钱,每到一处码头,就将它们高价出售。学生、士人购买它们,置于花园或后院中,他们好在其中学习。这对他们非常容易,这些器物都以特别工艺、艺术制造,用木钉或螺丝就能简单地完成拆装。① 从广州走水路去北京,约需要 6 个月,在府、县、村的边界与边界之间人口稠密,一大片一大片的房屋相连,在村连村的河岸边就可谋生,做生意的小船在河面上来来往往,向旅人售卖水果、鱼、肉和各种必需品。旅人们可以在一处吃午餐,而午后点心、晚餐和夜宵在另一处解决,只要愿意,可以在任何时候上岸去吃东西。② 北京宫廷吃的水果大部分是由山西西山名为"六山会"的地方供应。水果连着枝一起运往京中,在船上运输的两三个月中,水果仍在生长、成熟。具体做法是,将挂果最佳的树枝砍下,栽培在一只桶内,桶内的泥土中混合着一定比例的硫黄。树枝用稻草包裹起来,以免磕损。到达北京以后,还未成熟或品相不好的水果,拿到市场销售。传教士认为中国的生意人很聪明,在途中花少许的成本,就能实现产品增值。因此,京中常见带着果树枝销售的水果,有时,水果是带着枝端上餐桌的。活鱼也是这样运输进北京的,船上载水,养在船上。③

日常生活民俗。据 1621 年年信,北京"路多尘土,以纱遮面是种习俗"。④ 1659—1660 年日本教省年信记载了在广州生活的黑

---

① Gabriel de Magalhães, *Annua da Vice Província da China do Ano de 1640*, BAJA, 49-V-12, ff. 488v-492.
② Pedro Canevari, *Carta Annua da China a 1651*, BAJA, 49-IV-61, ff. 78-81.
③ Luiz Pinheiro, *Carta Annua da V. Provincia da China do Anno de 1654*, BAJA, 49-IV-61, ff. 303-303v.
④ Francisco Furtado, *Carta Annua da China de 1621*, BAJA, 49-V-5, f. 310v.

人：仅仅因为皮肤黝黑,来自菩萨之土,便被称为"活神仙"或者"菩萨"。很多人来一睹其容,后来,官员下令不得来这么多人拥塞入口,尽管如此,很多官员还是来拜访他们,跪拜他们,尤其满人,男男女女频繁前来,还给黑人带了礼物。"一天,神父得知他们正坐在轿中游城,穿着红布长衫,这是这些黑人在他们国家做梦都想不到的殊荣。"神父就派澳门来的黑人教徒上前交流,发生教义上的争执,众人才弄明白这是两拨不同的黑人,信天主教的被称为"大西",信佛教的则被称为"小西",还有人称印度的黑人是"神仙",跟欧洲人在一起的黑人是"黑鬼"。① 北京的沙尘暴与广州的黑人在今天是两个较显著的现象,根据年信,在 17 世纪中期以前就已经存在。

岁时节日民俗是年信民俗辑录中的大项,在过节时常伴随着一些俗信类的活动,因其世俗性更强烈,所以本文暂且作为世俗类的民俗处理,而传教士记载岁时节日民俗的目的正在于展示其中丰富的"异端",以之作为批判对象。何大化在 1643 年年信中记载了端午节的风俗:阴历五月,中国人过"龙船节"。龙船是一种狭长的小舟,身上画满了龙。船内有许多划桨手,还摆着酒,他们斗志昂扬,要用最快的速度驱动小舟前进。这样做的目的是,龙可以吞掉瘴气,和当年可能出现的各种疾病。上千上万的人前来围观。这项热血沸腾的活动结束后,要么将船停进船坞,来年再用;要么将船遗弃在河中央,任其无主漂荡。当船漂到某处岸边,如果住在附近的是异教徒,他们就会大为恐慌,唯恐船上载的瘟疫、疾病进入自己家中,他们就会拿出很多食物祭献,然后诚惶诚恐将船送走,重新上路漂流。某次,一只龙船漂到村里一个基督教徒家中,

---

① Mathias de Maya, *Annua da Província de Japão dos Annos de 1659 e 1660*, BAJA, 49-V-14, ff. 733v-734.

许多异教徒幸灾乐祸等着看笑话。教徒想也不想,拿起斧头就将龙舟劈成柴火,用来烧火。这让异教徒们十分惊恐,将教徒扭送到官府。教徒通过自辩,安然返家。① 该例突出端午节的驱病功能,未提纪念屈原——这正是端午节的由来初衷。"据先秦和汉代的文献记载,当时人们将仲夏五月视为阴阳相争、死生分判的恶月,将五月五日视为阴气萌作的凶日,故在五月五日恐怕物生不茂、人命不长而主要举行各种禁忌和祈禳活动。""端午节俗本以祈福禳灾为主题,以避瘟驱毒、防疫祛病等系列活动为表现形式。汉王朝确定了端午仪典,乃使端午成为全国的重大节日。至晚在东汉后期,人们过端午'亦因屈原'而致端午节俗与纪念屈原相联系。"②

驱邪逐煞、趋吉避凶是岁时节日活动中的一项重要内容。1629 年年信中记载了南京地区家庭中的一种迎新年的消灾民俗:"在一个厅里摆几张桌子,靠着墙摆,桌子与桌子之间的距离是相等的,桌子上除了几件瓷器外,什么都不要摆,一名做这法事的法师进来,焚香,行某几种拜礼,诵念叫不上名的祷告词,法师想召唤的人是一个看不见的人,很快就会被召唤来,用把大斧在这可怜的法师额上猛地一击,从砍处流出大量的血,他就把血装进已整整齐齐摆好的瓷罐里,当把血收集到足够多的时候,就用水洗伤口,捧着瓷罐里的血液,他就可以立即前往各个房间,大范围地洒血,做完这些,房主就能免遭那一年的所有不幸。"③

岁时节日还是和尚等异教徒讨钱"创收"的好时节,因此类风

---

① António de Gouveia, *Cartas Ânuas da China*（1636, 1643 a 1649）, edição, introdução e notas de Horácio Peixoto de Araújo, pp. 138 - 139.

② 蔡靖泉:《端午为屈原的节俗演变与文化意义》,《湖北社会科学》2016 第 1 期,第 115—116 页。

③ Lazaro Catano, *Annua da Vice-Província da China 1629*, 49 - Ⅴ - 8, ff. 600v - 601.

俗与信仰本身无涉,更像是世俗节日中的一个固定节目,所以也归于世俗类风俗。广东地区的和尚在节日中有各种向香客摊派的仪式,他们在每家每户的门上贴一段纸,纸上有字,说为此给多少银两,在支付前那张纸上的人还没有赎罪。① 1630 年年信讲述普通人怎样借过节敛财:

> 在这个国家有一项古老的迷信活动,在本省更常见,即在农民们最不忙的时节,他们就组成巡游的队伍走村串乡,粗糙的乐器高声演奏着,还有许多香烛,一些人的肩膀上抬着不算粗制滥造的抬架,架子上是偶像,这些偶像或是他们最寄予期望的,或者是他们最害怕的,以此请求他们在那一年别给他们降灾,给他们好收成。
> 一些游手好闲的人就对这个机会大加利用,他们在抬神像的抬架面前手舞足蹈,脸上做出各种怪样,扑倒在地,好像死了一样,他们要使别人相信,众人所拜的灵已经进入他们身体,正当众人不知所措和惊讶不已的时候,他们开始说话,好像梦中呓语,厄运会到某人以及某人家中——边说边用手指出是哪几个——如果不如此这般做,不给多少施舍(这才是他们想要的),那就不可避免。②

此类敲敲打打上门要钱的事例在年信中非常多,说明这是当时很普遍的一种风俗,此类故事中通常有一个或几个不合作的天主教徒,将这异教讨钱大队拒之门外,甚至发生激烈冲突。

耕耤礼是帝王于每年春耕前亲自到田间耕作,表示重农的礼仪制度,其作为岁时节日风俗之一种,亦被记载。据 1634 年年信,

---

① Mathias de Maya, *Annua da Província de Japão dos Annos de 1659 e 1660*, BAJA, 49-V-14, ff. 732v-733.
② Lazaro Cattaneo, *Annua da Vice-Província da China do Anno de 1630*, BAJA, 49-V-9, ff. 26v-27.

对于拜天，崇祯非常勤奋、守时、舍得花钱，崇祯尤其热衷于"亲耕"示范。① 明朝皇帝对耕耤礼的热情自万历起急剧衰减，万历亲耕1次，泰昌、天启0次，崇祯则有2次，与他的三位前任皇帝相比，的确显得很有热情。② 清朝皇帝参加耕耤礼自顺治十一年（1654）起，据1654年年信记载，皇帝除了耕地之外，还要模仿播种、收获、晾晒、脱粒、磨成面粉、选出来年种子等流程，皇帝还要品尝劳动果实。可是，在这样重要的礼仪中，皇帝的"厨娘"皇后未到场，此事举国皆知，传教士认为正是通过这件事，外界才得知皇帝将皇后博尔济吉特氏废了。③

年信中有大量关于**弃婴**劣俗的事例，因为传教士将收留弃婴和为弃婴施洗作为一项拯救灵魂的重要事工。弃婴在传教士每年的付洗人数中占有较高的比例，比如，1640年，山西新洗358人，其中弃婴30个④，陕西新洗1 005人，其中弃婴404人⑤。弃婴现象在全中国都很普遍，包括杭州、上海、南京、广州等当时经济较发达的地区，"一个确凿的传闻是，北京每年至少有四万名弃儿"。当然，山西、陕西二省占比较大。除了弃婴，"同样的方法也施之于生病的女穷人或女囚，她们一旦被弃，几乎全死"。1637年时，南雄一个女人躺在城门边的路上，奄奄一息，原来主人害怕她死在家里，将她放在这里。一名教徒遇见，赶紧报告

---

① João Fróes, *Annua da Missão da China de 1634*, BAJA, 49-V-10, ff. 374-375.

② 关于明朝皇帝的亲耕次数统计，请参董绍鹏、潘奇燕：《北京先农坛明清先农祭祀文化比较研究初探》，"人文北京与世界城市建设"北京学国际学术研讨会会议论文，2010年10月。

③ Luiz Pinheiro, *Carta Annua da V. Provincia da China do Anno de 1654*, BAJA, 49-IV-61, ff. 304-304v.

④ Gabriel de Magalhães, *Annua da Vice Provincia da China do Ano de 1640*, ARSI, JS116a, f. 125.

⑤ Gabriel de Magalhães, *Annua da Vice Provincia da China do Ano de 1640*, ARSI, JS116a, f. 133.

神父为其施洗。① 1659 或 1660 年时,广州神父在河边遇到了一个濒死的女人,为她施洗,然后命人将她抬到一个教徒家中,这时,她的主人来了,手中捧着一个水罐,还握着一把刀,说自己是在发善心,为了使她免于被狗活食,来杀她的,带这些水来给她喝,让她死得舒服一些。②

活动钉房是游僧中流行的一种**行乞风俗**。阳玛诺记录了 1615 年南京街头出现的一些活动板房,仅容一人站立,布满钉子,钉尖朝内,人进去后,再从外面将门钉死,只留一个小窗,僧人透过窗口告诉众人,这是在为筹建某个佛舍化缘,在当地直至筹满钱后才会撤离。但据传教士的记载,这只不过是游僧的说辞,夜里他们就会出来吃喝,花的就是化缘来的银子。因为当时北京的白莲教活动频繁,增大了对流浪僧人的打击力度,南京也执行了这项政策,一些活动钉房就被收缴、拆毁,僧人则被鞭笞、赶出南京。③ 传教士记载此类行乞风俗的目的是揭露和尚的贪婪、低贱、欺骗,多地都出现过这种乞讨方式,从年信看,只在华南出现,但不排除华北也有,本文附录一中选译广州府、南丰县两地的例子,以供参考。

各省人情是传教士对中国民俗考察的一个重头戏,对某地的地理、人文等概括式介绍,常常出现在该地开教报告中,传教士关心的是该地的宗教气氛、人文底色,以评估在此开展传教事业的前景。同时代王士性(1547—1598)之《广志绎》,谢肇淛(1567—1624)之《五杂俎》,展现了明朝士大夫眼中的各省人,与传教士眼中的中国各省人相映成趣。传教士对中国人的总体印象是:白种

---

① João Monteiro, *Annua da Vice Província da China de 1637*, BAJA, 49-V-12, ff. 39-39v.
② Mathias de Maya, *Annua da Província de Japão dos Annos de 1659 e 1660*, BAJA, 49-V-14, ff. 734v-735.
③ Manoel Dias junior, *Annua da Missão da China do Anno de 1615*, ARSI, JS113, ff. 403-403v.

人,天生温和,在心机和机灵上,超出其他民族一大截。中国人天生好读书,大部分男人都在学习上倾力投入,长年累月,花费巨大,只为了能考中进士,接着就能做官,名声、富贵也会随之而来,这些读书人崇拜多神或更确切地说是魔鬼。① 但是为信仰而献出生命的却很少见,反而为了保命可以抛弃信仰和不利于自己的偶像。② 他们对各省人的印象,放在本节附录二中。传教士对满洲民俗的描写最为翔实,论述集中而成体系,本研究第八章《年信中的明清鼎革：内容、特征与应用讨论》附录三中选译部分内容可供参阅。

二、俗信类民俗

"民间信仰"的概念最早是由日本东京帝国大学宗教学专业第一任教授姊崎正治(1873—1949)于1897年提出的,本意"用这一概念来表达那些不能被归纳到正统宗教中的信仰习惯"③,即与组织化宗教相区别的信仰习惯。本文即取姊崎正治提出这一概念之本意。

年信中该类民俗最常出现的是三类：第一,求雨。明末自然灾害频仍,"小冰期"造成的生态灾害甚至成为明亡的一种解释模式。④ 耶稣会年信中有许多旱灾、蝗灾等记录,与之相应的是求

---

① João Monteiro, *Annua da Vice Província da China de 1637*, BAJA, 49-V-12, f. 2.
② Anonymous, *Do Collegio de Machao & Suas Residências de 601*, ARSI, JS121, f. 13v.
③ 姊崎正治：《中奥的民间信仰》,《哲学杂志》第12卷第130号,明治三十年(1897),转引自朱海滨：《民间信仰——中国最重要的宗教传统》,《江汉论坛》2009年第3期,第68页。
④ 比如曹树基：《鼠疫流行与华北社会的变迁(1580—1644年)》,《历史研究》1997年第1期,第17—32页；夏明方：《老问题与新方法：与时俱进的明清江南经济研究》,《天津社会科学》2005年第5期,第116—123页。

雨、驱蝗民俗。求雨风俗各地差异较大，同一地区也可迥然不同，本节附录三中展示 1656 年、1658 年西安两次完全不同的求雨仪式，以说明之，为了增加对比中的地域维度，该附录中还有一则 1625 年建昌地区的求雨仪式。除了"求雨"这个共同主题，仪式本身没有一个大体上统一的框架，甚至连求雨的主体来自哪种信仰也无定式，民众秉持的是灵验即可的实用原则，天主教传教士也成为诸多的求雨主体之一，从而成为中国祈雨民俗的一部分，并在有效性上与其他信仰在中国的信仰市场上展开竞争。

第二，占卜类的民俗，其中以扶乩降笔为多。明人谢肇淛说："箕仙之卜，不知起于何时，自唐宋以来，即有紫姑之说矣。今以召箕仙者，里巫俗师，即士人亦或能之。"①从年信看，"降笔"的主要参与者是士人，即便年信的取材有一定偏颇，至少说明在士人中，这个带有游戏性质的占卜较流行。1615 年年信中杨廷筠遇见的"降笔"就有两次。第一次是在某文人的家中，现场都是文人，杨廷筠一现身，笔突然不动了，众人都很诧异，杨廷筠知道这是魔鬼惧怕自己的教徒身份，他故意问笔仙为何不写字了，笔写出了 guéi chim 二字，年信中对这二字的注释是"为了正确"，因此这两个字的对音可能是"归真"。另一次也发生在文人中，他们问佛教到底是什么，笔写了个 siu 字，年信中对该字的注释是"虚空、欺骗"，因此这个字的对音可能是"虚"。作者阳玛诺还描述了杭州的"降笔"方式：使用的是毛笔、纸。毛笔悬空，蘸墨之后，开始问仙，毛笔就动起来，针对提问写出答案。② 这种方式与 1626 年年信中的绛州的"降笔"方式大致相同："绛州几名异教徒文人邀请托马斯（韩霖）

---

① （明）谢肇淛：《五杂俎》卷十五《事部三》，上海：上海书店出版社，2001 年，第 305 页。
② Manoel Dias junior, *Annua da Missão da China do Anno de 1615*, ARSI, JS113, f. 410v.

的兄弟斯德旺(韩云)观看一件新鲜事,他们念某些咒语能召来一支悬空的笔,不用任何人扶,这支笔就能在一张纸上写下问它的所有问题的答案。"①1630年年信中福建地区的"降笔"方式大致也是如此:"一个基督徒去看望他的一个亲戚,进门就发现了一只悬空的笔,和一名魔鬼的宗教师,这支笔与魔鬼的宗教师之间像约好了,根据他所说的,以及在场的人的请求写下几句话,也看不到是谁在推动这支笔,他们通过这魔鬼的伎俩来探知一个女眷的病情。"②

1658年年信还记录了西安的一种占卜仪式"转碗":"一个异教徒热衷于拜求魔鬼,并向魔鬼卜问,他在地上放了一只木碗,碗上横着几根筷子,他让另一个异教徒立在上面,就能转起来了。大家纷纷来看这神奇的表演。碰巧两名教徒经过那里,看见这神汉的拙劣把戏,还有不明真相的人们受到蛊惑,竟然热情高涨。教徒十分同情这可怜的人,就悄悄地画十字符,先是在自己的身上比画,然后再朝着神汉和木碗画。奇迹就发生了!那个在碗上旋转的异教徒突然止住不动了,不管神汉怎么反复请'神',怎么施法,仍然一动不动。"③该仪式与新耶稣会会士禄是遒(Henri Doré,1859—1931)描述的"竖柱"有些类似:"手拿三根筷子,将其竖立在装满水的碗中,转圈,浸湿上半部分,旋转它们直到这些筷子自行竖立在水中而不倒,在执行这一操作时,可以同时提问,如果在提及某个问题时筷子在水中平稳直立,那也就意味着猜测的问题是

---

① Manoel Dias, *Annua da Vice-Província da China do Anno de 1626*, BAJA, 49-V-6, ff. 328v-329.

② Lazaro Cattaneo, *Annua da Vice-Província da China do Anno de 1630*, BAJA, 49-V-9, f. 30v.

③ Gabriel de Magalhães, *Annuas das Residências Do Norte da Vice-Província da China do Anno 1658*, 49-V-14, ff. 248v-249.

正确的。"①"竖筷子"至今仍有人使用,"转碗"似很少见。

第三,与生老病死相关的人生仪礼民俗。此处就举与"死""生"相关的两个例子。何大化在1636年年信中记载了杭州的"过银桥":一名很有权威的和尚去到一个大户人家,对这家的女主人说,你的丈夫(这是一名教徒,已经去世一年)在通往来生的路上,遇到一个关隘,他很吃力,需要在他经过的地方为他搭一座桥。这名寡居夫人的想法与和尚不谋而合,在和尚说这番话之前她就想为丈夫搭一座"银桥"(ponte de prata)。和尚立即就去搭了一个戏台,在一座纸桥的中间,铺开一件棉花做的东西,这件东西很长,和尚定在桥头,另外两个和尚在他左右手边,有很多人在场帮助逝者过这座桥,他们开始作法。② 二百多年以后,禄是遒将其在江南传教三十余年所收集的民俗资料,集成了十八卷的《中国民间信仰研究》(*Recherches sur les Superstitions en Chine*),于1912年之后陆续出版,提到"过仙桥":

> 根据佛教徒的说法,脱离肉体的灵魂必须经过一座又长又危险的桥。这桥横跨波涛汹涌的急流,阻隔通往新生之路。魔鬼控制了所有要点,把冒险上桥的不幸灵魂投到汹涌的水流中。为了帮助他过桥,和尚设想在死者家门前用桌子和木板搭起一座模拟桥。
>
> 顶上的一只桌子四脚朝天翻起,每个脚上挂一盏灯;布片系在作为栏杆的竹竿上,防止灵魂摔倒。夜幕降临时,桥上的灯点燃,和尚列队而来,敲着木鱼,奏着各种乐器。在他们念经时,其他人扮演阴间小鬼过桥。

---

① [法]禄是遒著,陈海燕译:《中国民间崇拜》第四卷《命相占卜》,上海:上海科学技术文献出版社,2014年,第36—37页。
② Antônio de Gouvea, *Ânua da Vice-Província da China de 1636*, BAJA, 49-V-11, ff. 535-535v.

希望看到父母走过这座伤心桥的孝子,手上捧着死者牌位,开始出发过桥。他被一个假扮反对他通过的阴间小鬼的和尚阻拦;孝子跪下恳乞,可毫无结果。为了继续过桥,他必须当场付些现金。向前几步另一个小鬼疯狂地指手画脚地说些什么,必须再破费钱,否则就将孝子和牌位扔下围栏。多次磋商后,当场付出一大笔双方认可的钱。诸如此类直到结束过桥。①

从何大化的"过银桥"到禄是遒的"过仙桥"可以看到同一种民俗在江南地区的传承。

1639年,瞿西满从建宁往沙县传教时,记载了当地一个独一无二的风俗。凡新生儿,都要抱到市中心的一棵树下祈福,这棵树的枝叶繁茂、年岁很长,家长求这棵树使孩子茁壮地成长、远离一切灾殃。瞿西满则尽量引导这些来拜树的去教堂,去拜真正能护佑他们的。② 这个拜树的地方风俗是中国诸多佑婴习俗中的一种,亦可归为自然崇拜。在传教士看来,自然崇拜是一种该摒弃的迷信。也有一些事例,例如,1659—1660年年信记载在广州一条街上可以看见一块石头,除了是一块粗糙的原生石,没有任何造像,石前有一香炉,香火常燃。③ 1640年,西安某佛寺前的石狮子受到膜拜,将其套在一个神龛之中,尊称为"狮王主"(Senhor Rey Leão),香客拜完之后,还会捐钱。某官员到天主堂求雨时,神父告诉该友教官员关于"狮王"的事,官员派人将石狮子碎成了齑粉。④

---

① [法] 禄是遒著,高洪兴译:《中国民间崇拜》第一卷《婚丧习俗》,第112—113页。
② João Monteiro, *Annua da Vice Província da China do anno de 1639*, ARSI, JS121, ff. 308v - 309.
③ Mathias de Maya, *Annua da Província de Japão dos Annos de 1659 e 1660*, BAJA, 49 - V - 14, f. 733.
④ Gabriel de Magalhães, *Annua da Vice Província da China do Ano de 1640*, ARSI, JS116a, ff. 138 - 138v.

以上三类，"求雨"因为传教士的亲身参与而被较多记录，"降笔"因重点传教对象读书人的参与较多而被记录，改宗归信天主教意味着生活方式的改变，"人生礼仪民俗"中的迷信就常遇见，因此被传教士较多记录。此外，年信还记述了其他的各种俗信类民俗，聊举两例：

"魇胜之术"在明末清初的流行从孔飞力的力作《叫魂》①中可见一斑。1628年年信中记录了一个当年发生于建昌府的与之类似的关于妖术的故事，详见本节附录四，因为朝中某重臣的亲戚死于这种邪术，当地官府做出铲平这邪恶渊薮的决定，几将发展成国家级大案，后被中央政府压制。此案是"魇胜之术"在当时流行状态的又一案例。

堪舆风水源远流长，普遍风行，在今天仍具有较强的生命力。傅汛际记载了堪舆术在当时的流行："当中国人着手建新房时，首先叫来几个算命先生，他们会仔细地勘察选址的吉与凶，因为中国人相信其好运、其子女甚至其邻居的好运，在很大程度上仰赖于此。为此，他们还会拆毁阻挡好运向家宅流动的房子，还会请求邻居不要妨碍或阻挡好运向自家的房屋流动。"1621年，某京官在杭州造房子时，不顾这个民俗，激起一场民变。②

三、"异教"类民俗

"异教"是相对于天主教而言，主要包括佛教、道教、民间多神信仰等。传教士对中国异教风俗的观察主要集中在三个事象中：

---

① ［美］孔飞力著，陈兼、刘昶译：《叫魂：1768年中国妖术大恐慌》，上海：上海三联书店，1999年。
② Francisco Furtado, *Carta Annua da China de 1621*, BAJA, 49-V-5, f. 321v.

第一,日常信仰生活。建昌府的信佛氛围浓厚,传教士注意到当地人流行佩戴佛像,"他们想了一千种方式将魔鬼(偶像)戴在身上,时常用手抚摸"。① 广州人则热衷于在各处摆放佛像:没有一户、一船甚至一只小舟,没有放佛像的地方,他们按自己的方式将这个地方整理得很好,在佛像前点灯、烧纸及其他各种香,消耗很大,制作这些的和卖这些的都大赚一笔。同样,家中没有一角不有佛、不拜佛,有香、有烛,大多数人还在外门上画了佛像。② 广州人过"燃灯佛圣诞"(八月廿二):在第 8 个阴历月还有一个节,可称为"蜡烛节",或"灯节",因为大家聚在一起诵经,人人手持一只灯笼。③ 1602 年年信中还总结了中国佛教徒与其他国家佛教徒的不同:"中国佛教徒的花样更多,尽管公共寺庙已经多得数不胜数,他们仍不满足于在公共寺庙敬拜,还要在家里拜,每个人都有私属的佛像,不要说在家里,就连每条小船、每间茅棚都有佛像,或是塑的,或是画的。""中国人将佛像视为先人的遗物,不能易手,以免背负不孝顺的恶名。这些遗物是留给后人纪念先人的。不到万不得已,他们是不会变卖房产等祖上遗物的。他们十分尊崇这种孝道,不管是先人遗留的世俗之物,或是精神象征、圣物,对于佛像,他们就持有这种错误的认识。"④

第二,明清信仰风俗的一个突出变化是出现一些跨地域的信仰圣地。这些圣地具备跨区域的乃至全国性的影响力,以向这些圣地

---

① Fernão Guerreiro, *Relação Anual das Coisas que Fizeram os Padres da Companhia de Jesus nas Suas Missões*, Tomo Segundo(1604 a 1606), Combra: Imprensa da Universidade, 1931, ff. 290 - 302.

② Mathias de Maya, *Annua da Província de Japão dos Annos de 1659 e 1660*, BAJA, 49 - V - 14, ff. 732v - 733.

③ Mathias de Maya, *Annua da Província de Japão dos Annos de 1659 e 1660*, BAJA, 49 - V - 14, f. 732v.

④ Diego Anthunez, *Annua do Collegio da Madre de Deus da Companhia de Jesu de Machao e Residencias da China do anno de 602*, ARSI, JS46, f. 319.

朝拜为目标的各类大小不一的进香组织随之出现,在每年该圣地主神祭祀日期间,或分散或集体地从远近各处往圣地祈福,形成了朝山进香的人流高峰。① 1633 年年信记载：杭州因为大寺、名寺密集,是中国最大的香客朝圣地。尤其每年前 3 个月,香客云集,甚至有来自帝国边陲的香客,这些跨年而来的香客的数量在 16 船到 20 船之间。香客通常要在佛像前点 4 根牛油蜡烛,还要焚香。据传教士观察,这种香并没有香气,只是叫"香"。香客还会留下丰厚施舍,全被和尚享用。有些虔诚香客是九步一磕头前来的。但是有的香客白天叩首、夜里为贼,所以,这 3 个月中,杭州的偷窃案暴涨。②

南昌被认为是中国"最迷信"的城市,因为中国三大教派(儒释道)都在这里繁荣发展。这三个教派在全中国都很普遍,而在江西省特别是南昌,尤为昌盛。无论小民还是大人物,都花了很大的心思去礼佛,哪怕再小的门户也在日落时焚香、燃油灯。道教在中国的其他城市有些失势,而在此地却受笃信,这主要归因为当地供奉着许真君(Kiuchinkium)的"铁柱宫",这座道观就像其他的道观一样,被做成了一个公共市集,挤得满满当当,由外层至内场,布满流动摊贩的摊位,卖什么的都有,生意夜以继日。一天晚上,大家都沉浸在游乐、宴饮当中,没留意一起火灾烧毁了整座道观。③ 这场火灾发生于万历二十八年(1600),道观当即重修,张位《重建万寿宫记》④述其重建经过。年信中收集了重建中的两个传说,因为民

---

① 萧放：《明清民俗特征论纲》,《中国文化研究》2007 年第 1 期,第 190 页。
② João Fróes, *Annua da V. Provincia da China do anno de 1633*, BAJA, 49-V-11, ff. 39v-40.
③ Fernão Guerreiro, *Relação Anual das Coisas que Fizeram os Padres da Companhia de Jesus nas Suas Missões*, Tomo Segundo (1604 a 1606), Combra: Imprensa da Universidade, 1931, ff. 290-302.
④ (明)张位：《大学士张位重修万寿宫记》,收(清)金桂馨、漆逢源撰：光绪《逍遥山万寿宫志》卷十五,收四库未收书辑刊编纂委员会编：《四库未收书辑刊》,北京：北京出版社,2000 年,陆辑拾册,第 581—583 页。

间口头文学也是民俗学的研究对象,所以将此传说附于本节附录五,以补益于该历史遗迹的研究。

　　第三,宗教游行成为都市和乡村中都较常见的一道人文景观。如前所述,各类"异教"分子常借逢年过节,组成队列巡游,上门讨钱。其实,这类频繁的宗教游行不限于节日,常以庙宇竣工、消灾祈福等由头而临时增加"演出"。1639 年,山西曲沃(Kiō ū)某村几个富户修了一座"关王庙"(Quŏn vâm)。他们要求乡民准备一张供上香的桌子,摆家门口,关公像从其门前经过时,以此致敬。许多天主教徒拒绝配合。但异教徒人多势众,将天主教徒强行拉进庙里,强摁着向关公磕头。一名叫刘素珊(Lieu Susanna)的女教徒带着孩子宁死不从,几名大汉也拿她没办法,有人劝她关公会保佑她的,她说不要这种保佑。那些示弱了的教徒受到鼓舞,纷纷表示自己没有拜过关公,那是被人强按下去的,这些教徒又尽快进行了悔罪。这次游行才过几日,又有一个队列抬着佛像游行,可见游行之多。队列前头有一个疯疯癫癫的人,像喝醉了,做着各种奇怪动作,还把自己弄出几个伤口,血汩汩地外冒,以此要挟路人向佛行礼、捐献,经过刘素珊时,领头那个疯子说"放过她"。[①] 天主教徒因游行队列上门敛钱而发生冲突的事例在年信中非常多。再如,陕西尤其崇奉"三官"(Sān quŏn),1652 年,该省某县有一座三官庙落成,举行了一场宗教游行以吸引香客去庙里捐献,经过教堂时与一名天主教徒起了口角、拳脚冲突,甚至将刀架在了天主教徒的头上。翌日晚上,街上出现许多反教传单,扬言若不清除天主教徒,"三官"将会火烧县城。一名奉教官员、郭纳爵神父分别致信知

　　[①] Miguel Trigault, *Annua da Vice Província da China do anno de 1639*, BAJA, 49-V-12, f. 435.

县,才平息了这场风波。① 1637 年,上海一批僧人举行了 3 个月的宗教游行,名为感谢上天带来的好收成,徐光启的儿子徐骥的一个未入教的仆人参与其中,徐骥得知后将仆人打了 40 板子,并叫仆人转告和尚,要将冒用自己名义敛财的和尚告官,和尚花了重金疏通当地大员,方才平息此事。② 1619 年,南昌附近某县,当地和尚举行了 7 天 7 夜的宗教游行、敬佛仪式,仅仅因为神父通过治愈一名女童而使女童父亲进教,和尚以游行来表示抗议。③ 也许宗教游行的风俗在传教士的强化记叙中被放大,但是,宗教游行成为天主教与"异教"主要的冲突场合之一,并非传教士刻意塑造了这样一个特定场合,而是事实反映,这个事实建立在游行的次数增多从而使冲突的机会增多的逻辑上。

此外,年信中还记载了中国民间丰富多彩的多神崇拜。仅以粤赣二省为例以说明之。明清时期敬祀火神,天下普遍,自京城以至大小城镇必有火神庙为庶民崇祀,其宗旨在于驱除火灾,乃人生中所谨于防范者。④ 广州则有一个"火节":第 9 个阴历月的一个节日更隆重,称"火节"。持续整一个月,每条路都有专属的一天或一夜。城中被灯充塞,排得非常密集,灯与灯之间是两个巴掌的距离,中间很多佛塔的台子,还有一个纸扎的鬼,习惯画成红须,象征火魔。庆祝结束后就将一切付之一炬,这样做是为了家中不起火。⑤ 韶州有

---

① Manoel Jorge, *Annua da Vice-Província da China do ano de 1652*, BAJA, 49-IV-61, ff. 213v-214v.
② João Monteiro, *Annua da Vice Província da China de 1637*, BAJA, 49-V-12, f. 28.
③ Francisco Furtado, *Annua da China e de Cochimchina de 619*, ARSI, JS114, ff. 232-232v.
④ 王尔敏:《明清时代庶民文化生活》,台北:"中研院"近代史研究所,1996 年,第 19 页。
⑤ Mathias de Maya, *Annua da Província de Japão dos Annos de 1659 e 1660*, BAJA, 49-V-14, ff. 732v-733.

拜"青官"的习俗：每条街道、每户人家都立起了一尊叫"青官"（chinchium）的塑像，这个名字的意思是"黑暗王侯"（príncipe das trevas），当地人认为可以通过这种方式将秽气、恶灵驱赶出户。"青官"塑像还被抬着游街，在每一个门户停留收钱。[①] 江西是中国"最迷信"的省份，不满足于既有神祇，还不断"发明"和引进新的"神"。1632 年，建昌出现 3 个新的偶像。第一个是金龙四大王（o quarto dragão de ouro grande Rei）。第二个偶像据说是一位总能化险为夷、很快致富的船工。第三个偶像出海多次但从未遇到风浪。[②] 拜这三个偶像，可能与建昌的水上贸易发达有关。

四、在中国新合成的天主教风俗

明清时期天主教作为中国社会系统中可识别的一个宗教信仰，发展出自成一家的风俗，成为中国民俗之一部分。该类风俗以中国既有的风俗框架装载天主教内容为主要方式，所以可称之为在中国新合成的天主教风俗。此类风俗在以下三方面较为突出：

第一，天主教式丧葬仪式。丧葬礼是中国人与传教士都至为关心的重大礼仪，是"礼仪之争"中的议题之一，也是传教士必须解决的中国奉教实践中的问题。在 17 世纪后半叶，一套标准化的礼仪规程已经基本成形，既体现在以 1685 年广东起草的"天主教葬礼仪式指南"为代表的书面指导之上，也体现在各地葬礼实践当中，本节附录六中将展示上海、西安、广州、北京等东西南北四地的送殡队列样式以说明其统一性。其中，广州送殡队伍样式即来自

[①] Anonymous, *Do Collegio de Machao & Suas Residências*, ARSI, JS121, f. 28.

[②] João Fróes, *Annua da Vice Provincia da China do Anno de 1632*, BAJA, 49-V-10, ff. 117v-118.

1685年起草于广州的《临丧出殡仪式》。年信对北京地区送殡队列的说明性描述非常细致,天主教上海教区马达钦主教(1994年晋铎)照此专为本文手绘四幅细节图以视觉化呈现之,特此向马达钦神父致谢。

第二,天主教圣礼、圣物成为中国俗信的一部分,不信天主教的中国人也希望利用天主教中的超自然力量来解决现实困难。圣礼以治病、求雨、驱蝗、驱魔等最常见。尽管神父不会承认,但神父确实被许多中国人作为"法师"对待了。之所以将这些"法事"作为俗信,而非宗教活动,因其活动范围已不限于教内,相信其神力的教外人士也远远地偏离了其中的教义本旨。救治病人是神父最常用的传教手段之一,神父和教徒也乐见治愈并皈依的事例广泛传播,但是,许多不信教人士只看见治病效果,而将神父、天主教徒作为治疗方案的备选项之一。据1626年年信,建昌就有这种延请天主教徒做"法事"的"习惯":如果某人病重,就邀请很多教徒去为自己的康复而向天主祈请,教徒在病人的家中留一整天,齐声诵念《七冠》(sete coroas),以礼敬圣母的七苦(sete dores)或七喜(sete prazeres),圣母通常会赐予病患以健康。有些病人为这项仪式叫来已告解过的教徒,因为他们熟悉程式,听众会来更多。逢教徒的40、50、60或70岁生日,也会进行同样仪式,他们提前邀请神父至事主的家中讲弥撒,这样全家人都可以聆听,大家为了男主人或女主人的健康、生活向天主祷告。[1] 求雨、驱蝗是神父与僧道直接较量"法力"的机会,神父乐于应战,虽不知道总体上的真实胜败比例,但据年信,向天主祷告等圣事总是灵验,神父就经常受邀去解决此类民生难题。而真正使这些仪式成为俗信的是教外人士对仪

---

[1] Manoel Dias, *Annua da Vice-Província da China do Anno de 1626*, BAJA, 49-V-6, f. 326.

式的"外壳"的模仿。1639年,城固县爆发了大规模的蝗灾,方德望神父在韩云的举荐下受官府邀请去田间驱蝗,神父能驱蝗虫的名声传开,邻村都纷纷来邀请神父,神父来者不拒,驱蝗虫的工作——应验,也因此收获了许多教徒。当地人又请求方德望求雨,也应验了,下雨当天黄昏,西安知府、道吏就派人来请神父去辖区求雨、驱蝗虫。① 方德望的"法事"样式也流传开,周边的农田里纷纷出现洒圣水、竖起"耶稣"名牌等避农害的方式,当然,内中的天主教意涵已经被掏空了。1629年,孙元化任登莱巡抚时模仿神父为当地求雨。② 1634年,孙元化的某个学生新任山西,"孙元化曾两次向天主求雨成功,他模仿老师求雨也成功"。③ 各地教徒或教友会模仿神父求雨的例子不胜枚举,有的地方还专门形成了一套程式。清初江南一带,异教徒将天主教瞻礼单贴在大门上,据说可以驱魔镇妖。④

"圣物"在教徒和非教徒之间的流通也带有民间俗信的色彩。西安教徒家家都藏圣水,每日晨昏都用圣水喷洒宅院,出门、归家也要喷洒圣水,凡遇病人,无论大小、信教或不信教,都喂圣水。⑤ 南雄教徒使用圣水的情况非常普遍,几乎每个信教家庭都存有圣水。⑥ 圣水可以根据中国人喝热水的习惯加热饮用。南雄有个小

---

① João Monteiro, *Annua da Vice Província da China do anno de 1639*, ARSI, JS121, ff. 244 – 253.
② Lazaro Catano, *Annua da Vice-Província da China 1629*, 49 – V – 8, ff. 596v – 597v.
③ João Fróis, *Annua da Missão da China de 1634*, BAJA, 49 – V – 10, ff. 374 – 426, ff. 384 – 390v.
④ [比]高华士著,赵殿红译:《清初耶稣会士鲁日满常熟账本及灵修笔记研究》,第300页。
⑤ Gabriel de Magalhães, *Annua das Residência do Norte da V. Província da China no Anno de 1660*, BAJA, 49 – V – 14, ff. 698v – 699.
⑥ Manoel Dias junior, *Annua da Missão da China do Anno de 1615*, ARSI, JS113, f. 492v.

童生病,听完弥撒之后,哭着告诉神父病情,神父安慰他并让他回家之后喝些热的圣水(因为冬天天冷,可以加热),果然病愈。① 汀州府的教徒将圣枝的灰、祭坛上的香炉以及圣水给他们的病人们用以治疗。② 西安圣周期间,教堂内祝圣几百支蜡烛,由教徒们手持点燃的蜡烛参加弥撒,结束之后,蜡烛则由教徒带回家中,成为他们在遇到困难时的"武器"。③ 建昌一名女孩 Monica,生病发烧,药物都没有用。她的父亲,一名很好的基督徒,给她喝了一瓷碗用圣烛"过"(passada)了一遍的水。喝水之后,就好转了,很快,就康复了。为此,父亲在圣母献瞻节上捐了很多蜡烛,并储藏了很多蜡烛,在类似情况下使用。④ 除了圣水、圣烛这两类最常见的圣物,在中国最流行的一种圣物是耶稣会创始人伊纳爵·罗耀拉的签名,其于1622年被罗马教廷封列为圣徒之后,他在信笺、文件上的签名被认为有救治妇女难产的奇效,杭州、绛州、建昌、北京、西安、淮安等南北各地都有"请"圣罗耀拉的签名治难产的风俗。比如,1638年时,圣伊纳爵治难产的名声在绛州很盛,当年,有许多例难产病人,无论教徒或异教徒,都到教堂求助,将伊纳爵的签名给她们挂上,她们立即就生出来。⑤ 1639年时,段衮有个女邻居难产已3日,按照当地(山西)教徒中的流行做法,圣伊纳爵的签名可以治难产,但是,因为异教徒也相信这个"偏方",一时竟找不到可供使

---

① Nicolao Longobardo, *Carta Annua da China 1613*, ARSI, JS113, f. 364.
② Manoel Dias, *Carta Annua da Vice-Província da China do Anno de 1627*, 49 - V - 6, f. 484v.
③ Gabriel de Magalhães, *Annua das Residênciasdo Norte da Província da China anno de 1659*, BAJA, 49 - V - 14, f. 538v.
④ Manoel Dias, *Annua da V. Província da China do Anno de 1625*, BAJA, 49 - V - 6, f. 221v.
⑤ João Monteiro, *Annua da Vice Província da China do anno de 1637*, BAJA, 49 - V - 12, ff. 305 - 305v.

用的签名了。① 在中国的天主教徒和异教徒中,在圣物使用中,约定俗成了以羔羊蜡灭火、以圣伊纳爵的签名治难产、以画十字使豺狼、"鬼影"等不速之客避退、以圣水治病等相对固定的搭配,而这种圣物的"分工"在天主教教义中是没有被规定的,是为了有针对性地解决问题而在实践中形成的。各路神仙各司其职,分工有序,正是民间信仰的实用性特征之一。

第三,天主教的宗教游行。一般认为天主教作为外来宗教,在封闭、保守的明清社会中,不追求街头传教、宗教游行等冒进的宣教行为,而实际上,这两道都市中的风景都出现过,前者是个体偶然性的尝试,后者较固定地亮相,可视为中国诸多宗教风俗中的一项。除了前文所述送葬队列,天主教的宗教游行在节庆日、新教堂启用日、表达意愿等场合都常使用。据 1601 年年信,韶州教徒在节庆日"会举行宗教游街及类似的活动,中国教徒非常热衷于此"。② 1629 年时,福建的宗教游行已比较自由,"他们可以抬着圣像在公共的街道上游行,全体教徒还有很多异教徒擎着香和烛随队而行,尽管目前看来人还不多,但是,我们可以期待,将来无论是在该省,还是在中国其他省份中,能看到的人一定不会少"。③ 1637 年年信记载了该年圣周五时,福州教友围绕教堂举行了一场宗教游行。④ 1638 年的耶稣受难日清晨,杭州教友全都跪着挪出家门,手中捧着点燃的香,使用念珠默祷,他们排成队列,井然有序,一直跪行至教堂的入口。⑤ 1644 年的圣周期间,常熟教友中虔

---

① Miguel Trigault, *Annua da Casa KiamCheu de 1639*, BAJA, 49 - V - 12, f. 431v.
② Anonymous, *Do Collegio de Machao & Suas Residências de 601*, ARSI, JS 121, ff. 21v - 22.
③ Lazaro Catano, *Annua da Vice-Província China 1629*, 49 - V - 8, f. 606.
④ João Monteiro, *Annua da Vice Província da China de 1637*, BAJA, 49 - V - 12, ff. 51 - 51v.
⑤ João Monteiro, *Annua da Vice Província da China do anno de 1637*, BAJA, 49 - V - 12, f. 319v.

诚于苦修者,在当众鞭笞中"由一座教堂走到另一座教堂,两堂之间距约百步,这可以称之为苦修者的宗教游行队列,在中国还算是首次出现"。① 总之,在天主教的节庆日中,宗教游行被教徒作为一种庆祝的手段而使用了,这是最普遍的天主教的宗教游行,此外,以宗教游行的方式庆祝新圣所的启用也较常见。1657 年,瞿西满在延平建造了号称当时中国最雄伟的天主堂之一。为了将圣像从老堂移至新堂,特意举行了一场盛大的宗教游行,这是迄至当时,传教士在中国举行的最公开的一场游行:

> 在诸圣节(11 月 1 日),早晨七八点间,全城教友齐聚老堂,他们都穿着自认为最体面的服装,护送圣像。一个有名的奉教文人扛着带有十字架的旗幡走在队伍最前。一人捧着铜制香炉,内燃着香,伴着他走。旗幡两侧,是两个小男童,手擎燃烧着的蜡烛。十字架后,隔开数步,是守护天使像,由两秀才举着,护卫仪仗与十字架相同。在十字架、守护天使间,有吹笛手分隔。随后是圣母像,也由两个秀才举着,圣烛、熏香环绕护卫,像后依然由吹笛手分隔。在队列的后方是由有威望的皇室成员护送的救世主像,穿着隆重法袍的瞿西满神父紧紧守护在圣像旁边。队尾是许多异教徒,他们带着各式乐器吹吹打打。教徒们则一手捏着香火,一手挂着念珠。在守护天使像旁边,有一队文人在高声唱着与天使相关的连祷词,在圣母像、天主像旁边也都有类似唱祷词的文人。
>
> 抵达新堂,圣像各自归位,放入所属圣坛。瞿西满开始讲弥撒,教堂内的都是教徒,异教徒们则在堂外各牌坊下。②

---

① Antônio de Gouvea, *Annua da V. Província do Sul na China de 1644*, BAJA, 49-V-13, ff. 529-529v.

② Manoel Jorge, *Annua da Vice-Província da China de 1657*, BAJA, 49-V-14, ff. 152-154v.

还有一类较常见天主教游行的是为某一事件表明立场。"南京教案"期间,南京城内若有教徒去世,其他教徒就会抬着他的尸体进行宗教巡游,竖起十字架来;巡游队伍中每个人手持燃烧着的蜡烛,还抬着一幅圣母像,"圣像按照中国人抬佛像的方式被置于一把椅子上——这是异教徒所惯用的形式。他们就这样在城中穿过,异教徒们对这新奇事物吃惊不已,便问那是什么。他们回答:他们全都是基督徒,在以那种方式安葬一名基督徒,这是基督徒特有的仪式"。① 1640年,西安的教徒请求神父允许他们上街游行,以"堵住不友好的异教徒的嘴",因为他们散布流言称,天主教和天主教徒不爱君,也不爱民。神父"基于许多理由和成熟的考虑",阻止了他们热情的计划。但是,他们将住院的沿街大门紧闭后,举行了一次内部的游行。游行的起点是圣母小圣堂,神父举着十字架走在4名教徒的中间。这4人是教徒中最有声望的,他们身着礼服,手擎着大烛台,走在教徒队列前面。教徒数目很多,排成两列,手里持香、念珠,口里念着"只信天主",庄重而又虔敬,井然有序。游行队伍出圣母小圣堂后,来到天主堂的后院,这是一片果园,园中早摆好了装饰精美的圣坛。而后,他们进天主堂,在堂内完成游行的最后部分。② 送葬、新堂开张、宗教庆日、表达主张,是当时常见的四类天主教游行。

在中国新合成的天主教风俗,除了上述记叙最集中的、具有全国性的三种,还有一些零散型的、地方性的。比如,据1634年年信,大年夜时,杭州就会有个老人拉着教友走上街头,高唱祷词,高声复述天主诫命,劝人遵守。他的这个创意来自中国的一个古老

---

① Manoel Dias junior, *Carta Annua da Missam da China do Anno de 1618*, BAJA, 49-V-5, ff. 258v-259.
② Gabriel de Magalhães, *Annua da Vice Província da China do Ano de 1640*, ARSI, JS116a, ff. 137v-138.

民俗：在大年夜，皇帝派一个老人敲打着沿街宣传六种品德："子女孝顺父母、父母养好教好子女、少者尊敬长者、遵守礼仪、生活检点不做错事、自食其力不要懒惰。"①此即为朱元璋的圣谕六言："孝顺父母，恭敬长上，和睦乡里，教训子孙，各安生理，毋作非为。"又如，当时天主教徒佩戴十字架、念珠等天主教符识，这类现象是普遍的，但是符识本身却又五花八门，亦可视为生活风俗、物质风俗中的一种。

耶稣会士对中国民俗的辑录，呈现出三个明显的特征：一是碎片化，散落在宗教、历史、地理等各门类的著述中，1846年英国考古学家汤姆斯（William John Thoms，1803—1885）才提出"民俗学"（folklore）的概念，17世纪的耶稣会士没有在这个学科框架内进行全面系统的观察和记录；二是指向宗教目的和服务于传教目的，因此关于信仰类的风俗占比较大，传教士为传播一种"新"信仰而来，首先要了解中国既有的信仰和宗教，才可有的放矢；三是来自实际观察，并非纸本功夫，文献考察与田野调查是民俗学的主要研究方法，耶稣会士的民俗辑录以"田野调查"为主。

因此，耶稣会士的中国民俗辑录既有主观上的缺憾，又有客观上的真实可靠，不管怎样，这些无意为之的"民俗学笔记"都对中国民俗资料起到保存作用，内中事象若经细致整理，可资专项研究。

耶稣会士的民俗类史料也补益于中国天主教史研究，比如，这些民俗证明了传教士不只有"上层路线"，还生活在中国基层社会，而在中国新合成的天主教民俗则是文化适应政策的"民俗学"例证。

---

① João Fróes, *Annua da Missão da China de 1634*, BAJA, 49-V-10, ff. 458-458v.

本节附录

附录一 活动钉房

广州·1659—1660

（某和尚为建寺庙）在一处极其狭小的房子里待了两年，在这个房子里不能躺，只能坐或站，还有一面小窗，小房子里满是钉子，他就出售这些钉子，卖得很贵，将其当作驱魔祛病的圣物，由此他清偿了自己的债务，走出这处小屋，建了一座大庙。现在，有一个类似的小屋在广州城内行走，木制，有轮，可以移动更换地点，屋上钉了几千根针，一块银子换一根针，宣传说这种换购是绝好的德性。一次，将针卖给一名妇女，对她说要好好珍藏这根针，通过这根针她在转世的时候可以变成男人。[1]

南丰·1630

在南丰县有一座桥，人来人往，是当地的一个知名地点，那里形成了一个永久性的市集，所有的商人都在那儿，就在神父抵达南丰之前不久，这名和尚在桥上建了一个小木屋，四面完全封闭，只留下一个小小的前窗，通过小窗，人们可以看见和尚，同他说话，他也可以接收小量食物，用以维持生命。这个小屋不高也不宽，仅够和尚在屋内站立，除此之外，屋内四面八方都是大大的铁钉，钉子是从屋外钉进去的，钉尖朝里，这迫使和尚只能笔直地站着，不能倚靠任何一边，和尚这样做是为了对自己施加惩罚：他想在那里待上好几个月，以此悔罪，就像他宣称的，以便获得升华，也是为了

---

[1] Mathias de Maya, *Annua da Província de Japão dos Annos de 1659 e 1660*, BAJA, 49-V-14, f.733.

经过的人给他更多施舍。这个才是他的目的,所有魔鬼般的伪善者都是这么干的,他的成功可谓不小。因为形形色色的往来人,去看他的很多,还要拜他,尤其是女人们,她们带着很虔诚的情感,跪倒在地,在他面前向他磕头,经常额头碰地,还给他留下很厚的施舍。和尚还卖钉子,尽管限价销售,仍不乏有人出大价钱买下一些钉子,好让和尚在这么残忍的刑罚和折磨中少受点罪,他们觉得,这和尚是少有的圣人和虔修者。其实,这是一个骗子,他在木屋外有与他一样的同伙,以徒弟的名义帮助这个和尚,趁着别人看不见的时候,帮他走出屋子,或者是为他把钉子拔出来,这样,他就可以在屋子内睡觉和休息。

和尚正在享受膜拜的兴头上,还积攒了一笔丰厚的钱,这时,神父到了,神父在与来访者的交谈和对话中得知这件事,跟他说这件事的人不少,神父就决定插手去戳穿这个教派的荒谬和这杜撰之事的欺骗性,这个教派的布道者正是通过这无稽之谈去打劫无知者的。

听说神父要会和尚之后,去了好多人看,他们向和尚提了些问题,这些问题是从神父那里听来的,对于这些问题,和尚不知如何回答,表现出生气的样子,时而语无伦次,以致失去众人信任,大家便讥讽他,冲他大笑,叫他骗子、财奴,他们还对和尚讲天主之律的圣与洁,其传教者的庄重与热心,置身物欲之外,也无任何野心,既不拿钱财,也不收取礼物,而和尚却表现得贪婪而虚妄。事已至此,和尚的徒弟们带着骗来的钱逃走了,和尚孤立无援,忍受不下去了,也从他的笼子里逃走了,身后一篇咒骂之声,和尚便出污言秽语辱骂那些围观的人,这说明了,只有当他得到他想要的,他才愿意受苦,而这并非忏悔。[1]

---

[1] Lazaro Cattaneo, *Annua da Vice-Província da China do Anno de 1630*, BAJA, 49-V-9, ff. 27-28.

附录二 各省人情
北　京

　　京城北京的广阔和巨大赫赫有名,是当今世界上最大的城市,无有可与之匹敌者,无论就此占地来说,还是就人口的规模而言,都是如此。在其高大、壮丽的城墙内外,包括广袤市郊,都住满人,若要估算一下人口数量,恐怕无论是没见过北京的人,还是住在北京的人,都不满意,对于前者来说,这个数肯定太夸张了,对于后者来说,这个数肯定太保守了。北京分成鞑靼人城、中国人城,两城紧紧相邻,北京城的周长16里格,这还不包括城门外的城郊。极壮丽的高墙将北京城圈起来。如果城郊合在一起,至少相当于北京城的1/3,这是一座大城市的规模。①

陕　西

　　陕西人较其他省份的人纯朴,但是,又不对西方面孔的神父像其他的省那样好奇,因为陕西地处中国西部边陲,来来往往的各族商旅见得多。②

真　定

　　真定府地区的异教徒对于偶像崇拜有着独一无二的执着,在全中国都很有名,那里就有非常多的佛像,非常华丽,此外,他们拜佛像的历史很古老。③ 总体而言,该地区的人对宗教的虔诚度较

---

① Joze Suares, *Annua do Colégio de Pekim desde o fim de Julho de 94 até o fim do mesmo de 97 e algumas outras Rezidências e Christandades da Missão de China*, BAJA, 49-V-22, f. 599v.

② João Fróes, *Annua da V. Província da China do anno de 1631*, BAJA, 49-V-10, f. 49.

③ Joze Suares, *Annua do Colégio de Pekim desde o fim de Julho de 94 até o fim do mesmo de 97 e algumas outras Rezidências e Christandades da Missão de China*, BAJA, 49-V-22, f. 625.

高,因此,异教徒非常执着于自己的迷信,他们舍得投入去朝拜远方的佛像,尽管中国人花自己的钱通常很心疼,此处不乏此类年度迷信活动,花费超过财力所允。①

河　南

在这个国家中,人们是这样称呼河南的:它是该国最主要的省份之一,是先帝们的住所和宫廷,那时他们是真正的帝王(Imperadores),有许多隶属于他们的国王(Reys)。今日,这种气象还很好地在展现着,既体现在它的幅员之大,府县数目之多,亦主要体现在各种农作物的丰盛与富饶,继承了帝王们的宏伟气度是数不清的皇室后代,根据该国惯例,他们在此安家,全国最高贵、最光鲜的人都住在这儿。②

扬　州

中国最著名、最繁华的商埠之一,贸易发达,人烟阜盛,城墙绵延壮丽,位于帝国中部,仿佛是戒指上的宝石,各省商人争相前来,采购扬州货物。③

南　京

南京是中国物产最丰富的城市。除了粮食等必需品,用于娱乐的玩物也很多。一年四季都有水果可供收获,有些品种和质量

---

① Joze Suares, *Annua do Colégio de Pekim desde o fim de Julho de 94 até o fim do mesmo de 97 e algumas outras Rezidências e Christandades da Missão de China*, BAJA, 49-V-22, ff. 624-624v.

② Rodrigo de Figueredo, *Annua da V. Província da China do Anno de 1628*, BAJA, 49-V-6, f. 589v.

③ Feliciano Pacheco, *Carta Annua Da Vice Província da China do Anno de 1660*, BAJA, 49-V-14, f. 703.

像欧洲的一样好。河流众多、土地肥沃、气候宜人。金制品、丝织品等各类贸易货物充足。人口稠密,每天要宰 700 头猪、2 000 头牛,此外还有不计其数的羊、鸡、鸭等。①

徽　　州

该地文人更容易接受天主教。"所有朋友都向我们保证,中国没有比徽州更容易接受圣教,因为那里文人众多,尽管他们目前得救赎的途径是错误的。"②

常　　熟

常熟县属南京省苏州府,若是只看城墙,环周约一里格,并不算大,它处(行政区划)第三级,称为县,但是,人口众多、富裕,物产丰富,又以人文荟萃出名,是中国的重镇,因为此地每年皇税达 24 万克鲁扎多。名"常熟",即丰裕永续之意。因其地势高低相间,一处歉收,另处丰收。③

常熟城内住着许多退休官员,举人、秀才数目庞大。城内有大庙 20 多座,小庙 30 多座,有 6 座隐居型的寺院,完全抛弃世事。人口约 100 万。④

苏　　州

在各方面都是全国一流的,中国人称之为"人间天堂"。苏州

---

① Luiz Pinheiro, *Carta Annua da V. Provincia da China do Anno de 1654*, BAJA, 49 - IV - 61, ff. 301 - 301v.

② Manoel Dias junior, *Annua da Missão da China do Anno de 1615*, ARSI, JS113, ff. 406 - 406v.

③ Francisco Furtado, *Annua da Província da China de 1624*, BAJA, 49 - V - 7, f. 496v.

④ João Monteiro, *Annua da Vice Província da China do anno de 1637*, BAJA, 49 - V - 12, f. 310v.

城中有许多高官、文人、富人。其富裕是因为发达的商业,苏州不仅与全国的 15 个省都有贸易往来,还与外国做生意。在苏州有许多从西藏及西土来的摩尔人。我们看苏州人的感觉,就是保禄看雅典人的感觉,"见城里满是偶像,心神很是悲愤"①,因为各派宗教在苏州都很繁荣,我们宁可称之为"地狱"。②

上 海

上海有二三十万人口。每年纳税 15 万两白银、15 万担稻米。因为盛产棉花,有超过 3 万名织工。上海人天生精明、开朗,与其他地方的人一样,城里人狡猾,乡下人更朴实、单纯。无论城里人还是乡下人,都很聪明,因此,当地的读书人很多,做官的人也多。富人很多,尽管街道狭窄,但是房子漂亮。与日本人交恶,因为后者经常来犯。③

嘉 兴

是中国最好的城市之一,在规模上,可与许多欧洲城市相媲美。有坚固的城墙围绕,河流众多,遍布全境。人流密集。在一切方面都富足,尤其是在人文方面,可比之为西班牙的科尔多瓦(Cordova),在科技上,可比之为希腊雅典。有多少居民,就有多少文人。在这些文人中首屈一指的是一个名叫魏(guei)的,人们都知道其品德、学识超越他人,因此,大家都来请他当老师,很尊重他。④

---

① 《新约·宗徒大事录》17:16.
② João Monteiro, *Annua da Vice Província da China do anno de 1639*, ARSI, JS121, f. 275v.
③ Nicolao Longobardo, *Annua da China do Anno 1609*, ARSI, JS113, f. 111v.
④ Gabriel de Magalhães, *Annua da Vice Província da China do Ano de 1640*, ARSI, JS116a, f. 159.

杭　州

杭州是中国最大的三个城市之一。①

杭州是中国佛教的"首都"。这是传教团将内地总部放在杭州的原因,他们可以"由'头部'起宣教,进而传遍'全身',此间异教的宗教师,不久之后,不仅是圣教的学生,而且还会成为传播真教的教师"。②

宁　波

宁波是浙江省的沿海城市,当葡萄牙人开始在中国进行贸易活动的时候,宁波是第一座交易的城市,葡人称为"良泊"(Leampo)。③

宁波是浙江最富有的城市之一,曾是葡萄牙人选中的港口,与山东、福建二省保持着密切的贸易往来。由此出发,4日抵达日本。盛产鱼类。空气绝佳,道路宽阔且长,路边有许多漂亮的石拱门。宁波人的聪明,超过许多其他地方,仅秀才就有500多人。宁波人还以擅长做生意而闻名全省。④

福　建

多山、多水。陆路山多、崎岖。水路浪高水急、乱石密布,每步都有覆舟之险。此外,还有土匪出没。福建沿海,在内地与海外间从事大额贸易的人多,民风精明、彪悍。传教士对他们的评价是:若他们想学好,当比一般人更好;若他们想学坏,当比一般

---

① João Monteiro, *Annua da Vice Provincia da China do Anno de 1641 athe setembro 642*, ARSI, JS117, f. 50v.

② Manoel Dias junior, *Annua da Missão da China do Anno de 1615*, ARSI, JS113, f. 411v.

③ Manoel Dias, *Carta Annua da Vice-Província da China do Anno de 1627*, 49 - V - 6, f. 496v.

④ João Monteiro, *Annua da Vice Província da China do anno de 1637*, BAJA, 49 - V - 12, ff. 326 - 326v.

人更坏。①

在中国各地人中,福建人是最勇敢的。在从海南岛至南京以北的漫长海岸线上,只有福建人敢穿越这怒涛骇浪的海洋,与马六甲以东的各国做生意,他们还在台湾岛与荷兰人贸易,整个东海都遍布着他们的足迹。他们在马尼拉的移民也很庞大,竟有胆量组建了一支1万8千人的军队,将西班牙人赶出去。②

该省的乡民与日本、吕宋(Luções)、满剌加(Malaca)、苏门答腊(Samatra)及其他一些东方国家贸易,很多(福建)人居住在澳门及广州府,于是,他们认识葡萄牙人,对与外国人交往的畏惧要小很多。③

福建是整个国家中读书人最多的省份,也是最精巧能干的。它的全部子民,要么勤劳外出,获得巨大成功,比其他省的人有显著的优势,要么就出贪婪的商人和儒雅的强盗,亦不乏对皇帝极尽职尽责的臣子,还有极出色、极虔敬的基督徒,正如我们在其他许多省的福建教徒一样,因为做生意的缘故,我们在其他省能见到很多福建人。④

整个帝国之内,该省的居民数和读书人数都名列前茅。⑤

福州的天主教徒以热心著称于中国教徒群体中,他们对于灵魂之事格外投入。⑥

---

① João Fróes, *Annua da V. Província da China do Anno de 1633*, BAJA, 49-V-11, f. 92.

② Pedro Canevari, *Carta Annua da China a 1651*, BAJA, 49-IV-61, ff. 90-90v.

③ Manoel Dias, *Annua da V. Província da China do Anno de 1625*, BAJA, 49-V-6, f. 232.

④ Rodrigo de Figueredo, *Annua da V. Província da China do Anno de 1628*, BAJA, 49-V-6, ff. 604v-605.

⑤ Lazaro Cattaneo, *Annua da Vice-Província da China do Anno de 1630*, BAJA, 49-V-9, f. 30.

⑥ António de Gouveia, *Ânua da Vice Provincia da China nas Partes do Sul no Anno de 1645*, BAJA, 49-V-13, ff. 305-305v.

泉州是福建的主要城市,甚至比省会还大。① 在任何方面都可以与福州媲美,在空气的新鲜程度上,在居民的数量上,则能远超福州。② 泉州人以聪慧闻名中国。读书人与退休官员的数量比省城福州还多。进士则有100多名(包括已授官职的和未授官职的)。③ 泉州地区的教徒气氛淡薄:人们在生活中放任,忙于名利、享乐,很少思考或不思考死后的事。④

厦门是一个环山的海岛,非常富裕,因为来往日本和马尼拉的商人都在厦门。⑤

兴化这座府城位于省城福州和泉州住院之间。该城很大,人口繁庶,商贾巨富,人文荟萃,很适合在其间大量地培植献给天主的禾苗。⑥

延平在中国的城市中,既不算大,也不算富,因为多山,耕地稀少,但在和平时期,贸易发达。因为两条河流夹峙,延平像个半岛,一条河流围着延平北岸、东岸,来自北方和南方一些省份(比如南京、浙江)的财富,便从这侧流入。另一条河环绕在西岸,四川、湖广、江西等省的药材便由此入。⑦

---

① Manoel Dias, *Annua da Vice-Província da China do Anno de 1626*, BAJA, 49-V-6, f. 327.

② Lazaro Cattaneo, *Annua da Vice-Província da China do Anno de 1630*, BAJA, 49-V-9, f. 29v.

③ Manoel Dias, *Carta Annua da China de 1635*, BAJA, 49-V-11, f. 219.

④ Antônio de Gouvea, *Annua da V. Província do Sul na China de 1644*, BAJA, 49-V-13, ff. 537v-538.

⑤ Pedro Canevari, *Carta Annua da China a 1651*, BAJA, 49-IV-61, ff. 75-120, f. 137.

⑥ Francisco Furtado, *Ânua da Vice-Província da China de 1636*, BAJA, 49-V-11, f. 552v.

⑦ António de Gouveia, *Ânua da Vice Provincia da China nas Partes do Sul no Anno de 1647*, in *Cartas Ânuas da China* (1636, 1643 a 1649), edição, introdução e notas de Horácio Peixoto de Araújo, p. 338.

南　昌

它是江西省的最大城市和省会。位于韶州、南京之间。中国的许多大人物和贵胄定居于此，因为中国皇帝的许多后代是在江西颐养的。按照皇族规矩，凡皇帝的近亲，如兄弟、侄子等，不得住在京城，而要住在远离京城的省。住在江西的大员中，还有许多退休官员，他们对神父们很好，几乎都有恩于神父。南昌住院距离韶州200里格，距离南京也差不多这么远。①

建　昌

纬度28°，东西夹山，空气清新。因此，在全中国都是有名的游览和休闲胜地，有许多人为山而来。也正因为气象宜人，120多年前，有一位王爷之子选择在此定居。②

盱江由南而北经城垣贯穿建昌全境，阳玛诺认为它像葡萄牙的蒙太古河（Mondego），盱江上有一座长桥，则像科英布拉（Coimbra）大桥。桥上有廊，桥面两侧摆满摊位，凡是中国产的良品，都有售卖，从中穿行，就像在逛一条繁华的商业街。

建昌人与南昌人在很多方面不同。建昌人的食物、摆在餐桌上的方式、烹饪方式与葡萄牙人很像。他们舍得花钱，慷慨大气。官府无法禁止民间宰牛，尽管禁令一再下发。甚至在样貌上，建昌人与其他地区的中国人也不同，他们鼻梁更高、眼睛更大，相貌俊美，举止优雅，彬彬有礼。

建昌与福建的海澄县保持着密切的贸易往来，据说在该港口的人员之多、货物之多，如同澳门，至少胡椒很多，非常便宜，像在澳门一样，当地人喜欢在烹饪时放胡椒，还嘲笑其他地方的中国人

---

① Anonymous, *Do Collegio de Machao & Suas Residências*, ARSI, JS121, f. 20v.
② 弘治八年（1495），益王朱祐槟到封地建昌府。

不会使用胡椒。①

南　雄

是个移民城市。几乎全是外地商人，要么就是来做生意的，要么就是为从全国各地来的商旅人士提供食宿服务。②

传教士在韶州备感当地人的排外，但在南雄感受完全不同。因为外来人口众多，南雄人不像广东其他地区的人那么排外，他们甚至觉得其他广州人不开化，惊讶于神父受到的恶劣对待。③

佛　山

这是一个人烟阜盛的小城，据说有 200 万居民。没有城墙，防守却很牢固，难以解释，按照迷宫布局建造，路窄，房屋牢固，如同迷宫一样。这里藏着广东省的大半财富，是全省最大宗交易的商埠。佛山以他们的方式做好了抵抗鞑靼人的准备，他们接受少量的税赋和委派官员，鞑靼人也不敢像掠夺其他府县那样对待他们，佛山便又享受着巨大的和平与富庶，因为城中无兵，不必害怕变故、起义，因此这里十分适宜神父作为住地，在更安全无危险的环境中做出成果。

在佛山有很多村庄，从来未向鞑靼屈服，甚至在中国政府统治期间也不服从中国皇帝。④

---

① Manoel Dias junior, *Annua da Missão da China do Anno de 1615*, ARSI, JS113, ff. 417-417v.

② Manoel Dias junior, *Annua da Missão da China do Anno de 1615*, ARSI, JS113, f. 492v.

③ Nicolao Longobardo, *Carta Annua das Residências da China do Anno de 1612*, ARSI, JS113, f. 257v.

④ Mathias de Maya, *Annua da Província de Japão dos Annos de 1659 e 1660*, BAJA, 49-V-14, ff. 729v-732.

附录三 求雨仪式

西安·1656

城墙内外多处搭建起多层的高台,每个高台上都有一名或多名(通常是一名)和尚,通过念经等仪式来求雨。在太阳的直接炙烤下,一名和尚在高台上毙命。但是,除了和尚洒下的汗,不见半点水星。在和尚承诺的降雨日的前一日,一座高台开始尝试新办法,将许多桌子叠起来,垒得很高,最顶层的桌子上有几个妓女,用绳子和水桶将水拉上去,再倒下来。除此之外,还对着天破口大骂,用最难听的话谩骂,企图以此来触动天。还有,狱中犯人也得到了一定程度的减刑。西安府排名第二的官员,在仪仗队的护卫下,往北、东、西三个城门磕头,南门不磕,因为他们认为南门属火。还有一个和尚找了一条白狗,杀死,给它穿上袜子、鞋子,穿上寿衣,戴上帽子,找一口殓死人的棺材,将狗装入棺材,派一些人,身穿白色孝服,跪在狗的面前,为狗吊唁。①

西安·1658

今年大旱,异教徒们便去庙里向佛求雨,按照惯例,还举行了几场游街。其中一场非常轰动,异教徒们陷入其中深信不疑,十分虔敬。这场游街是这样的。他们选出两到三名力气大的村民,由这两三个人带上普通大小的鼓,中间空的棍棒,大盆,喇叭,笛子,以及其他此类乐器。他们用急而乱的节奏敲锣打鼓,进了拜偶像的寺庙。他们就是向这庙里的偶像求雨。很快,这两三名村民据说被庙里的"神灵"附体,他们不断抖动着脚,频频上下左右摇晃着头,乱蹦乱跳,口里念念有词,都是疯癫的话,用眼、口、手、脚做出

---

① André Ferram, *Annua da Vice-Província da China de 1656*, BAJA, 49-V-14, ff. 69-70.

各种滑稽、狂躁的动作,围观者也被他们鼓动起来了,跟着来来回回地跑。最后,他们一同出了那庙,去了另外一座山上,找到一只水罐,他们称为"佛水""神水",这水本来是由和尚守护着,现在交给他们用以求雨。然后,他们带着这只水罐,带着上述乐器,又开始了游街,从一处到另一处,从一街到另一街,从一庙到另一庙,好不嘈杂,好不冗长,好不混乱!①

建昌·1625

今年非常缺雨,因此,做了很多场队伍游行的法事,以求得雨。从周边的县开始,各县按照自己的日子前来,要走两三里格路程,抬着有名气的偶像,伴着很多旗子、假花花束、摆着大香炉的桌子,以及其他道具,他们都去停在知府门前,作为朝圣终点。在建昌府的每一个区做完之后,各区县还有自己的日子。他们之后,就是读书人的游行,他们不搬佛像,也不带跟佛像有关的东西,因为读书人的做法非常不同,而是佩戴着等级的象征物,通常是靴、衣服、帽。接下来是和尚,和尚亦参加了,他们赤足、免冠,每走一步,他们全部跪地伏身,向着偶像高声诵祷,尽其所能装得虔诚。一日,知府(负责判案)也去参与,他没带总是陪着自己的助手,也没有象征官位的标识,只是带了两名仆人,步行,穿得像一名穷书生,黑衣,平和而又恭卑,每走三步,便向天行一个大礼,全身倾倒,头几乎要着地,就这样走走停停几乎行遍了该城的主要部分。

各项偶像崇拜活动持续了一整个月,在此期间,不能公开卖肉,以便全体斋戒。很多异教徒威胁和指责基督徒,因为后者不去参加法事。有些异教徒对认识的基督徒说,你们也去游行,与天主

---

① Gabriel de Magalhães, *Annuas das Residências Do Norte da Vice-Província da China do Anno 1658*,49-Ⅴ-14, ff. 250v-251.

教律的神父一起，因为你们的一个人抵得上我们的一百个人，你们的一百个人抵得上我们的一千个人。①

附录四 魔胜之术

现在我将讲的这件事中，可以看出我们圣教的这个好名声。

在许许多多供奉偶像的庙宇和供异教徒进行崇拜的场所中，有一处隐蔽在一片阴森的树林里，这里是一片特别的空间，魔鬼的大师们住在其中，向当地人的头脑中灌输，暴风、骤雨、迷雾、蛇和毒虫将会出动，杀死、残害那些缺少信仰、虔诚不够却进庙的人。在这座臭名昭著的庙中，在其怪兽、令人作呕的怪物中，有一个是狗嘴、鸡身和另一种动物的脚，大师们说，通过不同的手法和方式，死亡、疾病会被释放出来，进入城里，因为当大师们想要杀某个人或使某人生病，就将他的名字写进某个小册子里，再把一根钉子钉进怪兽某一部位，他想要自己的仇敌哪一部分受害，就钉在怪兽对应的部位上。大师想加重伤害或减轻伤害，就将钉子钉深一点或向外拔一点。有些人感觉受到某种疾病的折磨，无药可医，就认为问题是出自这里，就向这魔鬼的大师们贡献很丰厚的施舍。有些想报仇的，根据向仇人施害的程度，给大师或多或少的捐赠。

今年，皇帝的一名重臣的一名很近的亲戚死于这种邪术，这个重臣已被任命为朝廷最高的官职之一。

当地人在得知这件事后，到了当地主政那里，人群中弥漫着一种伤感而愤慨的情绪，所有人的矛头都指向了魔鬼和这么多恶的渊薮。大家一致认为，将这树林烧了、将这座庙铲平是公正的，罪有应得。然而，恐惧与人性之弱点使他们止于此，就像激情变理智

---

① Manoel Dias, *Annua da V. Província da China do Anno de 1625*, BAJA, 49-V-6, ff. 221v-222v.

后常出现的局面,那罪有应得的判决就没有下文了。

在这些胆怯的和小心翼翼的人中,官员们在思考有谁那么勇敢,可以担负起执行这个判决的使命,从大家的共识出发,他们认定只有求助于信奉和遵行天主之律的基督徒,以及培养了这些基督徒的神父。

神父可以安全地执行某些任务,他们将此作为自己的职责。结果皆大欢喜,作为讨论结果,一位神父从法庭里领命而来,因为他们试探这位神父,问他是否有胆量去完成皇帝的命官们希望他能完成的工作。基督徒们将要去做这件新鲜事,获得普遍赞誉,他们怀揣热情,等待这项使命,这份热情非常引人注目,他们全都用圣十字武装起来,极其坚决地要前往这块地方,这座庙宇,燃火烧了这片丛林,在原地树立起美丽的旗帜,和我们的耶稣舍身救世的标志,再建一座教堂,以供奉该地的守护天使。然而,这事奏到北京之后,迄今未从北京回来最后决定,这很可能是魔鬼通过其代言人重重地贿赂乞求保护,并以大凶相威胁的结果。这样,那些瞎了眼的异教徒反而将因他们每况愈下的罪,承受来自天主的越来越严厉的、应得的惩罚。①

附录五 1660年南昌"铁柱宫"重建中的民间传说

("铁柱宫"遭焚毁)居住在那里的道士们没能施展法术灭火,便编造出两个谎言,散布全城,以振作对其教派的信仰。第一个谎言是,这次火灾既不是一起事故也不是一起灾难,因为上天对南昌发怒了,想要惩罚南昌,决定烧毁五百或六百间房子,许真君便与上天斡旋,祈求网开一面,他还提出愿意以自己的道观来代替民间

---

① Rodrigo de Figueredo, *Annua da V. Província da China do Anno de 1628*, BAJA, 49-V-6, ff. 603v-604v.

受罚,于是,上天就烧毁了这座道观,这是天火,不是人间的火。为了使这个谎言获得官方的认证,从而得到世俗认可,道士们还找到知府,就是当地主审官员,知府说自己在当天晚上的确梦到了同样的场面。他这样说,因为这个明显的谎言,只能放在梦中才能看到,而且在梦里发生的事也不需要其他的见证人来证明。

第二个谎言是,火灾之后不久,一些木材商人顺水而来,他们带来很多大木,就连赶来的道士们也感到很神奇。因为这些木材来自一座远山,那里从来没有人买木材,河里也没有水运走木材。一个由许真君乔装的人对那里的山民说,把这些木材带到南昌去,那里有人大量地买,山民们回答说,没有办法,这里地偏路远,那个人说,过一会儿河水会涨起来,一直涨到山脚,你们就赶快把木头投进河里,事实发生真如此人所言。当商人们来到南昌,见到刚刚被烧毁的道观,领悟到原来那个人是许真君,他在天上用自己的道观换取了民房的安全,又去山区建议把木材运到南昌卖并使河水上涨,将这些粗大的木材运到这里来重建道观。

凭着这两个精心编造的谎言,被焚毁的废墟收到了大量捐助,不仅老的信徒来捐,还有很多新的募捐,他们出手慷慨,这样,道观不仅重建起来,而且较以前更富丽堂皇,而道教则收获了更多威信、信任。[1]

附录六 各地送殡队列样式
上海·1641·徐光启的葬礼

徐光启的遗体安放在不腐的香木棺中,这口棺材价值超过

---

[1] Fernão Guerreiro, *Relação Anual das Coisas que Fizeram os Padres da Companhia de Jesus nas Suas Missões*, Tomo Segundo(1604 a 1606), Combra: Imprensa da Universidade, 1931, ff. 290 - 302.

1 000两银子,停在上海城墙外的一处院墅中①,等待入土。1641年,墓地竣工,为徐光启举行了隆重的入葬仪式。

在仪式前一天,140名教徒从教堂出发,列队游行。他们全身穿白,手擎燃着的大蜡烛,还有葬礼用的各式笛子。队伍的最前头是一个白色的十字架,十字架上还标示着耶稣的5个伤口,一名教徒将十字架高高竖起,4名擎蜡烛者护卫着它。随后是4名扛红旗的旗手,红色旗子中间是一个白色的十字架,4名旗手间保持着匀称的距离。再随后是4个男童,手持香炉,并展示十字架。紧跟着是一个精美抬架,亦有4个擎大蜡烛的人护卫,抬架上立着一个金色的十字架,许多玫瑰装点着它,烛光映照着它,营造出一种欢乐的氛围。抬架后跟着大批的教友,手持念珠,表情虔敬、谦和。由于这个仪式在当地从没有见过,围观者已数不胜数。队伍巡游过几条街道后,出了城门,抵达存放徐光启棺木的园子。徐光启的全部孙子都来迎接队伍,当着许许多多一路跟过来看热闹的异教徒的面,跪在地上敬拜十字。教友们将十字架等摆放进一个考究的大房间后,各自返家,其时已是深夜。

翌日上午,徐光启的棺木被隆重地抬往墓地。队伍的最前面是一幅使徒圣保禄的画像,画面中的保禄手持《圣经》,使用保禄圣像是因为徐光启的洗名也是保禄,而且徐光启是保禄的追随者。随后是4面画着天使的旗子。紧跟着是另外两面旗子,一面旗上画着天使长弥额尔,另一面旗子上画着守护天使。天使后面跟着十字架的方阵,队列顺序与前一天的一样。宗教队伍的后面跟着各式的美味,有野兔、绵羊、小母牛和母鸡等,摆放在200多张桌子上,配以华美的丝制的饰物,这些是用来款待贫穷的教友和送葬的人群的。还有20张桌子是专门摆放颂扬徐阁老的文章等纪念物的,随后是徐光

---

① 上海县城南门外的双园别墅。

第九章　耶稣会中国年信与专门史　905

启生前穿戴的官服，按照官秩排列。再后面是一顶轿子，几名官员骑马伴行，再现徐光启生前离家时的场景。轿子之后是徐光启的画像，由8人抬，像后是20面小鼓，时不时地敲打一阵，是没有章法的乱敲，鼓装在木架上，这是军中纪念去世的将官的方式。悲伤的鼓阵后，是徐光启生前的门生，他们披麻戴孝，系着草绳。门生之后，是徐家的亲戚，潘国光神父就走在亲戚的队列中，还有两名奉教文人陪伴神父。再随后是徐光启的儿子徐骥，还有徐光启的所有孙子，徐骥按照中国习俗，手里拿着一根木棍，有两个人搀扶着他。后面跟着的是棺材，白色丝缎盖着棺材，盖布由头至脚是一个大大的十字架，和4个字母INRI。棺材之后，徐光启的夫人坐在8人抬的大轿上，紧跟着的是徐光启的孙女、儿媳乘坐的小轿子，轿子全都披白。最后是徐家的婢女，全都穿着孝服，步行前进，外人是看不见这些婢女的，因为队伍两侧拉了一道围障，有8拃高、200英寻长。

　　抵达墓地，先举行朝廷埋葬高官的礼仪，知府带来了皇帝慰问的礼物。官员走后，潘国光神父按照天主教的礼仪为墓地祈福，为徐光启的灵魂祷告，徐光启的儿孙及诸亲戚，不管是否入教，都参与了全程。棺材落进墓穴。神父为墓碑贴上誊写在绢上的墓志铭。[①] 当时上海住院的3名神父潘国光、贾宜睦、李方西，1名修士费藏裕都在墓志铭下签了名。潘国光还代表所有曾经在上海住院工作过的神父，赞赏徐光启的功勋。[②]

北京・1658

　　这最后的送别或队列是按照如下方式行进的：在队伍最前排，用长杆挑起一幅画，这画的幅面相当大，以金和丝镶边，写着至

[①] 徐光启的墓志铭系用拉丁文撰写，年信中照录了墓志铭的全文，此处从略。
[②] João Monteiro, *Annua da Vice Provincia da China do Anno de 1641 athe setembro 642*, ARSI, JS117, ff. 47-48.

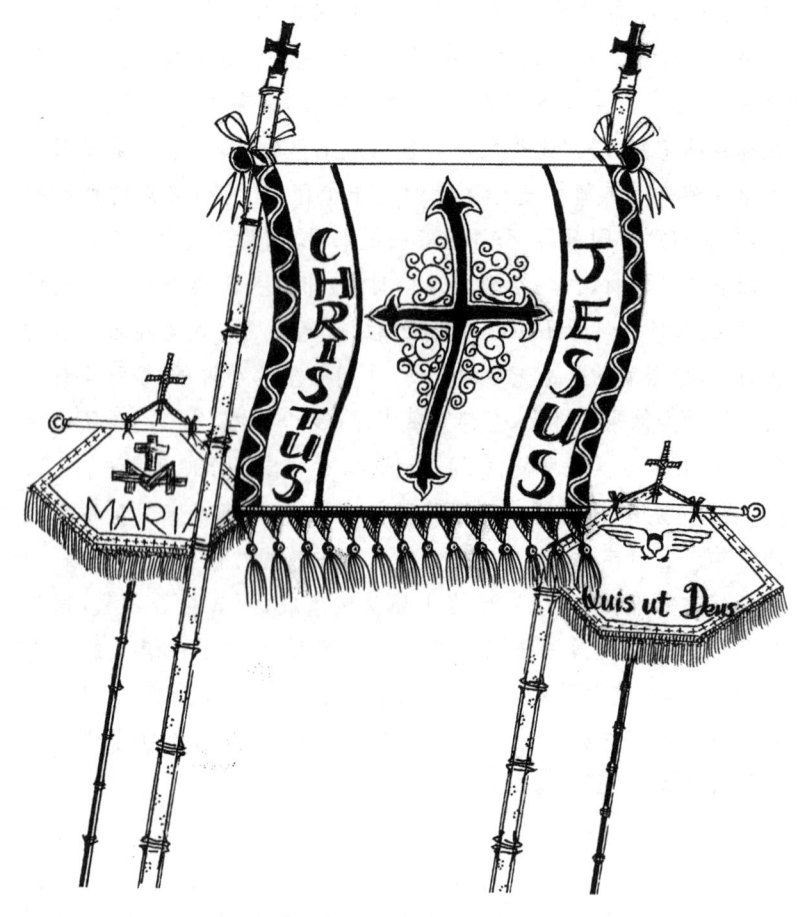

图 4　天主教的葬礼之一　马达钦绘

在队伍最前排，用长杆挑起一幅画，这画的幅面相当大，以金和丝镶边，写着至圣之名"Jesus"（耶稣）。画的顶端，是一个精美的十字架，通体镀金。

圣之名"Jesus"(耶稣)①。画的顶端,是一个精美的十字架,通体镀金。在这幅画左右两侧,拖后一点,是两幅六边形的画,以同样的方式镶边、装饰,在右边的,写着至圣的名字"Maria"(玛利亚),靠左边的,则向圣天使们致敬,写着 Quis ut Deus②。十字架的下端,以及画的四角,垂下各式流苏、悬垂饰物,有金制的,有丝制的。撑画的长杆则有杆套包覆着,有锦缎的,有绒布的。

紧随其后的是一面白绸制成的幡,又大又长,幡上有用中文写的一句话:生短死长(a morte hé certa e a vida breve)。字镶金边。在这幡的后面,隔开一定距离,是分列两侧的另两面幡,黑色缎面。幡用黑白,表示恸悼之意,生者要为逝者穿戴这二色。因为欧洲人用黑色来表达悼念、伤感和幽暗的心情,而中国人表达这种情感是用简素、无色、无妆无饰和白色。(所以,这仪仗就融合了欧洲的黑色与中国的白色。)③

跟随在这两面幡后面的是一个抬架,由四名基督徒抬着,这抬架上也以悬垂物和丝装点,抬架中间展示的是地狱的恐怖,以及灵魂的保护者天使长圣·米迦勒。

在抬架的四周游移着 8 个十字架,其中 4 个十字架固定在边上。这些十字架都通体包金,立在红色杆上,红杆都有绸制杆套。十字架的"脚"部,与杆套顶圈之间的空隙上,从杆套里钻出半个橙子,这颗橙子硕大,凹刻在杆子上。还有各种耳环状的吊坠,以及一串串的线织花结装饰,全部裹着金、丝。在杆套的边缘,还"长"

---

① Jesus 是一个抄本中的记载(见 49 - V - 14,f 581v),另一抄本为"IHS"(见 49 - V - 14, f. 240),亦是耶稣之意,IHS 是拉丁文 Jesus Hominum Salvator(耶稣人类救主)的缩写,也是希腊文耶稣圣名之前三字 Iesus Hagiator Soter 的缩写。

② 拉丁文,意思是 Who (is) like God(谁是天主)。天使长米迦勒(Miguel)与叛乱的天使们战斗时,口中呼喊着"Quis ut deus?",翻译成希伯来语是"Mich'el","米迦勒"的名字就是他在战斗中的呼喊声。

③ 括号中的这句为译者根据原文的意思做的补充,以使前文"因为"所引导的句子完整。

图 5　天主教的葬礼之二　马达钦绘

紧随其后的是一面白绸制成的幡,又大又长,幡上有用中文写的一句话:生短死长(a morte hé certa e a vide breve)。字镶金边。在这幡的后面,隔开一定距离,是分列两侧的另两面幡,黑色缎面。

第九章　耶稣会中国年信与专门史　909

图 6　天主教的葬礼之三　马达钦绘

跟随在这两面幡后面的是一个抬架,由四名基督徒抬着,这抬架上也以悬垂物和丝装点,抬架中间展示的是地狱的恐怖,以及灵魂的保护者天使长圣·米迦勒。

出8朵花,也都各有流苏。还有各种颜色的又狭又长的丝织彩旗。

再随其后的是12面大旗,绸制,每面旗子各有颜色,飘展起来色彩绚丽。每根旗杆顶端,收于一个八边形的类似穹窿屋顶的端头,在八边形的每一边是蜷起来的护挡。旗子就是被这端头固定住的。从护挡上则垂下条条的穗子,穗子很长,与旗子一样长。在旗子上,有不同的句子,关于死亡、审判、复活。

跟在这12面旗子后面的是40名教徒,他们捧着铜制灯盏,燃着灯火,还有捧香炉的,香薰袅袅。其中,有6名教徒举着旗子和擎着黑色漆皮的小盒子,在烟火缭绕中前行。在他们的后面,有10个捧香炉的,他们按照顺序轮流焚香。还有两个捧香炉的在队首的十字架,和至圣的名字"Jesus"旁边,另个捧香炉的排在队尾,逝者棺材旁边。

在香炉、烛台方阵的后面是长长的教友队伍,有时是100人、150人,有时有200人或更多,但是,从来不会少于150人。他们一手端着香或烛,另一手持念珠,为逝者的灵魂得救赎而向天主祷告。

在这些教友的后面,是另一个披孝的抬架,在抬架的中央立着我们得救赎的象征,一个华美的十字架。紧跟在这个抬架后面的是逝者的棺材,覆着黑色绒布,压着一柄十字,绒布镶着白绸花边。在棺材的后面,尾随着逝者的亲属,按照该国风俗,身着一袭白衣,腰上扎着一根草绳,很是粗糙,毛刺外扎,如果是逝者的儿子,手里还要拿根棍棒,慢步缓行。再用眼罩遮住双目,棉花堵塞耳朵,以示因丧考妣之痛,目不能视,耳不能听,足不能行,体不能感。如果逝者的亲戚是基督徒,那就手持蜡烛、念珠。如果逝者的亲戚是异教徒,那就手持香火。

两座堂区的圣会为教友举办的葬礼通常就是这样,每个教友都能享受,圣会还会给予穷人以力所能及的帮助。当教友的手头

图 7　天主教的葬礼之四　马达钦绘

紧跟在这个抬架后面的是逝者的棺材,覆着黑色绒布,压着一柄十字,绒布镶着白绸花边。

宽裕时,就会捐助这两个堂区的葬礼,或是帮助其中之一,或是两个都帮。

西安·1658

异教徒们的葬礼通常找和尚来唱经,还要演奏笛、铃、鼓,伴着各色旗子,喇叭以及其他乐器,异常喧哗,吵闹不堪。基督徒们既不能叫和尚前来,也不能做异教徒们那样的排场,为了防止他们说三道四,基督徒们就去买来优美的乐器,学会演奏,伴随着这美妙乐音,基督徒们就在一个大大的华盖下,一起拨弄念珠诵经,非常安静,仪态庄重但又不乏热情地为逝去的教友送葬。另外两县的葬礼也是这样安排的,其中一县,因为教友们更热情,更有财力,又在送葬队伍中增加了 12 面大旗,是用各色锦绸制成,五颜六色,使得队伍增色不少。这样的形式,这样的花费,使许多异教徒深受触动,深受教育,他们对基督徒的热情、交往意愿都增加了。[①]

[①] Gabriel de Magalhães, *Annuas das Residências Do Norte da Vice-Província da China do Anno 1658*, 49 - Ⅴ - 14, f. 254v.

广州·1685

送殡之日，教友至亡者家里圣像前，念经如前头规矩。念毕，就摆列送殡的物件。先用吹手，次列旗旛，次十字亭，次天主圣像亭，又次总领天神亭，又次圣名亭。用的提炉宫灯，左右教友戴孝，拈香持蜡。末后棺柩，其柩上装釉彩。老少诸友序次而行。孝子扶柩鞠躬，孝眷人等，俱随棺后。

棺木到山停止。众友向十字亭齐揖跪下，作十字、念初行工夫、圣母祷文、安葬前经，各一遍。已完工夫毕，会长起身，将圣水洒塚洒棺，念洒圣水经。下葬掩土。毕，众友向十字亭作十字、初行工夫、圣人祷文、安葬后经。已完工夫毕，兴。孝子跪前，叩谢众友。

葬礼完，即迎十字等亭，照前摆列回家。会长及众友同到其家，圣像前跪下，拜谢天主。毕，兴。然后安先亡牌位于香桌上，摆列品物。孝子跪下、进香、奠酒，并率家中人拜。毕，孝子拜谢众友。[①]

第二节　年信中的科技史——以《泰西水法》成书过程为例

长期以来，科技贡献是传教士研究的一个重要导向。因此，探讨耶稣会年信对科技史研究的意义，似乎是个必选话题。但是，年信中的科技类史实非常少。科技活动在入华传教士事迹中的比重，在年信记载中，与在现世的研究中，仿佛描述的是两个时代。年信可能故意回避了对传教士科技活动的记载，因为它对西方教

---

① 李安当：《临丧出殡仪式》，收［比］钟鸣旦、［荷］杜鼎克主编：《耶稣会罗马档案馆明清天主教文献》（第5册），第447—465页。

友没有教育意义,对他国的传教士没有借鉴意义,而且在耶稣会内部,反对科技传教的声音一直未间断,科技传教是在华耶稣会士不得已而为之的策略,是不得已的战略迂回。

尽管如此,将年信与其他耶稣会士文献配合使用,进行某项科技史的研究,仍然可行。本文将结合1610—1620年间的年信与《熊三拔日记》,讲述《泰西水法》成书过程。熊三拔于1600—1606年间居住在北京滕公栅栏利玛窦墓园中,逐月甚至逐日记载了墓园中的日常活动,制造水器和撰写《泰西水法》是其中的重要活动。选择该例的原因是,利玛窦于1610年去世后,是否继承"利玛窦路线"在中国传教团内部有分歧,科技路线正是利玛窦路线的要义之一。熊三拔、龙华民等在摇摆中坚守该路线,《泰西水法》即是成果之一。弄清《泰西水法》成书过程,对于理解科技路线为何能在中国长期延续,重新评价龙华民等在礼仪之争中的立场、作用等都有助益。

一、利玛窦去世后的科技传教路线之争

1610年5月11日傍晚7时,耶稣会中国传教区负责人利玛窦在北京病逝。沙勿略—范礼安—罗明坚—利玛窦一脉相承的"适应政策"随着利玛窦的病故面临着人亡政息的局面。新任中国传教团负责人龙华民作为利玛窦职位上的继承人,通常被认为不打算执行利玛窦的路线,在教团内挑起礼仪之争,其余各传教士,尤其是北京的庞迪我、熊三拔也都在礼仪之争这个大议题下的不同子议题中各执一端[1],呈现出难以一刀切的复杂立场。总体来说,

---

[1] 1610年时,中国共8名传教士,庞迪我、熊三拔在北京,王丰肃(1620年从澳门重返中国内地后改名为曾德昭)在南京,罗如望在南昌,费奇观在韶州,郭居静在上海,黎宁石在杭州,龙华民将从韶州往北京。

适应策略最主要的继承者是庞迪我,他在利玛窦身边的工作时间最长,对利玛窦的传教策略了解最为详尽,最主要的批评者是龙华民、熊三拔。

对利玛窦路线的分歧点主要有四:1. 对祀天、祭祖、参拜孔子的态度;2. 译名问题,即是否可以用中国典籍中的"上帝"(皇天、天、天命)来译天主教的"Deus";3. 宣教重点对象应该是士大夫阶层,还是闾左小民;4. 是否继续采纳科技传教路线。

关于科技传教路线,利玛窦主张以新奇的西洋物(自鸣钟、三棱镜、日晷等)和科技书籍作为与中国上层社会交往的敲门砖。利玛窦的北京岁月(1600—1610),工作重心就是结交士大夫和用中文著书立说,这十年是在华耶稣会士的自然科学著作的高产年代。《额我略历书》(1604)、《浑盖通宪图说》(1605)、《测量法义》(1607)等都在此间完成。1609 年 2 月 15 日,利玛窦致信于巴范济,全面阐述了他认为传教事业在中国获得成功的几点基本经验,其中之一就是在华的传教士应始终保持"圣德之士""有学之士"的现有声誉和形象,著书立说等。①

1600 年,利玛窦与庞迪我在南京会合,同赴北京,之后,一直共同生活,紧随利玛窦的庞迪我,却对利玛窦热衷的科学路线兴趣不大,裴化行说:"当来华传教团创始人以极大的热情,同'克拉维乌斯神父的数学家们'那个进步圈子一起努力把实验方法应用于科学的时候,庞迪我却来自比较保守的学派:他们正以新经院哲学评注亚里士多德,即'科英布拉学派'。"②

龙华民通常被认为反对科技传教路线,他主张借助宗教类书籍、圣像直接向中国人宣传天主教的信仰,他率先用中文出版《圣

---

① [意]利玛窦著,罗渔译:《利玛窦全集》(4),第 408—409 页。
② [法]裴化行著,管震湖译:《利玛窦神父传》(下册),第 394 页。

教日课》。

按照传统印象,熊三拔在礼仪之争中与龙华民同一阵营(尤其是在译名问题上,反对使用"上帝"),在科技传教上,也与龙华民同样持否定态度。熊三拔对科技路线的排斥或许只是害怕它冲淡了传教主题,徐光启洞悉了熊三拔等在涉及科学问题时的"面有怍色",并分析了个中原因:熊三拔等身负宣教重任,担心被误会为与"公输墨翟"一样的"匠人"。①

以上是京中各神父对科技传教路线的立场,外部环境也不利于科技传教。1615年,耶稣会日本教省的省会长卡瓦略禁止使用利玛窦的传教方法,教授数学和哲学的工作也被禁止。传教士们只能宣讲福音,他们必须拒绝任何与修订历书有关的事情,即使是皇帝特别颁布了圣旨也不行。当时,中国传教区仍然受日本教省管辖,奉命巡视中国各住院的阳玛诺传道了此禁令。② 阳玛诺本人对科技传教路线的态度又是暧昧不清的,根据1617年12月2日熊三拔自广东致耶稣会分管葡萄牙教省的会长助理努诺·马什卡雷尼亚什的信,阳玛诺反对利用历算传教的方法。③ 但阳玛诺在撰写1615年北京住院的工作汇报时,认为进出北京的官员很多,北京应该成为与官员交往的中心,这将有助于京外神父的福传工作,而增进友谊的方法是保持道德、学问上的好名声,撰写各类话题的书籍和制作中国人未见的稀罕物。④

另一个外部环境是,中国的友教官员对传教士的科技贡献给

---

① 徐光启:《泰西水法序》,朱维铮、李天纲主编:《徐光启全集》(第5册),第290—292页。
② [美]邓恩著,余三乐、石蓉译:《一代巨人》,第124页。
③ Sabatino de Ursis, *Ursis to Nuno Mascarenhas (1617)*, ARSI, JS17, ff. 110 - 110a.
④ Manoel Dias junior, *Annua da Missão da China do Anno de 1615*, ARSI, JS113, ff. 400v - 401.

予厚望。在为利玛窦申请墓地的过程中,出现一些反对声音,支持传教士的叶向高说:"仅其所译《几何原本》一书,即宜钦赐葬地矣。"①礼部右侍郎吴道南也援引了同样理由,传教士用中文著书,利于中国。② 神父们一开始并不敢奢望这么新的大园子,熊三拔本来以为还有余地在坟墓旁建造一座小教堂已经足够,负责为利墓选址的顺天府丞黄吉士想要找的却是有屋宇、有苗圃的大园子,因为神父们可以住进去著书,他本人十分欣赏利玛窦的著作,而叶向高、吏科给事中曹于汴也是这样叮嘱他的,黄吉士题赠墓园的匾额上写有"立言"二字。总之,"(除了利玛窦之外的)其他耶稣会士也被认为在科学方面是一个很有作为的存在,得到允许留在中国"。③科技贡献是合法居留的重要理由。与远从日本传来的禁令相比,这才是中国传教士的生存环境。于是,利玛窦的葬礼甫一结束,墓园中神父们的工作重心立即转入水器制造、著书。

二、水器流传、《泰西水法》成书过程

《泰西水法》进入撰写议程,是由修历所引发的。早在 1611 年 6 月,利玛窦的墓穴刚开挖时,钦天监官正周子愚即上疏,请准庞迪我、熊三拔等修历,翻译西方书籍。④ 于是,众官员纷纷登门求睹传教士的书籍,正好这年耶稣会从印度教省寄来一批书籍和三棱镜等,来客对这批书中描画的水器大感兴趣,请神父们制成实

---

① 方豪:《中国天主教史人物传》,第 58 页。
② 韩琦、吴旻校注:《熙朝崇正集熙朝定案(外三种)》卷二《礼部题准利玛窦御葬疏》,第 22—23 页。
③ 刘小珊、陈曦子、陈访泽:《明中后期中日葡外交使者陆若汉研究》,第 253 页。
④ 钦天监官正周子愚言:大西洋归化远臣庞迪峨、熊三拔等,携有彼国历法,参互考证固有典籍所已载者也,亦有典籍所未备者,当悉译以资采用。参《神宗显皇帝实录》卷四百八十三,万历三十九年五月一日,《明实录》第 62 册,《神宗实录》第 9088 页。

物,其中最积极的是徐光启和吏科给事中曹于汴,曹还提供了一个山西木匠来帮忙(曹是山西解州安邑人),这个木匠姓孙,因是天主教徒,不取报酬。10月14日,曹于汴亲自到墓园探视。在各方的催促之下,10月初已开工,木匠、铜匠在园子里忙得热火朝天,利玛窦在世时活跃的科技活动气氛在他身后继续保持。

徐光启到园中观看进展有六七次之多,曹于汴也多次登门,还建议徐光启写一本关于水器制作的书。徐光启也这样建议神父。不过,关于翻译《泰西水法》的首倡者,据曹于汴《泰西水法序》:"肇议于利君西太,其同侪共终厥志,而器成于熊君有纲。"据徐光启《泰西水法序》:"此《泰西水法》,熊先生成利先生之志而传之也。"① 与此《熊三拔日记》的记载不同。

正式制造水器之前,先试制了些小模型,作为礼物让曹于汴带走,曹建议将水器进呈皇帝,由皇帝下令在全国推广,他将全程帮助促成此事。有了向皇帝进献的目标,1612年2月12日,冬歇过后,便早早地开工,进入正式制作。3月5日,"关于水器制作、使用和关于水利问题的书"(《泰西水法》)也动笔了。

4月6日,部分水器完工,11名官员前来欣赏,其中4名翰林院,6名科吏,1名道吏,他们意外地对天主像产生兴趣,停留良久,问了许多关于天主教的问题。让访客注意到天主,正是传教士以奇器为诱饵的初衷,园子主人为此制定了一条"三站式"标准参观路线:第一站是"救世主堂",向天主像行跪拜礼三次,神父在旁讲解为何认识与侍奉天主是头等重要大事;第二站是"圣路加圣母小堂",瞻仰圣母像,神父在旁讲解天主降生为人是为救世;第三站是利玛窦墓。② 比如,5月3日这天,墓园中接待了两波客人,9名官

---

① 朱维铮、李天纲主编:《徐光启全集》(第5册),第283—292页。
② João da Costa, *Annua da Christandade da China do Anno de 1614*, ARSI, JS113, f. 340v.

员到访，手持香火，先拜天主、圣母，后拜利墓，再赏水器。同日，户科右给事中彭惟成也与3名同僚前来欣赏水器，逗留几近整日，将园里的东西尽览一遍，锲而不舍地请神父赐一张天主像或圣母像，后来，他还派了一名木匠前来学习水器制作，过些日子，他要将木匠带往江西，以在当地推广水器。① 5月10日，彭惟成又到园中与神父商量，他想为《泰西水法》作序，资助印费10两银子。5月15日，水器全部竣工。当日，徐光启、曹于汴、杨司马（yâm sú mà）②于园中设宴庆祝，并且达成共识，将水器献给皇帝的利大于弊。于是，将造水器这一活动的价值进一步推高的新任务确定。同时，随着水器完工，来观赏者又掀起了一波高潮，完美地体现了在科学中社交，在社交中传教的科技传教路线的设计。例如，5月18日，魏道吏（guéi táo lì）③与5位同僚在园子中停留了一整天，既言天主之事，又谈历算。随后，英国公再次来观看水器，瞻仰圣像，祭拜利墓，还命人在家中造了一架取水车，一次可以取很多水。5月30日，龙华民想宴请韶州新任刘（lêu）姓道吏④，就将地点选在园中，同时还邀请了另外4位高官。徐光启将自己在家中制造的水器带到宴上，大家都很喜欢。

龙华民去找曹于汴商议向皇帝进呈水器事，曹建议应通过"都清司"（tūm chím sú）⑤以在全国推广使用水器。徐光启则需要做进一步的"调研"以验证向皇帝进贡水器的民意基础，他在自己家中制造了一个大龙尾（lûm vî），许多官员前去观赏，又制作了许多

---

① 据彭惟成为《泰西水法》所做的《圣德来远序》："又得其取水具，遂命工习之。携工南行，以广高人教泽。"与《熊三拔日记》若合符节。彭惟成序参阅朱维铮、李天纲主编：《徐光启全集》（第5册），第285—287页。
② 可能是杨廷筠。待考。
③ 待考。
④ 待考。
⑤ 可能是工部"都水清吏司"。

小龙尾,赠送给杨司马等人。他还为南堂的井造了两个唧筒,可以用脚提水,于7月初安装,装好之后,8名官员前往观瞻,并在厅中进餐,由龙华民、庞迪我、熊三拔接待。传教士还因水器与太监发生接触,成为天主教传入宫廷的开端,这可以说是科技传教路线的意外收获,具体可参见本研究的《特殊奉教群体:太监》一节。

另外,7月底时,《水法》也写好了,徐光启将利玛窦列为作者,因为利玛窦是中国最有名望的传教士,但龙华民认为不妥,派庞迪我向徐转告他的意见,徐光启毫不犹豫地遵从了龙华民的意见,将已拟好的书名《利氏水法》改为《泰西水法》。曹于汴等9名官员解囊资助刊印,加起来有20多两银子,富余的被用于资助庞迪我在南堂创作的《七克》出版。《七克》也是一部以适应策略为指导思想的著作,使用儒家语言和概念介绍天主教教义,王徵即在读完该书之后产生拜会庞迪我的想法并进教。资助者都希望将自己的名字列在书中,说明这本书在知识分子心目中算是脸上增光的事。

见这水器、《水法》大受欢迎,徐光启、龙华民确信向皇帝进献是正确的,于是,二人商量以怎样的方式进献较好,最终决定由传教士上"本","本"由徐光启写。8月初,徐光启带着拟好的奏本来征询龙华民的意见,龙华民修改了几处,徐则照单全收,改好之后,送到南堂,由龙华民先保存好。整个8月,他们都在讨论怎样上这个"本",围绕署名争论不休。徐光启强烈建议传教士再等一等,待邀请传教士们修历的圣谕下达之后,连同水器、《水法》和盘托出,因为礼部侍郎翁正春于1610年,周子愚于1611年,礼部于1612年先后上疏,请准庞迪我、熊三拔等修历,后来,李之藻也于1613年上疏,结果似乎呼之欲出,但是,龙华民和徐光启最终没有形成一致意见。

龙华民见围绕进献无法达成共识,决定先去广东,因为新上任的日本教省视察员巴范济召他会晤。9月3日,龙华民启程前往南雄,行前留下指令:利用水器吸引更多官员前来。龙华民还单独叮嘱熊三拔,将特意留作礼品的水器连同印好的书,尽快向阁老们和礼部赠送。徐光启也嘱咐熊三拔多印《水法》,尽可能多地向官员们赠送,很多官员在观看水器后就预订了《水法》,他们认为这东西既新奇又实用,没人会不喜欢。

龙华民走后,《泰西水法》开印,首批印了80卷(tomos),大获好评。兵科给事中张键携书登门抱怨自己不在书中,熊三拔与徐光启商议后同意在下一批印本中加上他的名字。11月初,翰林院检讨郑以伟请求为《水法》作序,徐光启也同意了。

水器、《水法》齐备,而且在官场的反响良好,熊三拔与徐光启商量后认为,可以向阁老和礼部赠送了。这也是在执行龙华民的命令。于是,1612年10月4日下午,熊三拔携全套"龙尾"、两本《水法》、日晷造访礼部翁正春。翁先问了日晷用途,又装好了水车,试了一下怎样出水,翁很高兴,说这东西在他老家福建将会非常有用。最后,翁翻看了《水法》,在作序官员的姓名上目光停留较久。5日一早,熊三拔又带上这套礼物拜访叶向高、李廷机二位阁老。到叶家时,熊三拔发现他昨日拜访的翁正春,在他告辞之后,立即就将这套礼物带给叶向高了,因为叶、翁既是同乡、好友,住得又近。叶向高现场试验了龙尾、日晷,仔细翻阅《水法》,对每一张水器图都详细询问,说这大利于民,他要传教士的木匠将书中的水器全做出来,他送熊三拔时一直送到门外路上。李廷机当时的状态是杜门不出,谢绝一切访客,但愿意见见这大西洋的神父,他说自己将全部身心投入到"仙道"中,就用大段时间与熊三拔谈"道"和天主教,最后也试了试熊三拔带去的水器,很是喜欢。翌日,叶向高22岁的孙子还回访了传教士住院,专程来看圣像,叶孙走后,叶向高的长班又来,邀请木匠前往叶宅制造水器,于是,为徐光启干完活的木匠转往叶府,并教会了两名福建木匠,木匠又被叶向高派往福建去造水器。

得到二位阁老首肯,意味着将有更多的官员前来观瞻。来观赏的,除了京官,甚至还有许多远道而来的外省官员,比如,11月,保定知府①也派人来索求木匠,后来,知府在河道中试验水器,场面非常隆重,属下县官全都到场,木匠和水器得到披红挂彩巡城的殊荣。

明代地方官员每三年一次进京朝觐、述职,逢辰、戌、丑、未岁进行,万历四十一年(1613)为癸丑年,是地方官进京述职的年份。该年又是大比之年,5 000余名举子进京赶考。为了迎接观展人群,1613年3月初,在南堂中过完冬的熊三拔又搬回墓园修缮井边水器,朝京的各地官员们开始到园里来看水器。其中,一名河南知县,他是听一名河南道吏讲述后,慕名而来,想将水器引进河南。还有几名知府、知县带了模型回乡。许多官员还回了礼,包括湖广布政使刘之龙、四川布政使谢诏、山西提学等,仅3月份,就有13名官员前来拜访。他们除了观看水器,还要看看皇帝赐的这块地方,以及天主教的圣像。在这段时间内,还有许多进京考进士的举人前来,其中,就有著名教徒韩云。韩说在山西家中制造水器吸引了很多人,他不知道神父是否已向皇帝进献水器,就没答应将孙木匠留下来给其他人制造水器,而是将孙木匠带到京中,并将孙木匠做好的几件水器作为礼物送给熟悉的官员。考试结束之后,韩云又来园中住了约15日,盛情邀请龙华民去山西开教。

以上是《熊三拔日记》中对《泰西水法》成书过程的记载,从中我们可以了解科技史的一些细节,比如造水器、著《水法》是并列同

---

① 据《光绪保定府志》,可能是武文达,字衷懿,陕西泾阳人,万历戊戌年(1598)进士。参阅(清)李培祜、朱靖旬修,张豫垲等纂:《光绪保定府志》(一),收《中国地方志集成·河北府县志辑》,上海:上海书店出版社,2006年,第64页。

行的过程,造水器缘起于修历,译《泰西水法》的首倡者是曹于汴和利玛窦,其最初名是《利氏水法》,还有各步骤的具体时间节点,以及我们今日见到的作序者都是如何名列其上的,水器又是怎样向全国推广的,又可洞察科技活动与传教活动是怎样有机地结合在"科技传教路线"中的,传教士是怎样利用水器与高官展开奇物交涉的,又是怎样与徐光启等友教官员密切合作,层层推进,将科技利民和传教的双重作用尽量最大化的。

三、对龙华民科技传教路线的评价

按照传统观点,龙华民在利玛窦去世后挑起礼仪之争,挑战利玛窦的适应政策,主要体现在抛弃上层路线和科技传教路线,转向闾左小民,以圣像和教义小册子直接宣教,抛出"天主"不能译为"上帝"的译名问题,以及祭祖祭孔问题。从龙华民支持水器制作、翻译《水法》、与士大夫交往等活动来看,他没有严重地背离利氏路线,除了译名问题悬而未决①,其余都在利玛窦设计的大方向上。

正如美国学者柏里安所认为的,"不论现代学者观点如何,龙华民鼓励传教士利用数学、地图吸引华人加入天主教"。② 龙华民抵京时,正是中国知识界谈论修历的高潮时刻,他也要在上层社会进行必要的社交,不得不经常卷入此类的话题。周子愚曾表度法"请于龙精华",但龙华民不善历数之学,"乃以其友熊有纲先生即为口授"③,这就是《表度说》的来历。在造水器、写《水法》的全

---

① 1627年,11位在华耶稣会士召开嘉定会议,"天"和"上帝"从天主教语汇中废除,"天主"予以保留。
② [美]柏里安著,陈玉芳译:《东游记:耶稣会在华传教史(1579—1724)》,第54页。
③ 徐宗泽:《明清间耶稣会士译著提要》,上海:上海书店出版社,2010年,第282页。

过程中,龙华民也是以赞成者的角色存在的。龙华民是1612年中国传教区年信的作者,关于北京一章,墓园中的科技活动,他几乎全文照引《熊三拔日记》,龙华民还详细记载了北京南堂中同步进行的绘制地图①,并加上自己的评论:"北京本来就不多的人手兵分两路,一部分在墓园中造水器,一部分在南堂中绘地图,这两项工作都非常繁重,但是大家无不欢颜,因为这两件事对于我们实现最终(传教)目标都很有用。"②

传教团的其他成员之间,尽管对该传教方法在认识上不统一,但在行动上都执行了该方法。例如,在天文学方面有特长的阳玛诺从南京调进北京,在墓园写成《天问略》一卷(1615),尽管阳玛诺本人对科技传教路线的态度不明朗,但是,至少他不明确支持。这段时期完成的科技著作还有《简平仪说》一卷(1611)、《日晷图法》一卷(1612)、《同文算指》(1614)、《表度说》一卷(1614)、《圜容较义》(1614)等。1610年至1615年间在北京形成了一个东西方文化交流的高潮,有的西方学者将这一历史时期科学方面的成就比之为"中国17世纪前期的科学革命"。③ 与上一个十年,利玛窦引领的科技著述丰产时代相比,毫不逊色。

可以说适应政策在科技传教这一维度上,在利玛窦身后是得到发展的。原先局限于南堂的科技活动,扩至墓园,甚至天津,1613年起,徐光启在天津屯田,广种药用植物,反对科技传教路线的庞迪我将西洋制取药露的方法传授给徐光启。更有多名地方官将水器带往京外各省,既将科学种子撒向帝国各处,又播扬了传教

---

① 1612年,福建税珰进呈海舶由域外带回的《万国地海全图》,万历降旨由庞迪我、熊三拔将地图上的欧洲文字译成中文,因为地图残缺,庞迪我决定画一张新的世界全图呈给万历,这项工作是在南堂进行的。
② Nicolao Longobardo, *Carta Annua das Residências da China do Anno de 1612*, ARSI, JS113, ff. 224v‑225.
③ 张铠:《庞迪我与中国》,第280—281页。

士的名声,为将来在各地的开教做了铺垫,龙华民说:"很多地方邀请我们,我们完全可以在中国最好的城市立即增设5个或更多住院,只是目前我们人力、资金不足。"①何况科技传播的过程中已伴有灵魂的收获,就算以传教的最终目标来评价科技路线的实效,也应该给正向评价。

若将视野扩大至当时的国际传教局势,就更能看见中国传教团对利玛窦路线的坚守。礼仪之争的全部议题可归结为追求传教工作的"纯正"与文化调和主义之争。前者认为传教的唯一目的是制造天主教徒,达到这一目的的唯一手段是宣讲福音,他们认为迂回就是浪费,而且在迂回中容易滋生异端,他们甚至经常将"目的"与"手段"相混淆,赋予"手段"本该赋予"目的"的绝对价值,这派人的外在表现就是,在行动上是激进的,在教义上是保守的。两条路线之争,可追溯至西班牙、葡萄牙海外传教的西方路线、东方路线的分化。瓜分保教权后,西班牙主导的传教事业向西发展,在美洲采取文化同化政策,强制印第安人归信天主教。葡萄牙主导的传教事业向东发展,遇到的是迥然不同于"新大陆"的古老文明,尤其是在中国,传教士面对的是一个高度发达、自信的文化体,并有孤立主义大墙封闭其间,"东方使徒"沙勿略提出适合于东方的文化适应策略,范礼安、罗明坚、利玛窦将沙勿略的规划付诸实践。传教士在中国施行的文化适应策略,与在美洲施行的文化同化政策,实质是传教方法论上的差异。前者主张的是"求同化异",从两种异质文化中找到能由此及彼的结合点,再进一步实现认同;后者主张的是"化异求同",通过消灭差异完成同化。两者的分歧在怎样解决"入口"的问题。科技是适合当时中国国情的一个"入口",利

---

① Nicolao Longobardo, *Carta Annua das Residências da China do Anno de 1612*, ARSI, JS113, f. 216v.

用明末崇尚实学的知识分子对"学者盛谈玄虚,遍天下皆禅学"的王学末流和佛教消极思想的反思,解决痛点,再将他们由"实学"拉入"天学"。因此,科技传教是适应政策最重要的表现之一。

但是,对适应策略的质疑和反对声一直没有止息,以西班牙籍为主的传教士不断提出以武力征服中国的计划。16世纪末,欧洲天主教世界中镇压异端运动掀起高潮,坚持"日心说"的布鲁诺1600年被宗教裁判所作为"异端"处死,就从属于这股风潮。这股风潮还波及美洲大陆,"结论似乎应当是发动一个新的传教运动,以粉碎发展中不同宗教的调和"[1],在17世纪上半叶的安第斯山区出现了几次破除偶像崇拜运动。1607年起,耶稣会士在巴拉圭等印第安人保留地甚至建立了一个"耶稣会国",将天主教社会体系完整地移植到当地,以彻底根除印第安人的异端。这股风潮势必影响中国,影响的施加主要是通过日本。1613—1615年间,"日本通"陆若汉遍访中国的住院,与信仰天主教的文人交谈,对用于表示天主概念的中文术语展开调查,得出在华耶稣会士正在煽动偶像崇拜的结论。[2] 1614年10月,第一届耶稣会日本教省会议在日本的长崎召开,关于适应政策的主张一直讨论了15天,日本的耶稣会士比龙华民更保守。1615年,弗兰西斯科·维埃拉接替巴范济任视察员,同意长崎会议的关于礼拜仪式的观点;同年,因为日本禁教退往澳门的耶稣会士卡米勒斯·科斯坦佐(Camillus Costanzo,1571—1622)发文抨击传教中使用有争议的术语;还是在这一年,"日本教省"的省会长卡瓦略禁止使用利玛窦的传教方法,教授数学和哲学的工作也被禁止。在了解了这些国际背景之

---

[1] [英]莱斯利·贝瑟尔编,中国社会科学院拉丁美洲研究所译:《剑桥拉丁美洲史》,北京:经济管理出版社,1995年,第511页。

[2] [美]柏里安著,陈玉芳译:《东游记:耶稣会在华传教史(1579—1724)》,第62页。

后，如果龙华民在利玛窦身后挑起礼仪之争的观点成立，那么，龙华民顶住来自中国传教团外部的压力，使利玛窦路线在内外夹击中艰难维系下去同样应该成立。

因为传教工作中的冒进而引发的"南京教案"，使在华传教士对利玛窦路线做了进一步的反思整固，传教士们意识到他们的行动自由主要取决于与官员的关系，即还是要回到上层路线、科技传教等适应政策上去。据 1618 年年信，对于重返中国，传教团内部形成了统一的"三策"，即礼物、历算、书籍，作为再次叩开中国大门的三块敲门砖①，实质上是利玛窦路线的三个具体体现。1621 年，入华高级耶稣会士和澳门视察员根据 40 年的共同经验为传教团制定新规章，其中两条规定格外引人注目：耶稣会士要制定一套培训新抵传教士汉语和中国思想的教学体系；科学不仅是宣教工具，也是保卫传教团的工具。② 也许龙华民本人也意识到，如果传教士没有科技方面的价值，而仅凭借教义宣传，是很难在中国立足的。1626 年，龙华民写出《地震解》，而他之前在韶州的 15 年间（1597—1612），没有写出一部科学著述。

1629 年，改革心切的明朝末代皇帝崇祯终于将耶稣会士正式纳入历法修订工作，传教士以科技工作者的身份合法回归中国。约 50 年后，教会内部的礼仪之争在耶稣会外引爆，厌倦了礼仪之争的康熙帝于 1705 年发出禁教令后，仍给了发誓信守"利玛窦规矩"的西方传教士留在中国的机会，再次验证了科技路线的生命力。

---

① Manoel Dias junior, *Carta Annua da Missam da China do Anno de 1618*, BAJA, 49-V-5, f. 241.
② ［美］柏里安著，陈玉芳译：《东游记：耶稣会在华传教史（1579—1724）》，第 53—55 页。

第三节　年信中的语言接触史

"语言接触"是指"说不同语言的人经常相遇所引起的语言上的相互影响。语言接触的特点有双语现象、借词和语言演变"。[①]语言接触可以发生在同一种语言的不同方言间,也可以发生在不同的语言间,及外语与某种方言间等。两汉之际佛教东传,使汉语首次与一种西方语言——梵语发生接触,梵语是以拼音文字为记录符号的语言,翻译佛经的僧人从拼音文字的视角对以意音文字为记录符号的汉字进行了认知,其结果是促成反切注音法在东汉末年兴起。"反切法"是指将一个汉字的音节分解为声母和韵母两个部分,用两个汉字相拼给一个字注音,切上字取声母,切下字取韵母和声调。这种方法首次搭建起汉字这种意音文字与音素文字之间的关联。明末天主教的东传,使汉语与以葡萄牙语为主的西方语言发生接触,以耶稣会士为主的传教士亦从语音入手,用罗马字标注汉字语音,并将汉字置于儒释文化的语境中进行语义学习,由此构建出对汉字"形音义"全方位的认知体系。相较而言,天主教传教士建立的这套由音素文字对意音文字的解析与认知体系更严密、完整。他们将思考和总结保存在《葡汉辞典》(利玛窦、罗明坚)、《西字奇迹》(利玛窦)、《西儒耳目资》(金尼阁)等著作中,是今人研究这场大规模语言接触的珍贵资料。17世纪耶稣会年信也是一份独特的语言接触史材料,其本身是语言接触的产物,内中又留存着许多语言接触痕迹,本节将在与其他同类材料的比较中揭

[①] [英]R.R.K.哈特曼、F.C.斯托克著,黄长著等译:《语言与语言学词典》,上海:上海辞书出版社,1981年,第77页。

示年信之于语言接触史研究的独特意义。

一、年信中的语言接触史料

年信中发生接触的两种语言是汉语"官话"与葡萄牙语。因为葡萄牙享有东方的"保教权",葡语是 16、17 世纪好望角以东世界的通用语言(língua franca)。尽管在中国活动的耶稣会士的国籍来源多样,他们的工作语言是葡语。由耶稣会士写作的年信也主要使用了葡语。传教士学习汉语是最重要的语言接触行为,他们学习的是以"南京音"为"正音"的官话。通过利用有汉语音韵记载的传教士书籍,尤其利玛窦、罗明坚编写的《葡汉词典》抄本被发现后,中外语言学家纷纷撰文论证明代的官话是以南京的方言音为标准音的。① 利玛窦②、何大化③等也曾直接点明南京话就是中国的"官话"(lingoa mandarinica)。入华传教士在各地完成语言学习之后,若有条件,还要再去南京进修。1637 年,贾宜睦、利类斯作为新入华的传教士,从学语言起步,贾宜睦被分配在北京住院,利类斯被分配在南昌住院,1638 年中,贾、利前往南京,"进行语言训练上的最后完善",因为"南京是整个帝国中官话说得最好的"。④ 明清易代之后,传教士还学了满语。鼎革之初,安文思、利类斯被

---

① 代表性研究如杨福绵:《罗明坚、利玛窦〈葡汉辞典〉——历史语言学导论》,收[意]罗明坚、[意]利玛窦著,[美]魏若望编:《葡汉词典》,第 99—134 页。[日]高田时雄:《清代官话的资料について》,收东方学会编:《东方学论集:东方学会创立五十周年记念》,1997 年,第 772 页。

② [意]利玛窦、[比]金尼阁著,何高济、王遵仲、李申译:《利玛窦中国札记》,第 391 页。

③ António de Gouveia, *Ânua da Vice Província da China nas Partes do Sul no Anno de 1645*, BAJA, 49 - V - 13, f. 307v.

④ João Monteiro, *Annua da Vice Província da China do anno de 1637*, BAJA, 49 - V - 12, f. 307.

囚禁于北京礼部期间，就开始了满语学习[1]，可能是最早系统学习满语的传教士。1694—1697 年之间，京中已有满文宣教书籍印刷出版。[2]

作为交互性的语言接触行为，除了传教士积极地研习汉语外，中国教徒也向传教士学习西方语言。徐光启、王徵、庞天寿等著名教徒掌握一定葡萄牙语能力，在年信中都有记载。比如，1645 年，何大化在福州登门拜访庞天寿，在长时间攀谈中，庞天寿"不时夹杂着一些葡萄牙语，他很愿意说些葡萄牙语"。[3] 普通教徒也需要掌握一些宗教仪式的用语，拉丁语和葡语都有，常用的词诸如 O Padre Nosso（我们的父）、Ave Maria（万福玛利亚）、Credo（我信）、Mandamentos（诫命）、Salve Raynha（圣母拯救我）等等。[4] 这些基本词汇是入教前的测试项目，不通过者，不得领洗，为此，年信中有许多刻苦的望道友克服这种困难的事例记载。一些西方语词以汉字译音的方式保留在汉文天主教书籍中，这是西语词汇在汉语文本中的渗透。年信中则是汉语词对西语文本的渗透。

两种语言接触之后，一些词语像碎屑一样留在对方的文本中，形成类似于物理摩擦后物质残留的语言接触痕迹，年信可以作为一种语言接触史的史料，正是从这个意义而言的。与一般中西文对照的语言接触史材料不同，年信是以欧洲语文书写中国事情，文本中镶嵌着一些来自汉语等东方语言的词汇，它们是年信中可资

---

[1] António de Gouveia, *Cartas Ânuas da China*（*1636，1643 a 1649*），edição, introdução e notas de Horácio Peixoto de Araújo, p. 405.

[2] Joze Suares, *Annua do Colégio de Pekim desde o fim de Julho de 94 até o fim do mesmo de 97 e algumas outras Rezidências e Christandades da Missão de China*, BAJA, 49-V-22, f. 605v.

[3] António de Gouveia, *Ânua da Vice Provincia da China nas Partes do Sul no Anno de 1645*, BAJA, 49-V-13, f. 307v.

[4] Gabriel de Magalhães, *Annuas das Residências Do Norte da Vice-Província da China do Anno 1658*, 49-V-14, f. 243.

语言接触研究的语料。为了方便学界利用,本文将里斯本阿儒达图书馆和耶稣会罗马档案馆所藏的17世纪耶稣会中国年信中的此类词汇全部摘录,制成表格,附于文后。以下将分别简介这几类词汇。

第一类是在中国之外的亚洲传教区产生并用于中国年信的词汇。如Dogico一词,汉语意为"神父的世俗助手或祷告首领",这是一个从日语どうじゆく(dojuku)演变而来的词汇,本意是"同居人",日本耶稣会士吸收、改造之后,成为一个葡语单词。例如,1618年年信中是这样使用的,"在圣周六,他(杨廷筠)走进我们的小礼拜堂,一位神父正为复活节的庆祝做些修葺,他就开始帮忙,就像是一个世俗助手(Dogico),甚或家奴"。① 取自日本—进行"葡语化"改写—用于中国,这个语言接触产生新词汇的例子不仅仅是一个双方事件,类似例子,在利玛窦、罗明坚所编《葡汉词典》中也有,例如,日语みそ(miso,味噌)被改造成葡语单词missô,用以对译中国的"酱"。② 这种借词现象提示,可以在全球史、区域史的视角下对各传教区内发生的语言接触通观考察,尤其是中日传教区。在西方传教士的传教目标中,东亚是个整体对象(从中、日传教区密切的隶属关系,年信中关于两个传教区情报的相互渗透等都可看出),而且中日皆以汉文为官方语文,儒释文化为其主体文化的语境,因此,对西语与东方各语言接触的异同进行比较,与强调不同接触间的联系同样重要,诸如上述二例,如果不以东亚视角统摄,可能很难发现这种发生在多方间的语言接触现象。

---

① Manoel Dias junior, *Carta Annua da Missam da China do Anno de 1618*, BAJA, 49-V-5, ff. 244-247v.
② [意]罗明坚、[意]利玛窦著,[美]魏若望编:《葡汉词典》,字典正文第169页。

第二类是进入葡语词汇表的中文词汇。与第一类一样,体现着欧洲语言从东方语言中借词这一语言接触中的最常见的现象,只不过源语言是汉语。中文词汇进入葡语词汇表的关键一步是在词形上进行"葡萄牙语化"改造。比如,chavana(茶碗)一词,应来源于"茶碗"的发音 chavan,为了使其像葡语词(葡语名词不以辅音结尾),就在词尾加 a,成为 chavana,这是 17 世纪年信中的写法,现代葡语则进一步改造,成为 chávena。地名、人名"葡萄牙语化"的现象最为突出,何大化这样讲述"武夷山"一词的改造过程,"以拉丁字母标注的'武夷山'发音是 Vũ Y Xañ,但是,神父们将这个名字葡萄牙语化,称之为 Vuyxanos"。① 类似改写又如"香山",从 Hiâm Xâm 变为 Ansão②,这个改造词形、发音变化较大,若不熟悉此类文献,很难将 Ansão 对译为"香山"。人名中最著名的例子之一,当属孔子(葡文 confucio;英文 confucius),就是将以罗马字拼成的三个音节 cùm fù çù(孔夫子)合而为一。

第三类是在中国被赋予新语意的葡语词。此类词中最显著、最稳定的两组例子,一是用以表示政区级别的:corte(英文,court)—首都;província(英文,province)—省;metrópole(英文,metropolis)—省会;cidade(英文,city)—府;vila(英文,villa)—县;aldeia/povoação(英文,village)—村。这组对应关系在写作中严格执行,尤其易混淆的府、县,也几乎不出错。1645 年,南明隆武政权建都福州,当年的年信指称福州即由"省城"(metrópole)变成"京都"(corte);清定都北京后,南京即由 corte 变成 metrópole。二是用以称谓科举功名的:doutor(英文,doctor)—进士;

---

① António de Gouveia, *Ânua da Vice Provincia da China nas Partes do Sul no Anno de 1645*, BAJA, 49-V-13, f. 549.
② António de Gouveia, *Ânua da Vice Provincia da China nas Partes do Sul no Anno de 1645*, BAJA, 49-V-13, f. 556v.

licenciado(英文, licensed)—举人；bacharel(英文, bachelor)—秀才。也许是与文人官员的交往中强调身份感觉，传教士在此类指称中也几乎不犯错，这对于考证未知的奉教文人很重要。

第四类用罗马字注音的汉语词汇。正如今人在讲话、写作中时常夹杂着外语词汇一样，年信在行文中不时出现一些汉语词汇。在葡文中使用汉语词，分为两种情况：1. 被使用的词是为读者所熟知的。从某种程度上，比字典上的生词更广为人知，读者遇到这些词时，不需查阅字典。比如，Colao（阁老）一词，出现频繁，老读者们早已知道它的意思，作者每次都是直接使用，不再解释。2. 在找不到合适的葡文对译词，或使用汉语词能增加文章的风味时，作者就直接使用罗马字母拼出的汉语词，在该词后，加上葡文释义，比如 Hiō Quoñ（学官），释义是 mestre de mil Sieú Çáî（管理一千个秀才的人）；Kiéu Pim（救病），释义为 dar saúde aos doentes（给病人以健康）；Tie（帖，即"拜帖"），释义为 chito de cortesia（礼节性的信函）。该表可看成是一本小型"汉葡词典"，但其涵盖的词汇又与专为编纂字典而收录的词汇在取向上有很大的不同，为研究该时期的语言接触提供了更多的样本。

第五类是用罗马字注音的满语词。该类词汇不多，可能与两个原因有关：1. 17世纪后半叶的年信由于战乱、"杨光先教案"、耶稣会总部将"一年信"改为"三年信"等影响，不及该世纪前半叶的年信齐全；2. 传教士接触满语的时间不长，而且汉语仍然处于主导地位，满语词汇在年信中的体现就不多。但是，在此时间段内，满语已经明确地作为语言接触的一个主体而存在了。

第六类是用罗马字注音的中国地名。在这些地名后都标上了传教士在指称该地时，所使用的表示政区级别的词。用处有三：1. 可为政区地理研究提供佐证，例如，康熙初年至清末，江苏出现

"一省两治"：江宁与苏州。江宁为江苏省会一般并无异议，但苏州是否为江苏省会则有不同看法。1693—1697 年年信中在提到苏州时使用了 metrópole（省会）指称①，支持了苏州是省会的观点。2. 可以反映传教士对某城市的印象、认知。诚如上文所述，传教士严格地使用一套对应语词指称中国各级城市，但有个别例外，最显著的例子是，上海有时称县，有时称府，称县时略多些，称府可能是当时上海的规模和发展程度给传教士的观感造成的。3. 用以区分一些读音相近的词，例如，汴梁的注音为 Pion Leâm/Pien lian，平凉的注音为 Pien Leâm，极为相似，上下文可用以区分，代表政区级别的指称词也可用以区分，以 metrópole（省会）相称的是汴梁，以 cidade（府）相称的是平凉。

第六类是用罗马字注音的中国人名。年信中在提及普通教徒时，往往只用洗名；在提及重要教徒时，一般是姓氏加洗名；在提及教外人士时，有时是官职加姓氏，有时是以罗马字拼出全名。该表列出上述的后两种情况，以便于葡文年信阅读者查阅。

二、年信对语言接触史研究的意义

基于以上介绍，结合年信的文献学特征，以及关于该历史时期内语言接触的研究现状，对于年信之于该领域的研究意义可作如下探讨。

第一，扩充语言接触史研究的语料库。16 世纪天主教东传带来的汉语、日语与欧洲语言的接触，情形极为相似，20 世纪初，两国对这段语言接触史的研究也差不多同时起步。从 1910 年代起，

---

① Joze Suares, *Annua do Colégio de Pekim desde o fim de Julho de 94 até o fim do mesmo de 97 e algumas outras Rezidências e Christandades da Missão de China*, BAJA, 49-V-22, f. 636.

日本逐渐兴起"切支丹文学"或"吉利支丹文学","从哲学、历史、语言文学等各个角度开始了对16、17世纪在日耶稣会史的全方位研究"。"20世纪八九十年代起,日本对于吉利支丹的研究逐渐分离出专门的'吉利支丹语言学'这一分支。"① 中国方面,1927年,陈垣在《明季之欧化美术及罗马字注音》②之跋中,讨论了利玛窦之《程氏墨苑》(《西字奇迹》)中的拼音方案,指出用罗马字为汉字注音的重要意义,"前此所无"。③ 1930年,罗常培发表《耶稣会士在音韵学上的贡献》,以利玛窦之《程氏墨苑》和金尼阁之《西儒耳目资》为据,实证耶稣会士对汉语音韵学的贡献,指出"耶稣会士在音韵学上的贡献,虽然不像历算学那样彰明较著,可是在中国音韵学史上的确是不可埋没的事实"。④ 之后,对于此段语言接触史的研究,所引之史料基本不外乎于《西字奇迹》《西儒耳目资》:陈望道之《中国拼音文字的演进》(1939)⑤、陆志韦之《金尼阁〈西儒耳目资〉所记的音》(1947)⑥、倪海曙之《拉丁化新文字概论》(1949)⑦等皆如此。中国在此研究上略显单薄的原因是材料的匮乏,早期入华耶稣会与语言直接相关的刊印文献仅有《西字奇迹》和《西儒耳目

---

① 陈辉:《论早期东亚与欧洲的语言接触》,浙江大学博士学位论文,2006年,第14—16页。

② 1627年,陈垣先生将通县王氏鸣晦庐藏本《程氏墨苑》影印出版,题名《明季之欧化美术及罗马字注音》,又名《明末罗马字注音文章》,后文字改革出版社重印本改名为《明末罗马字注音文章》。参[意]利玛窦:《明末罗马字注音文章》,收文字改革出版社辑:《拼音文字史料丛书1》,北京:国家图书馆出版社,2015年,第1—46页。

③ 陈垣:《明季之欧化美术及罗马字注音》跋,收文字改革出版社辑:《拼音文字史料丛书1》,第41页。

④ 罗常培:《耶稣会士在音韵学上的贡献》,中华书局编辑部编:《中研院历史语言研究所集刊论文类编》(语言文字编·音韵卷一),北京:中华书局,2009年,第317页。

⑤ 陈望道:《中国拼音文字的演进——明末以来中国语文的新潮》,《陈望道语言学论文集》,北京:商务印书馆,2009年,第532—539页。

⑥ 陆志韦:《金尼阁〈西儒耳目资〉所记的音》,《陆志韦近代汉语音韵论集》,北京:商务印书馆,1988年,第94—108页。

⑦ 倪海曙:《拉丁化新文字概论》,上海:时代出版社,1949年。

资》，其他诸如辞典、语法之类保存着丰富语料的书籍未见出版。相较而言，日本的相关资料更丰富，有《圣人传辑录》(1591)、《罗葡日对译辞书》(1595)、《落叶集》(1598)、《日葡辞书》(1603—1604)、《日本大文典》(1604—1608)等语言学著作出版。日本历史学家村上直次郎(1868—1966)等人翻译编辑《耶稣会日本年报》《耶稣会士日本通信》等工作也促进了该领域的研究。关于16、17世纪汉语与欧洲语言接触研究的每次推进，都以新史料的使用为牵引：1951年，罗常培在得到何大化于1671年在广州刊布的昭雪汤若望的文件，内中汉字部分附有罗马字注义，遂以此为依据研究了何大化的注音方案，写就《〈耶稣会士在音韵学上的贡献〉补》[1]。1986年，美国华裔语言学家杨福绵以英文发表《罗明坚和利玛窦的〈葡汉辞典〉——历史语言学导论》，介绍耶稣会史学家德礼贤(Paschale D'elia, 1890—1963)于1934年在耶稣会罗马档案馆发现的《葡汉辞典》手稿，不仅杨福绵的研究被认作"从语言学角度分析该部辞典的首创之举，为研究现存其他汉语与其他欧洲语言的双语手稿辞典铺设了道路"[2]，而且《葡汉辞典》的影印出版(2001)带动了一批相关研究[3]。美国汉学家柯蔚南(W. South Coblin)以万济国(Francisco Varo, 1627—1687)完成于1682年的《华语官话语法》(*Arte de Lengua Mandarina*)[4]为素材，于1996、1997、

---

[1] 罗常培：《〈耶稣会士在音韵学上的贡献〉补》，《国学季刊》1951年第7卷第2期，第211—330页。

[2] [美]魏若望：《葡汉辞典》序，第90页。

[3] 例如，杨慧玲：《利玛窦与在华耶稣会汉外词典学传统》，《北京行政学院学报》2011年第6期，第124—126页；王铭宇：《罗明坚、利玛窦〈葡汉辞典〉词汇问题举隅》，《励耘学刊(语言卷)》2014年第1期，第138—150页；张西平：《〈葡华辞典〉中的散页文献研究》，《北京行政学院学报》2016年第1期，第116—128页。

[4] 英译本参 W. South Coblin, Joseph Abraham, *Francisco Varo's Grammar of the Mandarin Language (1703): An English Translation of 'Arte De LA Lengua Mandarina'*, Amsterdam: John Benjamins Publishing Company, 2000.

1998年发表系列研究。① 卫匡国约完成于1653年的《中国文法》(La Grammatica Sinica)②出版,也使一批以此为研究对象的论文出现。耶稣会年信中的汉字注音、汉语词的择用范围等将为语言接触研究提供新的语料。

第二,年信与其他的文献相比,有三个较突出的特征:一是类似于连续出版物的历时性,几乎完整涵盖整个17世纪;二是集体创作,由中国各地住院的传教士分别撰写各自教牧地区内的情况,再汇总合编成中国年信;三是信息源的地域分布广泛,1640年时,除了广西、贵州、云南三省未开教,住院已经遍布全国。从以上三个特征出发可以更好地开掘年信之于语言接触研究的独特价值。例如,从第一条特征入手,考察官话正音变迁情况,尤其是明清易代时期的正音转换,是否发生,怎样发生,等等,当然,要做这番考察,本节附录中的表格还要加上时间变量,追踪挑选出的样本词汇发音上的前后异同。再如,从第二条特征入手,可以总结提炼出一套新注音方案,考察其与"罗明坚方案"(《葡汉辞典》)、"利玛窦方案"(《西字奇迹》)、"金尼阁方案"(《西儒耳目资》)等的异同以及传承关系,"年信方案"从集体创作这个特征看,应该是一套认可度较高的方案。又如,从第三条特征入手,可以考察某种方言在当时的发音。年信中的某些记音有受当地方言影响的痕迹,1635年年信

---

① W. South Coblin, "Tone and tone sandhi in Early Qing Guanhua", *Yuen Ren Society Treasury of Chinese Dialect Data*, 1996. Vol 2, pp. 43 – 57; W. South Coblin, "Notes on the Sound System of Late Ming Guanhua", *Monumenta Serica*, 1997, 45 (1), pp. 261 – 307; W. South Coblin, "Francisco Varo and the sound system of early Qing Mandarin", *Journal of the American Oriental Society*, 1998, 118 (2), pp. 262 – 267.

② Giuliano Bertuccioli, "Martino Martini's Grammatica", *Monumenta Serica*, 2003, 51, pp. 629 – 640;[意]卫匡国著,白桦译:《中国文法》,上海:华东师范大学出版社,2011年。

在《上海住院》部分提到"屋神"(Û Xim)[1],即"家神",今天上海话中以"屋"称"家"。1643年华南年信中关于建宁县部分,出现夏服(Hiá Pú)一词[2],传教士可能是受当地方言中轻唇音、重唇音不分的影响,将 Fú 写为 Pú。1654年年信将"新会"的发音标注为 Sam hoei[3],"新"字即是粤音。1612年年信中"梅岭"注为 Mui lim[4],也有粤音痕迹。

第三,以语言接触为方法,研究历史。年信作者用罗马字为汉语词注音,将时人的用词情况保留下来,为某些研究提供了史实。比如,礼仪之争是中国天主教史上的重要课题,译名问题是礼仪之争中最重要的子议题之一,译名问题即以"天主"还是"上帝"对译 Deus(英文,God)。1627年,在华传教士召开嘉定会议,经过激烈讨论,废除了此前的"上帝""天""陡斯""上尊""上天"等译名,保留了"天主"的译名,他们认为,造一个儒书中没有的"天主",以示借用的是中国的语言,而不是儒家的概念。[5] 嘉定会议看起来是一次很重要的会议,对译名问题起到一锤定音的作用。但这是从"文件"上看,从实践看,"天主""上帝"的实际使用情况是怎样的?罗马字注音的作用就出来了,教徒到底是用 xanti,还是 tien chu,一目了然,如果当时传教士使用西文单词 Deus,我们就无从得知教徒使用的是哪个译名。以下将17世纪年信中相关记载列出,由于年信是一种有时序性的档案,可以看出某个事物随时间变量所起的变化,而且年信是由各地住院汇总来的传教纪要编撰而成,可以

---

[1] Manoel Dias, *Carta Annua da China de 1635*, BAJA, 49-V-11, f. 204v.

[2] António de Gouveia, *Cartas Ânuas da China (1636, 1643 a 1649)*, edição, introdução e notas de Horácio Peixoto de Araújo, p. 155.

[3] Luiz Pinheiro, *Carta Annua da V. Provincia da China do Anno de 1654*, BAJA, 49-IV-61, f. 325v.

[4] Nicolao Longobardo, *Carta Annua das Residências da China do Anno de 1612*, ARSI, JS113, f. 257.

[5] 罗光:《教廷与中国使节史》,台北:传记文学出版社,1983年,第82—83页。

看出该项规定在各地的执行情况,所以,年信能较好地从时间、空间两方面反映译名问题的实践情况。

1602年年信提到,中国教徒是用"上帝"(xanti)来称呼Deus的,"上帝"的意思是至高无上的王。①

1609年时,以"上帝"称Deus的情况已开始在各地被"天主"取代。北京著名教友李路加在向穷人施舍时,常得"阿弥陀佛"(Omitofe)之谢,他就纠正为要感谢"天主"(Thien Chu)。② 上海第一个以教徒身份去世的人在逝世时,口诵"天主救我"(thien chu quieu ngo)。③

1612年4月,北京利玛窦墓园中的教堂落成,有访客问,这座由地藏王菩萨庙改建而来的圣所叫何名字,礼科给事中姚永济说,叫"天主堂"(tiên chù tâm)④,"自是以后遂为罗马公教教堂之通称"。

1621年,福建著名教徒张庚的5岁儿子张就(Dionísio,悌尼削),在听家人谈论教义时,突然迸发出一句"天主生圣母,圣母生天主"(tien chu sem xim mu xim mu sen tien chu),记录此事的傅汎际认为这么小的孩子难以自主地说出这番话,"或是圣灵在通过他说话"。⑤ 一个合理的解释是这个小孩子在教徒们的谈话中耳濡目染,不自觉地学到了成人的用词,这也说明"天主"之称谓在当时当地的流行度。

1623年,江西某官员突发腹绞痛,儿子祈祷之后,好转,他高

---

① Diego Anthunez, *Annua do Collegio da Madre de Deus da Companhia de Jesu de Machao e Residencias da China do anno de 602*, ARSI, JS46, f. 319.
② Nicolao Longobardo, *Annua da China do Anno 1609*, ARSI, JS113, f. 109.
③ Nicolao Longobardo, *Annua da China do Anno 1609*, ARSI, JS113, f. 113.
④ Sabatino de Ursis, *Journal de Sabatino de Ursis*, BAJA, 49-V-5, f. 122.
⑤ Francisco Furtado, *Carta Annua da China de 1621*, BAJA, 49-V-5, f. 325v.

声道："天主（Tien chu，即天的主人），你治愈了我。"①

1625，松江一名在临死前受洗的教徒喃喃自语，母亲问他在说什么，他答："天主（Tien chu）。"——即天上的主人，这里如此称呼 Deos。②

以上几例说明，嘉定会议之前，"天主"之谓已在各地普遍流行。相反，嘉定会议之后，尽管"天主"之谓已成教内定论，也在实践中占据主流，但是"上帝"之谓仍然不时出现。以下是嘉定会议之后的年信中有罗马字标注"天主"或"上帝"发音的情况。

1636年，南京一个少年在病榻上感觉魔鬼正要抓他，他大喊出"天主"（Tién Chù），得以镇定。③ 1636年，南京一名太监在与同事的对话中称"天主（Tién Chù）才是真正的神"。④

1637年，南京城最大的官在隆重的仪式中赐给神父一块牌匾，上书："天主降子"（Tien chu kian cu），意思是"从天上来的君子"（varão vindo do ceo）。⑤ 1637年，距福州3里格某地一个生病少年在梦中听见守护天使对他说：伟大和至高无上的王是上帝（xam ti）。⑥ 1637年，龙华民随某太监回故乡，为一个失明的老者施洗，老者口念"天主可怜我"（Tién Chú co lin ngo）去世。⑦ 1637

---

① Francisco Furtado, *Carta Annua da V. Província da China do Anno de 1623*, BAJA, 49-V-6, ff. 131-131v.
② Manoel Dias, *Annua da V. Província da China do Anno de 1625*, BAJA, 49-V-6, f. 226.
③ Francisco Furtado, *Ânua da Vice-Província da China de 1636*, BAJA, 49-V-11, f. 528.
④ Francisco Furtado, *Ânua da Vice-Província da China de 1636*, BAJA, 49-V-11, f. 530.
⑤ João Monteiro, *Annua da Vice Província da China de 1637*, BAJA, 49-V-12, f. 24v.
⑥ João Monteiro, *Annua da Vice Província da China de 1637*, BAJA, 49-V-12, f. 54.
⑦ João Monteiro, *Annua da Vice Província da China do anno de 1637*, BAJA, 49-V-12, f. 282.

年,北京一名叫 Joachim 的太监,在临终前,心怀感恩,不停重复"Keu Leao Ngo(Bastam Senhor,意为'够了,主')"。① 1637 年,福州附近有个少年,梦见守护天使对他说道:"伟大和至高无上的王是上帝(xam ti)。"②

1638 年,韩霞在蒲州收养了一个 2 岁的男婴,为其施洗之后,叫他学说"天主"(tién chū)。③

1639 年,西安一个教徒制作了一块金字的牌匾,上书"天主堂"(tien chu tam),送给西安住院,挂在正对着大街的门上。④ 1639 年,西安一个奉教官员死了,在其天主教仪轨的葬礼上,有一个白色丝制的幡,上面有一个红色十字,还有四个汉字"天主耶稣"(Tién Chú yê sū)。⑤ 1639 年,常熟有一个教徒称天主为"大主"(tá chù,葡文 grande senhor)。⑥ 1639 年,连江有一个叫 Lîn Vicente 的举人,在四川为官返闽后,对神父讲,四川的官喜欢每月去拜城隍,为了免被打扰,他制作了一块字牌,上书:sēm tiēn sēm tí sēm xīn sēm gîn sēm uán uè chī xám tí ciúên nêm tá chù(生天、生地、生神、生人、生万物之上帝,全能大主)。⑦

1640 年,福州一个叫西满(Simāo)的教徒,在围观一次请笔仙

---

① João Monteiro, *Annua da Vice Província da China de 1637*, BAJA, 49-V-12, f. 10.
② João Monteiro, *Annua da Vice Província da China de 1637*, BAJA, 49-V-12, ff. 53v-54.
③ Miguel Trigault, *Annua da Casa KiamCheu de 1639*, BAJA, 49-V-12, f. 433.
④ João Monteiro, *Annua da Vice Província da China do anno de 1639*, ARSI, JS121, f. 233v.
⑤ João Monteiro, *Annua da Vice Província da China do anno de 1639*, ARSI, JS121, f. 233v.
⑥ João Monteiro, *Annua da Vice Província da China do anno de 1639*, ARSI, JS121, f. 267.
⑦ João Monteiro, *Annua da Vice Província da China do anno de 1639*, ARSI, JS121, ff. 306-306v.

的仪式时,游动的笔写下：天主在上(Tièn chù çày xâm)。①

1645年,隆武帝赐牌匾"上帝临汝"(Xâm Tí Lin Jú)于毕方济。② 这块匾额在福州天主堂的拱门上,赫然与"敕建天主堂"(Ché Kién Tién Chù Tám)③五个鎏金大字并列,亦即"上帝""天主"在同一面墙上出现。

1651年7月,上海大旱,城内有传单称"天主"(Tien chu)可以赐雨。④

以上可见,在17世纪上半叶,"上帝""天主"一直并用,以使用"天主"为主流,嘉定会议并未对实践产生显著的指导作用。同时也说明了,语言变迁需要一个过程,并非行政命令可以一朝更改。

总之,经由语言接触而产生的词汇,带有不同文化背景信息,戚印平对procurador一词,金国平对ganga一词做过专项研究(详见下表中的脚注),每一个词都是一个接触点,集点成面,可以描绘东西方接触的图景。

由于本人语言学知识的匮乏,只能就本人所了解的年信情况,以及年信翻译经验,提些粗浅看法,将年信纳入语言接触研究的语料库并合适地利用,尚需方家担此重任,本人可以做些辅助工作。

---

① Gabriel de Magalhães, *Annua da Vice Província da China do Ano de 1640*, BAJA, 49 - V - 12, f. 515.
② António de Gouveia, *Ânua da Vice Provincia da China nas Partes do Sul no Anno de 1645*, BAJA, 49 - V - 13, f. 559.
③ António de Gouveia, *Ânua da Vice Provincia da China nas Partes do Sul no Anno de 1645*, in *Cartas Ânuas da China* (1636, 1643 a 1649), edição, introdução e notas de Horácio Peixoto de Araújo, pp. 311 - 312.
④ Manoel Jorge, *Annua da Vice-Provincia da China do ano de 1652*, BAJA, 49 - IV - 61, f. 219.

本节附录

附录一 表8 在中国之外的亚洲传教区产生并用于中国年信的词汇①

词　汇	释　义	词　源
bambu(有时写为 mambu) 辅音变化轨迹是 b→m→w	竹子	卡纳拉语（Kanarese）bambou/马来语 bambu
bonzo	和尚	日语ぼうず(bōzu)
catana(有时写为 katana)	一种日本剑，借用至汉语中用以"刀剑"泛称。	日语：かたな(katana)
caxa(有时写为 caixa)	铜钱 例句:"我们将铜制硬币称为 caixas，而中国人称为'铜钱'（Tûm Cién）。"② 面值相当于葡国的雷伊斯（Réis）③，1616—1617 年时比价为 1 Real＝2.4 文。④	梵文 karsa/泰米尔语 kāsu

---

① 表一、表二词源部分参考[美]唐纳德·F.拉赫著，何方昱译:《欧洲形成中的亚洲》第二卷《奇迹的世纪》，第三册，第 165—180 页。
② Antônio de Gouvea, *Annua da V. província do Sul na China de 1644*, BAJA, 49-V-13, f. 541.
③ Réis, Real：最小的葡萄牙货币单位，只作为记账的货币单位。
④ Manoel Dias junior, *Annua da Missão da China dos Annos de 616 e 617*, ARSI, JS114, f. 34v.

续 表

词 汇	释 义	词 源
Chapa	在现代葡语中的语意是（金属、木头等的）薄片、薄板。在年信中的意思是：执照、许可、腰牌。该词后来被洋泾浜英语泛用，改为 chop 形式，表示通行证、许可证等多种意思，还组成了很多复合词，比如 chophouse（海关）、chopboat（快艇）、chow-chow（食物）、chop-chop（快点）、chopstick（筷子）。	印地语和古吉拉特语 chāp
chito	信或函件	孔卡尼语 ci墩墩 hi
dogico（有时写为 dogiques）	神父的世俗助手或祷告首领	日语：どうじゆく（dojuku），字面意思是"同居人"。
jogue	瑜伽修行者	梵文 yogī/印地语 jogī
junco（有时写为 jungo）	东方的大船，通常是中国的。	马来语 djong
jurubaça	译员、通事	源自马来语 juru bahasa
mandarim	亚洲地区通称"官员"	印度和马来语 mantrī。对该词的误区通常有二：1. 来自葡语动词 mandar（发号施令）；2. 与清的官员有关，其实，既与清无关，也不是特指中国的官员，在清朝之前亚洲其他传教区的年信中就有该词使用。

续 表

词 汇	释 义	词 源
pagode	庙宇里供奉的偶像；供奉偶像的庙宇。	可能来自梵文 bhagavat 或马拉雅拉姆语 pakôti
réis/reales	葡萄牙及巴西的旧货币单位。	
soma	葡萄牙人用来称呼远洋航行的大船。	马来语：som
tanque	池塘	古吉拉特—马拉地语 tāṅki
pardāo/pardau	葡属果阿钱币。1601年时，澳门地区，1两白银约合1.35Pardau。①	来源语言不详。据耶稣会年信，该词来自印度，常在澳门使用。
varela	佛教的神像或庙宇	马来语 barhālā
veniaga	商人	马来语 běmyága

附录二 表9 进入葡语词汇表的中文词汇

词 汇	释 义	备 注
canga	该词主要意思有二： 1. 囚笼、枷号。 例1："登基之际，崇祯除了按照惯例，施行大赦、广恩，还下令将宫中的一种特别残酷的	金国平曾撰文专门探讨 canga/ganga 一词，将之考为"本色土棉布"，认为 cang/gang 是吴语"江"的对音，以"江"借指"松江

---

① Anonymous, *Anua da China de 1601*, ARSI, JS121, f. 4, f. 7.

续　表

词　汇	释　义	备　注
canga	刑具撤去,这种刑具名叫立枷(canga)(比我们的刑具还要残忍),立枷是由魏忠贤放置在官中的,以后不再使用。"① 例2:"(东林六君子)被判'枷号'(canga),当地是这么称呼的,他们全都死于酷刑。"② 2.粗制棉布 例1:"(东鞑靼的穷人)衣服部分是皮制的,部分是"康噶"(Canga)(像粗亚麻布的棉布)制的,有地位的穿丝制的。"③	布",canga 的词源是吴语。④
Cantonistas	广州人	葡萄牙语化的汉语词
chá	茶	中文"茶"的音译
champana/champāo	中国式的有桨小船、舢板	中文"舢板"(sampan)音译
chavana/chauana	茶碗	应来源于"茶碗"的汉语音 chavan
Chincheos	漳州人、福建人、沿海人	
cho	远航的平底海船	粤语"舟"

① Manoel Dias, *Carta Annua da Vice-província da China do Anno de 1627*, 49-V-6, f. 470.
② Manoel Dias, *Annua da V. província da China do Anno de 1625*, BAJA, 49-V-6, f. 213v.
③ Francisco Furtado, *Annua da província da China de 1624*, BAJA, 49-V-7, f. 466.
④ 金国平:《葡萄牙语和西班牙语中关于"松江布"的记载及其吴语词源考》,《史林》2015 年第 1 期,第 52—60 页。

续　表

词　汇	释　义	备　注
Foquianistas	福建人	葡萄牙语化的汉语词
Kwang	并称广东、广西	汉语音译,两广之"广"
lantea/lanteia	轻快小船	广东的一种小快船叫孖艍艇,艍艇(ling-ting)的粤语发音为 lang-teng
lechia/lichia	荔枝	粤语"荔枝"(lai-chi)音译
tais	银两之"两"	
tufões	台风	汉语:台风(tai-fung)。1601 年年信中记:"今年,天主想用损失和风暴来检验澳门市民和居民的耐心。从 6 月至 10 月间,澳门遭遇了 6 到 7 场风暴,很大又很猛烈,航海罗盘的指针在整个表盘上乱转,当地通常将这种天气称为台风(tufões)。"①
upadas	打板子	现代葡汉词典查无该词,年信中的葡文释义:açoute(鞭笞/打板子)②。该词应由 upos 演变而来,upos 的释义见下文。

---

① Anonymous, *Do Collegio de Machao & Suas Residências*, ARSI, JS121, f4v.

② Manoel Dias junior, *Annua da Missão da China do Anno de 1615*, ARSI, JS113, f. 490v.

续 表

词 汇	释 义	备 注
upos	皂隶（打板子的人）	现代葡汉词典查无该词，年信中的葡文释义：meirinho de mandarim（官员的庶务员）①。该词来源尚不明确，暂推测为"乌仆"或"胥仆"的译音。

附录三 表 10 在中国被赋予新语意的葡语词

词 汇	汉 语 释 义	葡 语 原 意
admonitor	言官	（温和的）责备者，现代葡语写作 admoestador
advogado	讼师	律师
agraduado	取得功名的	已获得学位的。现代葡语写作 graduado
aposentaduria	官驿	
bacharel	秀才	中等学校毕业生
bacharel em armas	武秀才	
botão de fogo	拔火罐	用火弄出来的小肿包
cabeça da rua	里长	街道头目

---

① Diego Antunez, *Annua do Collegio da Madre de Deus da Companiha de Jesu de Machao e Residencias da China do Anno de 602*, ARSI, JS46, f. 319v.

续 表

词 汇	汉语释义	葡语原意
cadeira/cadeira fechada	轿子	椅子/封闭式椅子
carta de visita	拜帖	拜访函
celestial doutrina	天学	"关于天的学问",原意并无宗教含义。
colégio Real	翰林院	王家学院
comarca	府 "八闽"被称为 oito comarca(eight counties)	乡、地区
conselho do estado/mesa do estado	内阁	国务委员会
corregedor do Crime	按察使	地方刑事法官
cruzado	在耶稣会中国年信中,cruzado 经常等同为银两之两,1 cruzado＝1 tais(两)。但是,有时也作为两个不同的货币单位使用。①	克鲁扎多,葡国钱币。最初是用黄金制成,后来也用银制,名义币值相等,但实际上的价值很不同。在葡王 Dom Felipe III (1621—1640)的时代,1 cruzado＝4 tostão＝400 reais。② 在 18 世纪上半叶则为 1 cruzado＝480 reais。

---

① 1601 年年信记载,太监马堂 3 个月中在临清州从往来船只征收的税为 8 万两白银,相当于 109 140 克鲁扎多,按照这个换算比率,1 两银子＝1.36 克鲁扎多。

② 换算比例来自坎皮纳斯州立大学(Universidade Estadual de Campinas)的数据库"法规:葡萄牙、巴西和非洲葡属殖民地的劳工、劳动"(Legislação: Trabalhadores e Trabalho em Portugal, Brasil e África Colonial Portuguesa)。

续 表

词 汇	汉语释义	葡语原意
estádio	古希腊人的长度单位,约合 185 米,在年信中指中国的里。在 1660 年年信中提到 250estádio = 20 里格,即 1estádio ≈ 386 米。①	
filho de Macau	土生葡人。在澳门当地土生土长的葡裔人士及其后代,通常父亲是葡萄牙人,母亲是为数甚多的欧亚混血妇女。耶稣会的学生中有许多土生葡人。有的译为"澳门之子""澳门子嗣"。	澳门之子
fortaleza	卫所。如:天津卫②、沈阳中卫③	要塞
governador	知府	统治者;省长,县长,乡长;总督等
juiz de fora	县令	巡回法官
letrado	文人、秀才	有学问的
libello	参本	檄文。现代葡语写作 libelo
licenciado	举人	学士

---

① Gabriel de Magalhães, *Annua das Residência do Norte da V. província da China no Anno de 1660*, BAJA, 49 - V - 14, f. 689v.
② Anonymous, *Anua da China de 1601*, ARSI, JS212, f. 20.
③ Francisco Furtado, *Annua da China do Anno de 1620*, ARSI, JS114, f. 239.

续 表

词汇	汉语释义	葡语原意
matéria prima	理	原意"最初的物",传教士以此翻译"理",并加注音 Ly。①
matemático	钦天监的历官	数学家
colegio dos matemático do dentro	内灵台	内部数学学院
mandarim	知县	葡语原意为官员,该词可以用于一般性的泛指官员,也可特指,在特指时,常指知县,此时一般是与 vila 连用,madarim da vila,是指县令,而非"县里官员"。
mandarim do ceo	天官,对吏部尚书的称谓	"天上的官"
meirinho	捕快或兵马使②	(国王派往某一地区的)全权法官
memorial	奏疏	回忆录,申述书
metropoli	省会	大都会
Mouro	中世纪时西欧西班牙人和葡萄牙人对伊比利亚半岛、西西里岛、马耳他、马格里布、北非和西非等	

① Francisco Turtado, *Annua das províncias do norte da China do anno de 1642*, ARSI, JS122, f. 157.
② Manoel Dias junior, *Annua da Missão da China dos Annos de 616 e 617*, ARSI, JS114, f. 21.

续　表

词　汇	汉语释义	葡语原意
Mouro	地穆斯林的贬称。后来，葡萄牙人用这个词汇泛指从北非摩洛哥直至菲律宾棉兰老岛的广大地区的穆斯林。该词用在中国境内时，指称建立蒙元帝国的蒙古人，及回族穆斯林。	
picos	中国市制重量单位，一担等于一百市斤	微小
procurador	通常译为"司库"，有时，它还有特派员的意思，即为完成某一使命而奉命返回欧洲的传教士。16—17世纪时，为了弥补书信沟通之不足，常有特派员从印度、中国、日本等地返回欧洲陈述情况，他们就被称为procurador，有时也翻译为"庶务员"。戚印平有专文讨论procurador的职能，归纳出5个类型的procurador。①	代理人，采办员，调解人，检察官
provisões reaes	监国	
veador da fazenda	布政使	财税征收者

---

① 戚印平：《远东耶稣会史研究》，第589—594页。

续表

词汇	汉语释义	葡语原意
rey de duas letras	二字王①	二个字的国王
rey de huma letra	一字王	一个字的国王
síndico e admonitor	言官	
síndico real	御史	国王派出的司法调查官
sino q se tange per si②	自鸣钟	自身发声响的钟
Tă só	达娑。《大秦景教流行中国碑颂》"清节达娑",即Tarsā,是袭用波斯人对基督徒的称呼,同时又可用称他教教徒。传教士将其翻译成"一个佛教僧侣"。③	
tártaros orientais	满人	东鞑靼人
trazer barrete	弱冠	戴上帽子
thesouro real	内帑	王室财富
tribunal/conselho/desembargo	六部之部(pú)	法院,裁判所
Tribunal dos Ritos	礼部	

① 明代王分二等,亲王用一字号,王号封时钦定,多沿用古地名,亦有用嘉名。郡王用二字号,以所属亲王封地附近地名取二字为王号。
② Anonymous, *Do Collegio de Machao & Suas Residências de 601*, ARSI, JS121, f. 14.
③ Manoel Dias, *Annua da China do Ano de 1626*, ARSI, JS115, f117v.

续 表

词 汇	汉语释义	葡语原意
Tribunal da Fazenda Real	户部	
Tribunal da Guerra	兵部	
Vice-rei das províncias	都堂	省的总督
vice Rey/vizorrey	总督、巡抚、军门（Kium Muèn）①	副国王,殖民地的总督
vizitador/visitador	巡按、察院（Chá Yvên）②、耶稣会的视察员（视察员）	巡视员
villa/vila	县	小城

附录四　表 11　用罗马字注音的汉语词汇

词 汇	汉语对音
ay taó	海道（官职）
çân çiām	参将
cāo ciām	"高墙",指代监狱
caounsu	漕运使

---

① Francisco Furtado, *Ânua da Vice-província da China de 1636*, BAJA, 49-V-11, f. 538.
② Francisco Furtado, *Ânua da Vice-província da China de 1636*, BAJA, 49-V-11, f. 538.

续 表

词 汇	汉 语 对 音
caô Xí	告示,葡文释义:chapa
chă	(运河上的)闸
cha yuen/chá yvên	察院
châm châi	常在
châm fâm	长风
châm pán	长班
cham pao	长袍
cham sem hoei	长生会。1627年时建昌成立的一个教友会。[1]
chaô	朝拜之"朝"
châo kîn	朝京
chao ý lûm	朝议郎
chĕ	尺
chĕ cháo	执照
chê kiên	敕建
Ché Kién Tién Chù Tám	敕建天主堂
cheu	州
chi cheu	知州

---

[1] Manoel Dias, *Carta Annua da Vice-província da China do Anno de 1627*, 49-V-6, f. 483v.

续　表

词　汇	汉语对音
chi fu	知府
chi hien/chehien	知县
chī tāo leão①	"知道了"。顺治帝在奏折上的批语
chin	镇
ciên leám	钱粮
chim çù niàm niàm	疹子娘娘
chîm hoâm	城隍
chîm hoâm meào	城隍庙
chinchium	青官②
chin quon kieù sú	贞观九祀
chuen	禅③
chú heu	诸侯
chuam	庄
chūe quōn④	汀州府排名第四的官名,待考

---

① Gabriel de Magalhães, *Annua das Residência do Norte da V. província da China no Anno de 1660*, BAJA, 49‐V‐14, f. 677.
② 明末韶州地区拜"青官",当地人认为可以通过这种方式将秽气、恶灵驱赶出户。"青官"在年信中葡文注音写作 Chinchium,注释写作"黑暗王侯"(príncipe das trevas),但此对音有待考证。参见 Anonymous, *Anua da China de 1601*, ARSI, JS121, f. 55.
③ Manoel Dias, *Carta Annua da China de 1635*, BAJA, 49‐V‐11, f. 203.
④ João Monteiro, *Annua da Vice provincia da China do Anno de 1641 athe setembro 642*, ARSI, JS117, f. 55v.

续　表

词　　汇	汉 语 对 音
chúm hoâ	中华
chum xu lím	中书令
chun cūū	《春秋》
chum tiam chim hiŏ	崇天敬学
cie ke	《七克》
cién súi	千岁
cìm lûm	青龙
cim nân vâm	靖南王
cim quâ	清国
cín cūm	进贡
cinsus	进士
ciu saj/sieú Çáî	秀才
colao	阁老
colis/cò li	科吏
cō chuên	贡船
có taú	科道
çô yê	作揖
cu hán	可汗
çú tâm	祠堂

续 表

词　汇	汉 语 对 音
çum	村
cum can hi ho	功堪羲和
cúm pim/chùm pim/chumpí	总兵
cum sém	贡生
fâm hcū①	房贡(?)(葡文释义为"房产税")
fām sēm	放生
fan guei	番鬼
fañ xà xàn vâm	犯煞山王
fē ciñ②	佛经
fiên hoan	凤凰
fiên xui miāo③	分水庙
fo Kiao	佛教
fu	府
ngan cha sù	按察使
gin hoei	仁会

---

① Manoel Jorge, *Annua da Vice-província da China de 1657*, BAJA, 49 - V - 14, f. 150.
② Feliciano Pacheco, *Carta Annua Da Vice província da China do Anno de 1660*, BAJA. 49 - V - 14, f. 710.
③ 原文注音为 Tiên xui miāo,根据葡文释义"templo onde se devide e reparte as agoas"(不同水流在此分开的庙),T 为 F 之误。参见 Gabriel de Magalhães, *Annua das Residênciasdo Norte da província da China anno de 1659*, BAJA. 49 - V - 14, f. 518v.

续 表

词 汇	汉 语 对 音
gò siǹ jǒ xīn chī fǒ hǒ chām sem	我信肉身之复活长生
guê cūm/qua cum/què Cum	国公
guéi pim	贵宾
hán liû yuên/han lin yven	翰林院
hê cû①	葡文释义为"拜帖",对音待考
heù pè/heú pǒ/haû Pe	侯伯
haì cià②	顺治朝的一处皇家园林名称,待考
hiá pú	夏服(原文：vestidos de verão,夏天穿的衣服)③
hiam	乡
hiām quōn	县官
hiāo luon pu pim mim xue	《鹍鸾不并鸣说》(杨廷筠的护教书籍)
hien	县
hiéu xú	休书

---

① Manoel Jorge, *Annua da Vice-província da China de 1657*, BAJA, 49-V-14, f. 150.
② Gabriel de Magalhães, *Annua das Residênciasdo Norte da província da China anno de 1659*, BAJA, 49-V-14, f. 522.
③ 该词出现在 1643 年华南年信中关于建宁县部分,参阅 António de Gouveia, *Cartas Ânuas da China (1636, 1643 a 1649)*, edição, introdução e notas de Horácio Peixoto de Araújo, p. 155. 历史上轻唇音是后起的,传教士可能是受此影响,将 Fú 写为 Pú。

续 表

词 汇	汉语对音
(paço)hīm kim	兴庆宫
him pu	刑部
hiō quoñ	学官
hio quon sañ caÿ	"学冠三才"。1626年松江知府仇时古题赠给传教士的匾额上的字。①
hio yven	学院
hiuḿnù	匈奴
Hoá lièn hoéi	画脸会。葡文释义：在脸上涂抹的帮会。满人俘虏大批满人为奴，不堪忍受者则逃往外省，落草为寇，被抓到后，用烙铁在脸上用满汉文烫"逃人"，山东出现一个组织叫"画脸会"，只抢劫、不杀人，遇见身强力壮的，就抓起来，也在脸上烙字，强拉入伙。②
hoam heu	皇后
hoâm lim	皇林
hoâm ti	皇帝
hoei yueň	会元
hoxaens/hoxam	和尚

---

① Manoel Dias, *Annua da Vice-província da China do Anno de 1626*, BAJA, 49-V-6, f. 318.
② Gabriel de Magalhães, *Annua das Residênciasdo Norte da província da China anno de 1659*, BAJA. 49-V-14, f528.

续表

词　汇	汉语对音
hú pú chi tâo	"户部知道"。万历将庞迪我为利玛窦申请墓地的奏本批转给户部的批语
jé có/ge cot	日课
Képapa	"客巴巴"。即客氏
kis	气。可用复数。《大秦景教流行中国碑颂》中"鼓元风而生二气",即用复数。① "二气"即指阴阳。
kî cū②	意为"男管家"（mordomo）,对音待考
kien sem	监生
kién tién kiên	钦天监
kĭm çú	敬主
kim lio	经略
kim y tâm	敬一堂
kiñ cù quām lŏ tai fū	金紫光禄大夫
kin paó tien hio	钦褒天学
kiéu pim	救病
kim kiaó tâm	景教堂
kiñ chāi	钦差

---

① Manoel Dias, *Annua da China do Ano de 1626*, ARSI, JS115, f. 114v.
② Luiz Pinheiro, *Carta Annua da V. provincia da China do Anno de 1654*, BAJA, 49-Ⅳ-61, f. 321.

续　表

词　　汇	汉　语　对　音
kiñ chāi pân chāo	钦差颁诏
kin giń	金人(即后金人)
kīn ý guēi	锦衣卫
kiù gîn	举人
kium muèn	军门
kum tê tien	坤德殿
lamas	喇嘛
lamassens	喇嘛僧
là yuê	腊月
Lâo Kiūn hôei	老君会①
laò sū	老师
laō yê cìm çó	"老爷请坐"。这是淮安一名躺在病床上的教徒,对前来听告解的神父说的话,可见,"老爷"是教徒对神父的称谓之一。②
lao yo sò/lao luj sò	原意为 Senhor ao diabo que acompanha a cabeça dos Feticeiros③,装饰在巫师头上的鬼王。对音待考。

---

① 明末大城(Tà Chîm)县最大的佛教组织,译名待考。参见 João Fróes, *Annua da Missão da China de 1634*, BAJA, 49 - V - 10, f. 498.
② Gabriel de Magalhães, *Annua das Residênciasdo Norte da província da China anno de 1659*, BAJA, 49 - V - 14, f. 546.
③ João Monteiro, *Annua da Vice província da China do anno de 1637*, BAJA, 49 - V - 12, f. 295.

续 表

词　　汇	汉 语 对 音
leâo mân	獠蛮（张献忠对四川人的侮辱性称呼）①
Lim tai	灵台
lì chām	里长
lí pú/ly pú	礼部
lí xí xùi fã	《利氏水法》(《泰西水法》原名,"利"即利玛窦)
lim chí/líen chî	凌迟
Lin Cí tao	临清道
lùgiên	"虏人"。明朝对后金人的蔑称
lum choên	龙船
lûm vì	(《泰西水法》中的)龙尾(车)
lûn hoêi	轮回
mâm y/mà y	蟒衣
Mancheu/Moncheo	满洲
miēn sum	免送(1636年,清军第三次入塞时,砍木书写"各官免送"四字,以羞辱明军)
Mîm Châo/Mîm Chau	明朝
miù vû	谬误

---

① António de Gouveia, *Ânua da Vice provincia da China nas Partes do Sul no Anno de 1647*, in *Cartas Ânuas da China* (1636, 1643 a 1649), edição, introdução e notas de Horácio Peixoto de Araújo, p. 362.

续　表

词　　汇	汉　语　对　音
mŏ ciám	木匠
mô quêi	魔鬼
muên hiá	门下
muên xin	门神
nañ tarń	南党
ngañ châ sú	按察司
ngân çó	安息（弥撒）
ngén cúm	荫功
Niu Ché	女真
nùgiñ	"奴人"。明朝对后金人的蔑称
nuí yuèn①	顺治朝阁老们的办公机构名称，待考
O Lô ō yû	阿罗诃欤
Omitofe/ô mî tô fé	阿弥陀佛
pây fâm	牌坊
paî pièn/pây pien	牌匾
pay/pai	拜［用作名词，用 fazer pai（英文：do a pai）来表示"拜一拜"］
pè hû	白虎

① Gabriel de Magalhães, *Annua das Residência do Norte da V. província da China no Anno de 1660*, BAJA, 49－Ⅴ－14, f. 680.

续　表

词　　汇	汉 语 对 音
Pè Liên kiáo	白莲教
Petań	北党
Pim Nâm Vam	平南王
pimpitao	兵备道
pim pù xám sú	兵部尚书
pŏ lî	颇黎
pu	堡
pú chím sú	布政使
pueǹ	（奏）本
pú hiaó yeù sān vû heû gûei tá	不孝有三，无后为大
pú pá cîm lûm cào ý chám pă tì pè hù cào ý chè	不怕青龙高一丈，怕的白虎高一尺
pymasus	兵马使
quâ	剐（刑）
quān lô sú	光禄寺
quañ yñ/quon yn/quôn yñ pû sà	观音/观音菩萨
què uem	"国王"。传教士以"国王"称王爷，并对应为伯爵。①
quei yú	规谕

---

① Gabriel de Magalhães, *Annuas das Residências Do Norte da Vice-província da China do Anno 1658*, 49 - V - 14, f. 233.

续 表

词 汇	汉语对音
quêm lum páô	金龙袍
quin gin	举人
quòn hoa	官话
quōn vâm	关王（关羽）
Rey Lum Vâm	龙王。Rey=King，国王。
Rey yaô xim yu tam vên uu	国王尧舜禹汤文武
sān kian ye tam	"三教一堂"。指三一教将儒释道融合成一种宗教。①
san mien sian	三面像。传教士进贡给顺治的礼物，玻璃制成，从正面看，见凤凰，从右面看，见大鱼，从左面看，见一象。②
sān quōn	三官（即天官、地官、水官）
sáo nù	"骚奴"。明朝对后金人的蔑称
sem fo	生佛（南雄地区对活佛的称呼）
siāo	小。此处非"大小"之"小"，而是指妾。1660年左右，卫匡国劝佟国器休妾入教时，按照中国人的方式，称妾为"小"。③

① Manoel Dias, *Carta Annua da Vice-província da China do Anno de 1627*, 49-Ⅴ-6, f. 485.
② Luiz Pinheiro, *Carta Annua da V. província da China do Anno de 1654*, BAJA, 49-Ⅳ-61, ff. 310-310v.
③ Feliciano Pacheco, *Carta Annua Da Vice província da China do Anno de 1660*, BAJA, 49-Ⅴ-14, ff. 713-713v.

续 表

词　汇	汉语对音
siēn tiēn	先天（唐玄宗李隆基年号）
sién táo	仙道
sín ngaí uám	信、爱、望
siò chì guêi min	削职为民
sò	所
sō fām	朔方
sō fūm ciĕ tu fú sū	朔方节度副使
sù vâm	素王（孔子）
sú xū	《四书》
súm mân çu	"松蛮子"。满人对汉人的蔑称，意思是"松松散散、疲疲沓沓、随随便便的野蛮人"。① 也可能是"怂蛮子"。
sùn çù niàm niàm	送子娘娘
suón mim tí	算命的
ta im/siao ta im	（后宫）答应
tá chù/grande senhor	大主（即"天主"）
ta ciam kiūn	大将军
Tà Mim	大明

---

①　Gabriel de Magalhães, *Annuas das Residências Do Norte da Vice-província da China do Anno 1658*, 49 - V - 14, ff. 237v - 238.

续　表

词　　汇	汉　语　对　音
tagîn	大人
Ta Si	大西(指传教士的母国,通常是与"大明"相对而用)
tá sī yam	大西洋
tai cheū sū sú cān kiūn	台州司士参军
taí pîm yén	"太平宴"。1658 年 12 月,清军三路入滇,永历逃往缅甸之后,京中官员建议顺治举办庆祝全中国迎来和平的太平宴。①
tāi sí xùi fǎ	《泰西水法》
taó	道(教)
tâo gín	逃人。指清初脱离主人在逃的农奴或奴仆
tao kiao	道教
taó lí/taulis	道吏
taò sù/tauxu/tausus	道士
tatalh	鞑靼
tat çù	鞑子
teù çù niàm niàm	痘子娘娘

---

①　Gabriel de Magalhães, *Annuas das Residências Do Norte da Vice-província da China do Anno 1658*, 49 - V - 14, f. 232.

续　表

词　　汇	汉　语　对　音
thuti	土地（神）
ti hio	提学
tì çām guâm pû sâ	地藏王菩萨
tie	（拜）贴，葡文释义："礼节性的通知"（chito de cortesia）
tiēn	殿
tién chú	天主
tièn chù çày xâm	天主在上
tién chú co lin ngo	天主可怜我
tién chú kiaó	天主教
tien chu sem xim mu xim mu sen tien chu	天主生圣母，圣母生天主
tién chú tam	天主堂
tien chu xi y	《天主实义》
tién chú yê sū	天主耶稣
tién çú	天子
tién hiō quā sú	天学国师
tièn hiá	天下
Tiēn Paô	天宝（唐玄宗李隆基年号）
tīm	厅

续 表

词 汇	汉语对音
tò liû	秃驴
tudāo/tutam/tutāo	都堂
tufu	督抚
tu sù	土司
tūm chám	东厂
tum cheu	东周
tūm chím sú	"都清司"(都水清吏司)
tûm ciám	铜匠
tûm cién	铜钱
tum chu	"东珠"。从黑龙江流域的江河中出产的珍珠
tûm cûm	东宫
(Congregação de) Tuḿ Liḿ	东林党
tūm lù tāo xàm①	东虏讨赏。明朝官员、坊间百姓对清兵入塞烧杀抢掠的自欺欺人的定性措辞
Túm Sin Vâm	清军入福建时,逃到连江县的一个前明王爷的名字,待考。②

——————

① Gabriel de Magalhães, *Annua das Residência do Norte da V. província da China no Anno de 1660*, BAJA, 49-V-14, f. 681v.
② António de Gouveia, *Ânua da Vice província da China nas Partes do Sul no Anno de 1645*, in *Cartas Ânuas da China*(1636,1643 a 1649), edição, introdução e notas de Horácio Peixoto de Araújo, p. 320.

续 表

词　汇	汉 语 对 音
Û Xim	屋神①
Uû gue Kiao②/Vuguei Kiao③	巫蛊教/巫鬼教？（待考）
Uù Quon	武官
vâm fu	王府，传教士以此指称"王爷"。
van quō	晚课
vān súi	万岁
ven quon	文官
vên xú	文书
xeú poí	守备
xâ！xâ！	杀！杀！
xamcum	上公
xám hân	伤寒
Xâm Tí Lin Jú	上帝临汝
xam xu	尚书
xanti	上帝
xeù kiái	守诫

① 即"家神"。1635年年信在《上海住院》部分提到"屋神"，上海话中"家"读为"屋"。参见 Manoel Dias, *Carta Annua da China de 1635*, BAJA, 49-V-11, f. 204v.
② Francisco Furtado, *Carta Annua da V. província da China do Anno de 1623*, BAJA, 49-V-6, f. 126v.
③ Francisco Furtado, *Annua da província da China de 1624*, BAJA, 49-V-7, f. 485.

续　表

词　　汇	汉　语　对　音
xeú puèn①	行本（公文）
xí tién chūm kién	试殿中监
xie ke kiai leo②	传教士的译著书名，待考
xilam	侍郎
xim fè chi tū③	"圣佛之徒"。顺治自称
xim fú gin	"圣夫人"。即奉圣夫人客氏
xim liě	圣历
xim mò	圣母
xim mu kieú ngô	圣母救我
xin fû	心腹
Xingins	圣人
Xin Kiao Yò Yèn	《圣教约言》，即苏如望著《天主圣教约言》
xîn siēn/xên siēn	神仙
xû fam	书房
xù kim	《书经》

① António de Gouveia, Ânua da Vice província da China nas Partes do Sul no Anno de 1645, BAJA, 49 - V - 13, f. 556.
② Francisco Furtado, Annua da província da China de 1624, BAJA, 49 - V - 7, f. 494v.
③ Gabriel de Magalhães, Annua das Residência do Norte da V. província da China no Anno de 1660, BAJA, 49 - V - 14, f. 676.

续　表

词　　汇	汉 语 对 音
xū li kiēn	司礼监
xui chē	水车
xùi kí	水器
yn̄ yâm	阴阳
yâ Muên	衙门
yâm mūi	杨梅
yê sú kieú ngò	耶稣救我（Senhor Jesus accudi-me）
yen vâm/yên guâm/yên vum	阎王
yvên	元（朝）
yu hoam	玉皇
yû kiáo/jú kiao	儒教

附录五　表 12　用罗马字注音的满语词汇

满语注音	汉语注音	对应汉字/汉语释义
Apka Echim[①]	Tien Chu	天主
Chu hum[②]	yūn lú	"阴路"。皇陵里的小路。

[①] Gabriel de Magalhães, *Annua das Residência do Norte da V. província da China no Anno de 1660*, BAJA, 49 - V - 14, f. 675v.

[②] Gabriel de Magalhães, *Annua das Residência do Norte da V. província da China no Anno de 1660*, BAJA, 49 - V - 14, f. 678v.

续　表

满语注音	汉语注音	对应汉字/汉语释义
Civacu①		"东房"。顺治以之称第一任皇后博尔济吉特氏。
Hán po	Tieǹ	"殿"
Hiá②		顺治挑选出的随自己进出皇宫的扈从。
Kancho nhalma	Tâo gín	"逃人"
Locha Corum Chalma		罗刹国人,满人以之称莫斯科人。满语 Corum("固伦")意为"国家"。
Tapelami	Fam ciâm③	"放抢"。(清军)放出士兵前去抢劫。

附录六　表 13　用罗马字注音的中国地名

词　　汇	汉　语　对　音	行政级别
Aynão/Ainão/Hay Nân	海南	ilha(岛)
Caī Fūm Fu	开封府	metropoli(省会)
Càm xâ④	福建地名,待考	

---

① Luiz Pinheiro, *Carta Annua da V. província da China do Anno de 1654*, BAJA, 49 - Ⅳ - 61, f. 304.

② Gabriel de Magalhães, *Annua das Residênciasdo Norte da província da China anno de 1659*, BAJA, 49 - Ⅴ - 14, f. 517v.

③ Gabriel de Magalhães, *Annua das Residênciasdo Norte da província da China anno de 1659*, BAJA, 49 - Ⅴ - 14, f. 521v.

④ Manoel Jorge, *Annua da Vice-província da China de 1657*, BAJA, 49 - Ⅴ - 14, f. 159.

续 表

词 汇	汉 语 对 音	行 政 级 别
Can cheu	甘州	cidade(州)
Caó chim	藁城	vila(县)
Caò cū/Câo çūn	(曲沃县)高村	aldeia(村)
Caò Kiā	上海某村,待考。① 读音为"高家"村。	aldeia(村)
Caoyeu	高邮	cidade(府)
Cantão/ Cantam	广东,指广东时,间或使用音译 quantum,quantum 亦有"广东话""广东人"之意;广州,指广州时,间或使用音译 quancheo cabeça,意为"首府广州"。	
Caý Çú Cheù②	湖北靠近河南某地,待考	lugar(某地)
Cê Lam③/Co Lam④/Ce Lam	泉州府的一个村子,待考。"海上的一片地"⑤,可能是"鼓浪屿"。	aldeia(村)

---

① António de Gouveia, *Cartas Ânuas da China* (1636, 1643 a 1649), edição, introdução e notas de Horácio Peixoto de Araújo, p. 136.

② Joze Suares, *Annua do Colégio de Pekim desde o fim de Julho de 94 até o fim do mesmo de 97 e algumas outras Rezidências e Christandades da Missão de China*, BAJA, 49-V-22, f. 648.

③ António de Gouveia, *Cartas Ânuas da China* (1636, 1643 a 1649), edição, introdução e notas de Horácio Peixoto de Araújo, p. 161.

④ João Monteiro, *Annua da Vice província da China de 1637*, BAJA, 49-V-12, f. 52.

⑤ João Monteiro, *Annua da Vice província da China do anno de 1639*, ARSI, JS121, f. 302v.

续　表

词　汇	汉语对音	行政级别
Cham lò	长乐	vila(县)
Cham Pim	昌平	cidade(州)
Chām xǎ	长沙	vila(县)
Chám Xô	常熟	cidade(府)
Chám Chéu Fù①	漳州府	cidade(府)
Ché Kiam/Chequião	浙江	província(省)
Cheu Chi/Cheu Che	鳌歪	vila(县)
Cheū Xān	舟山	ilha(岛)
Chikian②	常熟周边某地,待考	
Chim cú	城固县	vila(县)
Chim tim	真定	cidade(府)
Chim Tú fù	成都府	metropoli(省会)
Chim niu	(江西)青牛(山)	monte(山)
Chin Kiam/Chim Kiam	镇江	cidade(府)
Chu Kim	(上海)朱泾	vila(县)
Chu Sien Chim	朱仙镇	empório(商埠)③

---

① 虽与"常州"同音,但是因属福建,且为府、不是县,故为漳州。漳州还常写作ChinCheu。
② Pedro Canevari, *Carta Annua da China a 1651*, BAJA, 49-IV-61, ff, 75-120, f. 131v.
③ 唐宋以来,朱仙镇是水陆交通要道和商埠重地。

续表

词　汇	汉　语　对　音	行政级别
Chuèn Xo	（上海）川沙	aldeia（村）
Chúm Kim	重庆	cidade（府）
Cí Nan/cí nân fù	济南/济南府	metropoli（省会）/cidade（府）
Cí Pù	青浦	vila（县）
Ciám Cô①	（延平府）将乐县	vila（县）
Ciê kî	辞憩。《大秦景教流行中国碑颂》中"布辞憩之金属"。	
Ciê Pao	（上海）七宝	aldeia（村）
Ciên Tâm Muên	（杭州）钱塘门	porta（城门）
Ciên xān hién②/Ciê xān③	稷山县（山西绛州附近某县，待考）	vila（县）
Cim Cheu	青州	cidade（府）
Cim Lieû	汀州府清流县	vila（县）
Cim Lŏ/Cim Lo Xien	静乐/静乐县	vila（县）
Ciǹ Fūm	信丰	vila（县）
Civên Chéu/Ciuên Chéu	泉州	cidade（府）

---

① C 或为 L 之误。据原文，从延平上船，北上行船五日即达该县。参见 António de Gouveia, *Annua da Vice provincia da China de 1649*, BAJA, 49-V-13, f. 483v.

② Miguel Trigault, *Annua da Casa KiamCheu de 1639*, BAJA, 49-V-12, f. 435v.

③ João Monteiro, *Annua da Vice provincia da China do anno de 1639*, ARSI, JS121, f. 255.

续 表

词　　汇	汉　语　对　音	行政级别
Cô Kiâm	杭州地名,待考。① 汉语意为"江的对岸","过江"?	
Consai/Quansi	广西	província(省)
Cô cù cūm②	某太监的故乡,待考	
Cû Hién③	福建地名,待考	
Cù Kim	浙江的府,待考。④	cidade(府)
Çû Yaô	福州与泉州之间的一个村子,待考。⑤	aldeia(村)
Çúm Ngañ	崇安	vila(县)
Çúm Mim	崇明	ilha(岛)
Cum Tēm	崇德	vila(县)
Fa Xān/Fò Xân	佛山	
ilha Fermosa	福尔摩沙(台湾)	ilha(岛)
Facheù⑥	常熟周边某地,待考	

---

　　① António de Gouveia, *Cartas Ânuas da China*（1636, 1643 a 1649）, edição, introdução e notas de Horácio Peixoto de Araújo, p. 143.
　　② João Monteiro, *Annua da Vice província da China do anno de 1637*, BAJA, 49 - V - 12, f. 281v.
　　③ João Monteiro, *Annua da Vice província da China do anno de 1639*, ARSI, JS121, f. 303.
　　④ António de Gouveia, *Cartas Ânuas da China*（1636, 1643 a 1649）, edição, introdução e notas de Horácio Peixoto de Araújo, p. 146.
　　⑤ António de Gouveia, *Cartas Ânuas da China*（1636, 1643 a 1649）, edição, introdução e notas de Horácio Peixoto de Araújo, p. 162.
　　⑥ Pedro Canevari, *Carta Annua da China a 1651*, BAJA, 49 - IV - 61, ff. 75 - 120, f. 131v.

续 表

词　汇	汉语对音	行政级别
Fo Cim hien	福清县	
Fô Kién/Foquien	福建	província(省)
Fô Kim	福京	corte(首都)
Fô Chéu	福州	metropoli(省会)/cidade(府)/corte(国都)
Fô Ngañ/Fogān	福安	vila(县)
Fuēn yâm	汾阳	régulo(郡)
Fúm Yám Fû	凤阳府	cidade(府)
Gancheu/Cam cheu	赣州	cidade(府)
Guà cheù	（扬州）瓜州	cidade(府)
Hai çāo	（福建）地名，位于兴化、福州之间。①	
Hai Chim Hien	海澄县	porto(港)
Hai Keu	（福州）海口村	aldeia(村)
Ham Cheu/Hācheu/An cheu	杭州	metropoli(省会)/cidade(府)
Hán Chúm fú	汉中府	cidade(府)
Hán Yâm②	安阳	cidade(府)

---

① João Monteiro, *Annua da Vice província da China do anno de 1639*, ARSI, JS121, f. 302.

② H不发音。

续 表

词 汇	汉语对音	行政级别
Hay yên	海盐	vila(县)
Hiá hien	夏县	vila(县)
Hia muén	厦门	
Hiá Sù Fú	(福建)下四府(福、兴、泉、漳)	
Hiâm Xâm/Ansāo	香山	vila(县)
Him Hoá fu	兴化府	cidade(府)
Hô Cheu	河州	cidade(府)
Hô Kién	河间	cidade(府)
Hô Nan	河南	província(省)
Hoa Cheu	华州	
Hoām Cheù	黄州	cidade(府)
Hoâm Hô	黄河	rio(河)
Hoâm pû	黄浦(江)	rio(河)
Hoei Cheú	徽州	cidade(府)
Hoei Ngañ chin	惠安镇	aldeia(村)
Hoei Ngañ hien[①]/Hóei Gán Hién	惠安县	vila(县)

[①] 读音更接近于怀安县,但是,明万历八年(1580),怀安县并入侯官县,怀安县建置从此取消,不在耶稣会中国副省年信覆盖的时间段内,又该县在福建省,所以,定为"惠安县"。

续 表

词　汇	汉语对音	行政级别
Hosi	"河西"	韶州第一座天主堂的地址
Huquiam/U'Kiāo	吴桥	vila(县)
Hû Quám/Hû Kuam	湖广	província(省)
Huây Ngañ/Hoây Ngañ	淮安	cidade(府)
Hùm Tâm	(福州)洪塘村	aldeia/povoação(村)
Hum Tum	洪洞	vila(县)
Kén Hoā	金华	cidade(府)
Kiám hién	绛县	vila(县)
Kiâm Nân	江南	província(省)
Kiâm Nîm	江宁	
Kí Keú	溪口	aldeia(村)
Kiō û/Kio vô hién	曲沃	vila(县)
Jaocheu①	江州	cidade(府)
Kî chēu	荆州	cidade(府)
Kia Tim	嘉定	cidade(府)
Kia Xen	嘉兴	vila(县)

---

① João da Costa, *Annua da Christandade da China do Anno de 1614*, ARSI, JS113, f. 385v. 距离南昌 4 日行程,盛产瓷器。

续表

词 汇	汉语对音	行政级别
Kiám Sí/Quian ci/Quiam si	江西	província(省)
Kiám Chéu	绛州	cidade(府)
Kiám Hién	绛县	vila(县)
Kiâm Nîm	江宁	
Kiám Xê	上海村名,待考。①	aldeia(村)
Kie Hien	祁县	vila(县)
Kien Cham	建昌	cidade(府)
Kiên Kiâm	晋江	vila(县)
Kién Nim Fu	建宁府	cidade(府)
Kién Nim Hién	(邵武府)建宁县	vila(县)
Kién yâm	建阳	cidade(府)/vila(县)
Kim Cheu	荆州	cidade(府)
Kim Nâm	1646年时,南京称谓,应为"江南"。②	

---

① António de Gouveia, *Cartas Ânuas da China*（1636，1643 a 1649）, edição, introdução e notas de Horácio Peixoto de Araújo, p. 129.

② António de Gouveia, *Ânua da Vice provincia da China nas Partes do Sul no Anno de 1645*, in *Cartas Ânuas da China*（1636，1643 a 1649）, edição, introdução e notas de Horácio Peixoto de Araújo, p. 290.

续表

词　　汇	汉 语 对 音	行政级别
Kim Nêm①	汀州、建宁之间某地，待考	
Kincheu	锦州	fortaleza(要塞)
Kio Feù	曲阜	vila(县)
Kiu Cheu	衢州	
Lân Kí	兰溪	vila(县)
Laôtuḿ/Leão túm	辽东	província(省)②
Leam Hiam	良乡	vila(县)
Leaô Yam	辽阳	metropoli(省会)/cidade(府)
Lie Cu③	1638年，龙华民从北京外出传教所经过的某村，所在省份不详	povoação(村)
Lieù yēn④	绛州某村，待考	
Lincum⑤	韶州某村，待考。林村?	
Lini	济宁	cidade(府)

① António de Gouveia, Ânua da Vice província da China nas Partes do Sul no Anno de 1645, in Cartas Ânuas da China (1636, 1643 a 1649), edição, introdução e notas de Horácio Peixoto de Araújo, p. 328.
② 辽东都司。耶稣会士在年信中以"省"称"辽东"。
③ João Monteiro, Annua da Vice província da China do anno de 1637, BAJA, 49-V-12, f. 282.
④ André Ferram, Annua da Vice-província da China de 1656, BAJA, 49-V-14, f. 66v.
⑤ Anonymous, Do Collegio de Machao & Suas Residências, ARSI, JS 121, f. 27.

第九章　耶稣会中国年信与专门史　983

续　表

词　　汇	汉语对音	行政级别
Liampo/Leampo①	宁波	cidade(府)
Liên Kiám	连江	vila(县)
Lieu Kieu	琉球	reino(王国)
Lieu Yo②	山西某地,待考	
Lîm ngēn	林恩。《大秦景教流行中国碑颂》中"献临恩之颇黎"。	
Lim Tûm	临潼	
Lîm vû	灵武	cidade(郡)
Lincum	林村?③ 韶州府周边的地名,待考	
Lìn Kiām	临江	cidade(府)
Linsim/Lîm cim	临清	cidade(州)
Ló Châo	上海村名,待考。④	aldeia(村)
Lô Hién	福建地名,待考。⑤	

①　学界对 Liampo 指何处,多有考证,1627 年年信说 Liampo 就是宁波:"宁波是浙江省的沿海城市,当葡萄牙人开始在中国进行贸易活动的时候,宁波是第一座交易的城市,葡人称为'良泊'(Leampo)。"参阅 Manoel Dias, *Carta Annua da Vice-província da China do Anno de 1627*, 49‑V‑6, f. 496v. 年信为解决 Liampo 所指,提供了一种新证据。
②　Joze Suares, *Borrão da Annua da Vice-província do Anno de 1697*, BAJA, 49‑V‑21, f. 78v.
③　Anonymous, *Anua da China de 1601*, ARSI, JS121, f. 53.
④　António de Gouveia, *Cartas Ânuas da China (1636, 1643 a 1649)*, edição, introdução e notas de Horácio Peixoto de Araújo, p. 129.
⑤　João Monteiro, *Annua da Vice província da China do anno de 1639*, ARSI, JS121, f. 303.

续　表

词　　汇	汉　语　对　音	行政级别
Lô Lí Kiaô	上海村名,待考。①	aldeia(村)
Lô Xán Hoeí	(山西西山地区的)六山会②	
Lu Gaǹ	潞安	cidade(府)
Lu Y Hien	鹿邑县	vila(县)
Lùm Hoá	(上海)龙华	aldeia(村)
Lý Yâm③	溧阳	cidade(府),应为"县"。
Mà Xān④	(福建)马山(今漳州云霄县莆美镇马山村)	
Maý Veǹ⑤	江西某村,可能是在南昌附近,待考	aldeia(村)
Miâo Ngan⑥/Miāo Vān	淮安附近某地,待考。读音像"苗庵"或"苗旺"	

---

① António de Gouveia, *Cartas Ânuas da China* (1636, 1643 a 1649), edição, introdução e notas de Horácio Peixoto de Araújo, p. 387.
② 1649年年信《山西蒲州住院》部分讲到该地名,并以葡文解释地名之意:"六座山聚在一起的地方(Junta de Seis Montes)。"参见 António de Gouveia, *Cartas Ânuas da China* (1636, 1643 a 1649), edição, introdução e notas de Horácio Peixoto de Araújo, p. 436.
③ Joze Suares, *Annua do Colégio de Pekim desde o fim de Julho de 94 até o fim do mesmo de 97 e algumas outras Rezidências e Christandades da Missão de China*, BAJA, 49-V-22, f. 646.
④ João Monteiro, *Annua da Vice-província da China de 1637*, BAJA, 49-V-12, f. 56v.
⑤ Joze Suares, *Annua do Colégio de Pekim desde o fim de Julho de 94 até o fim do mesmo de 97 e algumas outras Rezidências e Christandades da Missão de China*, BAJA, 49-V-22, f. 644v.
⑥ Manoel Jorge, *Annua da Vice-província da China do ano de 1652*, BAJA, 49-IV-61, f. 218.

续 表

词　　汇	汉　语　对　音	行政级别
Miên Què	缅国	reino(王国)
Mim Cheú	岷州	
Mîm Ngân Chîm①	(福建)民安镇	fortaleza(堡垒)
Mû Lîm tîm②	南京村名,待考。	
Mui lim/Muy Lîm	梅岭	montes(山)
Nam FÚ/Nañ Furń	南丰	vila(县)
Nan Che③	山西某地,待考。	
Nan Ngan	南安	cidade(府)
Nanhium/Nanchium	南雄	cidade(府)
Nan Kéu	福州与泉州之间的一个村子,待考。④	aldeia(村)
Nân Kim	南京	segunda corte(第二首都)/corte do sul(南都)/cidade(府)/comarca(府)
Nân Chám/Nân Chāo	南昌	metrópole(省会)/cidade(府)

① Manoel Jorge, *Annua da Vice-província da China de 1657*, BAJA, 49 - V - 14, f. 155v.
② Manoel Jorge, *Annua da Vice-província da China de 1657*, BAJA, 49 - V - 14, f. 164.
③ Joze Suares, *Borrão da Annua da Vice-província do Anno de 1697*, BAJA, 49 - V - 21, f. 78v.
④ António de Gouveia, *Cartas Ânuas da China* (1636, 1643 a 1649), edição, introdução e notas de Horácio Peixoto de Araújo, Macau: Instituto Português do Oriente; Lisboa: Biblioteca Nacional, 1998. p164.

续　表

词　汇	汉语对音	行政级别
Nan Che Li	南直隶	província(省)
Nân Tây①	(福建)南台	porto(港口)
Nan Túm	(福建)南通	vila(县)
Nân Yêu	福州与泉州之间的一个村子,待考。②	aldeia(村)
Ncó Võ③	1654年时山西某县,待考	
Ngañ Hay	(福建)安海	cidade(府)/vila(县)
Ngàn Hién	福州与泉州之间的一个村子,待考。④	povoação(村)
Niên hiên⑤	福州附近地名,可能是"闽县"。	
Nim Fâm⑥	汀州、建宁之间某地,待考	
Nim Hoâ	宁化	

---

① Manoel Jorge, *Annua da Vice-província da China de 1657*, BAJA, 49-V-14, f. 156.

② António de Gouveia, *Cartas Ânuas da China* (1636, 1643 a 1649), edição, introdução e notas de Horácio Peixoto de Araújo, p. 162.

③ Manoel Jorge, *Annua da Vice-província da China do ano de 1652*, BAJA, 49-IV-61, f. 216.

④ António de Gouveia, *Cartas Ânuas da China* (1636, 1643 a 1649), edição, introdução e notas de Horácio Peixoto de Araújo, p. 165.

⑤ João Monteiro, *Annua da Vice província da China do anno de 1639*, ARSI, JS121, f. 302v.

⑥ António de Gouveia, *Ânua da Vice província da China nas Partes do Sul no Anno de 1645*, in *Cartas Ânuas da China* (1636, 1643 a 1649), edição, introdução e notas de Horácio Peixoto de Araújo, p. 328.

续 表

词 汇	汉 语 对 音	行政级别
Nim Pó	宁波	cidade(府)
Nim Quě	宁国	cidade(府)
Nim Tè	宁德	cidade(府)
Nim yuen	宁远	fortaleza(卫)
Nincheu	宁州	vila(县)
Nin fam	(义)宁坊	cidade
Niôu Tien①/Nicù Tién②	(福建)牛田(清市龙田镇的古称)	aldeia(村)
Oū Kī③	浙江某府或县,待考	cidade(府)
Quei Te Fù	归德府	cidade(府)
Pā Tù④	1696年时,上海县的村名,待考	aldeia(村)
Paó nim	保宁	cidade(府)
Páo tim fù	保定府	cidade(府)
Pe che li	北直隶	província(省)

① João Monteiro, *Annua da Vice província da China de 1637*, BAJA, 49-V-12, f. 54.
② António de Gouveia, *Cartas Ânuas da China* (*1636, 1643 a 1649*), edição, introdução e notas de Horácio Peixoto de Araújo, p. 165.
③ João Monteiro, *Annua da Vice província da China do Anno de 1641 athe setembro 642*, ARSI, JS117, f. 52.
④ Joze Suares, *Annua do Colégio de Pekim desde o fim de Julho de 94 até o fim do mesmo de 97 e algumas outras Rezidências e Christandades da Missão de China*, BAJA, 49-V-22, f. 634v.

续表

词汇	汉语对音	行政级别
Pé Chim①	北京附近村子,待考。北清沟?	povoação(村)
Pe Kim/Pe Quim	北京	corte(京)/corte do Norte(北都)
Petâ	北鞑	
Pê xā	(泉州府)白沙	
pîm cî muên	(北京)平则门	
Pim Yâm	(温州府)平阳	vila(县)
Pim Yâm Fú	(山西)平阳府	cidade(府)
Pim Yao	平遥	vila(县)
Pien Leâm	平凉	
Pion Leâm/Pien lian②	汴梁	metrópole(省会)
Quàm Chéu fú	广州府	metrópole(省会)
Quám Túm	广东	
Quān tūm③	关东。传教士作为"辽东"的代称。	
Quansi	广西,有时写为 Consai。	

---

① Francisco Furtado, *Ânua da Vice-província da China de 1636*, BAJA, 49-V-11, f. 524v.

② Luiz Pinheiro, *Carta Annua da V. província da China do Anno de 1654*, BAJA, 49-IV-61, f. 301v.

③ Gabriel de Magalhães, *Annua das Residência do Norte da V. província da China no Anno de 1660*, BAJA, 49-V-14, f. 676v.

续　表

词　汇	汉 语 对 音	行政级别
Quei Cheu	贵州	província(省)
Quêi Lin Fú	桂林府	
Quenxan/Quǎňxān	昆山	
Quón Hâm	福建某村,距溪口 10 里格,待考。①	aldeia(村)
Quônyaô	高要	
reino Cen	晋国,代指山西省。	reino(国)
reino Cheu	周国,代指河南省	reino(国)
reino Ci	(南朝)齐国,代指南直隶	reino(国)
reino Cin	秦国,代指陕西省	reino(国)
reino Cû	楚国,代指湖广	reino(国)
reino Lu	鲁国,代指山东省	reino(国)
reino Mîm chūm	闽中国,代指福建省	reino(国)
reino uulîn	"武林国",代指浙江省	reino(国)
reino yēn	燕国,代指北直隶	reino(国)
reino Yeu	越国,代指江西省	reino(国)
reino Yuē	粤国,代指广东省	reino(国)
Sam Hoei	新会	vila(县)

① António de Gouveia, *Cartas Ânuas da China* (1636, 1643 a 1649), edição, introdução e notas de Horácio Peixoto de Araújo, p. 397.

续表

词　汇	汉语对音	行政级别
San Chuam	上川岛,又被称为圣约翰岛,圣约翰是中国传教区的主保圣人。	ilha(岛)
Sań Yuen/Sân Yuên	三原	cidade（府）/vila（县）
Scû Cheu①	湖北靠近河南某地,可能是"随州"。	cidade(府)
Siām Tān	湘潭	vila(县)
Sian Lin	襄陵	vila(县)
Sĭcaò	西镐	corte(国都)
Sí Hâm	福州与泉州之间的一个村子,待考。②	aldeia(村)
Sĭ hîm	(杭州)西兴(镇)	
Sí Ngañ Fú/Singanfu	西安府	
Sitâ	西鞑	
Sí Xán	(山西)西山	
Sieu yeu	仙游	vila(县)
Sim Lŏ	新乐	vila(县)

---

① Joze Suares, *Annua do Colégio de Pekim desde o fim de Julho de 94 até o fim do mesmo de 97 e algumas outras Rezidências e Christandades da Missão de China*, BAJA, 49-V-22, f. 648.

② António de Gouveia, *Cartas Ânuas da China（1636，1643 a 1649）*, edição, introdução e notas de Horácio Peixoto de Araújo, p. 164.

续　表

词　汇	汉 语 对 音	行政级别
Siuen Fu	宣府	cidade(府)
Sucheú	苏州	cidade (府)/metrópole(省会)
Sú Choén/Sú Chuén	四川	província(省)
Sù Chuām①	1697 年时,直隶省的某村,待考	aldeia(村)
Sú Kim	(上海)松泾	aldeia(村)
Súm Kiám fú	松江府	cidade(府)
Tà Chîm	大城县	vila(县)
Tacin	大秦	reino(国)
Tā niâm②	丹阳。原文可能注音错误,"距离镇江府 6—7 里格"的县,应为丹阳(Tā hiâm 或 Tā yiâm)。	vila(县)
Tá Sí Yâm	大西洋	传教士对大西洋的理解是欧洲。③

---

　　① Joze Suares, *Annua do Colégio de Pekim desde o fim de Julho de 94 até o fim do mesmo de 97 e algumas outras Rezidências e Christandades da Missão de China*, BAJA, 49 - V - 22, f. 630.
　　② Joze Suares, *Annua do Colégio de Pekim desde o fim de Julho de 94 até o fim do mesmo de 97 e algumas outras Rezidências e Christandades da Missão de China*, BAJA, 49 - V - 22, f. 646.
　　③ António de Gouveia, *Ânua da Vice provincia da China nas Partes do Sul no Anno de 1647*, in *Cartas Ânuas da China* (1636, 1643 a 1649), edição, introdução e notas de Horácio Peixoto de Araújo, p. 360.

续　表

词　　汇	汉　语　对　音	行　政　级　别
Taiçam	太仓	vila（县）
Tai Ngan Cheu	泰安州	cidade（州）
Taí Nim Hién	泰宁县	vila（县）
Taî Pim/Tay Pim	（广西）太平镇、山西太平县，①都在年信中出现过	
Taî yueǹ/Tay Yen Fu	太原/太原府	metrópole（省会）
Tām Hiam②	江西村名，可能是在赣州附近，待考	aldeia（村）
Tecim	德清	vila（县）
Tieñchǒ	天竺	
Tiencinguei	天津卫	fortaleza（要塞）
Tiên xùi kiāō	（杭州）天水桥	ponte（桥）
Tim Chéu	汀州	cidade（府）
Tim Cheu③	定州④	

---

　　① Joze Suares, *Annua do Colégio de Pekim desde o fim de Julho de 94 até o fim do mesmo de 97 e algumas outras Rezidências e Christandades da Missão de China*, BAJA, 49-V-22, f. 631v.

　　② Joze Suares, *Annua do Colégio de Pekim desde o fim de Julho de 94 até o fim do mesmo de 97 e algumas outras Rezidências e Christandades da Missão de China*, BAJA, 49-V-22, f. 643v.

　　③ Francisco Turtado, *Annua das províncias do norte da China do anno de 1642*, ARSI, JS122, f. 156.

　　④ 与"汀州"的注音相同，有时"汀州"会写为"汀州府"，依靠上下文也可以区分出"汀州"还是"定州"。

续　表

词　汇	汉　语　对　音	行政级别
Tim hai	定海	cidade(府)
Timpâ①	华南某港,待考。电白?	enseada(港口)
Tŏ Tūn②	1697年时,藁城县的某地,待考	
Túm chām fù	东昌府	cidade(府)
Tum Cheu	(扬州府)通州③、(顺天府)通州④,都在年信中出现过。	cidade(州)
Tūm xēn/Tūm Xān	通山	vila(县)
Tûmtâ	东鞑	
Tú Kiá Hâm	上海村名,代考。⑤	aldeia(村)
Túm Sú	常熟村名,待考。⑥	
V chim	乌程	vila(县)

---

① Pedro Canevari, *Carta Annua da China a 1651*, BAJA, 49 - IV - 61, ff. 75 - 120, f. 77.

② Joze Suares, *Annua do Colégio de Pekim desde o fim de Julho de 94 até o fim do mesmo de 97 e algumas outras Rezidências e Christandades da Missão de China*, BAJA, 49 - V - 22, f. 625v.

③ Feliciano Pacheco, *Carta Annua Da Vice província da China do Anno de 1660*, BAJA, 49 - V - 14, f. 706.

④ Joze Suares, *Annua do Colégio de Pekim desde o fim de Julho de 94 até o fim do mesmo de 97 e algumas outras Rezidências e Christandades da Missão de China*, BAJA, 49 - V - 22, f. 612v.

⑤ António de Gouveia, *Cartas Ânuas da China (1636, 1643 a 1649)*, edição, introdução e notas de Horácio Peixoto de Araújo, p. 387.

⑥ António de Gouveia, *Cartas Ânuas da China (1636, 1643 a 1649)*, edição, introdução e notas de Horácio Peixoto de Araújo, p. 126.

续表

词汇	汉语对音	行政级别
Vam Han	万安	vila(县)
Vâm Xě Chi Chîm	王舍之城。前544—前491年摩揭陀国王频婆娑罗(Bimbisara)建都王舍城(Rājagriha)。	
Vancum①	韶州府周边的村名,待考。王村?	
V Sangue/U Su Cam	乌思藏	reino(王国)
Vên Cheu	温州	cidade(府)
Vu châm fù	武昌府	metrópole(省会)/cidade(府)
Vusie	无锡	vila(县)
Vû Y Xañ/Vuyxanos	武夷山	montes(山)
Xâ Hién/Xam hím/Hia Hién②	沙县	vila(县)
Xā Vám	石辋(今福建省三明市泰宁县朱口镇石辋村)	
Xahancum③	韶州府周边的地名,待考。下安村?	

---

① Anonymous, *Do Collegio de Machao & Suas Residências*, ARSI, JS121, f. 27.
② João Monteiro, *Annua da Vice provincia da China do Anno de 1641 athe setembro 642*, ARSI, JS117, f. 56. 从对音看,更像夏县,但是,因为隶属于延平府,所以定为沙县。
③ Anonymous, *Do Collegio de Machao & Suas Residências*, ARSI, JS121, f. 27.

续 表

词　汇	汉语对音	行政级别
Xám Hay	上海	vila（县）/cidade（府）
Xan hai quan	山海关	
Xán Kién①/Xam kim②	（福建）上镜（今福清市上迳镇）	aldeia（村）
Xân Sí/xian si/Xamsy	山西	
Xâm Sù Fú	（福建）上四府（延、建、邵、汀）	
Xan Túm/Siamtum	山东	
Xán Túm	上东（今泉州安溪县蓬莱镇上东村）	aldeia（村）
Xaò Vù	邵武	cidade（府）
Xāo Kí/xau ki	邵岐（今福州仓山区城门镇绍岐村）	aldeia（村）
Xāo Xim	绍兴	cidade（府）
Xau Cheo/Xau Cheu	韶州	Comarca（府）
Xau Kim	肇庆	cidade（府）
Xên Sí/Xien si/Sen si	陕西	província（省）

---

① António de Gouveia, *Cartas Ânuas da China*（1636，1643 a 1649）, edição, introdução e notas de Horácio Peixoto de Araújo, p. 162.

② João Monteiro, *Annua da Vice província da China de 1637*, BAJA, 49-V-12, f. 54v.

续表

词　汇	汉语对音	行政级别
xim cē	深泽	vila(县)
Xim Kim	盛京	corte(首都)
Xu Cheo/siú cheù	徐州	cidade(府)
Xu Cheo	肃州	
Xúm Tiēn Fu	顺天府	cidade(府)
Xuñ Kim	顺庆	cidade(府)
Xun Te	顺德	vila(县)
Y him	宜兴	vila(县)
Yam cheu/Yâm Cheu Fú	扬州/扬州府	cidade(府)
Yam çu kiam	"洋子江"的音译。有时以葡文意译称之，filho de mar("大海之子")，以言其大。	
Yâm hien	洋县	vila(县)
Yê kì pú①	距离真定府10或12里格的某村。从读音看，是"野鸡铺"。今在正定县附近有两个野鸡铺村：灵寿县陈庄镇野鸡铺村、赵县沙河店镇野鸡铺村。	aldeia(村)

---

① Joze Suares, *Annua do Colégio de Pekim desde o fim de Julho de 94 até o fim do mesmo de 97 e algumas outras Rezidências e Christandades da Missão de China*, BAJA, 49-V-22, f. 624v.

续 表

词 汇	汉语对音	行政级别
Yên Pim	延平	cidade(府)
Yum Chuñ/Yúm Chún Yén	永春/永春县	vila（县）/cidade（府）
yûn hŏ	云和	vila(县)
Yûn Nân	云南	província(省)
yû pî tà çù	鱼皮鞑子	reino(王国)

附录七 表 14 用罗马字注音的中国人名

		备 注
Cão çūm	(唐)高宗	
Cao lie sié	高力士	
Çao yu pien	曹于汴	
Cham Hién Chúm	张献忠	
Cham Paulo	张问达季子张縪芳	
Cham Matheus	张庚	
Cham Miguel	张焘	
Chao pam cim	赵邦靖	
Che quām cu	待考。某邪教首领的名字，名字意为"光之父"，1637年被判车裂，8名同伙则被斩首。	

续 表

		备 注
Chim Lucas	焦琏？/成大用？	
Chiḿtĕ	正德（皇帝）	
Chiǹ chī liň	陈之遴	1660年年信记载了陈之遴被流放至辽东，他向内监吴良辅行贿以谋求回京，导致全家被流放事，以及陈之遴家曾收养佟国器，佟国器曾一度更名为陈国器。①
Chù	朱明之"朱"	
Chuām yuên cō	庄阳初，即庄钦邻（1580—1668）	
Ciên Tù②	1657年袭击刘迪我、洪度贞的松江水盗的名字。"钱东"？	
Co çu ý	郭子仪	
Con fu sú/Cumfu sú/cùm fù çù	孔夫子	
CumChim/ÇúChim/ciúm chìm hoâm tì	崇祯/崇祯皇帝	

---

① Gabriel de Magalhães, *Annua das Residência do Norte da V. província da China no Anno de 1660*, BAJA, 49‐V‐14, ff. 676‐676v.

② Manoel Jorge, *Annua da Vice-província da China de 1657*, BAJA, 49‐V‐14, f. 161v.

续 表

		备 注
Cum Cú	孔子	
Doutor Basílio	许乐善	
Doutor Felipe	王徵	
Doutor Paulo/Siu quam ki/Siu hiuen hu	保禄进士/徐光启/徐玄扈	
e pū gān	安邦彦①	
Eunuco Çáô	曹太监。在年信中指曹化淳	
Eunuco vâm	王太监。在年信中指王承恩	
(Colao) Fâm Kieù lim②	(阁老)房玄龄(从读音看,是"房九龄")	
Fĩ Lí pú pú hô③	中国古代一名哲人,待考。1658年年信引用了他说的一句话:维持或者打败帝国,团结、和睦比尖兵锐器、固垒坚城更管用。	
Fô Hí	伏羲	
Guei cū	魏公。即魏忠贤	
Hán Colao	韩阁老,即韩爌	

① 手稿原文 gān,可能是 yān 的笔误。参阅 Álvaro Semedo, *Carta Annua da Missão da China do Anno de 1622*, BAJA, 49-V-7, f. 363v.
② Manoel Dias, *Annua da China do Ano de 1626*, ARSI, JS115, f. 115v.
③ Gabriel de Magalhães, *Annuas das Residências Do Norte da Vice-província da China do Anno 1658*, 49-V-14, f. 230v.

续 表

		备 注
Hán Estevão	韩云	
Han ngai ti	汉哀帝	
Hán Thomaz	韩霖	
Hán Pedro	韩霞	
Hien cum hoâm ti	神宗皇帝	
João Hiu Sinso	许惺初(许乐善)	
Kiĕ hô	佶和。《大秦景教流行中国碑颂》中"大秦国有僧佶和"。	
Kiĕ liĕ	及烈。《大秦景教流行中国碑颂》中"大德及烈",即主教及烈。	
Hiuên cūm chí taó	玄宗至道(皇帝)	
Huâm Kiê Sú	顺天府丞黄吉士	
Hûm vū	洪武	
Hûm Quâm	弘光	
João	罗含。《大秦景教流行中国碑颂》中"僧首罗含",即景教主持罗含,传教士认为"罗含"即若望(João)的音译。①	
João/Hiu Lo xen	若望/徐乐善	

---

① Manoel Dias, *Annua da China do Ano de 1626*, ARSI, JS115, f116v.

续 表

		备 注
Jum Lie/Yum Liè	永历	
Kién chūm xím xìn vên vû	建中圣神文武（皇帝）	
Kim cim	景净	
Kiú Cuî niâm	徐光启的孙女。徐翠娘？	
Kiu Matheus	瞿式穀	
Lau cu/Lao çù	老子	
Le tien kim/Pedro	李天经/伯多禄	
Leâm①	发音类似于天主教的洗名"良"，传教士以之记两江总督郎廷佐的姓氏，只是记音，并非郎廷佐的洗名，且郎未入教。	
Leāo/Lichiçao/Li ngo çun	良/李之藻/李我存	
Lí Chuám	李闯	
Licenciado Ham Thomaz	韩霖	
Lí Cu Chim	李自成	
Li Pedro	李天经	
Li tím què	李定国	

① Feliciano Pacheco, *Carta Annua Da Vice província da China do Anno de 1660*, BAJA, 49‐V‐14, f. 703v.

续 表

		备 注
Lien Chi	莲池和尚	
Lieû Colao	刘阁老（刘宇亮）	
Lin lum kiam	林龙江，即林兆恩，"三一教"的创始人。	
Liù sieu yên	吕秀岩。《大秦景教流行中国碑颂》的手书者	
Lúm Vú/Lungu	隆武	
Lù Vân/Louô	鲁王	
Macon	"马公"，即太监马堂	
Mao Ven Lum	毛文龙	
Ma Pedro	马呈秀	年信中的姓名是 Ma San Chi，并给出了释义 três flores（三花），可能是"马三枝"的对音。待考
Mém çù/yǎ xím gin	孟子/亚圣人	
Miguel/yam tim yun/Yâm Ki yuôn	弥额尔/杨廷筠/杨淇园	
Nicolao/Chim Chí Lûm/Y quōn	郑芝龙/一官	
Nîm çiū	宁恕。《大秦景教流行中国碑颂》中"时法主僧宁恕知东方之景众也"。	

续　表

		备　注
o Lopuen	阿罗本	
Pà Taî Vâm/pâ täi uâm	八大王（张献忠）	
Pâm Aquileo/Pam Cum	庞天寿/庞亚基楼/庞公	
Paulo	普论。《大秦景教流行中国碑颂》中"僧普论",传教士认为"普论"即保禄（Paulo）的音译。①	
Pem guei chim	户科右给事中彭惟成	
Pim Lû Heū	平虏侯（郑芝龙）	
Puôn Cu	盘古	
Quo sim/ Chim que sim/Maroto	国姓（爷）/郑国姓（郑成功）/马罗托（Maroto）是葡萄牙人指称郑成功的方式,像是洗名,但目前没有证据直接证明郑成功是天主教徒。②	
Inacio/qhiu tai sú/Kiu tai So	瞿太素	
Sanqui U/Ú San Quei	吴三桂	
siń vân	信王。在年信中指朱由检	

① Manoel Dias, *Annua da China do Ano de 1626*, ARSI, JS115, f. 116v.
② Gabriel de Magalhães, *Annuas das Residências Do Norte da Vice-província da China do Anno 1658*, 49 - V - 14, f. 236.

续　表

		备　注
Sō cūm uên mîn	肃宗文明（皇帝）	
Sú Colao	史阁老（史可法）	
Sûn cò vám	孙可望	
Sun Ignacio/Sūn co yam	孙元化/孙初阳	
Sun Paulo	孙学诗	
Tai cūm uên vû	代宗文武（皇帝）	
Tam cham	泰昌	
Tamtim	当定	永历之子，洗名 Constantino
TâmVâm/Rey Tâm	唐王/国王唐	朱聿键
Thome/cem chin ye		
Tây cūm veň huâm tí	太宗文皇帝	
Tien ki	天启	
Tuon Pedro/Duon Pedro	段衮	又有称 Estêvão 的情形
Tuon Vital	段袤或段袠	
Tum quě kî/Tum	佟国器	
Ván Liê	万历	
Vam Tien	（吴桥知县）王先（万历四十八年至天启二年在任）	

续 表

		备 注
Vên vâm	（周）文王	
Xin Kio	沈潅	通常简写为 Xin
Xô Vâm	蜀王	
Xún chí	顺治	
Yam Quam Scen	杨光先	
ý sū	伊斯。《大秦景教流行中国碑颂》中"赐紫袈裟僧伊斯"。	
Ye hiam cao/Ye Colao	叶向高/叶阁老	
Yēn xìm cùm	衍圣公	孔子嫡长子孙的世袭封号

第四节　耶稣会士对明末清初司法实践的体察

在华耶稣会士不可避免地与司法机构打交道,年信中有一些传教士卷入其中的诉讼案例。明清时期,西方人写的关于中国的许多概述性著作中,亦有对中国司法的论述,只能给人形成泛泛印象,且因作者往往带有以中国隐射本国的强烈主观性,对中国司法的评价就互相矛盾,有的盛赞由尊重哲学家的皇帝和"学者—官员"治理的中国政治清明、司法公正,有的批评中国司法实践与制度设计相脱节,腐败黑暗。年信记载的是一件件具体的官司,作者的本意在于汇报传教士和教民在磨难中的英雄主义表现，却也在字里行间透露着司法程序运转的细节及其对司法体制的评价。本文将归纳年信中较多出现的有传教士参与的几类官司，及耶稣会士对明末清初司法实践的体察，以展示年信对中国司法史研究的意义。

一、息讼

明清时期"好讼"的社会风气盛行。耶稣会士观察到时人的"好讼"，及社会对好讼之人的评价不高，连带着对讼师的评价也不高。传教士的态度是不主张诉讼，争取教内解决纠纷，对教外的纠纷予以规劝，使其息讼。

对汉人"好讼"的整体印象，可在与满洲人的比较中凸显出来，聂伯多在1651年年信《鞑靼人的治理与习俗》一章指出："东鞑靼人是简单至极的人，没有心机，他们之间也不会出现诉讼的情况。"①诉讼并不是在介绍某民族时的必选项，聂伯多特意提到了满洲人不爱打官司，可能是汉人"好讼"给人的印象太深。1601年年信说"在各处都有不怀好意和仇视的诉状递到官府"，韶州神父要求教友"与周边人处理好关系，避免一切可能导致丑事的场合"，当有教徒犯错，他们就尽快地报告神父，当年，"他们避免了许多次冲突，也减少了诉讼"。②

传教士遭遇的具体"好讼"事例则如：1618年，陕西泾阳的两地居民因争夺对一条河的取水权，闹起纠纷，其中一派瞒着王徵以其名义写了诉状，争取到有利的判决，另一派将怒火发到王徵身

---

① Pedro Canevari, *Carta Annua da China a 1651*, BAJA, 49-IV-61, f. 86v.
② Anonymous, *Do Collegio de Machao & Suas Residências de 601*, ARSI, JS121, ff. 43v-44.

上,王徵只好外出躲避,受邀从杭州来陕西传教的史惟贞神父与一名修士无功而返。① 1621 年,德清县"圣厄休拉"村②的教徒在一场教案中无罪获释,衙门里的差役怂恿教徒反诉对方:"诬告者对你们造成了损害,你们可以通过起诉对方来挽回损失,可以以其人之道还治其人之身。"教徒答道:"我们所遵循的教律教育我们,对于我们所遭受的不要以恶制恶。对于我们而言,知道真理已经足够。"傅汎际点明衙役们煽风点火的目的是"从中牟利"。③

讼师被认为助长了民间的健讼风气。传教士对该职业的评价不高,这与民间"正统"观念一致。1624 年,"在圣周④中,一名教徒前来忏悔,他是一名讼师,在该国家,法官数目很多,他们就是来应对法官的,有人想将另外的人告上官府,他们就以书写讼状为生。这个职业的人说话习惯添油加醋。神父此前就听说这个人对教徒也不甚满意,教徒们叫他不要接受这个人的忏悔,也不为他祝福。因此,该讼师"对邓玉函神父很差,抱怨没有得到祝福,口出脏言,最后还威胁要立即去告官,检举堂·伯多禄(Dom Pedro)王爷家藏神父"。堂·伯多禄是南昌的一名奉教宗室成员,"南京教案"之后,神父一直住在他家避难。为不连累王爷,邓玉函、史惟贞二神父连行李都没来得及整理,逃往杭州。⑤ 这次以诉讼为手段的威胁应该使神父亲身体会到健讼者的危害。另一方面,能改好的讼师则被神父表彰。1615 年年信中就表扬了这样一名教徒:北京有个与诉讼有关的小吏,入教之前,就像同事一样利用职务敛钱,入

---

① Manoel Dias junior, *Carta Annua da Missam da China do Anno de 1618*, BAJA, 49-V-5, ff. 251v-252v.
② 传教士常用圣人的名字命名村落。
③ Francisco Furtado, *Carta Annua da China de 1621*, BAJA, 49-V-5, ff. 328-329.
④ 复活节前的一周七天。为纪念耶稣在世最后一周的事迹。
⑤ Francisco Furtado, *Annua da Província da China de 1624*, BAJA, 49-V-7, f. 469v.

教之后，只关注于工作本身。① 1621 年，建昌一名叫安当（Antāo）的教徒，要为叔叔写份与房产纠纷有关的诉状，叔叔按照时人惯常做法，说了许多无中生有的话，安当拒绝照录，并且表示：天主教律禁止谎言，因此他不能写这一些话，"因为替你写了就相当于参与了你的犯罪"。傅汎际认为这名正直的讼师有圣德。②

儒家主张，理想社会的境界即为无讼的世界，这也是中国乡土社会的传统观念。官方在司法实践中倾向于通过"息讼"而"养民财力"。明代《教民榜文》第一条规定："民间户婚、田土、斗殴、相争一切小事，不许辄便告官，务要经由本管里甲老人理断，若不经由者，不问虚实，先将告人杖断六十，仍发回里甲老人理断。"③以上观念、实践、制度三个层次，皆与传教士的主张不谋而合。传教士在对教民的德育中，宣扬利于"无讼"的圣德；在实践中，神父积极介入具体案件，调处纠纷，达到"息讼"目的；在教规上，力图打造一个争端解决机制，制度化地化解矛盾。以下将以实例说明传教士在这三个层次上的作为。

1639 年，上海某教徒在人身上和财产上受到某异教徒的侵犯，想要复仇，神父在布道中有针对性地解释《圣经》主祷文里"免我们的债，如同我们免了人的债"一句，教徒听后，便放弃了复仇计划。④ 1644 年，上海两个信教家庭因为一件小事而在村子里睚眦相向，矛盾越积越深，神父力图使双方相信冲动来自魔鬼，在一次冲突中，一个人被打"死"了，连续三天，直挺挺地躺在地上，家属报

---

① Manoel Dias junior, *Annua da Missão da China do Anno de 1615*, ARSI, JS113, f. 402.
② Francisco Furtado, *Carta Annua da China de 1621*, BAJA, 49-V-5, f. 335.
③ （明）张卤辑：《皇明制书》卷九《教民榜文》，收顾廷龙主编，《续修四库全书》编纂委员会编：《续修四库全书》(788)，第 352 页。
④ João Monteiro, *Annua da Vice Província da China do anno de 1639*, ARSI, JS121, ff. 273v-274.

官,凶手逃逸,"仇教的异教徒们幸灾乐祸了,他们指摘圣教和信教的人们,因为基督徒之间在互相残杀。教徒们困惑了,不知如何回应"。在第三天,那个状似将死的人,突然自行从床上起来了,教育教友:"我要把这三天发生的事告诉你们,大天使圣·弥额尔,还有守护你们的其他天使,以及与我们的洗名相对应的圣人,他们同向救世主祈求,留我一命。这样,行凶者不至于家毁人亡,还可以堵住那些异教徒的嘴,他们在喋喋不休地污蔑圣教。"他对一名最先提出和解的教友说:"圣天使长在指引着你,使你就道于通往和解的路。"他又对一名破坏了和解的教友说:"魔鬼在你背上,在挑唆你,在煽动你。"①这番话与神父向他们灌输的"不和谐的制造者"是魔鬼的理念一致,是接受天主教教化的结果。神父使这个案例在当地流传,以教育更多的教友。

1696 年 8 月,新乐(Sim Lŏ)县某村有一教徒,请求神父托官员的关系,报复他的仇家。神父仔细过问了这件事,发现是这个人不够容忍,就用教律来开导他,要有耐心,因为在天主的面前,他表现出耐心比向他人睚眦必报好。该教徒仍然联合其他教友试图使神父参与复仇计划,说道那些异教徒不但对他们恶语相加,而且对神父也出言不逊,这是他们最不能容忍的,如果不制止异教徒的攻击,将来怎么宣扬天主圣教。神父不愿陷入冤冤相报,就向他们详析道理,忍耐和谦卑才是宣传圣教的最好方式,圣徒们当日就是这样宣教的,他们不仅倾听谩骂,还忍受牢狱之灾和鞭笞,甚至付出生命。这才是他们该有的证明自己是基督徒的方式。只有通过这种方式,他们才能进步,才能为天主栽培更多的灵魂。惩罚罪过的事应该交由天主,而不是由受辱的人自行报复,天主对基督徒的教

---

① Antônio de Gouvea, *Annua da V. Província do Sul na China de 1644*, BAJA, 49 - V - 13, ff. 527v - 528.

导是保持忍耐。这群耐性不够的教徒听完后,不再谋求报复。在该事例中神父援引天主教道德中的"忍耐"和教义中的"天主审判"来息讼。这个案子有一个比息讼更好的结局,15户仇教的异教徒家庭很快中魔,神父以驱魔为契机换来他们全体入教,苏霖总结:"通过这一件事,教徒们深刻地理解了耐心的好处,忍耐是教徒应尽的义务,他们还认识到自己的心灵在先前犯的错误,硬碰硬是无益于圣教的传播的。他们清晰地看到这15个家庭由敌化友,归信天主,使教徒数倍增,不是由他们谋划的复仇带来的,而是由神父训导他们的耐心带来的。"①使事件的走向符合天主利益,才是传教士主张和谐的目的。

  神父以天主教圣德来引导教徒和谐相处,并有意识地使息讼事例流传,以达到普遍性的德育效果。1602年,韶州一名叫Jorge的官员,他的哥哥在乡间庄园退居期间得了重病,他哥哥怀疑是一名与自己有矛盾的农夫下毒,就去报官抓了农夫。后来,哥哥病情好转,就先放了农夫,但是警告农夫,若是再次犯病,乃至死亡,他仍然要偿命。没过几天,病人死了,死得非常突然,就在女儿出嫁当日,整个韶州城的人都知道了。Jorge所做的第一件事就是去救这可怜的农夫的性命,他认为当农夫听说病人死了,一定会自杀的。因此,他立即派自己的一名仆人去告诉农夫,自己原谅他了,还会将他从衙门中释放,于是,农夫就保住了性命。神父借着这件事的知名度广泛宣传,"他能在失去亲人的时候还能这样谅解,有这样宽广的胸怀,使人深受教育"。②

  从神父对教徒的和谐教育中动用的教义、圣德看,天主教主张

---

① Joze Suares, *Annua do Colégio de Pekim desde o fim de Julho de 94 até o fim do mesmo de 97 e algumas outras Residências e Christandades da Missão de China*, BAJA, 49-V-22, ff. 626v-627v.

② Diego Anthunez, *Annua do Collegio da Madre de Deus da Companhia de Jesu de Machao e Residencias da China do anno de 602*, ARSI, JS46, f. 320v.

息讼与儒家的无讼理想只能说是殊途同归。传教士避免诉讼的原因有三：第一，使传教事业远离风险和被不当地关注；第二，合乎隐忍、耐心、和解、宽恕等天主教道德观；第三，以圣德感化周边人，使之归信。

在以德育引领教内外的和谐风气之外，对于有教内人参与的讼争，神父有时利用权威，直接压制，从而成为与"老人"①、里甲首长、乡村精英等并列的一支民间息讼力量。据1658年年信，淮安有地位很高的两兄弟，家境富裕，一个已经进教，另一个还是异教徒，他们将兄弟情谊抛在了脑后，你的我的分得很清，被利益蒙蔽了双眼，互相攻击，闹上公堂，恨与恶意使他们失去了理智，告了一次又一次，过了一堂又一堂，大家全都知道了他们名誉扫地，花了大把的钱。有两年的时间，这兄弟俩既不见面，也不互相说话，亲戚朋友们和知道他们之间丑事的人都很痛心难过。成际理神父知道了他们间的不和，就想方设法去调解。神父狠狠地批评了教徒，规劝了不信教的那个兄弟，兄弟俩在道理面前都服气了，他们撤回诉讼，忘了昔日冤仇，他们开始互相说话，并以兄弟之谊相待。通过这件事，天主的荣耀和天主圣教的信誉都得到了增益，当地的人都很高兴。② 在这段描写中，传教士对好讼者不停地告状带来的金钱、名誉损失深感惋惜，也反映出当时社会将官司缠身视为"丑事"的主流态度，只是最后的落脚点在传教利益上。

更高阶的形式是将个案介入变成制度化的、预防性的息讼，依托教友会的组织功能，教友间互相监督，以砥砺前行的宗教热情，

---

① 《明史》卷七十七，志第五十三食货一："里设老人，选年高为众所服者，导民善，平乡里争讼。"参（清）张廷玉等撰：《明史》，第1878页。关于成为"老人"的资格，据洪武三十一年（1398）四月发布的《教民榜文》："但年五十之上，平月在乡，有德行，有见识，众所敬服者。"参（明）张卤辑：《皇明制书》卷九《教民榜文》，第353页。

② Gabriel de Magalhães, *Annuas das Residências Do Norte da Vice-Província da China do Anno 1658*, 49-V-14, f. 263v.

传教士在某些地区建立起息讼机制。1602年年信中记载了韶州住院中的息讼机制是怎样运转的:

> 他们不仅希望将自己的良心问题交给神父管理,而且将彼此间的分歧与诉讼交给神父处理。他们会将自己的案子报与神父知晓,让其审查之后,给出裁决。对于裁决结果,他们总是能心平气和地接受,仿佛控辩双方都是赢家,双方都会感谢神父所做出的裁定,他们认为这是符合教规的,对他们的灵魂是最有益的,而这样的结果在官府的公堂上是不容易得到的,在那里不仅要花钱,还要忍辱受屈,有罪者还经常被宣告无罪,无辜者则被罚。当教徒与异教徒之间发生诉讼,需要在官府解决时,他们首先去找神父,讲述原委,告诉神父自己在诉讼中的请求,请神父检视其中是否有良心问题,因为那些不信教的讼师在书写诉讼请求时,常在其中添加不实之词,以"润色"自己的主张,但天主教徒只求以最纯粹的事实说话,尤其当其中包含了神父的意见时,也是对天主的拥护。教友们之间热情地相互监督,以免犯错,若是看见、听说某项过错,立即就向神父报告,好让神父纠正,因此,神父对教友的事情非常了解,了解程度就连教友也非常惊讶,教友们小心翼翼地行事,免得再做错事,他们认为任何一名教友都是其他教友的纠察员。①

由上,扎根中国的传教士除了汲取本土的灵魂以壮大天主教的树干,也以其信仰的、组织的、行动的力量盘固着根植其中的社会土壤,这是常谈的传教士的科技贡献、文化贡献之外的社会贡献。1627年,绛州"圣保禄村"要建一座教堂,县令特意发了一份

---

① Diego Anthunez, *Annua do Collegio da Madre de Deus da Companhia de Jesu de Machao e Residencias da China do anno de 602*, ARSI, JS46, ff. 318v – 321.

书面建造许可,允许教徒可以按照意愿建造,而任何人不得阻碍,这是县令给天主教徒的一个奖励,"因为他了解到,异教徒们完税情况非常糟糕,而且总是争吵诉讼,而当他们入教之后,安静多了,税交得好,生活得很平静"。① 地方官员将天主教徒视为促成和谐社会的积极力量,允许甚至鼓励天主教在一定限度内发展,以利治理,这是神父和教徒用共同努力换来的。

二、教案

因信仰矛盾而触发的官司都可称为"教案"。以往对教案的观察,通常置于文化、宗教、政治视角之下。其实,绝大多数教案,从外在形式上,都是有司法机关介入的诉讼。17 世纪最著名的教案"南京教案",尽管是由万历皇帝直接下令驱逐传教士的,但是,教案之触发、进展方向之牵引和终结之依据,都在一整套司法程序内运行,应该视为传教士对中国司法实践的一次体察。"教案"的独特性在于其内含的意识形态意味,如果进入司法程序的宗教冲突即可称为"教案",那么,传教士遭遇的大大小小的教案将是一个庞大数字。年信中有许多小规模教案的记载,比如因与和尚争当某场葬礼的主礼人而引发一场微型诉讼,却不会被传教史收录。教案数量之巨,才是传统、保守的中国社会对侵入肌体的异质文化正常的排异反应,才是传教士面对的真实工作环境,以下将归纳传教士所面对的教案不同于民事、刑事诉讼的特点,及传教士的应对等,并以实例说明。

首先,"教案"本质是将宗教矛盾、文化冲突推向司法层面,但

---

① Manoel Dias, *Carta Annua da Vice-Província da China do Anno de 1627*, 49-V-6, f. 477v.

信仰本身不能被定罪，罪名是在中国的法典中寻找，审讯程序、刑罚判决、法理运用等都是根据罪名进行的。沈㴶在"南京教案"中给传教士定罪，并非进行一场宗教义理辩论，而是援引法条："凡朝贡各国有名，其贡物有数，其应贡之期，给有勘合，职在主客司。其不系该载，及无勘合者，则有越渡关津之律，有盘诘奸细之律。""臣部职掌，尤严邪正之禁，一应左道乱正，佯修善事，煽惑人民者，分其首从，或绞或流。"①这两条罪分别引自《大明律》兵律三"关津"章、礼律一"祭祀"章。② 另一名反教人士虞淳熙（1553—1621）也是将传教士劝信徒废祭祀的行为引申为颠覆政权："从其教者，至毁弃宗庙以祀天主"，"志将移国"。③ 反教派瞄着《大明律》制定攻击方向，庞迪我、熊三拔作《具揭》以自辩，也是针对指控一条一条反驳，总之，律条引导着这场宗教论争的议程设置，而非教义。凡是进入法律程序的教案都是讲法律而不是讲义理的。1631 年，几名方济各会、多明我会会士进入福建，因为用激进的方式传教，引发教案，"当官员们听说，从马尼拉、台湾进来了许多外国人，在宣扬一种教唆民众不尊师长、父母的宗教，还妄称尧舜禹孔夫子在地狱，再也无法容忍。海道逮捕了这些传教士，很严厉地批评他们未经允许入境"。④ 从年信的这句记叙当中，可以发现海道逮捕传教士的原因，与逮捕传教士的罪名并不一致，体现着以法律工具解决主流价值观遭侵犯问题的思路，"未经允许入境"这个罪名正是沈㴶当年所使用的"越渡关津之罪"。1637—1638 年，武昌某少年入

---

① （明）沈㴶：《参远夷疏》，收（明）徐昌治辑：《圣朝破邪集》卷一，金程宇编：《和刻本中国古逸书丛刊》(32)，第 38 页。

② 怀效锋点校：《大明律》，北京：法律出版社，1999 年，第 398—399 页，第 87—89 页。

③ （明）虞淳熙：《破利夷僭天罔世》，收（明）徐昌治辑：《圣朝破邪集》卷五，金程宇编：《和刻本中国古逸书丛刊》(32)，第 363—364 页。

④ João Monteiro, *Annua da Vice Província da China do anno de 1637*, BAJA, 49-V-12, ff. 332-335v.

教后,将朋友也带进教内,后者在领洗的当日,用脚践踏佛像,其母是佛教徒,将自己的儿子和怂恿儿子入教的朋友一同告上官府,"以不孝的罪名"。① 1621年,德清县"圣厄休拉"村的异教徒,暴力殴打坚持基督教式葬礼的基督徒,还向官府状告教徒"妖言惑众",这与沈㴶当年所使用的第二条罪一样,即《大明律》礼律一"祭祀"章"禁止师巫邪术"条:"一应左道乱正之术,或隐藏图像,烧香集众,夜聚晓散,佯修善事,煽惑人民,为首者绞。"②此处需要注意,《大明律》不禁绝宗教,而是严禁"师巫假降邪神",如何界定正教、邪教是其中的关键,所以,反教者也往往散布反教书籍,从舆论上为将天主教定为邪教助攻。1623年,德清一名官员之子发起教案,就是同时运用造舆论、定罪名两手,他写了本书,抨击信天主教"为一件于妇女的幽居、检点极为不利的事,当妇女接人待物时,就让男人和外国男人看到了自己,允许他们为自己洗脸"。另一方面,他抓住邻县一名官员去世的机会,说这名官员死于一个邪教,称之为巫蛊教。他利用这次机会去拜访了德清知县,他向知县呈上了他所写的这本书,并道,要提防身边是天主教徒的人,这些人不安分,轻易就敢也把他的性命取走,由此将天主教定为邪教。③

其次,教案的发动者,身份来源广泛,王爷、仇教官员、文人、士绅、异教信徒、普通民众等都曾作为传教士的对手,有时还伴随着群体性事件或集体诉讼,这与传教士在一般性民事、刑事诉讼中遇到的明确而有限的对手很不一样。1638年初,张普薇创立的"密密教"起义军锋抵南丰,住在建昌府的一个王爷组织抵抗,双方在城外的一座石桥上展开拉锯战,难分胜负,胶着了几个月的时间,

---

① João Monteiro, *Annua da Vice Província da China do anno de 1637*, BAJA, 49-V-12, ff. 318v-319.

② 怀效锋点校:《大明律》,第89页。

③ Francisco Furtado, *Carta Annua da V. Província da China do Anno de 1623*, BAJA, 49-V-6, ff. 126-127.

直至江西巡抚解学龙(1582—1645)移镇建昌后,起义军才逐渐失利。建昌王爷决心清剿城内一切邪教。王爷手下有个仇教官吏是佛教徒,筹划借此机会将天主教逐出建昌。王爷一开始对这个意见不置可否。这时,正好两名仇教文人为报复两名天主教徒,上书王爷,请驱逐天主教,仇教官吏怂恿他们纠集更多文人联署,这样才能说动王爷。果然,王爷在未经调查的情况下,对传教士下达了驱逐令。信教文人立即也上书陈说天主教的教义、对国家的好处、传教士受皇帝本人的赏识等等。王爷不听,反而要他们放弃这外国人的宗教。建昌住院神父费奇观在四处躲藏后重病,避往南昌。[①] 1636年,邵武一场教案是由一名有地位的异教徒发起,他是家中唯一不信天主教的。[②] 1645年,成都一场针对安文思、利类斯的教案,有约4000名僧道参与。[③] 1658年,泰安约300名村民因为不满传教士在当地修建教堂,酿成一起群体打砸事件,这场官司从泰安州打到济南府。[④] 总之,反天主教力量在中国社会中广泛存在,来自各阶层。

第三,教案持续时间长且反复,甚至发展成为系列案件。"南京教案"出现两次迫害高潮,第一次是1616—1617年间传教士被驱逐出境,第二次是1621—1622年间受白莲教的连累,天主教徒遭到抓捕。直至1631年传教士以修历为契机合法回归之前,民间许多针对天主教的诉讼,都是以万历颁布的驱逐令为法令根据的,上文提到,1624年,南昌一名讼师状告王爷窝藏神父,即属此类案

[①] João Monteiro, *Annua da Vice Província da China do anno de 1637*, BAJA, 49-V-12, ff. 328v-329.

[②] Francisco Furtado, *Ânua da Vice-Província da China de 1636*, BAJA, 49-V-11, ff. 549-549v.

[③] Antônio de Gouvea, *Annua da V. Província do Sul na China de 1644*, BAJA, 49-V-13, ff. 532v-536.

[④] Gabriel de Magalhães, *Annuas das Residências Do Norte da Vice-Província da China do Anno 1658*, 49-V-14, ff. 261v-262v.

例。再如，1637—1638年间，黎玉范等福安传教士禁止当地信徒保留祭祖敬孔习俗的做法引发"福安教案"，1639年，这场风波才刚平息，又有多明我会、方济各会神父登陆福建，他们以同样激进的方式传教，再次激惹起官府的反教行动，当年发生5次拘捕行动：① 3名方济各会神父被逮捕，驱逐至澳门；② 4个多明我会神父在街头上传教，不仅一无所获，还被逮捕，逐至台湾；③ 在宁德的一个多明我会神父撕毁公开张贴的反教告示，被捕；④ 方济各会一名在俗修士，名Frey Marcos，在连江被逮捕，押往福州，连过几堂之后，被判驱逐；⑤ 8月，多明我会2个修士在福安被逮捕，经过15个部门审判，遭受虐待，被驱逐出中国。① 这个特点与教案往往涉及人员面广、涉及的层次高及传教士明里暗里抵抗有关。

第四，判决通常以驱逐出境为目的，不追求对传教士进行人身消灭。该司法裁量也是有根据的，景泰五年（1454），据巡按陕西监察御史姚哲所奏而定的"远人犯罪律"规定："各布政司有蛮夷去处遇蛮夷人有犯，若系真犯死罪，依律处决，笞杖罪的决发还本部族。"②亦即未达死刑标准之罪，按照明律判决之后，发还罪人本国处置。"犯流罪以下，俱准纳钞，押发出境充军者，上请，俱不配遣。"③加之当时统治者有怀柔万国夷的倾向，所以，传教士在教案中都得到轻判。"南京教案"中，通知神父们被判驱逐的信使认为没有凌迟处死，算是大恩，得到消息的友教官员们纷纷前来祝贺。④ 当然，在宁肯殉教也不愿意离开教牧地的传教士看来，这并

---

① João Monteiro, *Annua da Vice Província da China do anno de 1637*, BAJA, 49-V-12, f. 336.
② 《英宗睿皇帝实录》卷二百三十九，景泰五年三月二十七日，《明实录》第19册，第5223页。
③ （明）苏茂相辑，（明）郭万春注：《新镌官板律例临民宝镜》（上），收杨一凡主编：《历代珍稀司法文献》（第6册），北京：社会科学文献出版社，2012年，第222页。
④ ［葡］曾德昭著，何高济译：《大中国志》，第266页。

不是什么恩典,所以,他们的笔调中没有感激,只有对异教国度的迫害圣教之法令的控诉。1645年"成都教案"发动之前,密谋者筹划了两个目标:"第一,这些西来的外夷都得死,他们不择手段从我们的'佛'这里挖走了香客,夺走我们的香火钱。第二,如果上条目标不能完成,那就实施第二目标:要他们从本省城和本省蒙羞离开,被驱逐出境。"在第二条目标后加上一句:"要对这一目标全力以赴,因为它对我们非常重要。"①即便教案的策划者对传教士有置之死地而后快之心,仍然将重点放在第二条上。也许是许多判例"告诉"密谋者,第二条才是可行的。

教案危及传教士在华立足的合法性,这是传教士视为重于生命的根本利益,因此,他们投入更大的精力、金钱、人脉资源平息教案。传教士对教案的应对大致有一套"走程序、找关系、造舆论"的模式。"走程序"指积极应诉,教案来时是躲不掉的。在"南京教案"中,传教士庞大而敏锐的消息网发挥作用,他们第一时间得知反教奏疏、裁决文书等行移至何处,预判案件走向,提前准备对策。在教案中,传教士大多是被告,但是,当他们判断局面可控并有利时,也会主动启动法律程序,利用法律护教,体现着对关系运作的自信和对中国司法体制的信心。比如上文所述发生于1658年泰安州的教案,村民抢砸教堂之后,神父觉得"如果不压制这一伙暴徒,圣教和教友会就会名誉扫地,日后越发艰难。神父派教友立即拟一张诉状,呈交县令,惩戒这伙胆大无知的人"。这次,传教士的对手是没有权力调动国家机器来反教的农民,传教士变被动为主动,甚至没有真的动用官场关系,而只是让被告相信传教士有"关系",就达到了胜诉目的。诉状中理直气壮地写道:"他们制造民

---

① Antônio de Gouvea, *Annua da V. Província do Sul na China de 1644*, BAJA, 49-V-13, ff. 532v-536.

乱,骚扰无害的基督徒,他们攻击圣教,尤令我们气愤,就连皇帝和全帝国的大人物都帮助圣教,认可圣教。他们还想阻止、破坏、攻击、侮辱修建中的教堂,而皇帝都从国库中拨款在皇宫附近建教堂,就在北京城正中央。"这番话使摸不准传教士在京中关系有多硬的县令将案子转到了省城,暴乱的带头者也陷入恐慌当中,去找神父认错,"收回之前那些毁诋之词,并当众签署、宣读一份保证书",教案圆满落幕。①

17世纪耶稣会年信记载的每一起教案中都有关系运作,令人惊讶的不是这种每逢官司必找关系的做法,而是传教士无中生有地搭关系和对关系富有想象力地利用。前述"福安教案"在阳玛诺、艾儒略遍寻当地各种关系后,仅起到缓和的作用,真正的转折点出现在千里之外的淮安。1639年,毕方济从南京往淮安传教,通过一名叫司德望的淮安进士结识某位总督,毕方济将从澳门寄来的欧洲礼物赠予总督,友谊很快升温。消息灵通的毕方济听说一名去福州赴任的福建总督途经淮安,立即就"变现"了这份刚结成的友谊,毕方济请求淮安总督向福建总督解释教案的来龙去脉。福建总督承诺,到任后会保护神父。毕方济进一步请求淮安总督安排他与福建总督见面。福建总督很客气地接待了毕方济,留他谈至深夜,毕方济就有充裕的时间将天主教及教案解释清楚,还特别提到了福建的艾儒略神父,请求福建总督保护他们。福建总督答应,在离开淮安时,还留给毕方济一封信,再次予以确认。②"南京教案""杨光先教案"等著名教案中传教士倚靠关系的例证就更多了,此处只想强调传教士运作关系的能力很强,关系在教案中起

---

① Gabriel de Magalhães, *Annuas das Residências Do Norte da Vice-Província da China do Anno 1658*, 49-V-14, ff. 261v-262v.

② João Monteiro, *Annua da Vice Província da China do anno de 1639*, ARSI, JS121, ff. 264v-265.

的作用所占的比重很大。社交能力是耶稣会士的强项,在中国这个讲"关系"的社会中,更是耶稣会士的立足之本,他们得以屡经教案仍能留在中国,靠的就是密织而牢不可破的关系网固身,至于他们的科技贡献、军事贡献等,很大程度上是友人为他们找到的留居理由。

每场教案都是一场义理辩论,它影响着对天主教是不是邪教的定性。大型教案亦是大型论争,控辩双方都有著述问世。"南京教案"中的护教文章有徐光启之《辩学章疏》,杨廷筠之《圣水纪言》《鸮鸾不并鸣说》,庞迪我、熊三拔等之《具揭》。这4部经典的著作在之后的教案中仍然发挥作用。1644年年信这样描写"成都教案"中的言战场面,上述四部著作被称为"四护教书"。

> 这场教案风暴肆虐了15日,既没改变风向,也没止息,那毁谤污蔑的檄文、招贴到达了万恶的顶峰,仿佛陷入一片无边的汪洋中,和尚们仗恃着人多势众,肆无忌惮地张贴出矛头直指为神父撑腰的县令和多默将军①的檄文,这可是个很冒犯的举动,多默将之视为对自己的名誉和威猛的不敬,于是,他就披坚执锐带上50名兵士骑马上街,边擂战鼓,边将张贴在公共场所的檄文撕下,换上他的檄文,文中批评了那诽谤之文的作者,盛赞、捍卫天主圣教,宣称,若是圣教需要,他与其他教友愿用生命与剑护教。神父们则捧着"四护教书"和在南京教案中就印好的书上街。风暴就这样强力平息了。因为这"四护教书"的作者是赫赫有名的位高权重的大人物,即阁老保禄和弥额尔进士等,那些毁诋之辞就像一缕青烟一样散去,还残留的,也被人看穿了,不过是些谎言、谬论,无根无据。那些教会的友人安下心来,那些心怀恶意的对手也偃旗息鼓了。

---

① 奉教武官,待考。

天主圣教一如既往华光灿烂，稳居宝座。因此，一个著名文人将天主教比作高塔，因为它能矗立风中，永不动摇，而要想窥见其内藏珍宝亦不容易；而佛教呢，则像一间低矮茅屋，任何一场大风，就能将其茅顶掀翻，甚至摧倒。①

根据年信，大部分教案都伴随着论辩文章的产生，有些教案的导火索就是某本反教书，舆论战体现着教案的意识形态斗争的特殊性。

传教士的"走程序、找关系、造舆论"的应对模式，也是反教者的"辟邪"模式，这是双方交锋的三个主战场。

总之，教案是意识形态斗争尖锐化的产物，体现着控辩双方以法律为武器硬碰硬地解决争端的企图，司法程序是坚硬的外壳，它规约着流淌其中互相缠斗的信仰立场、义理、舆论等。传教士从教案中深刻地体察着中国的司法实践与中国传统社会的排异机制，从而对传教策略、社交行为等向着更安全的方向调适。由教案引发的调适往往效率更高、力度更大，这从"南京教案""杨光先教案"两件大案之后出现的传教政策调整上表现得尤为明显，因此，从客观上，教案优化着异质文化在中国的存在方式，当然，前提是被优化的对象有着耶稣会一样的务实精神。对现代研究者而言，从司法本位对教案进行观察，可以看见不一样的中西交流图景。

三、民事

民事、刑事及相对应的民法、刑法以及民事诉讼法和刑事诉讼法，是晚清法律改革后逐步在中国确立的，传统中国的中华法系通

---

① Antônio de Gouvea, *Annua da V. Província do Sul na China de 1644*, BAJA, 49-V-13, ff. 245-245v.

常被认为"诸法合体,民刑不分"①,但是,法史学界对西周②、汉唐③等时期已经有民、刑初步分立的讨论亦有很多,关于年信所涉明末清初,也有学者认为"至明朝,传统的诉讼分类观念及其不同司法实践基本固定下来,并在清朝得到延续。'词讼'一词逐渐指户婚等民事案件,'案件'(或'大事')则日趋指称命盗等刑事案件"。④本文将17世纪耶稣会士在中国亲历的诉讼按照民事、刑事划分仅为便于说明。

明清之际来华传教士遇到的民事诉讼中以房产纠纷为大宗。时人健讼的风气归因于商品经济发展促成民间权利意识的增强,土地交易频繁是商品经济发展的一个表现,"世业""租佃""绝卖""断卖""典卖(活卖)""指当""永佃""永卖""地面""地骨"等定义复杂的产权关系、多样的交易形式的词汇在案宗中频繁出现,说明与房地产权有关的纠纷是当时重要的一类诉讼。留居中国并成为中国社会成员的传教士,难免也被时势裹挟其中,17世纪年信中就记载了多起与教堂产权有关的官司,以下将以1612年发生于南昌的一起较典型的房产诉讼⑤解析传教士对民事类司法实践的观察、参与情况。

传教士在这起官司中的对手是一名皇室宗亲,5年前将房子卖给神父,现在觉得当时卖便宜了,诉称:当时以低于市值的价格将房子卖给神父,是因为神父称可以治好母亲的病,请求判决神父

---

① 杨一凡:《中华法系研究中的一个重大误区——"诸法合体、民刑不分"说质疑》,《中国社会科学》2002年第6期,第78页。
② 如张晋藩:《中国民事诉讼制度史》,成都:巴蜀书社,1999年,第2页。
③ 如陈顾远:《中国过去无"民法法典"之内在原因》,收《陈顾远法律论文集》,台北:台湾联经出版公司,1982年,第425—426页。
④ 邓建鹏:《词讼与案件:清代的诉讼分类及其实践》,《法学家》2012年第5期,第119页。
⑤ Nicolao Longobardo, *Carta Annua das Residências da China do Anno de 1612*, ARSI, JS113, ff. 240v‑245v.

补回差价。此处涉及两条法律规定和传教士的两个实际情况。原告是名宗室成员,明代在关于诉讼当事人资格的法令中,宗室另有单独规定:"万历十年议准,宗室如有构讼及请乞婚封禄粮等项,合行长史、教授,启王转奏,如亲郡王不与转奏,许差家人于守巡抚按衙门具告,即与行勘,轻则启王议处,重则会奏请旨。奏内亦要明开曾否经长史教授守巡抚按等官告理,抄奏到部,查勘明白,题请究治,不许私自越关来京奏扰。"①原告这次诉至南昌知府,是按规定来的,可能亲王觉得这桩小事并不值得转奏,原告身份也折射出好讼风气浸染社会阶层之广。其次,关于诉讼时限,明代一般不做时限规定,但是对于财产纠纷,弘治《问刑条例》等做了规定:"告争家财田产,但系五年之上,并虽未及五年,验有亲族写立分书已定,出卖文约是实者,断令照旧管业,不许重分再赎,告词立案不行。"②原告可能正是踩着时间截止点为利益来做最后一搏。卖家诉求买家补差价的情况在传教士遇到的房产纠纷中最多见,比如,1656 年年信中记载了上海住院神父经历的一场持续几年的房产官司,起因就是上海住院连同教堂屋宅,系由一名彭姓道吏在经济困难时卖给神父的,在他经济状况好转之后,便想毁约。③ 传教士用于建院建堂的屋宇一部分是由教徒、友教人士捐赠,一部分是自筹资金购买,在华耶稣会士常年处在财务困难当中,在选购宅院时十分注重性价比,甚至更喜司法处置房产、"凶宅"、破落户贱卖的房子等,但其中的隐患较多,造成传教士面对的房产诉讼较多。原告诉称神父以可以治好原告母亲的病为借口换取低价购房,其中

---

① (明)李东阳等撰,(明)申时行等重修:《大明会典·卷五十六礼部十四·奏事》,第 975 页。
② (明)李东阳等撰,(明)申时行等重修:《大明会典·卷一百六十三刑部五·典买田宅》,第 2283 页。
③ André Ferram, *Annua da Vice-Província da China de 1656*, BAJA, 49-V-14, ff. 86v-87v.

的交换关系是否真的存在已不可能查明,但是,治病确实是神父常用的传教手段,并以使上层社会归信为工作重点,神父为原告的母亲治病应是事实,神父主动提到正在寻购栖身之处的可能性也很大,至于原告是自动地默认以低价交易酬谢神父,还是将之明确,不得而知。

　　神父多次出庭应诉,他在年信中控诉了司法的黑暗:每次出庭都被官差敲诈一笔。但是,神父应该还是相信司法公正的,因为他主动地反诉,"陈明实情"。卖家判断形势不利,寻求与神父的协商解决。可是,神父们"未落入他的圈套"。卖家认为中国籍的修士是神父的参谋。某日,趁修士上街时,带人将修士的长袍、帽子抢走,殴打、辱骂、威胁一番。宣判当日,南昌住院院长罗如望作为原告出庭,全程跪在地上祷告,"反正他也不认识这个审案的知府",没想到知府严厉地批评了原告,称对外国人要尊重、爱护,最后,他只口头说了一下有利于神父的判决就离席了,也没留下书面判决。在这一轮,尽管神父对被敲诈颇有微词,但仍然对利用法律保护利益抱有信心,他也并未去托关系,也不认识主审。在本案中,原告、被告身份都很特殊,被告是西洋人,明代柔远的法律传统使被告受益,就连原告也怪罪在中国籍修士的身上,司法实践中的中外有别,在"南京教案"中就很明显,对西洋教士只是督令西归,而对中国信徒判得较重。知府没有下达判决文书,可能是想以调处息讼的形式结案,符合当时司法实践中普遍的息讼倾向。

　　卖家上诉,还在状子上增添了罪状:神父非法聚众,扰乱民心,尤其士人之心;神父夺了他的房子,还想杀他云云。原告试图将普通的民事诉讼往教案的方向引导。明代司法制度设有多重复审程序,寻常案件须由州县初审,再由府、按复核,甚至须经督抚预闻。接诉的是名按察使,"大概是按察使对神父有成见,或被原告收买,委托巡抚按照不利于神父的方向审案",一名教徒写明原委向巡抚陈情被拒收,巡抚还将这名教徒抽了一顿鞭子。教徒待血止住,就往住院通报这个新的情况。碰巧奉教武官成启元来住院邀请神父去家中吃晚宴,得知这个案子,成启元当日就去拜访了一位道吏,道吏是巡抚的老上级,道吏立即就找了审这个案子的巡抚。在第二回合的较量中,社会关系开始介入并试图影响审判的走向。

开庭当日,罗如望神父、邱良厚修士同去,还有许多教徒到场助阵。原告家族则更庞大,熙熙攘攘在大堂外,等着巡抚出来,他们非常嚣张,摘掉了修士的帽子,还把神父阵营中的一名教徒拖出来推到巡抚的面前,完全是一副成竹在胸样子。这时,一名衣着光鲜的文人谁都不理睬地穿过这庞大的皇亲家族,径直走到神父和修士的身边,原告阵营的沸腾基本止住了,原来,这位文人是京中最大的官之一的孙子,害怕神父吃亏,就带着随从和吃食前来助阵。随后,又有几名文人打扮的教徒来看望神父。以上这段是对庭审现场的场面描写,当事双方都拉来人马助声势。

可是,原告、被告双方等到深夜,也没等到开庭。原来,巡抚夹在按察使与道吏之间不知如何是好,当日下午,先后拜访了这两位官员。当日很晚,终于开庭。原告先说,并呈上一本早年间一些文人撰写的反教书籍。巡抚将其训斥一番:谎话连篇,想敲诈外国人的钱。巡抚又围绕房产问了神父几个问题,同样也把神父批判一番:你一个人住那么大房子干什么?你要苦修、追求真理,不是应该住山里去吗?不要与人交往,远离尘世,等待飞天。巡抚又问修士,是哪里人,为什么要给外国人当徒弟,训斥他不该跟着外国人。最终,他给出了一个既令按察使满意,又令道吏满意的判决:神父向慕中华,远道而来,在没有欺诈的情形下买了此处房产,其在赣省已有20多年,今后闭门修行,他已详查天主教的教义,没有任何有害之处。原告既然不满意成交的价格,那就把钱退给买家,收回房子。还让神父另择他处买房，要离此地远一点儿。被两面公关的巡抚试图以两不得罪的方式了结此案，说明人情关系在司法操作中的作用很大，巡抚确保此案不向教案的方向扩大，是小事化了的息讼心态。

但是，原告对此判决很不满意，因为他想要的是钱而不是房子，神父也不满意，因为被判远离适合于宣教的人口密集地区。判决上报按察使后，按察使也很不满意，他在判决书下写道：既然神父是向慕中华文化而来，那就不应该再传他们的宗教，也不该挑起与中国人的争端。按察使的意思是将神父赶出江西。原告继续寻求上诉。其实，原告在向巡抚呈递状纸之前，还先后向察院、都堂告状。察院说神父是好人，京中都有同仁，不危害任何人，没有受理。其给都堂的状纸中称神父为鞑子，阴谋造反云云，都堂回复：若对房屋交易不满，就只谈房子事，不要搅和进那么多谎话，自己已与神父交往多年，神父都是好人。但是，碍于原告纠缠不休，都堂只好受理。神父见都堂倾向于自己，呈上一份关于此案来龙去脉的报告，还揭露原告死缠不休的目的。都堂将原告、被告双方的文书又批转给南昌知府审理，都堂将神父报告中需要核查的事实用笔圈出，对于原告列举的无关事实则不予理睬。在案件进入第三轮较量后，是否将之升级为教案的角力益发明显，这正是"涉外"案件的特殊性，中国社会的排异机制时刻可以被激活，在各类场合中展示出来。

此时，南昌换的新知府还没有到任，由一名举人出身的官员暂时代理。原告判断这名举人不敢推翻巡抚暨进士的判决，就买通了书记员等，等待新知府的到来。神父也对巡抚的前判决不满，又得知新知府是在南京的老友，也设法使案件调查暂停。两个月后，新知府准备动身赴任了。罗如望派一名教徒捎信给他，对他升任表示祝贺，将这起房产纠纷梳理了一遍，请他在审案时予以照顾。

新知府口头上做了有利于神父的表达,但在回信中未提案子的事。二十天后,新知府到。罗如望神父、邱良厚修士正式递交了关于该案的情况说明。神父、修士身穿原告服装,跪着提交,知府忙请他们起身,说了一番不必行此礼节、不必穿这种喊冤的衣服、不必亲自来递交状纸等客气话。他说,自己刚到就把案件事实查清楚了,对方来找过他两三次,但他不打算帮对方,要神父别声张。神父致谢后告辞。

判决日是圣诞节的前日,原告在一两名亲戚的陪伴下,神父在修士的陪同下,来到公堂,这次仍等待了很长时间,下午3时,知府才到。知府斥责原告,皇帝在京中都优待神父,神父在各省份都有,为何不尊重神父却想将其赶走。而后,知府没跟神父多说,只是简单询问了下修士。知府很快就把判决写好:本人已调查阳玛诺、罗如望神父,他们是利玛窦的同仁,从泰西远道涉海而来至中华,利玛窦居住在北京,生前受到皇帝供养,死后得到钦赐墓地。阳玛诺、罗如望在江西已20年,平时闭门修行,不危害任何人,亦不谋求私利。但是,原告仅仅因为他们是外国人、信奉不同宗教,就企图将他们赶出赣省,这与圣上柔远之恩的本意不相符。在又一番赞扬神父的话后,判决原告若想收回房产,就把房价还给神父,神父可以在任何看中的地方再置产业,如果原告没钱赎回,神父可以永久居住其中。这份判决得到都堂认可。来自南京甚至北京的更上位的关系帮助神父赢得了官司,一场普通的民事诉讼没有扩大成教案,但在"政治正确"的名义下落槌。

以上是17世纪耶稣会年信中最翔实的民事诉讼案例之一。原告被告在每一步的应对,诸位主审官员如何整合各方意见及各自的倾向性,反教力量想借题发挥将之扩大为教案的企图与想就事论事的官员之间的较量,在公堂外怎样找关系并对公堂之内施加影响,等等,给我们描述了一个完整的司法过程。庭审画面、对话、动作栩栩如生,使我们对这个司法过程形成感性的认识,透过这层感性、这个过程,可以认识当时法律、宗教、社会三者之间、中西人士之间的关系、互动。

四、刑事

传教士在中国传教面对的诸多风险中,刑事侵害是重要的一类,于是,他们时而卷入刑事诉讼当中。以下将以"史惟贞神父遇害案"[①]为例说明传教士对刑事类司法实践的观察、参与情况。1628年12月20日,史惟贞前往湖广参与通山县令全家圣诞瞻礼途中被水盗投入了长江,尸体后发现于上游,运葬南昌。[②] 传教士在巡回传教途中形单影只或只有一两个人作伴,更易受到攻击,仅以在水路上的遇袭为例,较大的案件还有1640年前后,何大化从杭州赴武昌府开教,"在江中数经盗贼舟子之劫,几濒于死,日久抵武昌"。[③] 1657年,刘迪我、洪度贞遭到松江水盗"钱东"(Ciên Tù)的袭击,除了财物被劫一空,刘迪我的头部遭遇3处致命伤,洪度贞也有一处被矛刺伤,神父的仆人也全都受伤。当年,"钱东"即被逮治,押往江宁。[④] 因此,"史惟贞神父遇害案"有一定的代表性。

在通山县令的再三邀请下,史惟贞与一名童仆、一名老人,还有另外一个少年从南昌登船起程。他们携两只大皮箱,里面装着讲弥撒用的饰品、用具,因为很重,就使船夫产生猜测,以为这满满

---

① Rodrigo de Figueredo, *Annua da V. Província da China do Anno de 1628*, BAJA, 49-V-6, ff. 599-602.
② [法]费赖之著,梅乘骐、梅乘骏译:《明清间在华耶稣会士列传(1552—1773)》,第153页。
③ [法]费赖之著,梅乘骐、梅乘骏译:《明清间在华耶稣会士列传(1552—1773)》,第227页。
④ Manoel Jorge, *Annua da Vice-Província da China de 1657*, BAJA, 49-V-14, f. 161v.

的全是白银，夜里，他们打开其中一只箱子，在行李的上层找到一只圣杯，这说明箱子深处不乏类似的物品，他们更确信自己的猜测。船老大与另七人商定动手时刻，而史惟贞恰恰邀请船老大与他在同一条船同行，更便于劫匪们行动。午夜一过，匪徒们进入神父休息的船舱，将神父绑起来，砍伤之后，坠入河中。他们又对仆人如法炮制，手段非常残忍，以致那船老大、这起劫案的策划者动了恻隐之心，在动手时，船老大将神父蒙住，不让他看。船老大带着哭腔说，自己只想劫财，不想杀人。劫匪将船划到岸边，分了他们能找到的所有财物，收获寥寥，每人仅仅分了一两银子。

以上案发经过，是劫匪被逮捕后供述的。史惟贞遇害数日后，派他去通山县的副省会长神父没有收到史惟贞的消息，开始起疑，与通山县令联系后，才知后者也在等他。南昌教友分摊费用，派一人去打听，副省会长也从南昌住院派了一名童仆同去，他们一路找到通山县令家里，确信史惟贞已遇害。通山县令致信将史神父接上船的船工老家的知县，请求协查，同时，县令又让自己的儿子们写诉状，根据司法程序，这是启动调查所必需的。通山县令又从自己的书记员中抽调两人，与南昌来的二人同去递交状子。此处涉及两处刑事诉讼规定：第一，原告与史惟贞的关系是建立在信仰上的，并非事主，亦非乡保、捕役、巡检等负有公诉责任的人员，他们可以作为原告的依据可能是明律中规定了全体臣民对重大犯罪有告发的义务，对于"知情藏匿罪人"者规定了各类刑法[1]，比如《大明律》"同行知有谋害"条定："凡知同伴人欲行谋害他人，不即阻挡救护，及被害之后不首告者，杖一百。"[2]第二，诉讼原则上均在诉讼人所在之府州县内进行，对越诉和跨地

---

[1] 怀效锋点校：《大明律》，第209页。
[2] 怀效锋点校：《大明律》，第157页。

区诉讼有严格的限制,如弘治时规定"府县官限于疆域,并不得管理隔别府县之事"①,所以,通山县令在嫌疑人所属的县立案。

但是,立案并不顺利,尽管二位县令相熟,但是有管辖权的知县表示,他不相信这事,也没听说过这么恶劣的事件。来递交状子的都退出了,只有南昌住院那名童仆不肯放弃,因为他"接连三夜梦见史神父被五花大绑,就是劫匪将其投入江中之前绑他那种方式,还看见了与史神父一同殒命的仆人,查案的童仆就流着眼泪询问他们,那是什么意思,他听到的,就是后来所查知的和真实发生的"。这可以在教内作为一个"神迹"的见证,但在司法实践中必须符合立案的实体条件,即犯罪事实系客观发生。《大明律》中多处规定:"奏告情词,不问虚实,立案不行。"②童仆以梦为依据是典型的"不问虚实"。童仆最终成功立案,既因他的坚持,也体现了司法中讲情理的一面。童仆带着这知县拒绝的状纸,去找知县的师爷。师爷对童仆说:"孩子,你很年轻,看起来也没有经验,你却知道将这案子向前推动,这个案子很大,它对你的消耗远超你的理解,因为既无证人,状子上所言也无法证明是事实,你将为此付出代价,因此,我劝你还是别再管这件事,回你自己家里去吧。"童仆跪在地上,非常坚定、决绝,说道:"大人,我懂您的好意,感谢您的建议,但是,我想要的是最高的公正,我在这里说的都是事实,这话是我说的,我不害怕,如果你们发现我所说的不是真的,我愿承受任何惩罚,甚至受死。"师爷见他这么有勇气、有决心,就开始对着他问话:"你的主人、也就是所称的死者是谁,他从哪里来,要到哪里去,他有哪些熟人?"童仆开始列了一长串名单,都是史神父的文人朋友、官员朋友,细致而又清晰,他们的名、他们的姓,他们的职位及管辖

---

① 黄彰健编著:《明代律例汇编》卷二十二·刑律·诉讼,台北:"中研院"历史语言研究所,1994年,第859页。
② 怀效锋点校:《大明律》,第422—426页。

的地界,他的回答机敏,让人觉得他所说的都是真的。

带着这些线索,县令开始查案,最终抓了几名劫匪,将之带上公堂,还有一包财物,这是逮捕他们的时候一同发现的,包裹被打开了,展示给童仆看,童仆作为本案的原告也在公堂上。最先从里面找出了一些银子,还有一些衣服,童仆说道,他不认识,不是他主人的东西,然而,当他看见一件外衣,当着众人的面,倒在地上,抱着这件衣服高声大哭起来,泪流不止,非常痛心,在场的人也都止不住泪。县令忍着泪对童仆说道:"孩子,你别哭了,这还可能是别人的衣服,不是你主人的。"童仆答道:"大人,不是其他人的,事情可能更糟,因为已很明显,是这些人杀了我的主人,我认识这一件衣服,我的主人经常穿它,而我也亲手叠了很多次,这里都有标志,这个部位是加大的,所发现的都是事实。"因此,这个案子就清楚了,劫匪们在刑讯之下做了坦白,正如以上,后来,就将劫匪送入司法程序,使得他们罪有应得。该段描述了庭审中调查、审核证据材料,在所有的证据中,被告的供述是最为关键的,缺此,无法定罪量刑,为了取得被告供词,法律规定可以刑讯逼供:"罪人赃仗证佐明白,不服招承,明立文案,依法拷讯,邂逅致死者,勿论。"①

1628年年信作者费乐德在讲述完这个案件后,又加了句:"这就是准确的报告,我们是通过当事人的口述和亲眼所见得知这一切的,我们亲见法官完全依据劫匪在公堂上的供述判了该案。"费乐德的这句话不仅是为了增强报告的可信度,更是为了在与"神迹"的对比中突显真实发生的公正,费乐德在行文中不时穿插诸如南昌童仆的梦之类的"神迹",以展现天主对史惟贞的恩典,此案得以公正判决,正是天主以人间的司法为工具推行其正义。勿论传教士的神学立场,他对这次司法实践的评价是正面的。

---

① 黄彰健编著:《明代律例汇编》卷二十八·刑律·断狱,第977页。

耶稣会士在中国经历的刑事官司多种多样，在巡回传教的途中、在住院中、在教堂中，暴力侵犯总是不期而遇。传教士也不总是以受害者的面目现身公堂，有时是被作为罪犯，比如，1609年，龙华民派自己的家仆作为信使前往澳门。返程途中，家仆在香山县被中国官方拘捕，他携带的多封书信一并起获。因为替外国人传递"情报"，广州知府判送信人终身监禁，将韶州住院院长龙华民逐出中国。[①] 此外，所有教案也都属于刑诉案件。总之，传教士在刑案中面对的风险种类更多，烈度更强，危害性也更大。年信在对刑案的记述中带有更多的殉教精神和"神迹"，这与刑案本身的特点是相符的。

中国法制史绵长而清晰，内涵丰富，自成体系，中华法系与罗马法系、英美法系、伊斯兰法系、印度法系并称"世界五大法系"。晚明，耶稣会士东来，使中华法系有了来自另一个法系的观察者、参与者，传教士将他们的体察记载下来，丰富了明清司法史的案例库，其中一些案例完整、翔实、细腻，对于今人理解当时的法律制度与法律文化不无裨益。传教士的外国人身份、带有天主教教义色彩的涉案行为也给中国司法带来新实践，教案即是一类典型的因传教士到来而产生的新实践，如何处理教案集中体现着法律以君主意志为主、礼教是法律的最高原则这两个中华法系最重要的特征。

传教士讲述中国的司法故事，存在一个主观框架，着重突出以下几个方面：当事人面对迫害时的勇敢、耐心、殉教渴望；奉教官员、友教官员热情相助；司法审判是天主推行赏罚的工具，体现着天主的意志；热衷于细描刑罚之严酷，与"日本的十字架、英格兰的

---

① Nicolao Longobardo, *Carta Annua das Residências da China do Anno de 1612*, ARSI, JS113, ff. 248v - 255.

刑架"一样,可以满足"在磨难中升华的心愿";[①]关系、后台是案件走向的决定因素;遍地是贪婪的司法小吏、讼师、吃官司饭的人,后者例如,据1658年年信,刑部大门口整天站着一批靠替受刑人挨鞭子赚钱的人[②]等等。年信中没有传教士对中国司法实践的专论,但是,其对中国司法的评价已在这个主观框架当中体现出来。

  以上是就司法体系本身而论,如果将司法系统与其他社会系统并置,以司法为视角,审视传教士在其他社会系统中的活动,将有不一样的收获,比如,以司法的视角,而非宗教、文化的视角来重新认识"南京教案"。诉讼是交流的一种特殊形式,是坚硬的接触,更有效地测试传教士在中国的融入度,更有效地促进融入,是应该得到重视的一类中西交往。

  [①] Diego Anthunez, *Annua do Collegio da Madre de Deus da Companhia de Jesu de Machao e Residencias da China do anno de 602*, ARSI, JS46, f. 319v.
  [②] Gabriel de Magalhães, *Annuas das Residências Do Norte da Vice-Província da China do Anno 1658*, 49 - V - 14, ff. 224v - 225.

下编小结

　　本编主要解决了两个问题：第一，年信可否进入明清史的史料库。从耶稣会对待此类报道的主观态度看，因其基本不涉教会利益，不属敏感类的信息，对写作者的干预非常少。从客观看，本编在讨论每一个主题时，注重与中文文献的勘对、结合，在一定程度上检验了其可信度。所以，以西文书写的耶稣会年信，理应进入明清史的史料库。

　　第二，耶稣会年信作为一种明清史的新史料有何价值。可概括为新史实、新视角、新解释，这三者间既彼此独立又互相牵动，比如新史实与另外两者的关系：传教士的新视角有助于发现新史实，中国人当时习以为常的事实得到外国人的记录；新史实可以带来新解释，龙华民在解释万历长期不上朝的原因时，所援引的事实是"脂肪还压迫了皇帝的嗓子，说话气短而且语词杂拌，很少有人能听懂他在说什么"。在三者中，新视角应该处于核心的位置，外国传教士除了以新视角看见中国人所熟视无睹的东西，还带来了从西方看中国的视角，正是因为传教士的视角不同，才形成了与中国人写史不同的书写框架，这种书写框架对今日以全球史方法书写中国史有着提供史实、研究对象、方法借鉴等多重意义。

结　语

相向而行：研究范式转换中的耶稣会中国年信

　　耶稣会中国年信是发生于明清之际的中西文明首次大规模交流遗存下来的一类重要文献。它详细地记录了耶稣会这个当时在东亚最有影响力的天主教修会在中国的传教活动，与天主教传华史的中文史料相比，它不仅提供了新的史实，而且在记叙视角、叙事方法等方面的不同，丰富了我们对这段历史的认知，甚至像耶稣会的传教方式是走"上层路线"这种根深蒂固的认知，也发生了动摇。从年信的记载来看，"下层路线"才是主要路线，"上层路线"或许只是见于中文文献的关于耶稣会士活跃于士大夫阶层的记录给我们造成的片面印象，中国记史的传统本就匮缺底层视角。此处想强调的是，年信在史料方面的价值固然很大，可概括为补史之缺、正史之谬、详史之略、续史之无，但是，年信独特的叙事框架，或者说选择、剪裁、组织、扭曲客观事实的主观标准，也有很大研究价值，本论在阐释年信对明清天主教史、明清史的研究意义时，始终结合这两个层次展开讨论。

耶稣会中国年信又不仅是一份教会文献，它还有对明清社会多层次、多方面、多地点、多时期的记录。这些记录比对宗教活动的记录更多。因为年信作者除了有意识地将"世俗消息"作为年信的固定组成部分，还大量地描绘了宗教活动的世俗背景，也就是说，从宗教活动报告中也可以抽取出对明清史研究有用的资料。年信对明清史研究的价值超乎想象，比如，对明清易代的记录，完整、连贯、充满细节，可以成为目前明清易代史的平行叙事。耶稣会对明清的记录与同时代的其他西文文献，共同为欧洲人塑造了一个前所未有的清晰的、完整的、系统的、真实的中国形象，这在当时是一门关于中国的新知识，现在则是海外汉学研究的重要组成部分。如果说西方像一面镜子，在明末清初之际第一次照出了中国的影像，再次回合，中国也像一面镜子，照出海外汉学研究，那么，这种镜子对照式的中西互鉴，将会久久回荡、无穷循环下去，互相学习、交流也必然在这种一轮接一轮的对照中展开，"互鉴"之"鉴"本身就有"照镜子"和"借鉴"两层意思。本研究只是无穷对照回合中一个回合中的一瞬。

那么，这"一瞬"与前面的"一瞬"和后面的"一瞬"之间存在着怎样的承前启后的关系？以下将站在文献学、明清天主教史、明清史这三条学术史脉络和学科前沿的位置，跳出年信，旁观年信，给年信这份独特的文献定位，以对本研究形成整体观。

（一）

天主教传华史作为一门学问，发端于20世纪初，以1913年英敛之（1867—1926）在北京宜静园创立"辅仁社"为标志，由英敛之、陈垣（1880—1971）、张星烺（1881—1951）、徐宗泽（1886—1947）、冯承钧（1887—1946）、朱谦之（1899—1972）、陈受颐（1899—1978）、向达（1900—1966）、张维华（1902—1987）、方豪（1910—

1980)等先辈学人开创,迄今发展已逾一个世纪,取得长足进步,文献整理是其中的一项重要成果①。明末清初天主教传华文献②分为中文、西文两类。

明末清初天主教传华中文文献③的作者以入华传教士为主,以华人天主徒为辅。传教士以中文直接撰写,或将西书译成中文之后,再由中国文人润色;有些是由传教士口授、中国文人笔录而来;少数是由中国文人编撰。此类著述面对的是中国读者,整体上可视为东传的"西学"。对其整理可上溯至明末清初,天主教传华史这门学问诞生之前。杨廷筠、李之藻、刘凝、韩霖、张庚等加入天主教的文人都热衷于这方面的工作,耶稣会年信对李之藻的刻画,将李之藻对西学书籍的兴趣作为一个重要侧面,他编纂的《天学初函》(1629)正是该时期对此类文献整理的代表作。教外人士对西学书籍的整理则如赵琦美(1563—1624)之《脉望馆书目》、董其昌(1556—1636)之《玄赏斋书目》、钱谦益(1582—1664)之《绛云楼书

---

① 多份基督教传华史研究综述都提到在文献整理上取得的成绩,或强调文献对该学问研究的重要性。这几份综述是:黄一农:《明末清初天主教传华史研究的回顾与展望》,收任继愈主编:《国际汉学》第 4 辑,第 448—476 页;[比]钟鸣旦著,马琳译:《基督教在华传播史研究的新趋势》,收任继愈主编:《国际汉学》第 4 辑,第 477—520 页;张先平:《关于明末清初中国天主教史研究的几点意见》,收卓新平、许志伟主编:《基督宗教研究》第 1 辑,北京:社会科学文献出版社,1999 年,第 99—115 页;顾卫民:《50 年来中国大陆有关基督教传华历史的研究》,《当代宗教研究》2000 年第 3 期,第 34—37 页;汤开建:《中国天主教史研究的新进展——从〈明清之际西班牙方济会在华传教研究(1579—1732)〉说起》,《中国史研究动态》2006 年第 10 期,第 17—20 页;李天纲:《近二十年中国基督宗教史研究综述》,《历史教学问题》2008 年第 1 期,第 42—50 页;邹振环:《汉文西书新史料的发现及整理与重写学术史》,《河北学刊》2014 年第 1 期,第 12—18 页。

② 明末清初天主教文献应对应于发生在明末清初的基督教第三次入华的时间断限内,本文定为始于 1552 年沙勿略抵上川岛,止于 1717 年康熙下禁教令。这批文献并非只有天主教的教义、圣人事迹、证道故事等,而是涵盖科技、地理、历史、哲学、宗教、法律、语言学等多方面知识的"西学""汉学"文献,因其产生于明末清初天主教东传的范畴内,本文暂且称为"明末清初天主教文献"。

③ 明末清初天主教中文文献还有"西学汉籍"(张西平等)、"汉文西书"(邹振环等)等名称。

目》、黄虞稷(1629—1691)之《千倾堂书目》等。① 从明末清初至清末民初,中国知识界乃至官方对传教士西学书的整理未有断绝,如乾隆《四库全书》收录西学书22种,同治年间天主教徒胡璜之《道学家传》收录明清传教士的中文著作224种,王韬(1828—1897)之《泰西著述考》收录明清传教士著译书210种。② 同期,欧洲人对明末清初天主教中文文献的整理,基歇尔(Athanasius Kircher,1620—1680)、叶尊孝(Basilio Brollo,1648—1704)等都做出了贡献。③

二十世纪以降,天主教传华史确立为专门的学问后,对明末清初天主教传华中文文献的整理可划分为三个阶段:第一阶段始于1930年代。马相伯(1840—1939)、英敛之、陈垣、张星烺、向达、王重民、方豪、徐宗泽等,或赴海内外图书馆、档案馆广泛访书,为过眼的文献编制书目,或是校勘、影印出版,或是进行序跋、版本研究。陈垣之《明清间教士译述目录》(1924)、《明末清初教士译著现存目录》(1930)、张星烺之《中西交通史料汇编(六卷)》(1930)、王重民之《罗马访书记》(1936)、方豪之《明季西书七千部流入中国考》(1944)、徐宗泽之《明清间耶稣会士译著提要》(1949)等是此阶段的代表作。

第二阶段始于1960年代。1949—1979年间中国大陆的天主教传华史研究中断,罗光、方豪、罗渔、张奉箴、顾保鹄等在台湾地区继承了民国以来该学问的研究传统,在文献整理上的突出成就是吴相湘编《天学初函》(1965)、《天主教东传文献三编》(1965—

---

① 参[荷]杜鼎克、[比]钟鸣旦著,尚扬译:《简论明末清初耶稣会著作在中国的流传》,《史林》1999年第2期,第58—62页;毛瑞方:《汉语天主教文献目录编纂史概述——以教外知识分子为中心的考察》,《世界宗教研究》2014年第3期,第143—150页;张西平:《明末清初天主教入华史中文文献研究的回顾与展望》,收张西平:《传教士汉学研究》,郑州:大象出版社,2005年,第172—198。

② 参张西平:《近代以来汉籍西学在东亚的传播研究》,《中国文化研究》2011年春之卷,第200—212页。

③ 参张西平:《国外对明末清初天主教中文文献的收集和整理》,收《陈垣先生的史学研究与教育事业》,北京:北京师范大学出版社,2010年,第234—238页。

1966），及方豪著《中国天主教史人物传》（1967—1973，每个人物小传之后，介绍该人物的著作）。

第三阶段始于 1990 年代，迄今方兴未艾。该阶段的特征，一是世界各地的学者联合致力于明末清初天主教中文文献的整理出版，参与学者包括：欧洲学者如比利时人钟鸣旦、荷兰人杜鼎克、法国人蒙曦等，日本学者矢泽利彦、高田时雄，韩国学者郑安德等，华人学者周振鹤、朱维铮、张西平、周驷方、黄一农、祝平一、李奭学、陶飞亚、汤开建、任大援、李天纲、邹振环、肖清和等。二是成果丰硕，既有单本、传教士的个人著作、专题文献等零散的文献整理，亦有大规模的、整体性的文献整理，前者诸如《职方外纪校释》（谢方，1996）、《中国礼仪之争：历史、文献和意义》（李天纲，1998）、《明末清初天主教史文献丛编》（周驷方，2001）、《利玛窦中文著译集》（朱维铮，2001）、《明末清初耶稣会思想文献汇编》（郑安德，2003）、《熙朝崇正集熙朝定案》（韩琦、吴旻，2006）《明清之际西学文本：50 种重要文献汇编》（黄兴涛、王国荣，2013）等，均属于质量上乘的佳作；后者最有代表性的当属《徐家汇藏书楼明清天主教文献》（钟鸣旦、杜鼎克、黄一农、祝平一等，1996）、《耶稣会罗马档案馆明清天主教文献》（钟鸣旦、杜鼎克，2002）、《法国国家图书馆明清天主教文献》（钟鸣旦、杜鼎克、蒙曦，2009）、《徐家汇藏书楼明清天主教文献续编》（钟鸣旦、杜鼎克、王仁芳，2013）、《梵蒂冈图书馆藏明清中西文化交流史文献丛刊》（张西平、马西尼、任大援、裴佐宁，2014）等五大套，涵盖世界上馆藏明末清初天主教中文文献最多的四座图书馆：上海徐家汇藏书楼、法国国家图书馆、梵蒂冈教廷图书馆、耶稣会罗马档案馆，堪称造福于广大研究者的善举。

从 20 世纪初至今，国际上对明末清初天主教传华中文文献的整理，除了上述钟鸣旦、杜鼎克、蒙曦、裴佐宁等的工作外，做出贡献的学者还有费赖之、考狄（Henri Cordier，1849—1925）、伯希和（Paul

Pelliot,1878—1945)、古恒(Maurice Courant, 1865—1935)、裴化行(Henry Bernard, 1889—1975)、陈纶绪(Albert Chan S. J.)、马爱德(Edward J. Malatesta, S. I.)、孟德卫(David E. Mungello)等。

明末清初天主教传华西文文献涉及葡、西、拉、意、荷、法等语种，作者主要是西方传教士，偶尔有中国籍修会成员。此类著述面对的是欧洲读者，整体上可视为西传的"汉学"。内容取向与明末清初天主教中文文献不同，笼统地分，可以分为中国世俗报告、教务报告两类，在体裁上分书信、报告、清单、账簿、日记等许多种类型。目前，对该类文献最全面的介绍是由高华士完成的，收入钟鸣旦编《中国基督教研究手册》。[①] 中国学界对其中的一小部分做了汉译，主要是传教士的个人著述，也有少量与传教士保持着密切关系的科学界、思想界人士的，他们包括利玛窦[②]、曾德昭[③]、安文思[④]、鲁日满[⑤]、卫匡国[⑥]、徐日升[⑦]、张诚[⑧]、白晋[⑨]、

[①] 参 Nicolas Standaert, *Handbook of Christianity in China*, volume one: 635-1800, pp. 161-237. 中译本参[比]高华士编、董少新编译：《16—18世纪中国天主教史西文原始文献概览》，收复旦大学文史研究院编：《西文文献中的中国》，北京：中华书局，2012年，第269—339页。

[②] [意]利玛窦著，刘俊余、王玉川、罗渔译：《利玛窦全集》；[意]利玛窦、[比]金尼阁著，何高济、王遵仲、李申译：《利玛窦中国札记》；[意]利玛窦著，文铮译：《耶稣会与天主教进入中国史》。

[③] [葡]曾德昭著，何高济译：《大中国志》。

[④] [葡]安文思著，何高济译：《中国新史》，郑州：大象出版社，2006年。

[⑤] [比]高华士著，赵殿红译：《清初耶稣会士鲁日满常熟账本及灵修笔记研究》。

[⑥] [西]帕莱福、[比]鲁日满、[意]卫匡国著，何高济译：《鞑靼征服中国史、鞑靼中国史、鞑靼战纪》，北京：中华书局，2008年。

[⑦] [美]约瑟夫·塞比斯著，王立人译：《耶稣会士徐日升关于中俄尼布楚谈判的日记》。

[⑧] [法]张诚著，陈霞飞译：《张诚日记(1689年6月13日—1690年5月7日)》，北京：商务印书馆，1973年；[法]张诚著，张宝剑译：《张诚日记》，收中国社会科学院历史研究所清史研究室编：《清史资料》第5辑，北京：中华书局，1984年；[法]伊夫斯·德·托玛斯·德·博西耶尔夫人著，辛岩译：《耶稣会士张诚：路易十四派往中国的五位数学家之一》，郑州：大象出版社，2009年。

[⑨] [法]白晋著，马绪祥译：《康熙帝传》，收中国社会科学院历史研究所清史研究室编：《清史资料》第1辑，北京：中华书局，1980年。

李明①、马国贤②、闵明我③、基歇尔④、莱布尼兹(Gottfried Wilhelm Leibniz,1646—1716)⑤、严嘉乐(Karel Slavicek,1678—1735)⑥、杜赫德(Jean-Baptiste Du Halde,1674—1743)⑦等。还有一些专题文献,比如"礼仪之争"相关文献⑧,与澳门相关的《西方澳门史料选萃(15—16世纪)》⑨,与贸易相关的《台湾西班牙贸易史料(1664—1684)》⑩,《洋教士看中国朝廷》⑪收录了马若瑟(Joseph de Prémare,1666—1736?)、沙守信(Emeric Langlois de Chavagnac,1670—1717)、傅圣泽、卫方济、洪若翰、白晋、张诚、王致诚(Jean Denis Attiret,1702—1768)、郎世宁(Giuseppe Castiglione,1688—1766)、巴多明(Dominique Parrenin,1663—1741)、殷弘绪(Père Francois Xavier d'Entrecolles,1664—1741)、龚当信(Cyrile Constantin,1670—1732)等耶稣会士书简集中描绘中国风情的篇章。此外,还有一些使用了大量一手文献的二手研究,比如《耶稣会士傅圣泽神甫传:索隐派思想在中国及欧洲》⑫《从利玛窦到汤

---

① [法]李明著,郭强、龙云、李伟译:《中国近事报道》。
② [意]马国贤著,李天纲译:《清廷十三年:马国贤在华回忆录》。
③ [西]闵明我著,何高济、吴翊楣译:《上帝许给的土地:闵明我行记和礼仪之争》。
④ [德]基歇尔著,张西平、杨慧玲、孟宪谟译:《中国图说》。
⑤ [德]莱布尼茨著,杨保筠译:《中国近事——为了照亮我们这个时代的历史》。
⑥ [捷]严嘉乐著,丛林、李梅译:《中国来信(1716—1735)》,郑州:大象出版社,2002年。
⑦ [法]杜赫德编,郑德弟等译:《耶稣会士中国书简集:中国回忆录》。
⑧ [美]苏尔、[美]诺尔编,沈保义、顾卫民、朱静译:《中国礼仪之争西文文献一百篇(1645—1941)》,上海:上海古籍出版社,2001年。
⑨ 金国平编译:《西方澳门史料选萃(15—16世纪)》,广州:广东人民出版社,2005年。
⑩ 方真真、方淑如译注:《台湾西班牙贸易史料(1664—1684)》,台北:稻乡出版社,2006年。
⑪ 朱静编译:《洋教士看中国朝廷》,上海:上海人民出版社,1996年。
⑫ [美]魏若望著,吴莉苇译:《耶稣会士傅圣泽神甫传:索隐派思想在中国及欧洲》,郑州:大象出版社,2006年。

若望：晚明的耶稣会传教士》[1]《奇异的国度：耶稣会适应政策及汉学的起源》[2]《灵与肉：山东的天主教（1650—1785）》[3]等。特别值得一提的是费赖之的《明清间在华耶稣会士列传》[4]、荣振华的[5]《在华耶稣会士列传及书目补编》已成为研究者案头必备的工具书，类似还有在华巴黎外方传教会会士列传[6]、在华遣使会会士列传[7]。以上汉译工作都是从外国学者已整理出版的原始文献翻译而来的。

对原始手稿进行整理、编目、转写、出版也是一项重要的学术活动。比如，里斯本阿儒达图书馆前馆长 Francisco G. Leão 对馆藏"耶稣会士在亚洲"系列文献做了编目、索引、使用指南[8]。澳门历史档案馆前主任 Isaú Santos 常年致力于从葡国各档案馆收集与澳门相关的文献[9]。葡国学者 João Paulo Oliveira e Costa 整理

---

[1] ［美］邓恩著，余三乐、石蓉译：《从利玛窦到汤若望：晚明的耶稣会传教士》，上海：上海古籍出版社，2003年；［美］邓恩著，余三乐、石蓉译：《一代巨人：明末耶稣会士在中国的故事》。

[2] ［美］孟德卫著，陈怡译：《奇异的国度：耶稣会适应政策及汉学的起源》，郑州：大象出版社，2010年。

[3] ［美］孟德卫著，潘琳译：《灵与肉：山东的天主教（1650—1785）》，郑州：大象出版社，2009年。

[4] ［法］费赖之著，梅乘骐、梅乘骏译：《明清间在华耶稣会士列传（1552—1773）》；［法］费赖之著，冯承钧译：《在华耶稣会士列传及书目》，北京：中华书局，1995年。

[5] ［法］荣振华著，耿昇译：《在华耶稣会士列传及书目补编》。

[6] ［法］热拉尔·穆赛、［法］布里吉特·阿帕乌编，耿昇译：《1659—2004年入华巴黎外方传教会会士列传》，收《16—20世纪入华天主教传教士列传》，桂林：广西师范大学出版社，2010年，第777—1068页。

[7] ［法］方立中著，耿昇译：《1697—1935年在华遣使会会士列传》，收《16—20世纪入华天主教传教士列传》，第529—776页。

[8] Francisco G. Leão, *Jesuítas na Ásia, Catálogo e Guia*, Lisboa: Instituto Cultural de Macau, Instituto Português do Património Arquitectónico, Biblioteca da Ajuda, 1998. 张西平翻译了其中的部分目录，参张西平：《〈耶稣会在亚洲〉所介绍的中国知识》。

[9] Isaú Santos, *Macau e o Oriente: no Arquivos Nacionais Torre do Tombo*, Lisboa: Instituto Cultural de Macau, 1995; Isaú Santos, *Macau e o Oriente: no Arquivo Histórico Ultramarino*, Macau: Instituto Cultural, 1996; Isaú Santos, *Fontes para a historia de Macau existentes em Portugal e no estrangeiro*, Macau: Instituto Cultural de Macau, 1999.

出版了 1594—1627 年间的澳门圣保禄学院的年信①，葡国学者 Horácio P. de Araújo 整理出版了何大化的年信②、著作《远方亚洲》③等。这方便了一部分有西方语言能力的中国学者的使用。西方学者在利用西语文献时有天然的语言优势，不限于利用已整理出版的文献，他们已经利用原始手稿文献做了大量研究。

通过以上中国学界、西方学界对明末清初天主教传华中西文文献整理、使用情况的简单回顾，可以发现，自 1990 年代起，中文文献影印出版达到了前所未有的高峰，从 2000 年代起，西文文献的汉译也达到前所未有的繁荣，加上互联网信息技术的推波助澜，研究者正处于获取文献空前便利的时代。本论对 17 世纪耶稣会中国年信的研究就从属于这一个时代。在明末清初天主教传华中西文文献两大支脉中，属于西文文献；在入华并留有文献的耶稣会、多明我会、方济各会、奥斯定会、巴黎外方传教会、遣使会及教廷传信部等传教主体中，属于耶稣会的文献；在耶稣会浩如烟海的数十种文献中，年信只是其中一种。年信对明清天主教史、明清史等研究有独特的价值，是本论主要论述的主题。在中国学界中，对西文文献的开掘利用相较于对中文文献的开掘利用，还十分不均衡。在本论的写作过程中，已对里斯本阿儒达图书馆、耶稣会罗马档案馆所藏的全部中国年信以可译出的标准做了精读，并将其中一半以上译毕，期待借着对西文文献汉译的这股潮流，能够尽快全部完成。尽管这项工作在浩瀚的文献中显得微不足道，但我很愿

---

① João Paulo Oliveira e Costa, Ana Fernandes Pinto, *Cartas Ânuas do Colégio de Macau*(1594—1627), Macau：CTMCDP Macau & Fundação Macau, 1999.

② António de Gouveia, *Cartas Ânuas da China* (1636, 1643 a 1649), Edição, introdução e notas de Horácio Peixoto de Araújo, Macau：Instituto Português do Oriente; Lisboa：Biblioteca Nacional, 1998.

③ António de Gouveia, *Asia Extrema: entra nella a fé, promulga-se a Ley de Deus pelos padres da Companhia de Jesus*. Introdução e notas de Horácio Peixoto de Araújo, Lisboa：Fundação Oriente, 1995.

意以汤开建先生的一句话自勉："在中国早期天主教史研究中,传教史的研究及对各种西方语言文献档案的发现和利用仍是一个最基础的问题,只有通过一个个地区、一个个修会、一次次教案的专门研究,才有可能将这些沉寂湮没在梵蒂冈、巴黎、马德里、里斯本等地的各修会档案馆多语种西文档案发掘出来。"①

（二）

以上在明清天主教文献体系中对耶稣会中国年信进行了定位,以下将在明清天主教史研究范式中阐发年信的价值,因为史料与研究范式紧密相关,史料的变换可以牵动研究范式的转向,研究范式的转向也可以牵动对史料的选择。

明末清初天主教入华史的研究在 1960 年代至 1980 年代发生范式转换："从传教学和欧洲中心论的范式转到汉学和中国中心论的范式。"②转换以谢和耐（Jacques Gernet,1921—2018）发表《中国与基督教》（1982）、钟鸣旦发表《杨廷筠——明末天主教儒者》（1987）为标志。研究范式的转换使中文文献的重要性凸显出来。许理和（Erik Zürcher,1928—2008）、谢和耐、马爱德、杜鼎克、钟鸣旦、鲁保禄（Paul Rule）等西方学者在研究中中西文史料的使用比例已经相当均衡,之前学者如德礼贤、魏特（Alfons Väth S. J.,1874—1937）、博斯曼（Henry Bosmans,1852—1928）等,"研究的主要依据为西文资料（书信、游记）。中文资料虽然未被忽略,但却很少是一项专门研究的主要材料来源,除非是传教士用中文写的

---

① 汤开建：《中国天主教史研究的新进展——从〈明清之际西班牙方济会在华传教研究（1579—1732）〉说起》,第 20 页。
② ［比］钟鸣旦著,马琳译：《基督教在华传播史研究的新趋势》,收任继愈主编：《国际汉学》第 4 辑,第 478 页。

著作"。① 关于中国学者,如上所述,一直重视中文史料,陈垣、冯承钧、方豪、阎宗临(1904—1978)等先辈均以深挖、细织、巧用史料见长。陈垣之《元也里可温教考》(1917)就是尝试以中文史料书写中国基督教史的典范,"此书之目的,在专以汉文史料,证明元代基督教之情形"。② 华人学者熟悉中文文献,又遇上研究范式转向的风口,在新研究范式中表现突出,出了一大批优秀的成果,例如孙尚扬之《基督教与明末儒学》(1996)、黄一农之《两头蛇——明末清初的第一代天主教徒》(2005)、康志杰之《上主的葡萄园——鄂西北磨盘山天主教社区研究(1636—2005)》(2006)、董少新之《形神之间:早期西洋医学入华史稿》(2008)、张先清之《官府、宗族与天主教:17—19世纪福安乡村教会的历史叙事》(2009)、肖清和之《"天会"与"吾党":明末清初天主教徒群体研究》(2015)等。

然而,一些老先生表达了对这波学术繁荣背后的谨慎。张西平先生说,西方汉学家提出的研究范式转向,"这是针对着他们自己的学术传统而言的,相对于在西方学术界以往对明清中西文化交流史的研究以传教士为主的特点,提出应注意中国本土文献,应注意中国文人对基督教的接受和反映,这的确不失为一个重要的学术转向。但这样的说法对中国学术界来说意义不大,因为,从陈垣先生到方豪先生,中国学者们绝大多数都是从中文文献出发的。所以,在研究中一定要区分西方汉学界和中国本土研究这两个不同的研究领域,他们有着不同的学术传统。这些年来我们翻译了不少西方汉学著作,这对我们的学术研究是很重要的,但由于缺乏对国外汉学史的系统研究,很多人分不清这两个领域问题意识、学

---

① [比]钟鸣旦著,马琳译:《基督教在华传播史研究的新趋势》,收任继愈主编:《国际汉学》第4辑,第478页。
② 陈垣:《元也里可温教考》,收陈智超编注:《陈垣来往书信集》,上海:上海古籍出版社,1990年,第2页。

术传统的不同,盲目地跟着国外汉学家跑,缺少一种学术自觉"。①

汤开建先生指出以使用中文史料为主,并非是自觉地回应上述研究范式转向,实是一种无奈之举。"早些年的欧洲汉学家都喜欢谈基督教在华传播史研究的'范式转换'问题,国内亦有不少学者跟进。在他们的视野中,似乎基督教教会史及传教史的研究已经过时,或者教会史及传教史只是一种低层次的研究,甚至将传教史、教会史的研究完全归结于一种'欧洲中心观'的产物。我很不赞成这些将事情叙述复杂化而结论上又是十分简单的理论分类。……虽然在我们现今的天主教史研究中存在着以西方材料为主和以中文材料为主的两种现象,但这一状况的存在是由于研究者们学识能力的局限所造成的,是一种无可奈何的处理方式,而不是使用东西方材料完成的天主教史研究著作的东西方人有意识去制造一种'欧洲中心'或'中国中心'。"②一个恢宏的研究范式大转向就这样被实际操作层面的一个障碍解构了,虽然在解释上显得简单,但却直面问题、直击痛点。

张西平先生是从学术脉络生长的角度,指出上述转向是西方学术脉络发展到一定程度的结果,是对以往研究范式的反思、纠偏,却不是中国学术脉络自然发展的结果。中国学界一直有重视中文文献的传统,甚至有必须确凿的中文史料记载,方为信史的观念,正如陈垣先生所说:"吾人习性,富于保守,语以西史所载,则曰于吾国典籍无征;示以故书雅记所遗,则前日之疑团顿释。"③而"西方中心主义"也难以在中国学界成为主流,李天纲说:"中国学

---

① 张西平:《欧洲早期汉学研究的奠基之作——写〈神奇的土地〉出版之际》,《中国图书评论》2009 年第 10 期,第 80 页。
② 汤开建:《中国天主教史研究的新进展——从〈明清之际西班牙方济会在华传教研究(1579—1732)〉说起》,第 20 页。
③ 陈智超编注:《陈垣往来书信集》,第 55 页。

者不会真正陷入'西方中心主义'的窠臼,因为我们已经是天然的'中国中心主义'。相反,如果没有'西方'的参照,还是用自我中心的'民族主义'观点看问题,反而不能看清中国问题。"①葛兆光先生也有类似的论述:"也许美国学者的全球史撰写,其意义是有意识地淡化美国(欧洲)中心,而中国学界如果要撰写全球史,恐怕会有意识地把中国多放一些进去。"②

如果盲目跟随西方学术脉络提倡的中国中心主义,表面上做的是以中国为中心的文章,实质上是对西方引领的学术转向的跟随,恰恰丢掉了在治学上的"中国中心主义",而真正地坚持"中国中心主义"反而要重视西文文献,它们是东学西传的载体(中文史料体现的是西学东渐),体现的是中国作为传者的主动地位。中国学人只有踏准中国学术脉络节奏,有清醒的自觉意识与学术立场,才能占居主动,而不是被动地"等风来"。

汤开建先生在"乱花渐欲迷人眼"的范式讨论中强调以史料为根本,体现了历史学本位意识,指出"要走到中国基督教史研究的前沿,两条腿走路的方针必不可少。一条腿必须站在坚实的中文档案文献的基础之上,另一条腿则必须迈进浩瀚无涯的各种西语档案文献的海洋之中,缺一不可"。③ 仅靠中文文献是不可能书写中国天主教史的,即使是中国中心主义式的书写也不可能。

第一,从数量上,中文文献的数量,据黄一农、李天纲等学者估算,约一千件以上。④ 西文文献总量目前难以评估,但以数十万计

---

① 李天纲:《近二十年中国基督宗教史研究综述》,第42页。
② 葛兆光:《在全球史潮流中,国别史还有意义吗?》,收复旦大学文史研究院编:《全球史、区域史与国别史——复旦、东大、普林斯顿三校合作会议论文集》,北京:中华书局,2016年,第4页。
③ 汤开建:《中国天主教史研究的新进展——从〈明清之际西班牙方济会在华传教研究(1579—1732)〉说起》,第17页。
④ 李天纲:《近二十年中国基督宗教史研究综述》,第43页。

应该是没问题的,仅笔者用于本研究的耶稣会罗马档案馆、里斯本阿儒达图书馆收藏的年信就约有1.2万页,阿儒达图书馆藏"耶稣会士在亚洲"系列文献共62卷。应该说中国天主教史文献的重头仍然在西文文献上。从实用主义的角度,明清天主教史的重要性正体现在其丰富的文献中,正如许理和所说:"作为一个历史研究领域,这一学科的意义并不在于这一现象的重要性,也不在于这一现象的持久影响。它特有的价值在于它可能是中国现代史之前(也可能是世界现代史之前)文献资料最完整的中西文化交流的历史。文献资料之丰富,尤其是文献资料之多样性是超乎寻常的。在鸦片战争之前的中国历史上,没有可从如此众多角度进行研究分析的外来宗教运动,佛教也不例外。"①这段历史的重要性当然与它发生在明末清初这个历史大转折的时代、与全球化初期、与第一次大规模的中西文化交流等可以阐发的因素有关,但前提是有史料使我们"看见"这段历史。那么,占多数的西文史料当然重要。

第二,从内容上,中西文文献在题材取向上差异很大,互补性非常强,能互相替代的非常少。也许正是出于对中西文文献难以总是可以互证的考虑,方豪表示:"按近年吾国学者论及明末清初国人信教者,必中西文均有史料可资证明,始肯采信。实则中文史料,如属可信,不必借助于西文史料。西文史料,如确为当时人记当时事,则必可信,亦无庸求证于中文史料也。"②

而且要想更好利用中文文献,也往往需要借助于西文文献,本论文前述《利先生覆莲池大和尚〈竹窗天说〉四端》的作者考证,年信直接给出答案是徐光启,而且还给出了写作过程。再如,对《人

---

① 黄时鉴:《明末清初天主教入华史的研究:范式的转变与汉文文献的利用》,收《黄时鉴文集Ⅲ:东西海西海》,上海:中西书局,2011年,第147—148页。
② 方豪:《中国天主教史人物传》,第205页。

类源流》的作者，目前并无定论，1637年年信直接给出答案："漳州友教人士，自费出版天主教的书籍，由罗雅谷对其指导，刊刻书籍包括庞迪我的《人类源流》、教义问答手册等。"①散失的中文文献也可以在西文文献中找到线索。比如，1641年，龙华民往济南传教，一名叫赵天开的进士就天主教列了一张问题清单，有超过20个问题，龙华民选了其中的10个，做了书面答复，伏若望将问题、答案收录在1642年华北年信中。赵天开的第一个问题是：四千多年以来，我们不知道除了"理"之外，万物还有另外一个起源和创造者，我不知道我们的"理"与天主是否是同一事物。针对该问，龙华民专门写了一篇十章的文章解答，这就是《答客难十条》。目前，龙华民的这部遗著已轶。年信中录入了这本书的提纲：1. 应该以真正的哲学为依据，探讨"理"的本质，中国学说在"理"中混入太多东西；2. "理"不是永恒的，是由天主创造的，除了人类能研究的各门科学，西方还有一门天启学问，是由天主来揭示的，使中国人相信这点不难，因为中国人也确信存在着不能被感知的事物，这不是人类科学能进入的领域；3. 讨论"理"生产有形之物的方式，引入四元素说，除了物质层面，尚有三种非物质的因源，批驳将理作为万物生始之原；4. 讨论人怎能由"理"生出来，人的灵魂、天使都是无形的受造物，与"理"无关，由此，万物一体也是谬误；5. "理"为万物赋形；6. "理"与天主的十大不同；7. 否认天主有害；8. 敬拜天主有益；9. "天主"的各中文译名；10. 天主教较其他人造教派的优越性。②

类似零散的、孤立的信息点在年信中很多，本论文无法为它们

---

① João Monteiro, *Annua da Vice Província da China de 1637*, BAJA, 49-V-12, ff. 50v-51.

② Francisco Turtado, *Annua das Províncias do norte da China do anno de 1642*, ARSI, JS122, ff156v-160v.

安排单独的章节，因此此处也想补充说明，即使仅仅做一些小考证，解决一些小问题，年信也是很有用的。

第三，从文本上，不应犯"本质主义"的错误，即"文本与唯一的作者身份相结合"，"西方人所写的文本代表西方人的观点，中国人写的文本代表中国人的观点"①。钟鸣旦肯定上述的研究范式转换，同时援引陈小眉等学者的观点，提醒"中国人的同类著作中所具有的西方主义或东方主义的倾向"，如《利玛窦中国札记》，"并非纯属从利玛窦本人的传教立场出发，与中国文化保持一定距离来重新塑造中国形象，它也是利玛窦与中国人相互接触近30年的产物。而他所接触的中国人是按照他们自己的意愿来介绍中国社会和思想的。同样，徐光启对西方的了解也是他自己的思维构造与从传教士们那里得到的信息两相结合的产物。因此，徐光启的著作可以归于陈小眉所说的'西方主义'，即'中国人对西方的重构'。陈小眉指出这与东方主义有许多相同的意识形态的因素"。② 陈小眉指出的一个重要事实是，在东西交流中产生的文本，必定是中西结合的产物，哪怕是看起来占据主动的传者，也在不知不觉中成为了受者，有传有受，方为交流，交流的结果就是"自我"与"他者"，你中有我，我中有你。钟鸣旦以织物类比文本，"文本"（text）与"纹理"（texture）在词源上是同源的，文本是"交织"（interweaving）的结果。③ 本研究第九章第二节《泰西水法》的成书过程就是一个清晰地展示了交织过程的例子，我们今天所读到的吏科给事中曹于汴、兵科给事中张键、翰林院检讨郑以伟等人的名字和序是怎样

---

① ［比］钟鸣旦：《中国基督教史研究的史料与视界》，收张先清编：《史料与视界：中文文献与中国基督教史研究》，上海：上海人民出版社，2007年，第31页。
② ［比］钟鸣旦，马琳译：《基督教在华传播史研究的新趋势》，收任继愈主编：《国际汉学》第4辑，第481—482页。
③ ［比］钟鸣旦：《中国基督教史研究的史料与视界》，收张先清编：《史料与视界：中文文献与中国基督教史研究》，第31页。

加在书中的,文中都有交代,就连书名都是徐光启与龙华民商量后由《利氏水法》改为《泰西水法》,此外,还有未留下姓名的数名铜匠、木匠,他们制造水器,以助水法撰写,还有数不清的访客,为水法的写作和水器的推广提出建议,他们包括京官、外地官员、太监、进京参加会试的举人等,围绕着怎样将水器呈贡给皇帝,传教士和友教官员展开密切协商。那么,《泰西水法》算是"欧洲中心主义"的文本还是"中国中心主义"的文本呢? 从整体看17世纪耶稣会中国年信,不刻意去附会的话,是难以解读出"欧洲中心主义"的。在明末清初这个东西方平等交流的时代,其况味与在18世纪末、19世纪初开始的西方殖民心态是不同的。

钟鸣旦将上述讨论的结果落脚到对文献使用上,就是"对基督教在华传播史的研究从以西方资料为主变为以中文资料为主,应当以同样的批判的态度来看待","对中国资料所持的批判的态度可以使我们重新发现有关基督教在华传播史的西文资料的重要性,这样才能使其相互补充"。① 研究范式的转换投射到学者的工作场景中,不应是将案头的西文史料置换为中文史料,将"欧洲中心主义"完全扳到"中国中心主义",这只是对以前"欧洲中心主义"的情绪化回击,而不是真正的纠偏矫正,扳到"中国中心主义"上来,仍是偏的,要在对中西文史料的均衡使用中追求去中心化。

对于中国学者而言,中西文献互证,既是面向未来研究的需要,也是对中国史学传统的继承。陈寅恪、傅斯年等都倡导历史学加语言学的研究传统,陈寅恪本身就是伟大的历史学家、语言学家,傅斯年主导了历史语言研究所的成立,并说历史学的新进步在

---

① [比]钟鸣旦著,马琳译:《基督教在华传播史研究的新趋势》,收任继愈主编:《国际汉学》第4辑,第482页。

于掌握新材料、新工具。[1] 而在中国天主教史领域之内,马相伯、英敛之、陈垣、冯承钧、方豪等先辈学者提倡中外文献互证、融会贯通,很重视西文资料的汉译,方豪、冯承钧等皆中西文俱佳。

汤开建先生所言中国学者在使用西文文献中的窘境,近一二十年来改善许多。黄一农于1999年撰写《明末清初天主教传华史研究的回顾与展望》时说"除了福建师范大学林金水等少数人之外,在原始文献的掌握上亦显不足"。[2] 目前我们看到,越来越多外语专业出身的转投历史学(如金国平、吴志良、崔维孝等),越来越多历史专业出身的开始学外语(如张先清、董少新、李毓中等),他们正在相向而行,"会师"于中国天主教史研究。西文文献像一座连一座的大山,我们已领略的风景还太少,一些基础性的问题仍然模糊,比如像"住院"(casa/residência)这个最重要的耶稣会传教团基层组织是怎样运转的,都不清楚。与日俱增的相向而行者投身其中,以愚公移山的精神各自开掘,终有一天会将大山挖通,待到一马平川时,对中国早期天主教史有较为系统、完整、清晰的认识了,再回望这场研究范式的转向,恐怕会有不同的眼界、底气和新的评价。

(三)

历史学目前的流行趋势是向全球史转向,这个转向与上述中国天主教史研究范式的转向是同源的:二十世纪六七十年代以来所风行的后殖民理论、后现代理论、全球化思潮等。两者在观念、视野上也有许多相似之处,诸如去中心化,重视联系、互动,偏好考察历史人物、物质、观念、信息、疾病等在全球范围内的移动和交织

---

[1] 傅斯年:《历史语言研究所工作之旨趣》,收《国立中央研究院历史语言研究所集刊》,上海:商务印书馆,1928年,第一本第一分。

[2] 黄一农:《明末清初天主教传华史研究的回顾与展望》,第458页。

的过程,采纳性别视角、地方视角等社会学、人类学方法等。从这个意义上,新范式下的明清天主教史可以视为是用全球史方法进行的研究。同样,本论下编所讨论的明清史,也存在以世界史方法书写的可能性。有学者将全球史比喻成"撞击的台球",以此来强调彼此的交错与撞击①,那么,晚明以来,在大航海季风的吹动下,这桌台球才刚开局。

耶稣会中国年信就是这台球桌上的奋力一击,年信的世界性既体现在年信本身,也体现在年信的内容中。年信是一个全球性修会的一份全球性文献:它们由世界各地的主要语言书写而成;世界各地都成为它们的书写对象;耶稣会总部通过年信等书信管理世界各地的传教区,并有意地推动不同传教区间的互动。地方史、国别史、区域史为什么及怎样参与书写全球史,在耶稣会罗马档案馆中能够得到直观体现:中国副教省年信与其他教省、副教省、神学院的年信在不同的档案柜中分门别类,各归一格,而不同格的年信又彼此记录,像互相对照的镜子反复地为对方造影。在中国传教区发生的那么多惊心动魄的故事,那么多大名鼎鼎的人物,那么多虔敬、喜悦、感恩、痛悔、顿悟的瞬间,甚至明末清初这个天崩地解的大时代,都不过是其中一格,在这样的视角之下,无法不在全球史的格局下研究中国史,无法不在关照到每一个格子及其相互联系中研究全球史。葛兆光先生提出"从周边看中国"促进了"外观"中国与"内观"中国的视角相结合,目前,日本、朝鲜、越南等的文献整理相对更完备一些,将有利于东亚区域史的书写,"泰西"这面远远地倒映着中国影像的镜子还没有竖起来,以全球史的方法书写明清史的积累还不够。

在全球间流动的年信,本身就是全球史的重要研究对象,年信

---

① 葛兆光:《在全球史潮流中,国别史还有意义吗?》,第8页。

中的内容则记录了多样化的世界性。首先,整体而言,中国年信与日本、安南等耶稣会其他传教区的年信,在内容框架上是一致的,分成世俗消息、教务状况两类,教徒奉教事例占据较大篇幅,只是框架中装填的具体内容不一样,也就是说,耶稣会年信是按照全球统一标准生产的文字产品。统一标准的好处是使每一年的年信变成同题作文,便于就同一个主题(比如各地历年付洗人数;1618年欧洲、印度、中国等地传教士同时进行了彗星观测[①]等)做该年度不同国家间的横向比较,也可以思考在同样的选题标准下,为何某国某些事件被选中报道了。其次,细部而言,年信中有许多表征世界性的事物。比如,利用圣人遗物治病。1622年,耶稣会创始人伊纳爵·罗耀拉与东方使徒方济各·沙勿略同年封圣,他们的遗物很快在东西方流行开来。罗耀拉的签名治难产有奇效,《圣伊纳爵灵奇略意》载:"粤稽圣人灵迹,载籍极博,即列入圣品时,引据者数盈六百,外此各国各省,所显奇迹,日增月盛,且难枚举。如欧罗巴、印度等洲……法兰西亚国一士独ένος圣人转求之力,救产难者母子俱全,亦成大册,并云凡遇产难而举真心呼救于圣人,不蒙济佑平安者,从未之闻。"[②]将在中国发生的治难产事例集一大册亦能办到,年信中有许多发生在中国南北各地的此类病例。罗耀拉热衷与各传教区通信,他在信尾的签名使该"俗信"流传得更广。关于沙勿略的遗物,《东洋宗徒精奇行实约言》载:"印度遍处得配圣人(沙勿略)遗物,诸病立脱。"[③]中国也很快有了许多用沙勿略遗物治病的圣迹,"浸泡过沙勿略的棺材角的水"也流通到中国,使病

---

① Francisco Furtado, *Annua da China e de Cochimchina de 619*, ARSI, JS114, f. 222.
② 无名氏:《圣伊纳爵灵奇略意》,[比]钟鸣旦、[荷]杜鼎克、王仁芳编:《徐家汇藏书楼明清天主教文献续编》(第16册),第305—308页。
③ 无名氏:《东洋宗徒精奇行实约言》,[比]钟鸣旦、[荷]杜鼎克、王仁芳编:《徐家汇藏书楼明清天主教文献续编》(第16册),第322—323页。

人"奇迹般地痊愈"。① 中国与印度使用同一个圣人的遗物治病，如同今日在孟买和上海的街头使用同一个型号的电子产品，在"哥伦布大交换"时代的物种交流、白银流动之外，提供了又一个全球化场景。②

本研究留有的一个有待日后优化的遗憾是，未能阐释耶稣会中国年信在西方产生的影响，从而促进中西互动，增加中国在欧洲近代化进程中的参与感，这是从年信观察全球史的最好素材。目前，仅能通过文本对照推断年信作为诸多素材之一，被巴尔托利（Bartoli,1608—1685）之《耶稣会史》，曾德昭之《大中国志》，何大化之《远方亚洲》等著述征引，这些著作在欧洲的传播可以间接地发挥年信在欧洲的影响力。

耶稣会年信具备全球史视角的优势，当然，从传统的国别史视角来研究明清史，年信也具备独特的价值，它除了可以提供新史实，还能提供新解释、新视角。费正清（John King Fairbank, 1907—1991）将传教士文献视为很好的中国学资料，因为其包含着大量的中国知识，又以西文书写，很适合西方人作为研究中国的入门材料，可见，不应将传教士文献视为单纯的宗教文献。冯承钧曾这样评述耶稣会文献提供的新史实："会中杰出之人与其所撰之记录信札，世鲜知之。例如汤若望记清世祖致死之原因，安文思记张献忠据蜀事，卜弥格记奉永历命赴教廷求援事，皆大事也，治两朝史者，颇鲜征引及之。瞿式耜之入教受洗，在我人为创闻，而在卜弥格书中竟谓实有其事。吴继善曾受张献忠礼部尚书职，安文思

---

① António de Gouveia, *Cartas Ânuas da China* (1636, 1643 a 1649), Edição, introdução e notas de Horácio Peixoto de Araújo, Macau: Instituto Português do Oriente; Lisboa: Biblioteca Nacional, 1998. p135.
② 刘耿：《与神对视：明末清初第一代天主教徒的圣梦》，第94—95页。

言之历历,其事应非诬也。观此足证此一部分史料之重要。"①17世纪耶稣会中国年信是传教士对中国绵亘百年的大型系列报道,与一事一报的单篇不同,与围绕同一主题的多篇不同(比如"礼仪之争"系列文献),年信更像是一种主题多样、包罗万象的刊物,每年一度,将发生在中国的新闻告诉欧洲,可以说年信独立塑造了一个17世纪的中国。

新解释体现着传教士对事件、时局等的理解,有比较强的主观性,有时为了论证观点,还引入新事实。比如,解释某政令的来龙去脉。天启五年(1625),明廷诏令,官员三品以下禁止乘舆。这条禁令因何而来?据1625年年信记载:1624年8月,魏忠贤出京去某个王的陵寝祭祀。② 两名神父跟随,记下魏忠贤的排场,"他的必经之路,使用黄土覆盖,这是只针对皇帝的礼节"。魏忠贤的轿子"完全用黄绸包起来,在行进时有8个人抬,还有100多名随从,一些步行,一些骑马,他们用来增加排场,举旗及抬着象征地位的标识,全体阁老也在队列之中,在轿子经过的途中,所有骑马路过的人,甚至是文人和有身份的人,都要下马,走到轿前,行礼,以示恭敬。一些注意到并为宦官所受宠幸而吃惊的官员,将这件事上奏皇帝"。

之后不久,两名高官与两名太监分别发生了冲突,因为"太监在路上与官员相遇时不够有礼貌",官员用鞭子抽太监,天启皇帝将其中一个官员召进宫内抽了一顿鞭子,竟抽死了,另一个官员则消失了,据说服毒自杀。

"之后过了几天,皇帝颁布一道宫廷礼仪规定,除了有一定级

---

① [法]费赖之著,梅乘骐、梅乘骏译:《明清间在华耶稣会士列传》简介,第2—3页。
② 《熹宗哲皇帝实录》卷四十一,天启四年四月二十二日:乙巳遣魏忠贤往京南巨龙桥祀龙王祠。传教士所记之时间可能有误。

别的官员,不得乘轿,官阶必须很高,到科吏(Colis)及道吏(Taulis)止,就像古代斯巴达人的特权。"传教士认为禁舆令是皇帝偏袒魏忠贤及太监的结果,而不是为了整肃公车法令制度。洪武元年(1368),明太祖诏定各级官员乘坐车、轿的级别及其档次。但是,明代中期以后,各级官员日益逾越礼制,普遍使用轿,且仪仗、装饰竞相奢华,同时,景泰、弘治、正德、嘉靖、隆庆、万历等列位皇帝又不断颁布法令,对官员使用车、轿等禁令作出重申和补充。从该角度,天启五年的这道命令应该是一脉相承的善政,却被传教士进行了不同的解读,成为偏袒魏忠贤的恶政。在对导火索事件不得而知的情况下,对该政令的出台确实只能放在政令沿革的历史脉络中解释,但这个有历史高度和大局观的看法,未必是时人对该事件的理解。

接下来传教士记录了该政令的执行情况,并以与传教士相熟的杨廷筠为例,"于是,年老、生病等可怜的人就在日晒雨淋风吹中行走。我们的进士杨廷筠,是北京的地方法官(Corregedor)①,在北京的五城之一,杨廷筠已68岁,自从中了进士,除了乘轿,没走过路,都是乘轿去自己辖区的,为了遵守不乘轿的谕令,出门改骑马了,他骑马很娴熟"。"有些官员之前从没有骑过马,只是从禁止乘轿的谕令后才开始。但是,对禁轿令,无人抱怨,因为按照旧规,他们不能乘轿,只有最高级的官员才有这个权力。"

年信论述了禁轿令的由来,及执行情况、官场反应,可以说是一篇很完备的"时事新闻报道",最后,传教士还将上述三件事结合起来分析,视为当年禁毁东林书院、"东林六君子"殉难、熊廷弼遭弃市并传首九边等年度大事件的先声:"这三件事成为京城乃至整

---

① 应为顺天府丞,1624年4月任。方豪:《中国天主教史人物传》,第100页。

个国家全年动荡不安的根源。"[1]如果勿论观点对错、高下,年信中此类解释性报道有时比仅提供事实本身更有价值。

新视角与前两者都有关联,对某一历史人物、历史事件的观察,新视角可能看见新事实、提供新解释,但是,新视角更可以作为一项独立的史料价值而存在,新视角不仅意味着观察到的内容不一样,也透露着观察者的态度、立场、文化本位等等,而这也构成今日的研究对象。本研究前述传教士对明清易代的多视角报道即是典型的例子。

治本国史立基于本国的语言文献基础之上,天经地义,尤其中国自古就有重视历史的传统,历代留存的史籍之巨堪称世界鲜有,而且中国史学有自成一家的传承、理路、方法,是一个可以自给自足的历史世界。那么,是否还有必要使用外国资料治本国史?许多名家其实已经用自己的作品给出答案。如冯承钧提倡治元史,须"了解西方北方若干语言",这样就可以将中外史料结合使用。[2]随着对外文史料的挖掘深入,张西平[3]、金国平[4]、董少新[5]等当代学者都提出建立"西文中国史料学"的构想。社会科学、人文学科较自然科学有较明显的语言、民族边界,但是,语言更主要地应该体现其工具性的一面,要以开放的胸襟、自信的目光真正实现语言在历史研究中的工具化。

---

[1] Manoel Dias, *Annua da V. Província da China do Anno de 1625*, BAJA, 49‐V‐6, ff211v‐212.
[2] 冯承钧:《成吉思汗传》绪言,上海:商务印书馆,1947年,第1页。
[3] 张西平:《关于清代入华传教士文献收集与整理的设想》,收任继愈主编《国际汉学》第12辑,大象出版社,2005年,第58—62页。
[4] 金国平、吴志良:《构建"西方语言中国史料学"之初议》,收《过十字门》,澳门:澳门成人教育学会,2004年,第282—284页。
[5] 董少新:《西文史料与中国史研究》,《中国史研究动态》2013年第1期,第31—42页。

(四)

以上依次将耶稣会中国年信置于天主教传华史中的文献学、中国天主教史、明清史三条脉络中呈现其意义、价值,它们共同说明,我们今天仍然要继承傅斯年、赵元任、陈寅恪等倡导的历史学加语言学的研究传统,坚守史学本位,扩大史料范围,深耕史料,研究范式无论如何变换,也是万变不离史料之宗。

通过对天主教传华史的梳理,还向我们呈现出这样一幅前所未有的学术繁荣的场景:越来越多的语言学习者和越来越多的历史学习者在相向而行,共同致力于天主教传华史的研究;越来越多的东西方学者在相向而行,中外学界在天主教传华史研究领域内的交流日渐活跃;越来越多的教会人士与世俗学者在相向而行,前者的研究从扬教心态变得学术化,后者对宗教的看法更加客观;越来越多的教会史学者从宗教文献中寻找明清史,越来越多的明清史学者开始"真正感到讲明清思想文化,再也不能绕过西学"。[①]——或许"融合"才是一个更大的转向和趋势。越来越多的相向而行者将带着各自的小领域与众者连成一片,共同织成更宏伟、更细致的历史图景,这是一项激动人心的大工程。

在众多相向而行者中,本人是从语言学习者转变成历史学习者的,是其中的路人甲。

[①] 李天纲:《近二十年中国基督宗教史研究综述》,第43页。

参考文献

一、耶稣会文献藏馆及名称缩略

Arquivo Histórico Ultramarino，Lisboa（葡萄牙海外史档案馆），简为 AHUL。

Archivum Romanum Societatis Iesu（耶稣会罗马档案馆），简为 ARSI。

Biblioteca da Ajuda（里斯本阿儒达图书馆），简为 BA。

Biblioteca da Real Academia de la História，Madrid（马德里王家历史学院图书馆），简为 BRAH。

Biblioteca Nacional de Lisboa（葡萄牙国家图书馆），简为 BNL。

Jap-Sin（耶稣会罗马档案馆"和—汉"系列文献），简为 JS。

Jesuítas na Ásia（阿儒达图书馆"耶稣会士在亚洲"系列文献），简为 JA。

二、本研究较常引用之套书和丛书

顾廷龙主编，《续修四库全书》编纂委员会编：《续修四库全书》，上海：上海古籍出版社，2002年。

(清) 谷应泰:《明史纪事本末》,北京:中华书局,1977年。

国家图书馆编:《地方志人物传记资料丛刊》,北京:国家图书馆出版社,2012年。

黄彰健编著:《明代律例汇编》,台北:"中研院"历史语言研究所,1994年。

金程宇编:《和刻本中国古逸书丛刊》,南京:凤凰出版社,2012年。

(明) 李东阳等撰,(明) 申时行等重修:《大明会典》,扬州:广陵书社,2007年。

《明实录》,台北:"中研院"历史语言研究所校印,1962年。

《清实录》,北京:中华书局,2008年。

上海书店等编:《中国地方志集成》,上海:上海书店出版社,1991年起。

(清) 张岱:《石匮书》,上海:上海古籍出版社,2008年。

(清) 张廷玉等撰:《明史》,北京:中华书局,2011年。

张西平、[意] 马西尼、任大援、[意] 裴佐宁主编:《梵蒂冈图书馆藏明清中西文化交流史文献丛刊》,郑州:大象出版社,2014年。

[比] 钟鸣旦、[荷] 杜鼎克编:《耶稣会罗马档案馆明清天主教文献》,台北:利氏学社,2002年。

[比] 钟鸣旦、[荷] 杜鼎克、黄一农、祝平一等编:《徐家汇藏书楼明清天主教文献》,台北:方济出版社,1996年。

[比] 钟鸣旦、[荷] 杜鼎克、[法] 蒙曦编:《法国国家图书馆明清天主教文献》,台北:利氏学社,2009年。

[比] 钟鸣旦、[荷] 杜鼎克、王仁芳主编:《徐家汇藏书楼明清天主教文献续编》,台北:利氏学社,2003年。

周驷方编校:《明末清初天主教史文献丛编》,北京:北京图书馆出版社,2001年。

三、年信手稿（时序排列）

1601

Anonymous. *Do Collegio de Machao & Suas Residências de 601*. ARSI, JS121, ff. 1 – 30v.

1602

ANTHUNEZ, Diego. *Annua do Collegio da Madre de Deus da Companhia de Jesu de Machao e Residencias da China do anno de 602*. ARSI, JS46, ff. 318 – 322v.

1603

Anonymous. *Annua do Collegio da Madre de Deos da Companhia de Jesus de 1603*. 49 – V – 5, ff. 20 – 25.

ROCHA, João da. *Carta do Padre Joam da Rocha da Caza de Nanquí*. BAJA, 49 – V – 5, ff. 10 – 17.

1606—1607

DIAS, Manoel, Jr. *Annua das Casas da China dos Anos 1606 e 1607*. ARSI, JS113, ff. 44 – 60.

DIAS, Manoel, Jr. *Annua das Casas da China desde Outubro de 607 até Abril de 608*. ARSI, JS113, ff. 64 – 72.

DIAS, Manoel, Jr. *Annua das Casas da China do Anno de 1608*. ARSI, JS113, ff. 74 – 89.

1609

LONGOBARDO, Nicolao. *Annua da China do Anno 1609*. ARSI, JS113, ff. 107 – 117.

1611

TRIGAULT, Nicolas. *Litterae Annuae Societatis Iesu a*

Sinarum Regno anni 1611. ARSI, JS113, ff. 149 – 212.

ROIZ, João. *Annua do Collegio de Macau do ano de 1611*. BAJA, 49 – V – 5, ff. 89v – 94v.

1612

LONGOBARDO, Nicolao. *Carta Annua das Residências da China do Anno de 1612*. ARSI, JS113, ff. 215 – 262.

1613

LONGOBARDO, Nicolao. *Carta Annua da China 1613*. ARSI, JS113, ff. 333 – 370.

LONGOBARDO, Nicolao. *Informação da Missão e Casas da China do Ano 1613*. ARSI, JS113, ff. 291 – 300.

GIRAM, Joam Roiz. *Annua da China do Anno de 1613*. ARSI, JS113, ff. 310 – 331.

1614

COSTA, João da. *Annua da Christandade da China do Anno de 1614*. ARSI, JS113, ff. 373 – 392.

1615

DIAS, Manoel, Jr. *Annua da Missão da China do Anno de 1615*. ARSI, JS113, ff. 394 – 424, 465 – 493, 429 – 459.

1616—1617

DIAS, Manoel, Jr. *Annua da Missão da China dos Annos de 616 e 617*. ARSI, JS114, ff. 13 – 51.

1618

DIAS, Manoel, Jr. *Carta Annua da Missam da China do Anno de 1618*. BAJA, 49 – V – 5, ff. 232v – 264v.

SEMEDO, Álvaro. *Annua da China de 1618*. ARSI, JS114, ff. 164 – 174.

1619

FURTADO, Francisco. *Annua da China e de Cochimchina de 619*. ARSI, JS114, ff. 219 – 233, JS121, ff. 116 – 131.

1620

FURTADO, Francisco. *Annua da China do Anno de 1620*. ARSI, JS114, ff. 234 – 261v.

1621

FURTADO, Francisco. *Carta Annua da China de 1621*. BAJA, 49 – V – 5, ff. 309 – 335v; 49 – V – 7, ff. 283 – 307.

Index alphabeticus Patrum ac Tratrum Societatis Jesu qui sunt in Missione Sinensi Ano 1621. ARSI, JS134, ff. 300 – 414v.

1622

SEMEDO, Álvaro. *Carta Annua da Missão da China do Anno de 1622*. BAJA, 49 – V – 7, ff. 361 – 372.

1623

FURTADO, Francisco. *Carta Annua da V. Província da China do Anno de 1623*. BAJA, 49 – V – 6, ff. 105 – 133v.

1624

FURTADO, Francisco. *Annua da Província da China de 1624*. BAJA, 49 – V – 7, ff. 465 – 531v.

1625

DIAS, Manoel, Jr. *Annua da V. Província da China do Anno de 1625*. BAJA, 49 – V – 6, ff. 211 – 238.

1626

DIAS, Manoel, Jr. *Annua da Vice-Província da China do Anno de 1626*. BAJA, 49 – V – 6, ff. 308 – 328v.

DIAS, Manoel, Jr. *Annua da China do Ano de 1626*. ARSI,

JS115, ff. 93 - 118.

1627

DIAS, Manoel, Jr. *Carta Annua da Vice-Província da China do Anno de 1627*. BAJA, 49 - V - 6, ff. 465 - 496v.

1628

FIGUEREDO, Rodrigo de. *Annua da V. Província da China do Anno de 1628*. BAJA, 49 - V - 6, ff. 584 - 604v.

1629

CATANO, Lazaro. *Annua da Vice-Província da China 1629*. BAJA, 49 - V - 8, ff. 595 - 608.

1630

CATTANEO, Lazaro. *Annua da Vice-Província da China do Anno de 1630*. BAJA, 49 - V - 9, ff. 12v - 41v.

1631

FRÓES, João. *Annua da V. Província da China do anno de 1631*. BAJA, 49 - V - 10, ff. 1 - 32v.

1632

FRÓES, João. *Annua da Vice Provincia da China do Anno de 1632*. BAJA, 49 - V - 10, ff. 76 - 130v.

1633

FRÓES, João. *Annua da V. Província da China do anno de 1633*. BAJA, 49 - V - 11, ff. 1 - 99v.

1634

FRÓES, João. *Annua da Missão da China de 1634*. BAJA, 49 - V - 10, ff. 374 - 426, ff. 432 - 481v, ff. 494 - 541.

1635

DIAS, Manoel, Jr. *Carta Annua da China de 1635*. BAJA,

49 - V - 11, ff. 195 - 236v, ff. 279 - 305v, ff. 311 - 369.

1636

GOUVEA, Antônio de. Ânua da Vice-Província da China de 1636. BAJA, 49 - V - 11, ff. 521v - 555v.

1637

MONTEIRO, João. Annua da Vice Província da China de 1637. BAJA, 49 - V - 12, ff. 1 - 59.

1638

MONTEIRO, João. Annua da Vice Província da China do anno de 1638. BAJA, 49 - V - 12, ff. 277 - 344v, ff. 361 - 425.

1639

TRIGAULT, Miguel. Annua da Casa KiamCheu de 1639. BAJA, 49 - V - 12, ff. 431 - 438.

MONTEIRO, João. Annua da Vice Província da China do anno de 1639. ARSI, JS121, ff. 221 - 313v.

1640

MAGALHÃES, Gabriel de. Annua da Vice Província da China do Ano de 1640. ARSI, JS116a, ff. 110 - 185v.

MAGALHÃES, Gabriel de. Annua da Vice Província da China do Ano de 1640. BAJA, 49 - V - 12, ff. 479 - 517, ff. 559 - 592.

1641

MONTEIRO, João. Annua da Vice Provincia da China do Anno de 1641 athe setembro 642. ARSI, JS117, ff. 43 - 66v.

1642

FURTADO, Francisco. Annua das Províncias do norte da China do anno de 1642. ARSI, JS122, ff. 153 - 178v.

1643
GOUVEA, Antônio de. *Ânua da Missão da China da Vice-Província do Sul de 1643.* BAJA, 49 - V - 13, ff. 502 - 520.

1644
GOUVEA, Antônio de. *Annua da V. Província do Sul na China de 1644.* BAJA, 49 - V - 13, ff. 520v - 541v.

GOUVEA, Antônio de. *Annua da V. Província do Sul na China de 1644.* BRAH, Legajo 4, Número 53, Tom. 14, ff. 722 - 753.

GOUVEA, Antônio de. *Annua da V. Província do Sul na China de 1644.* ARSI, JS122, ff. 204 - 234.

1645
GOUVEA, Antônio de. *Ânua da Vice Provincia da China nas Partes do Sul no Anno de 1645.* BAJA, 49 - V - 13, ff. 303 - 320v, ff. 541v - 555.

1646
GOUVEA, Antônio de. *Ânua da Vice Provincia da China nas Partes do Sul no Anno de 1646.* BAJA, 49 - V - 13, ff. 405 - 433.

Anonymous. *Relação da Missão de Tunkim* (1646). BAJA, 49 - IV - 61, ff. 94 - 96v.

1647
GOUVEA, Antônio de. *Annua da Vice Província do Norte na China do anno de 1647.* BAJA, 49 - V - 13, ff. 439v - 473.

1648
GOUVEA, Antônio de. *Ânua da Vice Província da China de*

1648. ARSI, JS122, ff. 311 – 322v.

BRABCATO, Francisco. *Annua da Residência de Xangai do Ano de 1648*. BAJA, 49 – V – 13, ff. 473 – 479.

1649

GOUVEA, Antônio de. *Annua da Vice Província da China de 1649*. BAJA, 49 – V – 13, ff. 479v – 502.

1651

CANEVARI, Pedro. *Carta Annua da China a 1651*. BAJA, 49 – IV – 61, ff. 75 – 140, ff. 481 – 565.

1652—1654

JORGE, Manoel. *Annua da Vice-Provincia da China do ano de 1652*. BAJA, 49 – IV – 61, ff. 205 – 229.

1654

PINHEIRO, Luiz. *Carta Annua da V. Provincia da China do Anno de 1654*. BAJA, 49 – IV – 61, ff. 299 – 326.

1656

FERRAM, André. *Annua da Vice-Província da China de 1656*. BAJA, 49 – V – 14, ff. 62 – 100.

1657

JORGE, Manoel. *Annua da Vice-Província da China de 1657*. BAJA, 49 – V – 14, ff. 148 – 169v.

1658

MAGALHÃES, Gabriel de. *Annuas das Residências Do Norte da Vice-Província da China do Anno 1658*. BAJA, 49 – V – 14, ff. 224 – 265v.

1659

MAGALHÃES, Gabriel de. *Annua das Residênciasdo Norte da*

Província da China anno de 1659. BAJA, 49 - V - 14, ff. 513v - 551.

1660

MAGALHÃES, Gabriel de. *Annua das Residência do Norte da V. Província da China no Anno de 1660*. BAJA, 49 - V - 14, ff. 674 - 702v.

PACHECO, Feliciano. *Carta Annua Da Vice Província da China do Anno de 1660*. BAJA, 49 - V - 14, ff. 702v - 719.

MAYA, Mathias de. *Annua da Província de Japão dos Annos de 1659 e 1660*. BAJA, 49 - V - 14, ff. 722 - 737.

1685—1690

ARNEDO, Juan Antônio de. *Carta Annua de la Mission Sinica de la Companhia de Jesu desde el ano 1685 hasta el de 1690*. BAJA, 49 - V - 19, ff. 648 - 703.

1692

ARNEDO, Juan Antônio de. *Annua de NanCham de 1692*. BAJA, 49 - V - 22, ff. 168 - 170v.

1694—1697

SUARES, Joze. *Annua do Colégio de Pekim desde o fim de Julho de 94 até o fim do mesmo de 97 e algumas outras Rezidências e Christandades da Missão de China*. BAJA, 49 - V - 22, ff. 597 - 652.

SUARES, Joze. *Borrão da Annua da Vice-Província do Anno de 1697*. BAJA, 49 - V - 21, ff. 59 - 82v.

四、原始文献

（一）中文

［意］艾儒略：《职方外纪》，上海：商务印书馆，1936年。

［意］艾儒略：《口铎日抄》，收［比］钟鸣旦、［荷］杜鼎克编：《耶稣会罗马档案馆明清天主教文献》（第7册），台北：利氏学社，2002年。

本一居士：《进善录》，收［比］钟鸣旦、［荷］杜鼎克、［法］蒙曦编：《法国国家图书馆明清天主教文献》（第25册），台北：利氏学社，2009年。

［意］毕方济：《睡答》，收［比］钟鸣旦、［荷］杜鼎克编：《耶稣会罗马档案馆明清天主教文献》（第6册），台北：利氏学社，2002年。

薄树人主编：《中国科学技术典籍通汇·天文卷》，郑州：河南教育出版社，1993年。

［比］柏应理：《天主圣教永瞻礼单》，收［比］钟鸣旦、［荷］杜鼎克、［法］蒙曦编：《法国国家图书馆明清天主教文献》（第20册），台北：利氏学社，2009年。

（清）陈和志修，沈彤、倪师孟纂：《乾隆震泽县志》，国家图书馆编：《地方志人物传记资料丛刊》华东卷·下编·第26册，北京：国家图书馆出版社，2012年。

（清）戴肇辰、苏佩训修，史澄、李光廷纂：《光绪广州府志》，收《中国地方志集成·广东府县志辑（1—3）》，上海：上海书店出版社，2003年。

韩琦、吴旻校注：《熙朝崇正集熙朝定案（外三种）》，北京：中华书局，2006年。

（明）黄汴、（明）憺漪子、（明）李晋德撰，杨正泰校注：《天下水陆路程、天下路程图引、客商一览醒迷》，太原：山西人民出版社，1992年。

怀效锋点校：《大明律》，北京：法律出版社，1999年。

（明）计六奇：《明季北略》，北京：中华书局，1984年。

（明）计六奇：《明季北略》，收顾廷龙主编，《续修四库全书》编纂委员会编：《续修四库全书》(440)，上海：上海古籍出版社，2002年。

（清）李安当：《临丧出殡仪式》（近期抄本），收［比］钟鸣旦、［荷］杜鼎克编：《耶稣会罗马档案馆明清天主教文献》（第5册），台北：利氏学社，2002年。

（清）李安当：《临丧出殡仪式》（早期抄本），收［比］钟鸣旦、［荷］杜鼎克编：《耶稣会罗马档案馆明清天主教文献》（第5册），台北：利氏学社，2002年。

（清）李安当：《丧葬仪式》（近期抄本），收［比］钟鸣旦、［荷］杜鼎克编：《耶稣会罗马档案馆明清天主教文献》（第5册），台北：利氏学社，2002年。

（清）李安当：《丧葬仪式》（早期抄本），收［比］钟鸣旦、［荷］杜鼎克编：《耶稣会罗马档案馆明清天主教文献》（第5册），台北：利氏学社，2002年。

［意］利玛窦：《斋旨》，收［荷］杜鼎克、黄一农、祝平一等编：《徐家汇藏书楼明清天主教文献》（第1册），台北：方济出版社，1996年。

［意］利玛窦：《明末罗马字注音文章》，文字改革出版社辑：《拼音文字史料丛书》(1)，北京：国家图书馆出版社，2015年。

（清）李培祐、朱靖旬修，张豫垲等纂：《光绪保定府志》，收《中国地方志集成·河北府县志辑(30—31)》，上海：上海书店出版社,2006年。

(清)李渔:《闲情偶寄》,《李渔全集》(第3册),杭州:浙江古籍出版社,2014年。

(明)林应翔修,(明)叶秉敬等纂:《天启衢州府志》,收:黄灵庚、诸葛慧艳主编:《衢州文献集成》(第29册),北京:国家图书馆出版社,2015年。

[意]龙华民:《死说》,收张西平、[意]马西尼、任大援、[意]裴佐宁主编:《梵蒂冈图书馆藏明清中西文化交流史文献丛刊》(27),郑州:大象出版社,2014年。

(明)陆丕诚、(明)沈湘成、(明)周南宾:《奉天学徐启元行实小记》,收[比]钟鸣旦、[荷]杜鼎克、王仁芳编:《徐家汇藏书楼明清天主教文献续编》(第16册),台北:利氏学社,2003年。

(清)金鉷修,钱元昌、陆纶纂:《雍正广西通志》,《中国地方志集成·省志辑之广西卷》,南京:凤凰出版社,2010年。

(清)钱澄之撰,诸伟奇、程美华校点:《所知录》,合肥:黄山书社,2006年。

(清)屈大钧:《安龙逸史》,收戴文年、陈训明、陈琳编:《西南稀见丛书文献》(第六十四卷),兰州:兰州大学出版社,2003年。

(清)屈大均:《皇明四朝成仁录》,收周骏富辑:《明代传记丛刊》(66,67),台北:明文书局,1991年。

(明)钱士馨:《甲申传信录》,收顾廷龙主编,《续修四库全书》编纂委员会编:《续修四库全书》(440),上海:上海古籍出版社,2002年。

(清)三余氏:《南明野史》,收《台湾文献史料丛刊》第5辑,台北:大通书局,1984年。

(明)沈潅:《参远夷疏、再参远夷书》,金程宇编:《和刻本中国古逸书丛刊》(32),南京:凤凰出版社,2012年。

(明)苏茂相辑,(明)郭万春注:《新镌官板律例临民宝镜》,收杨一凡主编:《历代珍稀司法文献》(第6、7册),北京:社会科学文献出版社,2012年。

(清)谈迁:《枣林杂俎》,顾廷龙主编,《续修四库全书》编纂委员会编:《续修四库全书》(1134,1135),上海:上海古籍出版社,2002年。

(清)唐执玉、李卫等监修,田易等编纂:《畿辅通志》,《景印文渊阁四库全书》(504,505,506),台北:台湾商务印书馆,1986年。

(清)陶煦纂:《周庄镇志》,顾廷龙主编,《续修四库全书》编纂委员会编:《续修四库全书》(717),上海:上海古籍出版社,2002年。

(清)王昶等撰:《嘉庆直隶太仓州志》,收顾廷龙主编,《续修四库全书》编纂委员会编:《续修四库全书》(697,698),上海:上海古籍出版社,2003年。

(清)王夫之:《永历实录》,长沙:岳麓书社,1982年。

(清)文秉:《烈皇小识》,收顾廷龙主编,《续修四库全书》编纂委员会编:《续修四库全书》(439),上海:上海古籍出版社,2002年。

(清)温睿临:《南疆逸史》收顾廷龙主编,《续修四库全书》编纂委员会编:《续修四库全书》(332),上海:上海古籍出版社,2003年。

(明)吴尔成:《会审王丰肃等犯一案并移咨》,收金程宇编:《和刻本中国古逸书丛刊》(32),南京:凤凰出版社,2012年。

无名氏:《东洋宗徒精奇行实约言》,收[比]钟鸣旦、[荷]杜鼎克主编:《耶稣会罗马档案馆明清天主教文献》(第12册),台北:利氏学社,2002年。

无名氏:《广东至北京路程表》,收[比]钟鸣旦、[荷]杜鼎克主编:

《耶稣会罗马档案馆明清天主教文献》(第12册),台北:利氏学社,2002年。

无名氏:《湖广圣迹》,收[比]钟鸣旦、[荷]杜鼎克主编:《耶稣会罗马档案馆明清天主教文献》(第12册),台北:利氏学社,2002年。

无名氏:《敬一堂志》,收[比]钟鸣旦、[荷]杜鼎克、王仁芳编:《徐家汇藏书楼明清天主教文献续编》(第13、14册),台北:利氏学社,2013年。

无名氏:《圣母七苦会规》,收[比]钟鸣旦、[荷]杜鼎克、王仁芳编:《徐家汇藏书楼明清天主教文献续编》(第13册),台北:利氏学社,2013年。

恩利格、刘准:《圣教史略》,河北:河北献县耶稣会,1932年。

无名氏:《圣伊纳爵灵奇略意》,收[比]钟鸣旦、[荷]杜鼎克、王仁芳编:《徐家汇藏书楼明清天主教文献续编》(第16册),台北:利氏学社,2013年。

无名氏:《天主教原由》,收[比]钟鸣旦、[荷]杜鼎克主编:《耶稣会罗马档案馆明清天主教文献》(第8册),台北:利氏学社,2002年。

无名氏:《徐文定公事实》,[比]钟鸣旦、[荷]杜鼎克、王仁芳编:《徐家汇藏书楼明清天主教文献续编》(第16册),台北:利氏学社,2013年。

无名氏纂:《民国震泽县志续》,收国家图书馆编:《地方志人物传记资料丛刊》华东卷·下编·第26册,北京:国家图书馆出版社,2012年。

(清)吴廷燮撰,魏连科点校.:《明督抚年表》,北京:中华书局,1982年。

(清)夏玛第亚:《赣州堂夏相公圣名玛第亚回方老爷书》,收[比]

钟鸣旦、[荷]杜鼎克主编:《耶稣会罗马档案馆明清天主教文献》(第10册),台北:利氏学社,2002年。

(清)夏玛第亚:《生祠缘由册》,收[比]钟鸣旦、[荷]杜鼎克主编:《耶稣会罗马档案馆明清天主教文献》(第10册),台北:利氏学社,2002年。

(清)谢旻等编纂:《康熙江西通志》,《中国地方志集成·省志辑之江西卷》,南京:凤凰出版社,2009年。

(明)谢肇淛:《五杂俎》,上海:上海书店出版社,2001年。

(明)熊士旂初稿,(明)张焞参补:《张弥格尔遗迹》,收[比]钟鸣旦、[荷]杜鼎克、[法]蒙曦编:《法国国家图书馆明清天主教文献》(第12册),台北:利氏学社,2009年。

(明)许大受:《圣朝佐辟》,收金程宇编:《和刻本中国古逸书丛刊》(32),南京:凤凰出版社,2012年。

(明)徐昌治辑:《圣朝破邪集》,收金程宇编:《和刻本中国古逸书丛刊》(32),南京:凤凰出版社,2012年。

(明)徐从治:《会审钟鸣仁等犯一案》,收金程宇编:《和刻本中国古逸书丛刊》(32),南京:凤凰出版社,2012年。

(明)徐光启:《圣教规诫箴赞》,收[比]钟鸣旦、[荷]杜鼎克主编:《耶稣会罗马档案馆明清天主教文献》(第8册),台北:利氏学社,2002年。

(明)徐光启著,王重民校:《徐光启集》,上海:上海古籍出版社,1984年。

(清)徐鼒:《小腆纪传》,顾廷龙主编,《续修四库全书》编纂委员会编:《续修四库全书》(332,333),上海:上海古籍出版社,2003年。

(明)虞淳熙:《破利夷僭天罔世》,收金程宇编:《和刻本中国古逸书丛刊》(32),南京:凤凰出版社,2012年。

(明）颜维圣：《天主审判明证》，收［比］钟鸣旦、［荷］杜鼎克、［法］蒙曦编：《法国国家图书馆明清天主教文献》（第23册），台北：利氏学社，2009年。

（清）印光任、张汝霖纂：《乾隆澳门纪略》，《中国地方志集成·广东府县志辑（33）》，上海：上海书店出版社，2003年。

（清）查继佐：《罪惟录》，收顾廷龙主编，《续修四库全书》编纂委员会编：《续修四库全书》（321，322，323），上海：上海古籍出版社，2003年。

（明）张卤辑：《教民榜文》，收顾廷龙主编，《续修四库全书》编纂委员会编：《续修四库全书》（788），上海：上海古籍出版社，1995年。

（明）张识：《天主洪恩序》，收［比］钟鸣旦、［荷］杜鼎克、［法］蒙曦编：《法国国家图书馆明清天主教文献》（第12册），台北：利氏学社，2009年。

（明）张位：《大学士张位重修万寿宫记》，收（清）金桂馨、漆逢源撰：《光绪逍遥山万寿宫志》卷十五，四库未收书辑刊编纂委员会编：《四库未收书辑刊》（陆辑拾册），北京：北京出版社，2000年。

（清）朱珪修，李拔纂：《乾隆福宁府志》，《中国地方志集成·福建府县志辑（12）》，上海：上海书店出版社，2000年。

周宪文主编：《台湾文献史料丛刊》第3辑（崇祯朝野纪，弘光实录钞，明实录闽海关系史料），台北：大通书局，1984年。

（明）朱权等撰：《明宫词》，北京：北京古籍出版社，1987年。

朱维铮主编：《利玛窦中文著译集》，上海：复旦大学出版社，2007年。

朱维铮、李天纲主编：《徐光启全集》，上海：上海古籍出版社，2010年。

(二) 西文

Anonymous. *Cousas que podem servir para os procuradores*. BAJA, 49 - V - 8, ff. 635 - 649.

Anonymous. *Relação das Guerras e Levantamentos que houve na China, morto do seu Imperador e entrada dos Tártaros nella desdo ano de 1642 athe o de 1647*. BAJA, 49 - V - 13, ff. 1 - 43.

COSTA, João Paulo Oliveira e. PINTO, Ana Fernandes. *Cartas Ânuas do Colégio de Macau (1594—1627)*. Macau: CTMCDP Macau & Fundação Macau, 1999.

DIAS, Manoel, Jr. *Manoel Dias junior to Padre Geral em Roma*. ARSI, JS114, f. 89.

FIGUEIREDO, Rodericius de. *Carta do Padre Rodericius de Figuerdo para o Padre VProvincial*. ARSI, JS116a, ff. 168v - 175.

GUERREIRO, Fernão, S. J.. *Relação anual das coisas que fizeram os Padres da Companhia de Jesus nas suas Missões do Japão, China, Cataio... Nos anos de 1600 a 1609 e do processo da conversão e cristandade daquelas partes; tiradas das cartas que os missionários de lá escreveram*. Coimbra: Imprensa da Universidade, 1930 - 1942.

GOUVEA, Antônio de. *Asia Extrema: entra nella a fé, promulga-se a Ley de Deus pelos padres da Companhia de Jesus*. Introdução e notas de Horácio Peixoto de Araújo, Lisboa: Fundação Oriente, 1995.

GOUVEA, Antônio de. *Cartas Ânuas da China: (1636, 1643 a*

1649). Editado, introdução e notas de Horácio P. de Araújo. Macau: IPOR; Lisboa: Biblioteca Nacional, 1998.

LONGOBARDO, Nicolao. *Appontamentos acerca de Pedri-se a Licentia del Rey* (*1615*). ARSI, JS113, ff. 461-464.

LOYOLA, Ignacio De. *Obras Completas de San Ignacio de Loyola*. transcripción, introducciones e notas de Ignacio Iparraguirre, S. I. , Madrid: Biblioteca de Autores Cristianos, 1963.

LOYALA, Ignatti De. "Epistolae et intructiones" Tomus Primus (1524-1548), Monumenta Ignatiana Series Prima, Matriti: Typis Gabrielis Lopez del Horno, 1903.

LOYALA, Ignatti De. "Epistolae et intructiones" Tomus Secundus (1548-1550), Monumenta Ignatiana Series Prima, Matriti: Typis Gabrielis Lopez del Horno, 1904.

LOYALA, Ignatti De. "Epistolae et intructiones" Tomus Tertius (1550-1551), Monumenta Ignatiana Series Prima, Matriti: Typis Gabrielis Lopez del Horno, 1905.

LOYALA, Ignatti De. "Epistolae et intructiones" Tomus Quartus (1551-1553), Monumenta Ignatiana Series Prima, Matriti: Typis Gabrielis Lopez del Horno, 1906.

LOYALA, Ignatti De. "Epistolae et intructiones" Tomus Quintus (1553), Monumenta Ignatiana Series Prima, Matriti: Typis Gabrielis Lopez del Horno, 1907.

LOYALA, Ignatti De. "Epistolae et intructiones" Tomus Octavus (1554), Monumenta Ignatiana Series Prima, Matriti: Typis Gabrielis Lopez del Horno, 1909.

LOYALA, Ignatti De. "Epistolae et intructiones" Tomus Nonus

(1555), Monumenta Ignatiana Series Prima, Matriti: Typis Gabrielis Lopez del Horno, 1909.

LOYALA, Ignatti De. "Constitutiones Societatis Jesu" Tomus secundus (Testus Hispanus), Monumenta Ignatiana Series Tertiae, Roma: Borgo S. Spirito, 1936.

MAGALHÃES, Gabriel de. *Breve Narração da Vinda do Emperador da China e Tartaria a Igreja da Casa de Pequim em 12 de Julho de 1675*. ARSI, JS124, ff. 100 - 100v.

MAGALHÃES, Gabriel de. *Relação das viagens que fez o Padre Luís Bul'io no ano de 1639 e o Padre Gabriel de Magalhães no de 1642 para a Província de Sie Chuen e da grande perseguição que na metrópole da mesma província levantaram os bonzos contra a Ley de Deus e seus pregadores*. ARSI, JS126, ff. 129 - 152v.

RICCI, Matteo. *Opere storiche*. edita a cura del Comitato per le onoranze nazionali, con prolegomeni, note e tavole dal P. Tacchi Venturi. Macerata: Premiato stab. tip. F. Giorgetti, 1911.

RICCI, Matteo. *Lettere (1580 - 1609)*. sotto l direzione di P. Corradini, a cura di F. D'Arelli. Macerata: Quodlibet, 2001.

ROCHA, João da. *Carta do Padre João da Rocha pedindo que se revogam algumas ordens que deo o Padre Manoel Dias Junior*. BAJA, 49 - V - 5, ff. 174v - 176v.

RUGGIERI, Michael. *Michael Ruggieri to Everardo Mercuriano*. ARSI, JS9, ff. 58 - 61.

SÁ, Artur Basílio de. *Documentação para a História das Missões do Padroado Português do Oriente: Insulíndia*. Lisboa: Agência Geral do Ultramar, 1954.

SANTOS, Isaú. *Macau e o Oriente: no Arquivos Nacionais Torre do Tombo*. Lisboa: Instituto Cultural de Macau, 1995.

SANTOS, Isaú. *Macau e o Oriente: no Arquivo Histórico Ultramarino*. Macau: Instituto Cultural, 1996.

SANTOS, Isaú. *Fontes para a historia de Macau existentes em Portugal e no estrangeiro*. Macau: Instituto Cultural de Macau, 1999.

URSIS, Sabatino de. *Journal de Sabatino de Ursis*. BAJA, 49 - V - 5, ff. 85 - 89v, 122 - 125v, 139v - 145, 148v - 149, 154v, 173v - 174v.

URSIS, Sabatino de. *Ursis to Nuno Mascarenhas* (1617). ARSI, JS17, ff. 110 - 110v.

URSIS, Sabatino de. *Ao muito reverendo em Christo Padre Antonio Mascarenhas da Companhia de Jesus Assistente de Portugal do Nosso Padre Geral em Roma*. BAJA, 49 - V - 5, f. 102v.

VALIGNADO, Alessandro. VIEIRA, Francisco. *Regimento para o Procurador Japão que Reside na China, Este deu aqui o P. Visitador Francisco Pasio quando veo de Jappão*. BAJA, 49 - IV - 66, ff. 10 - 15v.

XAVIER, Francis. *Epistolae S. Francisci Xaverii aliaque eius scripta*, Ediderunt Georgius Schurhammer et Iosephus Wicki. Romae: Apud "Monumenta Historica Soc. Iesu", 1944 - 1945.

(三) 日文

［日］村上直次郎译：《耶稣会士日本通信》，东京：聚芳阁，昭和二年(1927)，昭和三年(1928)。

［日］村上直次郎译注：《耶稣会の日本年报》，东京：拓文堂，昭和十八年(1943)。

［日］浦川和三郎译：《元和五、六年度の耶稣会年报》，东京：东洋堂，昭和十九年(1944)。

五、研究论著

(一) 中文

1. 著作

陈宝良：《中国的社与会》，杭州：浙江人民出版社，1996年。

陈顾远：《中国过去无"民法法典"之内在原因》，收《陈顾远法律论文集》，台北：台湾联经出版公司，1982年。

陈望道：《中国拼音文字的演进——明末以来中国语文的新潮》，收《陈望道语言学论文集》，北京：商务印书馆，2009年。

陈炎：《澳门港在近代海上丝绸之路中的特殊地位和影响——兼论中西文化交流和相互影响》，收《海上丝绸之路与中外文化交流》，北京：北京大学出版社，2002年。

陈垣：《元也里可温教考》，陈智超编注：《陈垣来往书信集》，上海：上海古籍出版社，1990年。

陈垣：《明季之欧化美术及罗马字注音之跋》，收文字改革出版社辑：《拼音文字史料丛书》(1)，北京：国家图书馆出版社，2015年。

董少新:《形神之间——早期西洋医学入华史稿》,上海:上海古籍出版社,2008年。

董少新:《葡萄牙耶稣会士何大化在中国》,北京:社会科学文献出版社,2017年。

方豪:《李之藻研究》,台北:台湾商务印书馆,1966年。

方豪:《中国天主教史人物传》,上海:天主教上海教区光启社,2003年。

费成康:《澳门四百年》,上海:上海人民出版社,1988年。

冯承钧:《成吉思汗传》,上海:商务印书馆,1947年。

佛山市南海区罗村街道地方志编纂委员会编:《南海市罗村镇志》,佛山:南海年鉴社,2009年。

傅斯年:《历史语言研究所工作之旨趣》,收《国立中央研究院历史语言研究所集刊》,上海:商务印书馆,1928年。

葛兆光:《在全球史潮流中,国别史还有意义吗?》,收复旦大学文史研究院编:《全球史、区域史与国别史——复旦、东大、普林斯顿三校合作会议论文集》,北京:中华书局,2016年。

顾卫民:《基督教与近代中国社会》,上海:上海人民出版社,1996年。

顾卫民:《中国天主教编年史》,上海:上海书店出版社,2003年。

顾卫民:《以天主和利益的名义:早期葡萄牙海洋扩张的历史》,北京:社会科学文献出版社,2013年。

黄时鉴、龚缨晏:《利玛窦世界地图研究》,上海:上海古籍出版社,2004年。

黄时鉴:《明末清初天主教入华史的研究:范式的转变与汉文文献的利用》,收《黄时鉴文集Ⅲ:东海西海》,上海:中西书局,2011年。

黄一农:《明末清初天主教传华史研究的回顾与展望》,任继愈主编:《国际汉学第四辑》,郑州:大象出版社,1999年。
黄一农:《天主教徒孙元化与明末传华的西洋火炮》,《"中研院"历史语言研究所集刊》,第67本第4分,1996年。
黄一农:《火器》,《法国汉学》第6辑,北京:中华书局,2002年。
黄一农:《两头蛇——明末清初的第一代天主教徒》,上海:上海古籍出版社,2006年。
黄正谦:《西学东渐之序章——明末清初耶稣会史新论》,香港:中华书局(香港)有限公司,2010年。
金国平、吴志良:《构建"西方语言中国史料学"之初议》,收金国平、吴志良:《过十字门》,澳门:澳门成人教育学会,2004年。
康志杰:《被模塑成功的女性角色——明末以后天主教贞女研究》,收陶飞亚编:《性别与历史:近代中国妇女与基督教》,上海:上海人民出版社,2006年。
李向玉:《澳门圣保禄学院研究》,澳门:澳门日报出版社,2001年。
林金水:《利玛窦与中国》,北京:中国社会科学出版社,1996年。
刘民声、孟宪章、步平编:《十七世纪沙俄侵略黑龙江流域史资料》,哈尔滨:黑龙江教育出版社,1992年。
刘小珊、陈曦子、陈访泽:《明中后期中日葡外交使者陆若汉研究》,北京:商务印书馆,2015年。
陆志韦:《金尼阁〈西儒耳目资〉所记的音》,收《近代汉语音韵论集》,北京:商务印书馆,1988年。
罗常培:《耶稣会士在音韵学上的贡献》,中华书局编辑部编:《中研院历史语言研究所集刊论文类编》(语言文字编·音韵卷一),北京:中华书局,2009年。
[意]罗明坚、[意]利玛窦著,[美]魏若望编:《葡汉辞典》,澳门:葡萄牙国家图书馆,东方葡萄牙学会;旧金山:利玛窦中西文

化研究所(旧金山大学),2001年。
罗光:《中国天主教历代分区沿革史》,收《天主教在华传教史集》,台北:光启出版社等,1967年。
罗光:《教廷与中国使节史》,台北:传记文学出版社,1983年。
倪海曙:《拉丁化新文字概论》,上海:时代出版社,1949年。
戚印平:《远东耶稣会史研究》,北京:中华书局,2007年。
戚印平:《澳门圣保禄学院研究——兼谈耶稣会在东方的教育机构》,北京:社会科学文献出版社,2013年。
孙尚扬:《基督教与明末儒学》,北京:东方出版社,1994年。
孙文良、李治亭:《明清战争史略》,北京:中国人民大学出版社,2012年。
萧若瑟:《天主教传行中国考》,收《民国丛书》第一编(11),上海:上海书店,1989年。
徐宗泽:《明清间耶稣会士译著提要》,上海:上海书店出版社,2010年。
徐宗泽:《中国天主教传教史概论》,上海:上海书店出版社,2010年。
王尔敏:《明清时代庶民文化生活》,台北:"中央院"近代史研究所,1996年。
张铠:《庞迪我与中国》,郑州:大象出版社,2009年。
张国刚、吴莉苇:《启蒙时代欧洲的中国观——一个历史的巡礼与反思》,上海:上海古籍出版社,2006年。
张晋藩:《中国民事诉讼制度史》,成都:巴蜀书社,1999年。
张西平:《关于明末清初中国天主教史研究的几点意见》,收卓新平、许志伟主编:《基督宗教研究》第1辑,北京:社会科学文献出版社,1999年。
张西平:《关于清代入华传教士文献收集与整理的设想》,收任继愈主编：《国际汉学》第12辑，郑州：大象出版社，2005年。
张西平：《明末清初天主教入华史中文文献研究的回顾与展望》，收《传教士汉学研究》，郑州：河南教育出版社，2005年。
张西平：《欧美汉学研究的历史与现状》，郑州：大象出版社，2006年。
张西平：《〈耶稣会在亚洲〉档案文献与清史研究》，收黄爱平、黄兴涛主编：《西学与清代文化》，北京：中华书局，2008年。
张西平：《国外对明末清初天主教中文文献的收集和整理》，收《陈垣先生的史学研究与教育事业》，北京：北京师范大学出版社，2010年。
张西平：《〈耶稣会在亚洲〉所介绍的中国知识》，收《交错的文化史——早期传教士汉学研究史稿》，北京：学苑出版社，2017年。
张先清：《贞节故事：近代闽东的天主教守贞女群体与地域文化》，收刘家峰编：《离异与融会：中国基督徒与本色教会的兴起》，上海：上海人民出版社，2005年。
赵庆源：《中国天主教教区划分及其首长接替年表》，台南：闻道出版社，1980年。
郑妙冰：《澳门——殖民沧桑中的文化双面神》，北京：中央文献出版社，2003年。
中国第一历史档案馆编：《清中前期西洋天主教在华活动档案史料》，北京：中华书局，2003年。
钟敬文主编：《民俗学概论》，上海：上海文艺出版社，1998年。
［比］钟鸣旦著，香港圣神研究中心译：《杨廷筠——明末天主教儒者》，北京：社会科学文献出版社，2002年。
［比］钟鸣旦著：《中国基督教史研究的史料与视界》，收张先清编：《史料与视界：中文文献与中国基督教史研究》，上海：上海人

民出版社,2007年。
［比］钟鸣旦著,张佳译:《礼仪的交织:明末清初中欧文化交流中的丧葬礼》,上海:上海古籍出版社,2009年。
周振鹤:《韶关——晚明中外文化交流史上不可忽视的一环》,收郭声波、吴宏岐主编:《中国历史地理研究》第4辑,西安:西安地图出版社,2007年。

2. 译著

［波］爱德华·卡伊丹斯基著,张振辉译:《中国的使臣卜弥格》,郑州:大象出版社,2001年。
［葡］安文思著,何高济译:《中国新史》,郑州:大象出版社,2006年。
［法］白晋著,马绪祥译:《康熙帝传》,收中国社会科学院历史研究所清史研究室编:《清史资料》第1辑,北京:中华书局,1980年。
［俄］班特什-卡缅斯基编纂,中国人民大学俄语教研室译:《俄中两国外交文献汇编:1619—1792》,北京:商务印书馆,1982年。
［德］彼得·克劳斯·哈特曼著,谷裕译:《耶稣会简史》,北京:宗教文化出版社,2003年。
［美］柏里安著,陈玉芳译:《东游记:耶稣会在华传教史(1579—1724)》,澳门:澳门大学,2014年。
［美］柏理安著,毛瑞方译:《东方之旅:1579—1724耶稣会传教团在中国》,南京:江苏人民出版社,2017年。
［比］柏应理著,徐允希译:《一位中国奉教太太——许母徐太夫人甘第大传略》,台中:光启出版社,1965年。
［迦］德尔图良著,王晓朝译:《论灵魂和身体的复活》,香港:道风书社,2001年。

［美］邓恩著,余三乐、石蓉译:《一代巨人:明末耶稣会士在中国的故事》,北京:社会科学文献出版社,2014年。

［法］杜赫德编,郑德弟、吕一民、沈坚、朱静译:《耶稣会士中国书简集:中国回忆录(I—III)》,郑州:大象出版社,2001年。

［法］杜赫德编,耿昇、吕一民、沈坚、郑德弟译:《耶稣会士中国书简集:中国回忆录(IV—VI)》,郑州:大象出版社,2005年。

方真真、方淑如译注:《台湾西班牙贸易史料(1664—1684)》,台北:稻乡出版社,2006年。

［法］费赖之著,梅乘骐、梅乘骏译:《明清间在华耶稣会士列传(1552—1773)》,上海:天主教上海教区光启社,1997年。

［意］菲利浦·米尼尼,王苏娜译:《利玛窦——凤凰阁》,郑州:大象出版社,2012年。

［比］高华士著,赵殿红译:《清初耶稣会士鲁日满常熟账本及灵修笔记研究》,郑州:大象出版社,2007年。

［比］高华士编,董少新编译:《16—18世纪中国天主教史西文原始文献概览》,收复旦大学文史研究院编:《西文文献中的中国》,北京:中华书局,2012年。

［法］高龙鞶著,周士良译:《江南传教史》,上海:天主教上海教区光启社,2008年。

［法］古洛东:《圣教入川记》,成都:四川人民出版社,1981年。

侯景文译:《耶稣会会宪》,台中:光启出版社,1976年。

金国平编译:《西方澳门史料选萃(15—16世纪)》,广州:广东人民出版社,2005年

［德］基歇尔著,张西平、杨慧玲、孟宪谟译:《中国图说》,郑州:大象出版社,2010年。

［意］柯毅霖著,王志成、思竹、汪建达译:《晚明基督论》,成都:四川人民出版社,1999年。

［美］孔飞力著,陈兼、刘昶译:《叫魂：1768年中国妖术大恐慌》,上海：上海三联书店,1999年。

［法］蓝莉著,许明龙译:《请中国作证:杜赫德的〈中华帝国全志〉》,北京:商务印书馆,2015年。

［德］莱布尼茨著,杨保筠译:《中国近事——为了照亮我们这个时代的历史》,郑州:大象出版社,2005年。

［英］莱斯利·贝瑟尔编,中国社会科学院拉丁美洲研究所译:《剑桥拉丁美洲史》,北京:经济管理出版社,1995年。

［意］利玛窦、［法］金尼阁著,何高济、王遵仲、李申译:《利玛窦中国札记》,北京:中华书局,1983.

［意］利玛窦著,刘俊余、王玉川、罗渔译:《利玛窦全集》,台北:光启出版社,1986年。

［意］利玛窦著,P. Antonio Sergianni P. I. M. E 编,芸娸译:《利玛窦中国书札》,北京:宗教文化出版社,2006年。

［意］利玛窦著,文铮译:《耶稣会与天主教进入中国史》,北京:商务印书馆,2014年。

［法］李明著,郭强译:《中国近事报道》,郑州:大象出版社,2004年。

［法］禄是遒著,李天纲审校:《中国民间崇拜》,上海：上海科学技术文献出版社,2014年。

［意］马国贤著,李天纲译:《清廷十三年:马国贤在华回忆录》,上海:上海古籍出版社,2013年。

［美］麦百恩著,天主教上海教区光启社编译:《天主教》,上海:天主教上海教区光启社,2002年。

［美］孟德卫著,潘琳译:《灵与肉:山东的天主教(1650—1785)》,郑州:大象出版社,2009年。

［美］孟德卫著,陈怡译:《奇异的国度:耶稣会适应政策及汉学的

起源》,郑州:大象出版社,2010年。

[西]闵明我著,何高济译:《上帝许给的土地——闵明我行记和礼仪之争》,郑州:大象出版社,2009年。

[美]牟复礼、[英]崔瑞德编,张书生、黄沫、杨品泉译:《剑桥中国明代史》,北京:中国社会科学出版社,1992年。

[西]帕莱福、[比]鲁日满、[意]卫匡国著:《鞑靼征服中国史、鞑靼中国史、鞑靼战纪》,北京:中华书局,2008年。

[法]裴化行著,管震湖译:《利玛窦神父传》,北京:商务印书馆,1993年。

[美]乔治·刚斯著,郑兆沅译:《神操新译本》,台北:光启文化事业,2011年。

[英]R. R. K. 哈特曼、F. C. 斯托克著,黄长著等译:《语言与语言学词典》,上海:上海辞书出版社,1981年。

[法]荣振华著,耿昇译:《在华耶稣会士列传及书目补编》,北京:中华书局,1995年。

[法]荣振华、[法]热拉尔·穆赛、[法]布里吉特·阿帕乌、[法]方立中著,耿昇译:《16—20世纪入华天主教传教士列传》,桂林:广西师范大学出版社,2010年。

[印]桑贾伊·苏布拉马尼亚姆,何吉贤译:《葡萄牙帝国在亚洲(1500—1700)政治和经济史》,澳门:纪念葡萄牙发现事业澳门地区委员会,1997年。

[日]森正夫等著,周绍泉、栾成显等译:《明清时代史的基本问题》,收北京:商务印书馆,2013年。

[法]沙百里,耿昇、郑德弟译:《中国基督徒史》,北京:中国社会科学出版社,1998年。

[法]沙不烈著,冯承钧译:《明末奉使罗马教廷耶稣会士卜弥格传》,上海:上海古籍出版社,2014年。

［美］史景迁,吕玉新译:《胡若望的困惑之旅——18世纪中国天主教徒法国蒙难记》,上海:上海远东出版社,2006年。

［美］苏尔、［美］诺尔编,沈保义、顾卫民、朱静译:《中国礼仪之争西文文献一百篇(1645—1941)》,上海:上海古籍出版社,2001年。

［美］唐纳德·F.拉赫、［美］埃德温·J.范·克雷著,周宁总校译:《欧洲形成中的亚洲》,北京:人民出版社,2013年。

［意］卫匡国著,白桦译:《中国文法》,上海:华东师范大学出版社,2011年。

［德］魏特著,杨丙辰译:《汤若望传》,北京:知识产权出版社,2015年。

［美］魏若望著,吴莉苇译:《耶稣会士傅圣泽神甫传:索隐派思想在中国及欧洲》,郑州:大象出版社,2006年。

［美］鄢华阳等著,顾卫民译:《中国天主教历史译文集》,桂林:广西师范大学出版社,2010年。

［捷］严嘉乐著,丛林、李梅译:《中国来信:1716—1735》,郑州:大象出版社,2002年。

［法］伊夫斯·德·托玛斯·德·博西耶尔夫人著,辛岩译:《耶稣会士张诚:路易十四派往中国的五位数学家之一》,郑州:大象出版社,2009年。

［美］约瑟夫·塞比斯著,王立人译:《耶稣会士徐日升关于中俄尼布楚谈判的日记》,北京:商务印书馆,1973年。

［葡］曾德昭著,何高济译:《大中国志》,上海:上海古籍出版社,1998年。

［法］张诚著,陈霞飞译:《张诚日记(1689年6月13日—1690年5月7日)》,北京:商务印书馆,1973年。

［法］张诚著,张宝剑译:《张诚日记(1691—1692年张诚神父第

三、四次去鞑靼旅行)》,收中国社会科学院历史研究所清史研究室编:《清史资料》第 5 辑,北京:中华书局,1984 年。

[比]钟鸣旦著,马琳译:《基督教在华传播史研究的新趋势》,收任继愈主编:《国际汉学》第 4 辑,郑州:大象出版社,1999 年。

朱静编译:《洋教士看中国朝廷》,上海:上海人民出版社,1995 年。

3. 期刊论文

蔡靖泉:《端午为屈原的节俗演变与文化意义》,《湖北社会科学》2016 年第 1 期。

曹树基:《鼠疫流行与华北社会的变迁(1580—1644 年)》,《历史研究》1997 年第 1 期。

陈宝良:《明代的社与会》,《历史研究》1991 年第 5 期。

邓建鹏:《词讼与案件:清代的诉讼分类及其实践》,《法学家》2012 年第 5 期。

董少新:《里斯本阿儒达图书馆藏〈耶稣会士在亚洲〉评介》,《澳门研究》2005 年第 30 期。

董少新:《伏若望〈徐保禄进士行实〉》(1634),《澳门历史研究》2007 年第 6 期。

董少新:《明末奉教太监庞天寿考》,《复旦学报》(社会科学版)2010 年第 1 期。

董少新:《何大化与明清鼎革之际的福州天主教》,《(澳门)文化杂志》2010 年秋季刊。

董少新:《论徐光启的信仰与政治理想——以南京教案为中心》,《史林》2012 年第 1 期。

董少新:《明末奉教天文学家邬明著事迹钩沉》,《中华文史论丛》2012 年第 3 期。

董少新:《西文史料与中国史研究》,《中国史研究动态》2013 年第

1期。

董少新:《明清鼎革之际的澳门》,《澳门理工学报》(人文社会科学版)2013年第4期。

董少新:《17世纪来华耶稣会中国年报评介》,《历史档案》2014年第4期。

董少新、刘耿:《〈1618年耶稣会中国年信〉译注并序》,《国际汉学》2017年第4期。

[荷]杜鼎克、[比]钟鸣旦著,尚扬译:《简论明末清初耶稣会著作在中国的流传》,《史林》1999年第2期。

龚缨晏、马琼:《关于李之藻生平事迹的新史料》,《浙江大学学报》(人文社会科学版)2008年第38期。

顾卫民:《50年来中国大陆有关基督教传华历史的研究》,《当代宗教研究》2000年第3期。

黄一农:《吴桥兵变:明清鼎革的一条重要导火线》,《清华学报》2012年新42卷第1期。

黄一农:《崇祯朝"吴桥兵变"重要文献析探》,《汉学研究》第22卷第2期。

金国平:《葡萄牙语和西班牙语中关于"松江布"的记载及其吴语词源考》,《史林》2015年第1期。

李天纲:《近二十年中国基督宗教史研究综述》,《历史教学问题》2008年第1期。

刘耿:《从王国到帝国:十七世纪传教士中国国体观的演变》,台湾《新史学》2017年第28卷第1期。

刘耿:《与神对视:明末清初第一代天主教徒的圣梦》,《史林》2018年第1期。

刘耿、董少新:《〈1644年耶稣会中国年信〉译注并序》,澳门《文化杂志》2017年夏季刊。

刘耿:《利玛窦墓园的前七年(1610—1616)》,《北京行政学院学报》2018年第1期。

刘志庆:《中国天主教教区历史沿革及发展的回顾与反思》,《世界宗教研究》2016年第5期。

罗伯特·丹尼尔卢克著,王银泉、崔祥芬译:《卜弥格、卢安德和穆尼阁:三位17世纪来华耶稣会士罗马耶稣会档案馆文献精选》,《国际汉学》2017年第4期。

罗常培:《〈耶稣会士在音韵学上的贡献〉补》,《国学季刊》1951年第7卷第2期。

毛瑞方:《汉语天主教文献目录编纂史概述——以教外知识分子为中心的考察》,《世界宗教研究》2014年第3期。

戚印平:《远东耶稣会的通信制度:以1587年丰臣秀吉传教士驱逐令的相关记述为例》,《世界宗教研究》2005年第1期。

邱诗文:《张庚简谱》,《中国文哲研究通讯》2012年第22卷第2期。

汤开建:《中国天主教史研究的新进展——从〈明清之际西班牙方济会在华传教研究(1579—1732)〉说起》,《中国史研究动态》2006年第10期。

汤开建、王婧:《关于明末意大利耶稣会士毕方济奏折的几个问题》,《中国史研究》2008年第1期。

王铭宇:《罗明坚、利玛窦〈葡汉辞典〉词汇问题举隅》,《励耘语言学刊》2014年第1期。

吴莉苇:《晚明杭州佛教界与天主教的互动——以云栖袾宏及其弟子为例》,《中华文史论丛》2014年第1期。

[美]夏伯嘉:《明末至清中叶天主教西文文献中的中国:文献分布与应用讨论》,《复旦学报》(社会科学版)2010年第5期。

[美]夏伯嘉:《天主教与明末社会:崇祯朝龙华民山东传教的几

个问题》,《历史研究》2009 年第 2 期。

夏明方:《老问题与新方法:与时俱进的明清江南经济研究》,《天津社会科学》2005 年第 5 期。

萧放:《明清民俗特征论纲》,《中国文化研究》2007 年第 1 期。

杨慧玲:《利玛窦与在华耶稣会汉外词典学传统》,《北京行政学院学报》2011 年第 6 期。

杨一凡:《中华法系研究中的一个重大误区——"诸法合体、民刑不分"说质疑》,《中国社会科学》2002 年第 6 期。

张西平:《近代以来汉籍西学在东亚的传播研究》,《中国文化研究》2011 年春之卷。

张西平:《欧洲早期汉学研究的奠基之作——写〈神奇的土地〉出版之际》,《中国图书评论》2009 年第 10 期。

张西平:《〈葡华辞典〉中的散页文献研究》,《北京行政学院学报》2016 年第 1 期。

[比] 钟鸣旦著,张佳译:《礼仪的交织——以抄本清初中国天主教葬礼仪式指南为例》,《复旦学报》(社会科学版)2009 年第 1 期。

周萍萍:《明末清初的天主教贞女群体》,《江苏社会科学》2010 年第 6 期。

朱海滨:《民间信仰——中国最重要的宗教传统》,《江汉论坛》2009 年第 3 期。

卓新平:《澳门学与基督宗教研究》,《广东社会科学》2010 年第 4 期。

邹振环:《明清之际岭南的"教堂文化"及其影响》,《学术研究》2002 年第 11 期。

邹振环:《汉文西书新史料的发现及整理与重写学术史》,《河北学刊》2014 年第 1 期。

(二) 西文

1. 著作

AFONSO, John Correia, S. J.. *Jesuit letters and Indian History*. Bombay: Indian Historical Research Institute, St. Xavier's College, 1955.

ARAÚJO, Horácio P. De. *Os Jesuítas no Império da China: O Primeiro Século (1582-1680)*. Macau: Instituto Português do Oriente, 2000.

ASSUNÇÃO, Paulo. *A terra dos brasis: a natureza da América portuguesa vista pelos primeiros jesuítas (1549-1596)*. São Paulo: Annablume, 2000.

BACKER, Augustin De. *Bibliothèque de la compagnie de Jésus*. Liège: Grandmont-Donders, 1872.

BARTOLI, Daniello. *Dell' historia della compagnia di Giesu: La Cina: Terza parte dell'Asia*. Roma: nella Stamperia del Varese, 1663.

BERTRAND, Dominique, S. J.. *La politique de Saint Ignace de Loyola: L'analyse Sociale*. Paris: Cerf, 1985.

BROCKEY, Liam Matthew. *Journey to the East, The Jesuit Mission to China, 1579-1724*. Cambridge, MA: The Belknap Press of Harvard University Press, 2007.

BOEHEMR, H. *Les Jésuites*. Paris: Armand Colin, 1910.

BOXER, Charles Ralph. *The Christian Century in Japan, 1549-1650*. London: Cambridge University Press, 1951.

BOXER, Charles Ralph. *Fidalgos in the Far East (1550-1770)*. HongKong, London: Oxford University Press, 1968.

BOXER, Charles Ralph. *The Portuguese Seaborne Empire 1415-1825*. London: Carcanet, Gulbenkian, 1991.

COBLIN, W. South, ABRAHAM, Jeseph. *Francisco Varo's Grammar of the Mandarin Language (1703): An English Translation of 'Arte De LA Lengua Mandarina'*. Amsterdam: John Benjamins Publishing Company, 2000.

COOPER, Michael, S. J.. *Rodrigues, o intérprete, um Jesuíta no Japão e na China*. Lisboa: Quetzal, 1994.

COSTA, Fr. Cosme José. *A Missiological Conflict Between Padroado and Propaganda in the East*. Panaji: Pilar Publication, 1997.

COUPLET, Philippe. *Historia de una Gran Senora Christiana de la China, llamada Dona Candida Hiù*. Madrid: En la Imprenta de Antonio Roman, 1691.

D'ELIA, Pasquale M, editi e commentati. *Fonti Ricciane: Documenti Originali Concernenti Matteo Ricci e la Storia delle Prime Relazione tral'Europa e la Cia (1579-1615)*. 3 vols. Roma: La Libreria dello Stato, 1942-1949.

DANVERS, Frederick Charles. *The Portuguese in India, Being a History of the Rise and Decline of their Eastern Empire*. New Delhi: B. R. Publishing corporation, 2006.

FRANCO, Antônio S. J., CASSANI, José, S. J.. *Imagem da Virtude em o Noviciado da Companhia de Jesus no Real Collegio de Jesus de Coimbra* [...]. Évora: na officina da universidade, 1719.

FUCHS, Walter. *The "Mongol Atlas" of Chu Ssu-pen and the Kuang-yü t'u*. PeiPing: Fu Jen University, 1946.

GOBIEN, Charles Le. *Histoire de l'édit de l'empereur de la Chine*. Paris: Chez Jean Anisson, 1698.

HO, Ping-Ti. *Studies on the Population of China*. Cambridge: Mass, 1959.

HUBER, J. *Les Jésuites*. traduire par Alfred Marchand, Paris: Sandoz et Fischbacher, 1875.

LACH, Donald Frederick. *Asia in the making of Europe*. Chicago and London: The University of Chicago Press, 1993.

LATOURETTE, Kenneth Scott. *A History of Christianity*. New York: Harper & Row, 1975.

LEÃO, Francisco G. *Jesuítas na Ásia, Catálogo e Guia*. Lisboa: Instituto Cultural de Macau, Instituto Português do Património Arquitectónico, Biblioteca da Ajuda, 1998.

LEITE, Serafim. *Cartas dos Primeiros Jesuítas do Brasil*. São Paulo: Comissão do IV Centenário da Cidade de São Paulo, 1954.

MACHADO, Diogo Barbosa. *Bibioteca Lusitana*. Lisboa Occidental, 1741.

MENEGON, Eugênio. *Ancesetors, Virgins, And Friars, Christianity As a Local Religion in Late Imperial China*. Cambridge: Harvard-Yenching Institute Monograph Series, no. 69. Harvard University Asia Center and Harvard University Press, 2009.

O'NEILL, Charles E. , DOMÍNGUEZ, Joaquín María. *Diccionario histórico de la Compañía de Jesús: Biográfico-temático*. Roma: Institutum Historicum, S. I. ; Madrid: Universidad Pontificia Comillas, 2001.

PFISTER, Louis S. J.. *Notices biographiques et bibliographiques sur les jésuites de l'ancienne mission de Chine* (1552 - 1773). Chang Hai: La Mission Catholique Orphelinat de T'OU-SÈ-WÈ, 1932.

PINA, Isabel A. Murta. *Os Jesuítas em Nanquim* (1599 - 1633). Lisboa: Centro Científico e Cultural de Macau, I. P., 2008.

POLGAR, László. *Bibliography of the History of the Society of Jesus*. Roma-St. Louis, Mo: Jesuit historical institute, 1967.

Real Academia Española. *Diccionario de la lengua española*. Madrid: Real Academia Española, 1992.

Saint Gregory the Great. *Homiliae in Evangelia*. ed. R. Étaix, Gregorius Magnus: Homiliae in Evangelia, CCSL 141, Turnhout: Brepols, 1999.

SCHÜTTE, Josef Franz, S. J.. *Valignano's Mission Principles for Japan*. St. Louis: Institute of Jesuit Sources, 1980.

SERRÃO, Joaquim Veríssimo. *História de Portugal*. Lisboa: Editorial Verbo, 1998.

SILVA, Manoel Telles. *História da Academia Real da História Portuguesa*. Lisboa Occidenal, 1727.

STANDAERT, Nicolas. *Yang Tingyun, Confucian and Christian in Late Ming China: His Life and Thought*. Leiden: Brill, 1988.

STANDAERT, Nicolas. *Handbook of Christianity in China*, volume one: 635 - 1800. Leiden: Brill, 2001.

STANDAERT, Nicolas. *Chinese Voices in the Rites Controversy:*

Travelling Books, *Community Networks*, *Intercultural Arguments*. Rome: Institutum Historicum Societatis Iesu, 2012.

STREIT, Robert. *Bibliotheca Missionum*. vols IV and V. Aachen: Franziskus Xaverius Missionsverein Zentrale, 1928, 1929.

VONDEL, Joost Van Den. *Zungchin, of Ondergang des Sineesche Heerschappije*. Amsterdam: Joannes de Wees, Boekverkooper op den Middeldam, 1692.

2. 期刊论文

BERTUCCIOLI, Giuliano. *Martino Martini's Grammatica*. Monumenta Serica, 2003, 51: 629 – 640.

COBLIN, W. South. *Tone and tone sandhi in Early Qing Guanhua*. Yuen Ren Society Treasury of Chinese Dialect Data, 1996, 2: 43 – 57.

COBLIN, W. South. *Notes on the Sound System of Late Ming Guanhua*. Monumenta Serica, 1997, 45 (1): 261 – 307.

COBLIN, W. South. *Francisco Varo and the sound system of early Qing Mandarin*. Journal of the American Oriental Society, 1998, 118 (2): 262 – 267.

DEHERGNE, Joseph, S. J.. *Les Lettres Annuelles des Missions Jésuites de Chine au Temps des Ming (1581 – 1644)*. Archivum Historicum Societatis Iesu, 1980, 49: 379 – 392.

DEHERGNE, Joseph, S. J.. *Lettres annuelles et sources complémentaires des missions jésuites de Chine (Suite)*. Archivum Historicum Societatis Iesu, 1982, 51: 247 – 284.

EUGENIO, Menegon. *Christian Loyalists, Spanish Friars and

Holy Virgins in Fujian during the Ming-Qing Transtion. Monumenta Serica, 2003, 51(1): 335 - 365.

EUGENIO, Menegon. *Child Bodies, Blessed Bodies: The Contest between Christian Virginity and Confucian Chastity*. Nan Nü, Leiden: Brill, 2004, 6(2): 177 - 240.

FRIEDRICH, Markus. *Circulating and Compiling the Litterae Annuae. Towards a History of the Jesuit System of Communication*. Archivum Historicum Societatis Iesu, 2008, 77: 3 - 39.

HSIA, PO-CHIA. *Dreams and Conversions: A Comparative Analysis of Catholic and Buddhist Dreams in Ming and Qing China*(*Part I*). Journal of Religious History, 2005, 29(3): 223 - 240.

HSIA, PO-CHIA. *Dreams and Conversions: A Comparative Analysis of Catholic and Buddhist Dreams in Ming and Qing China*(*Part II*). Journal of Religious History, 2010, 34(2): 111 - 141.

LONDOÑO, Fernando Torres. *Escrevendo Cartas: Jesuítas, Escrita e Missão no Século XVI*. Revista Brasileira de História, São Paulo, 2002, 22(43): 11 - 32.

PÉCORA, Alcir. *A união faz a carta*. Revista de História da Biblioteca Nacional, Rio de Janeiro, 2012, 81: 34 - 35.

PIASTRA, Stefano. *The Shenjianlu by Fan Shou-yi Reconsidered: New Geo-Historical Notes*. Fudan Journal of The Humanities And Social Sciences, 2012, 5(4): 41 - 53.

ZECH, Jörg. *Die Litterae Annuae der Jesuiten. Berichterstattung und Geschichtsschreibung in der alten Gesellschaft Jesu*.

Archivum Historicum Societatis Iesu，2008，77：41-61.

(三) 日文

高田时雄:《清代官话の资料について》,收东方学会编:《东方学论集：东方学会创立五十周年记念》,东京：东方学会,1997年。

六、会议报告

董绍鹏、潘奇燕:《北京先农坛明清先农祭祀文化比较研究初探》,"人文北京与世界城市建设"北京学国际学术研讨会会议论文,2010年10月23日。

RODRIGUES, Luiz Fernando Medeiro. A Formula Scribendi na Companhia de Jesus: Origem, Leitura Paleográfica e Fonte Documental para o Estudo da Ação dos Jesuítas. X Encontro Estadual de História, 2010. Santa Maria: Universidade Federal de Santa Maria.

七、学位论文

陈辉:《论早期东亚与欧洲的语言接触》,浙江大学,2006年。

CHEN, Min-Sun. *Geographical Works by Jesuits in Chinese, 1584-1672*. University of Chicago, 1959.

八、电子资源

Monumenta Ignatiana (DB/OL). http://www.sjweb.info/arsi/Monumenta.cfm.

复旦全球史书系·东西之间丛书

《首位华人主教罗文炤研究》
　　［西］保罗·罗伯特·莫雷诺 著　董少新 修订

《信风万里：17 世纪耶稣会中国年信研究》
　　刘耿 著

《18、19 世纪药材知识的跨文化传播：一部从中国出发的自然知识史》
　　［韩］安洙英 著

《比利时来华圣母圣心会及其荷语汉学家闵宣化（1886—1976）研究》
　　［比］郑永君 著

图书在版编目（CIP）数据

信风万里 ： 17世纪耶稣会中国年信研究 / 刘耿著. 上海 ： 上海古籍出版社，2024.11. -- （复旦全球史书系 / 董少新主编）. -- ISBN 978-7-5732-1342-6

Ⅰ. B979.2

中国国家版本馆CIP数据核字第2024WV8959号

复旦全球史书系·东西之间丛书

信风万里
17世纪耶稣会中国年信研究
（全二册）

刘　耿　著

上海古籍出版社出版发行

（上海市闵行区号景路159弄1-5号A座5F　邮政编码201101）

(1) 网址：www.guji.com.cn
(2) E-mail：guji1@guji.com.cn
(3) 易文网网址：www.ewen.co

启东市人民印刷有限公司印刷

开本890×1240　1/32　印张35.5　插页4　字数859,000
2024年11月第1版　2024年11月第1次印刷
ISBN 978-7-5732-1342-6
B·1422　定价：159.00元
如有质量问题，请与承印公司联系